VIE PRIVÉE

ET PUBLIQUE

DES ANIMAUX

Les Animaux-peints par eux-mêmes et dessinés par un autre.

VIE PRIVÉE
ET PUBLIQUE
DES ANIMAUX

VIGNETTES

PAR GRANDVILLE

PUBLIÉE

Sous la Direction de P. J. Stahl

AVEC LA COLLABORATION

DE BALZAC — LOUIS BAUDE — ÉMILE DE LA BÉDOLLIÈRE — P. BERNARD
GUSTAVE DROZ — BENJAMIN FRANKLIN — JULES JANIN
ÉDOUARD LEMOINE — ALFRED DE MUSSET — PAUL DE MUSSET
Mme MÉNESSIER-NODIER — CHARLES NODIER
GEORGE SAND — P. J. STAHL
LOUIS VIARDOT

ÉDITION COMPLÈTE, REVUE ET AUGMENTÉE

PARIS
J. HETZEL, LIBRAIRE-ÉDITEUR
18 — RUE JACOB — 18
—
1880

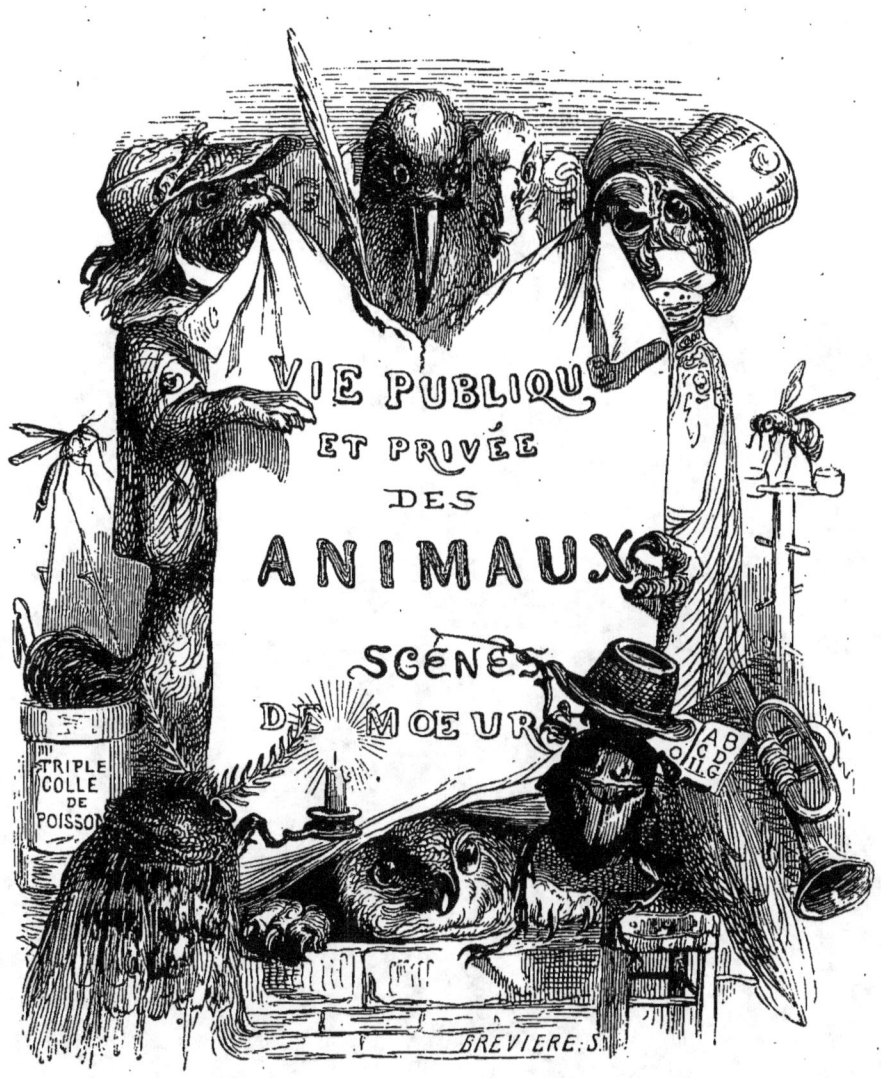

LES ANIMAUX PEINTS PAR EUX-MÊMES.

PROLOGUE

ASSEMBLÉE GÉNÉRALE

DES ANIMAUX

A L'INSU de toutes les grandes puissances, il vient de se passer un fait dont personne ne devra s'étonner dans un gouvernement représentatif, mais qu'il est bon de signaler à la presse tout entière, pour qu'elle ait à le discuter et qu'elle en puisse mûrement peser les conséquences.

Las enfin de se voir exploités et calomniés tout à la fois par l'Espèce humaine, — forts de leur bon droit et du témoignage de leur conscience, — persuadés que l'égalité ne saurait être un vain mot,

Les Animaux se sont constitués en assemblée délibérante pour aviser aux moyens d'améliorer leur position et de secouer le joug de l'Homme.

Jamais affaire n'avait été si bien menée : des Animaux seuls sont capables de conspirer avec autant de discrétion. Il paraît certain que la scène s'est passée par une belle nuit de ce printemps, en plein Jardin des Plantes, au beau milieu de la Vallée Suisse.

Un Singe distingué, autrefois le commensal de MM. Huret et Fichet, mû par l'amour de la liberté et de l'imitation, avait consenti à devenir serrurier et à faire un miracle.

Cette nuit-là, pendant que l'univers dormait, toutes les serrures furent forcées comme par enchantement, toutes les portes s'ouvrirent à la fois, et leurs hôtes en sortirent en silence sur leurs extrémités. Un grand cercle se fit : les Animaux domestiques se rangèrent à droite, les Animaux sauvages prirent place à gauche, les Mollusques se trouvèrent au centre; quiconque eût été spectateur de cette scène étrange eût compris qu'elle avait une réelle importance.

L'*Histoire des Chartes* n'a rien de comparable à ce qui s'est passé dans ce milieu d'illustrations Herbivores et Carnivores. Les Hyènes ont été sublimes d'énergie et les Oies attendrissantes. Tous les représentants se sont embrassés à la fin de la séance, et, dans cette effusion d'accolades, il n'y a eu que deux ou trois petits accidents à déplorer : un Canard a été étranglé par un Renard ivre de joie, un Mouton par un Loup enthousiasmé, et un Cheval par un Tigre en délire. Comme ces Messieurs étaient en guerre depuis longtemps avec leurs victimes, ils ont déclaré que la force du sentiment et de l'habitude les avait emportés, et qu'il ne fallait attribuer ces légers oublis des convenances qu'au bonheur de la réconciliation.

Un Canard (de Barbarie), trouvant l'occasion très-belle, promit de faire une complainte sur la mort de son frère et des autres martyrs décédés pour la patrie. Il dit qu'il chanterait volontiers cette belle fin qui leur vaudrait l'immortalité.

Entraînée par ces éloquentes paroles, l'Assemblée a fermé l'incident, et l'on a passé de même à l'ordre du jour à propos d'une nichée de Rats qu'un Éléphant avait écrasés sous son pied en faisant une motion contre la peine de mort, de laquelle il avait été dit quelques mots.

Ces détails, et bien d'autres qui n'ont pas moins marqué, nous les tenons d'un sténographe du lieu, personnage grave et bien informé, qui nous a mis au courant de cette grande affaire. C'est un Perroquet de nos amis, habitué depuis longtemps à manier la parole et sur la véracité duquel on peut compter, puisqu'il ne répète que ce qu'il a bien entendu. Nous demanderons à nos lecteurs la permission de taire son nom, ne voulant pas l'exposer au poignard de ses concitoyens, qui tous ont juré, comme autrefois les sénateurs de Venise, de garder le silence sur les affaires de l'État.

Nous sommes heureux qu'il ait bien voulu sortir, en notre faveur, de son habituelle réserve : car on trouverait difficilement des naturalistes assez indiscrets pour aller demander des confidences à MM. les Tigres, les Loups et les Sangliers, quand ces estimables personnages ne sont pas en humeur de parler.

Voici, tel que nous l'avons reçu de notre correspondant, l'historique assez détaillé des événements de cette séance, qui rappelle l'ouverture de nos anciens états généraux.

RÉSUMÉ PARLEMENTAIRE

ORDRE DE LA NUIT :

UNE HEURE APRÈS MINUIT

Discours du Singe, d'un Corbeau instruit et d'un Hibou allemand. — L'Ane prend la parole sur la question préliminaire de la présidence (son discours est écrit). — Réponse du Renard. — Nomination du Président. — Questions relatives à la répression de la force brutale de l'Homme et à la réfutation des calomnies qu'il accumule depuis le déluge sur la tête des Animaux. — Chacun apporte ses lumières. — Les Animaux sauvages veulent la guerre, les Animaux civilisés se prononcent pour le *statu quo*. — Toutes les questions à l'ordre du jour sont successivement discutées par les honorables membres de cette illustre assemblée. — Discours résumés du Lion, du Chien, du Tigre, d'un Cheval anglais pur sang, d'un Cheval beauceron, du Rossignol, du Ver de terre, de la Tortue, du Cerf, du Caméléon, etc., etc., etc. — Le Renard répond à ces divers orateurs, et met tout le monde d'accord au moyen d'une transaction. — Adoption de sa proposition. — La présente publication est décrétée. — Le Singe et le Perroquet sont nommés Rédacteurs en chef.

MM. les Animaux se pressent dans les allées du Jardin des Plantes.

Des Fondés de pouvoir des ménageries de Londres, de Berlin, de Vienne et de la Nouvelle-Orléans sont venus, à travers mille dangers, représenter leurs frères captifs.

De tous les points de la création, des Délégués de chaque Espèce animale sont accourus pour plaider la cause de la liberté.

Dès une heure la séance est très-animée ; on peut déjà prévoir qu'elle sera dramatique, les usages académiques et parlementaires étant encore peu familiers aux membres de cette illustre Réunion.

Du reste, la physionomie de l'Assemblée est triste et morne en général : on voit bien que c'est l'anniversaire de la mort de La Fontaine.

MM. les Animaux civilisés sont en deuil et portent pour la plupart un crêpe, tandis que les autres, qui méprisent ces vaines marques de la douleur, se contentent de laisser tomber leurs oreilles et traîner tristement leur queue.

Dans plusieurs centres particuliers on s'échauffe sur les préliminaires à établir, sur les formes à suivre, sur le règlement à instituer, et enfin sur la question de la présidence.

Le Singe propose d'imiter en tout les coutumes des Hommes, qui, dit-il, se conduisent entre eux avec une certaine habileté.

Le Caméléon est de l'avis de l'orateur.

Le Serpent le siffle.

Le Loup s'indigne qu'on ait ainsi recours à la politique de ses ennemis. « D'ailleurs singer n'est pas imiter. »

Un vieux Corbeau fort érudit croasse de sa place qu'il y aurait danger à suivre de pareils exemples; il cite le vers si connu :

Timeo Danaos et dona ferentes,

« Je crains les Hommes et ce qui me vient d'eux. »

Il est félicité tout haut, dans la langue de Virgile, sur l'heureux choix de sa citation, par un Hibou allemand très-versé dans l'étude des langues mortes, qui, ne sachant pas un mot de français, est enchanté de trouver à qui parler.

— La Buse contemple avec respect ces deux savants latinistes. — L'Oiseau-Moqueur fait remarquer au Merle qu'il y a un moyen infaillible de passer dans le monde pour un Animal instruit, c'est de parler à chacun de ce qu'il ne sait pas. —

Le Caméléon est successivement de l'avis du Loup, du Corbeau, du Serpent et du Hibou allemand.

La Marmotte se lève et dit que la vie est un songe. L'Hirondelle répond qu'elle est un voyage. L'Éphémère meurt en disant qu'elle est trop courte. Un membre de la Gauche demande le rappel à la question.

Le Lièvre l'avait déjà oubliée.

L'Ane, qui vient enfin de la comprendre, s'exclame à tue-tête, demande le silence et l'obtient. (Son discours est écrit.)

— La Pie se bouche les oreilles et dit que les ennuyeux sont comme les sourds : quand ils parlent, ils ne s'entendent pas. —

L'orateur dit que, puisque la question de la présidence est la première en discussion, il croit rendre service à l'Assemblée en lui proposant de se charger de ce difficile emploi. Il pense que sa fermeté bien connue, que son intelligence proverbiale en Arcadie, que sa patience surtout, le rendent digne du suffrage de ses concitoyens.

Le Loup s'irrite de ce que l'Ane, ce triste jouet de l'Homme, ose se croire des droits à présider une Assemblée libre et réformatrice; il dit que l'éloge de sa patience est un coup de sabot donné aux honorables représentants.

L'Ane, blessé au cœur, brait de sa place pour que l'orateur soit rappelé à l'ordre.

Tous les Animaux domestiques font chorus avec lui : le Chien aboie, le Mouton bêle, le Chat miaule, le Coq chante trois fois.

— L'Ours, impatienté, dit qu'on se croirait parmi les Hommes, qui finissent par crier quand ils ont tout à fait tort ou tout à fait raison. —

Le tumulte est effrayant. Le besoin d'un Président se fait de plus en plus sentir : car s'il y avait un Président, le Président se couvrirait.

Le Porc-Épic trouve la question hérissée de difficultés.

Le Lion, indigné de l'aspect scandaleux que présente l'Assemblée, pousse un rugissement pareil au bruit du tonnerre.

Cette imposante manifestation rétablit le calme.

Le Renard, qui, en allant s'asseoir au pied du bureau, avait trouvé le moyen de ne se placer ni à droite, ni à gauche, ni au centre, se glisse à la tribune.

— A cette vue, la Poule tremble de tous ses membres, et se cache derrière le Mouton. —

Il dit d'une voix conciliante qu'il s'étonne qu'une question préliminaire, d'une moindre importance que toutes les autres, soulève d'aussi graves débats. — Il loue l'Ane de sa bonne volonté et le Loup de sa vertueuse colère, mais il fait observer que le temps presse, que la lune pâlit, et qu'il faut se hâter.

Il ose espérer que le candidat qu'il va présenter réunira tous les suffrages. « Sans doute il est, comme tant d'autres, hélas! assujetti à l'Homme. Mais chacun convient qu'il a des moments d'indépendance qui font honneur à son caractère.

— Ici l'Huître bâille. —

« Le Mulet, Messieurs, a toutes les qualités de l'Ane.

— La Marmotte s'endort. —

« Sans en avoir les faiblesses : il a le pied plus sûr et l'habitude des pas difficiles; il a de plus, et c'est à un hasard bien significatif

« qu'il le doit, et sans doute aussi à son empressement à venir au
« rendez-vous indiqué, il a seul entre tous ce qui constitue le véritable
« président de toute assemblée délibérante... l'indispensable sonnette
« que vous voyez briller sur sa poitrine. »

L'Assemblée, ne pouvant méconnaître la force d'une vérité aussi fondamentale, trouve l'argument péremptoire et irrésistible.

Le Mulet est élu Président a l'unanimité.

L'honorable Membre, muet de bonheur, incline la tête en signe d'adhésion et de remercîment.

A peine a-t-il fait ce mouvement, que la sonnette agitée laisse échapper un son clair et vibrant qui promet de dominer tout tumulte, s'il y a lieu.

— A ce bruit bien connu, un vieux Chien, se croyant dans sa loge à la porte de son maître, se met à hurler : « Qui est là? » Cet incident égaye un instant l'Assemblée. Le Loup, exaspéré, hausse les épaules, et jette sur le Chien confus un regard de mépris. —

Le Mulet, entouré et complimenté, prend immédiatement possession du fauteuil de la présidence.

Le Perroquet et le Chat, après avoir taillé quelques plumes que l'Oie leur a généreusement offertes, vont s'asseoir à la droite et à la gauche du Président en qualité de secrétaires.

La véritable discussion s'engage alors.

Le Lion monte à la tribune, et, au milieu du plus grand silence, il propose à tous les Animaux que le contact de l'Homme a flétris de venir vivre avec lui dans les vastes et sauvages déserts de l'Afrique. « La terre est grande, les Hommes ne sauraient la couvrir ; ce qui fait leur force, c'est leur union ; il ne faut donc point les attaquer dans leurs villes, il vaut mieux les attendre. Loin de ses murailles, Homme contre Animal ne vaut guère. » L'orateur fait un énergique tableau du fier bonheur que donne l'indépendance.

Ces mâles accents, ces paroles à la fois si sages et si nobles ont constamment captivé l'auditoire.

Le Rhinocéros, l'Éléphant et le Buffle déclarent qu'ils n'ont rien à ajouter et renoncent à la parole.

Après avoir accepté un verre d'eau sucrée, l'illustre orateur descend de la tribune.

Le Chien, inscrit le second, entreprend de faire l'éloge de la vie civilisée; il vante le bonheur domestique.

A ce mot, il est violemment interrompu par LE LOUP, par LA HYÈNE et par LE TIGRE. Ce dernier, d'un bond prodigieux, s'élance à la tribune : son regard est terrible.

— Messieurs les Animaux civilisés se regardent avec effroi; LE LIÈVRE prend la fuite. —

L'orateur jette par trois fois le cri de guerre; il veut la guerre, il aime le sang; d'ailleurs la guerre seule, une guerre d'extermination, amènera cette paix que tant d'Animaux paraissent désirer.

« La guerre est possible; les grands capitaines n'ont jamais manqué
« aux grandes occasions, et le succès est certain. »

Il cite l'exemple des MOUCHERONS détruisant l'armée de Sapor, roi de Perse.

— Ici LA GUÊPE sonne une fanfare. —

Il dit Tarragone d'Espagne minée, renversée par des LAPINS, dont la haine des HOMMES avait fait autant de Héros.

— LE LAPIN, émerveillé, détourne la tête et fait un mouvement d'incrédulité. —

Il rappelle Alexandre le Grand vaincu en combat naval par les THONS de la mer des Indes.

— LES POISSONS du bassin, que cette scène avait vivement intéressés, et qui de loin prêtaient l'oreille à la voix puissante de l'orateur, rougissent d'orgueil au récit inattendu de ce haut fait. —

Il s'écrie qu'en présence d'intérêts aussi opposés la guerre est inévitable et toute transaction impossible; que le règne de cet Animal dégénéré qu'on appelle L'HOMME est fini, et qu'il est temps que l'empire du globe, aujourd'hui mutilé, défiguré, déboisé par les chemins de fer et par les chemins vicinaux, revienne aux Animaux, ses premiers, ses seuls légitimes possesseurs; que les maux qu'on endort ne dorment que d'un œil, et que la révolte n'est que la patience poussée à bout.

Il termine par un éloquent appel aux armes. Il convie LE LOUP, LE LÉOPARD, LE SANGLIER, L'AIGLE et tous ceux qui veulent vivre libres, à la défense de la nationalité animale, qui ne peut pas périr.

La Gauche tout entière bondit sur ses bancs. La Droite, pour un instant galvanisée, applaudit. Le centre reste impassible et refuse de se prononcer; L'ÉCREVISSE consternée lève les bras au ciel.

Un Cheval anglais, autrefois Cheval de luxe, maintenant *a poor hack*, demande la parole pour un fait personnel.

L'accent britannique de l'orateur rend fort pénible la tâche de MM. les sténographes, qui sont obligés de traduire le langage presque inintelligible de l'honorable étranger.

« Nobles Bêtes, dit-il, je n'entends rien à la question des chemins
« vicinaux ; mais, dans la grande question des chemins de fer, je suis
« de l'avis de l'illustre Tigre qui vient de parler. Je gagnais mon foin
« à la sueur de mon front, en trottant quatre ou cinq fois par jour de
« Londres à Greenwich : le jour même de l'ouverture du chemin de fer,
« mon maître s'est embarqué, et je me suis trouvé sans ouvrage.
« L'Angleterre est traversée en tous sens par ces odieuses voitures qui
« roulent sans notre secours. Je demande ou qu'on détruise les chemins
« de fer, ou qu'on me permette d'être Français. J'aime la France parce
« que les chemins de fer y sont relativement rares, et les Chevaux aussi. »

Un gros Cheval de la Beauce, qui avait la veille amené de Chartres à Paris une énorme voiture chargée de blé, hennit d'impatience ; il dit que ces Chevaux étrangers ne sont jamais contents, et qu'ils se plaignent toujours que la mariée soit trop belle. Selon lui, tout Animal de bon sens devrait applaudir à l'établissement des chemins de fer.

Le Boeuf et l'Ane, de leur place : « Oui, oui. »

L'attention étant un peu fatiguée, M. le Président annonce que la séance est suspendue pour dix minutes.

Mais bientôt le bruit de la sonnette se fait entendre, et MM. les délégués reprennent leurs places avec une promptitude qui témoigne tout à la fois de leur ardeur et de leur nouveauté parlementaire.

Le Rossignol voltige jusqu'à la tribune ; il demande à Dieu un ciel pur et de chaudes nuits pour ses chansons ; il chante sur un rhythme divin quelques stances harmonieuses de Lamartine.

Ses chants sont admirables ; mais il ne parle pas pour tout le monde, et le Butor le rappelle à la question.

L'Ane prend des notes et critique une des rimes qui, selon lui, manque de richesse.

Le Paon et l'Oiseau de Paradis rient entre eux de la chétive apparence du poëte orateur.

Un membre de la Gauche demande l'égalité.

Le Caméléon paraît à la tribune pour annoncer qu'on peut dire tout ce qu'on voudra, qu'il sera heureux et fier d'être, comme toujours, de l'avis de tout le monde.

L'Oiseau royal et le Grand-Duc jettent un regard de dédain sur l'orateur *indépendant*.

Un Cerf, prisonnier depuis dix ans, demande d'un ton plaintif la liberté.

Le Ver de terre demande en grelottant l'abolition de la propriété et la communauté des biens.

L'Escargot rentre précipitamment dans sa coquille, l'Huître se referme, et la Tortue répond qu'elle ne consentira jamais à abandonner son écaille.

Un vieux Dromadaire venu en droite ligne de la Mecque, et qui jusque-là avait gardé un modeste silence, dit que le but de la réunion sera manqué si on ne trouve pas le moyen de faire comprendre aux Hommes qu'il y a de la place pour tous ici-bas, et qu'on peut très-bien se placer les uns à côté des autres sans se faire porter les uns par les autres.

L'Ane, le Cheval, l'Éléphant et le Président lui-même font un signe d'assentiment.

Quelques membres entourent le Dromadaire et lui demandent des nouvelles de la question d'Orient. Le Dromadaire leur répond avec beaucoup de bon sens que Dieu est grand et que Mahomet est son prophète.

Un Mouton encore jeune hasarde quelques mots sur les douceurs de la vie champêtre; il dit que l'herbe est bien tendre, que son Berger est très-bon, et demande s'il n'y aurait pas moyen de tout arranger.

Le Cochon grogne sans qu'on puisse interpréter le sens de son interruption : on croit qu'il est pour le *statu quo*.

Un vieux Sanglier, que ses ennemis accusent d'avoir approché les basses-cours, prétend qu'il convient d'accepter les faits accomplis et d'attendre les éventualités.

L'Oie déclare avec fierté qu'elle ne s'occupe pas de politique.

La Pie lui répond que son indifférence en matière politique sera fort goûtée de ceux qui la plumeront un jour.

Le Renard, qui s'est jusque-là contenté de prendre quelques notes, voyant que la liste des orateurs inscrits est épuisée, monte à la tribune au moment où La Pie fait une troisième tentative pour y sauter. La Pie, désappointée, lui cède la place en se parlant à elle-même, et remet sous son bras un volumineux manuscrit qu'elle avait rédigé avec une Grue de ses amies.

Le Renard dit qu'il a écouté avec une scrupuleuse attention les orateurs qui viennent de se faire entendre; qu'il a admiré la puissance et l'élévation des idées du Lion; que personne plus que lui ne rend hommage à la majesté de son caractère, mais que l'illustre Membre est peut-être le seul Lion de l'Assemblée, et que pour tout le monde d'ailleurs il y a loin du Jardin des Plantes au désert;

Qu'il voudrait pouvoir conserver les illusions du Chien, mais qu'il lui semble apercevoir son collier;

— Le Chien se gratte l'oreille. — Un mauvais plaisant remarque que les oreilles du Chien ont perdu beaucoup de leur longueur primitive, et demande si c'est la mode de les porter si courtes. (Hilarité générale.) —

Qu'il a partagé un instant l'ardeur guerrière du Tigre; que peu s'en est fallu qu'il n'ait répété avec lui son redoutable cri de guerre; que c'est très-beau la guerre pour ceux qui en reviennent, mais que cela fait bien des veuves et des orphelins; que d'ailleurs c'est l'Homme qui a inventé la poudre, et que la race animale ignore encore l'usage des armes à feu. « Les faits le prouvent d'ailleurs, dans ce triste monde, « ce n'est pas toujours le bon droit qui triomphe. » Qu'il y a bien peu de temps que leurs fers sont tombés, et qu'il manque sans doute à la plupart d'entre eux des passe-ports pour l'étranger,

— Approbation à Droite. — La Gauche se tait. — Le Centre ne dit rien et n'en pense pas davantage. — Le Sansonnet fait observer que beaucoup de réputations sont fondées sur le silence. —

Que le langage du Rossignol est un beau langage, mais qu'il n'a point avancé la question;

Qu'il serait bon de s'entendre sur les mots, et que l'égalité qu'on demande n'est qu'un besoin matériel auquel l'intelligence ne souscrira jamais;

— Protestations à Gauche. —

Qu'avec la liberté le Cerf aurait dû demander la manière de s'en servir. « S'il est désagréable d'être esclave, il est quelquefois très-« embarrassant d'être libre : l'esclavage a été perfectionné à ce point « que, pour l'esclave, il n'y a que misères au delà même des portes de « sa prison. » Il cite à l'appui de son dire l'exemple de ces deux cent mille paysans russes affranchis qui, ne sachant que faire de leur liberté, retournèrent volontairement à la glèbe;

— Deux larmes s'échappent lentement des yeux du Cerf découragé. — Le Merle siffle que les incapacités de l'esclave sont à la charge de l'esclavage. —

Que le raisonnement du Cochon avait cela de bon et cela de mauvais, qu'il ne changeait rien aux affaires, et que, pour les résultats, les doctrines du Sanglier différaient peu de celles du Cochon;

— Approbation aux extrémités. — Ici la Civette offre une prise de tabac à un vieux Castor. — Le Cochon, son voisin, se sentant perdre contenance, ferme les yeux et fait semblant d'avoir envie d'éternuer. —

Qu'il avait été touché des honnêtes sentiments du Mouton et de la bonté de ses intentions; « mais le monde est ainsi fait, qu'on peut « affirmer que l'excessive bonté déconsidère. » Qu'il faisait observer au Mouton que son bon berger avait mené sa pauvre mère à la boucherie.

— Le Mouton se jette en sanglotant dans les bras du Bélier, qui reproche au Renard son impitoyable raison. — Cette scène émeut péniblement l'assemblée. — Une Tourterelle s'évanouit dans les tribunes; la Sangsue, sur l'avis de l'Hippopotame, lui pratique une saignée. — Le Pigeon Ramier dit, de façon à être entendu, que le manque de tact vient presque toujours du manque de cœur.

Le Renard insinue pour sa justification qu'il est fâcheux que toutes les vérités ne soient pas bonnes à dire; il affirme que la politique sentimentale serait fort de son goût, mais il y a telle maladie qu'un régime anodin ne saurait guérir, et Machiavel enseigne, dans son livre du *Prince*, qu'il est des cruautés salutaires et miséricordieuses.

Il répond ensuite au Caméléon qu'il n'y a point d'animal universel. « Chacun a sa spécialité, et la spécialité du Caméléon étant de tout approuver, il ose espérer qu'il voudra bien le favoriser de son suffrage. »

— Le Singe fixe son lorgnon sur le Caméléon, avec lequel il échange un sourire. —

Puis, prenant à témoin l'Assemblée tout entière, il dit que s'il est prouvé pour tous que la paix, la guerre et la liberté sont également impossibles, on est pourtant d'accord sur un point : c'est qu'il y a quelque chose à faire.

— Assentiment général. —

Que le mal existe, et qu'il faut au moins le combattre;

Qu'il propose en conséquence à l'honorable Assemblée d'ouvrir une voie nouvelle à ses efforts.

— Vif mouvement de curiosité. —

« La seule lutte qui n'ait pas encore été tentée, la seule raison-
« nable, la seule légale, celle où les plus belles victoires les attendent,
« c'est la lutte de l'intelligence.

« Il est impossible que dans cette lutte, où la raison du plus fort
« n'est pas toujours la meilleure, où l'esprit, le cœur et le bon droit
« sont les seules armes autorisées, l'avantage ne reste pas aux Animaux
« sur les Hommes leurs oppresseurs.

« L'intelligence mène à tout... »

— « Oui, dit une Perruche, comme tout chemin mène à Rome. » —

Que les idées ont des pattes et des ailes ; qu'elles courent et qu'elles volent ;

Qu'il faut réaliser enfin, au moyen de la presse, la puissance la plus formidable du jour, une enquête générale sur leur situation, sur leurs besoins naturels, sur les mœurs et coutumes de chaque espèce, et créer sur des données sérieuses et impartiales une grande histoire de la Race Animale et de ses nobles destinées dans la vie privée et dans la vie publique, dans l'esclavage et dans la liberté.

« Par la presse, La Fontaine, cet Homme, le seul à la gloire
« duquel on puisse dire que toutes les Bêtes l'ont pleuré, La Fontaine,
« dont ce triste jour rappelle la mort, a plus fait pour chacun d'eux que
« les vainqueurs de Sapor, de Tarragone et d'Alexandre, que les trois
« cents Renards eux-mêmes qui, avec Samson et la mâchoire de l'Ane
« exterminèrent les Philistins.

— L'Ane relève fièrement la tête. — Au nom de La Fontaine, tous les Animaux se lèvent et s'inclinent respectueusement. — Quelques Animaux demandent que ses cendres soient transportées au Jardin des Plantes. —

« Les naturalistes ont cru avoir tout fait en pesant le sang des
« Animaux, en comptant leurs vertèbres et en demandant à leur orga-
« nisation matérielle la raison de leurs plus nobles penchants.

« Aux Animaux seuls il appartient donc de raconter les douleurs de
« leur vie méconnue, et leur courage de tous les instants, et les joies si
« rares d'une existence sur laquelle la main de l'homme s'appesantit
« depuis quatre mille ans. »

Ici l'orateur paraît ému, et l'attendrissement gagne tous les bancs.

Après quelques minutes de silence, le Renard, se tournant vers les tribunes, ajoute :

Que c'est par la presse, et par la presse seulement, que Mesdames les Pies, les Oies, les Canes, les Grues et les Poules, qui dans toute autre lutte auraient été déplacées, trouveront, une fois la lutte du bec admise, à faire valoir leur talent bien connu pour la parole et pour la plume ;

Que ce n'est point dans une Assemblée délibérante que peuvent se produire les griefs pour le moins bizarres que ces dames ont essayé de faire valoir dans cette enceinte : « leur place n'est point dans les Assem-
« blées publiques; de l'avis du plus grand nombre, celles qui font de la
« politique ont un défaut de plus et un charme de moins, comme les
« Amazones de l'antiquité; » qu'elles continuent donc à faire l'ornement des forêts et des basses-cours, en attendant qu'elles puissent consigner leurs observations dans la publication proposée, pendant les heures de loisir que le soin de leur ménage pourra leur laisser; qu'enfin :

« Il a l'honneur d'appeler la délibération de MM. les Repré-
« sentants de la Nation Animale sur les trois articles suivants :

« Art. Ier. — Il est ouvert un crédit illimité pour la publication
« d'une histoire populaire, nationale et illustrée de la grande famille des
« Animaux. »

— Ce crédit sera alloué sur les fonds du ministère de l'instruction publique. — Un Membre de la Gauche propose par amendement qu'il soit justifié de l'emploi de ces fonds. — La Taupe s'y oppose, elle aime le mystère; elle dit qu'il faut se garder de porter ainsi partout la lumière. — L'amendement succombe sous cette judicieuse observation.

« Art. II. — Pour éloigner l'ignorance et la mauvaise foi, ces
« deux fléaux de la vérité, l'ouvrage sera écrit par les Animaux eux-
« mêmes, seuls juges compétents.

« Art. III. — Comme les arts et la librairie sont encore dans
« l'enfance parmi eux, la nation s'adressera, par l'intermédiaire de ses
« ambassadeurs, pour illustrer cet ouvrage, à un nommé Grandville,
« qui aurait mérité d'être un Animal, s'il n'avait de temps en temps
« ravalé son beau talent en le consacrant à la représentation toujours
« flattée, il est vrai, de ses semblables. (Voir les *Métamorphoses*.)

« Et pour l'impression, elles s'adressera à une maison de librairie
« connue, dans le monde pittoresque, sous le nom de J. Hetzel, et
« qui n'a pas de préjugés. »

Ces trois articles sont mis aux voix et adoptés successivement, quoique le Centre tout entier se soit levé contre.

Quand ce résultat eut été proclamé à haute voix par le Président, qui avait si habilement dirigé les débats sans rien dire ni rien faire, l'Assemblée, électrisée, se leva comme un seul Animal, plusieurs Membres quittèrent leur place pour aller serrer la patte de l'orateur, qui, satisfait du résultat, se mêla modestement à la foule.

« O siècle bavard ! s'écria un vieux Faucon irlandais, étranges « logiciens ! vous avez griffes et dents, l'espace est devant vous, la « liberté est quelque part, et il va vous suffire de noircir du papier ! »

Cette protestation fut étouffée par le bruit des conversations particulières, et se perdit au milieu de l'enthousiasme général.

Le Corbeau se tira une plume de l'aile, et rédigea sur papier timbré le procès-verbal de la séance.

Lequel procès-verbal fut lu, approuvé et paraphé par une commission qui fut chargée de veiller à son exécution ; chacun s'engageant, du reste, à concourir de son mieux, *unguibus et rostro,* au succès de la publication.

Le Renard, qui avait fait la motion, l'Aigle, le Pélican et un jeune Sanglier, désignés *ad hoc*, ces trois derniers par le sort, se transportèrent dès le matin à Saint-Mandé, et se présentèrent chez M. Grandville.

Cette entrevue fut remarquable sous plus d'un rapport.

M. Grandville les reçut avec tous les honneurs dus à leur caractère d'Ambassadeurs, et s'entendit sans peine avec eux. Il obtint du Renard, sur les mœurs et coutumes de la race animale, quelques renseignements pleins de malice dont il compte tirer bon parti.

Il fut décidé que, pour faire preuve d'impartialité, on consentirait à ne pas représenter uniquement les Animaux, et qu'on accorderait à l'Homme lui-même une petite place dans cette publication.

Pour obtenir cette concession, le Peintre laissa entendre que la différence entre l'Homme et l'Animal n'était pas si grande que messieurs les Ambassadeurs semblaient le penser, et que d'ailleurs les Animaux ne pourraient que gagner à la comparaison. Après quelques difficultés que la politesse et la modestie leur commandaient, messieurs les Ambassadeurs convinrent du fait, et tombèrent d'accord sur ce point comme sur tous les autres.

La lenteur est de bon goût chez des ambassadeurs. Leurs Excellences montèrent donc en fiacre et rentrèrent dans Paris. A la barrière, un des commis de l'octroi, fort mauvais naturaliste, ayant pris, à la première vue, LE SANGLIER pour un COCHON, prétendit lui faire payer des droits d'entrée, et n'en reçut qu'un coup de boutoir. Ils descendirent rue Jacob, n° 18.

Messieurs les Députés furent charmés du bon accueil qu'ils reçurent de leurs éditeurs.

Ceux-ci, flattés que la Race Animale, dont ils ont toujours fait grand cas, eût songé à eux pour une publication de cette importance, promirent de donner tous leurs soins à cette affaire, de laquelle ils espèrent tirer encore plus d'honneur que de profit.

LE SANGLIER lui-même, qui était venu avec quelques préventions, s'avoua satisfait et reçut avec un vif plaisir un exemplaire des *Lettres de Jean Macé sur la vie de l'Homme et des Animaux*, qu'il avait paru apprécier. M. J. Hetzel fit agréer au PÉLICAN une très-jolie collection du *Magasin d'éducation et de récréation*, en le priant de l'offrir à ses fils, dont il avait entendu faire  de grands éloges; ce bon père fut touché de la délicatesse de cette attention. L'AIGLE mit sans façon sous son aile les quatre séries des *Romans nationaux* de MM. Erckmann-Chatrian, et les *Voyages extraordinaires* de M. Jules Verne. LE RENARD, en compère intelligent, refusa obstinément tout cadeau, et se contenta d'emporter quelques milliers de Catalogues, qu'il promit, d'un air matois, de répandre toutes les fois qu'il en trouverait l'occasion.

Après quelques petits arrangements de pure forme, il fut convenu que LE SINGE servirait d'intermédiaire et serait, en s'adjoignant LE PERROQUET, chargé de s'entendre avec messieurs les Animaux Rédacteurs, qui auraient à lui adresser leurs manuscrits, en indiquant soigneusement les adresses de leurs nids, tanières, perchoirs, etc., etc., pour que les épreuves pussent être envoyées exactement aux auteurs.

Avant de se séparer, messieurs les Rédacteurs en chef recommandèrent à messieurs les futurs collaborateurs de n'adresser au cabinet de rédaction que des manuscrits bien écrits et faciles à lire, pour éviter les frais de correction et les fautes d'impression. Ils ajoutèrent que dans une publication à laquelle tant de talents différents étaient appelés à concourir, la méthode étant impossible, tout classement serait injuste et  arbitraire; que les premiers arrivés seraient donc les premiers imprimés; qu'un numéro d'ordre serait donné à chaque manuscrit, et que pour rien au monde cet ordre ne pourrait être interverti. Messieurs les Animaux approuvèrent cette mesure, et s'en retournèrent pleins d'espoir, le front penché, le regard pensif, méditant déjà, les uns leur propre histoire, les autres celle de leur prochain.

Post-Scriptum. — Par faveur spéciale, nous livrerons à la publicité quelques détails confidentiels sur lesquels notre ami LE PERROQUET nous avait demandé le silence; mais nous comptons que sa discrétion ne tiendra pas devant quelques douzaines de noix et un pain de sucre que nous venons de lui envoyer.

LE SINGE avait eu d'abord le séduisant projet de faire un journal format *grand-aigle;* il avait même, sous le titre de *premier-forêt,* fait un premier-Paris très-ennuyeux, dans lequel il développait avec un grand talent toutes les questions, excepté celle du jour.

UN ANIMAL qui désire garder l'anonyme, rêvant déjà les succès de ces plumes courriéristes qui ont fait la gloire de certaines lettres de l'alphabet, J. J.—X—Y—Z, etc., etc., avait signé de ses initiales un feuilleton dans lequel il constatait les brillants débuts d'une SAUTERELLE incomparable dans un ballet nouveau.

L'ARAS BLEU, LE KAKATOÈS et LE COLIBRI s'étaient chargés de la correspondance étrangère et de l'importante partie des faits divers. Nous nous permettrons de citer une des nouvelles dont ces Oiseaux comptaient enrichir leur premier numéro : — UN CANARD nous écrit des bords de la Garonne : « Il n'est bruit dans nos marais que de la dispa-
« rition d'UNE JEUNE GRENOUILLE qui était chérie de toutes ses com-
« pagnes. Comme elle avait l'imagination fort exaltée, on craint qu'elle
« n'ait attenté à ses jours. On s'épuise en conjectures sur les causes qui
« auraient pu la pousser à cette fatale extrémité. »

L'Oiseau Moqueur avait demandé la permission de terminer régulièrement le journal par une série de calembours qu'il aurait *spirituellement* intitulés : *les étonnantes Réparties du Coq à l'Ane.*

Le journal aurait été un journal sans annonces. Le Dindon, voulant s'assurer la propriété d'une idée aussi neuve, se disposait à prendre un brevet d'invention qui lui en réservât le monopole; mais le Loup-Cervier (qui devait faire la Bourse) l'en détourna, en lui représentant que cette précaution serait superflue, et qu'il ne trouverait point d'imitateurs.

Il ne restait plus guère à trouver qu'un titre et un gérant, et l'affaire eût été définitivement constituée, si le Renard, qui est de bon conseil, et le Lièvre, qui est moins brave que César, n'eussent reculé devant les difficultés de cette entreprise. Le Renard fit observer très-sagement qu'ils tomberaient infailliblement des hauteurs de la philosophie, de la science et de la morale, dans les misères de la politique quotidienne; que tout n'était pas roses dans le métier de journaliste; qu'ils auraient affaire à de belles petites lois, au bout desquelles se trouvent l'amende et la prison; qu'ils se feraient beaucoup d'ennemis et peu d'abonnés; qu'ils auraient à payer des droits de timbre exorbitants, et de plus un gros cautionnement à fournir; que leur capital y passerait; que le prix du moindre journal était tel, que de pauvres Animaux qui ne roulent ni sur l'or ni sur l'argent, les Rats, par exemple, ne sauraient faire les frais d'un abonnement; que la condition de toute entreprise qui veut devenir utile et populaire, et atteindre les masses pour les éclairer, c'est le bon marché; qu'enfin les journaux passent et que les livres restent (au moins en magasin).

Ces raisons et bien d'autres avaient fait passer à l'ordre de la nuit sur l'incident qui n'avait pas été autrement discuté.

Du reste, cette mémorable conspiration fut conduite avec tant d'adresse et de bonheur, que, le lendemain, Paris, M. le Préfet de police et les gardiens du Jardin des Plantes se réveillèrent, après avoir dormi du soir au matin, comme si rien d'extra-

ordinaire n'avait pu se passer dans cette nuit désormais acquise à l'histoire des révolutions animales, à laquelle elle devait fournir une de ses pages les plus merveilleuses.

(PAR ESTAFETTE.)

Quelques minutes après la visite de messieurs les Délégués, un PIGEON VOYAGEUR apporta aux éditeurs des *Scènes de la vie privée et publique des Animaux* la lettre circulaire ci-dessous, qu'il avait ordre de faire publier et distribuer immédiatement.

MM. LE SINGE ET LE PERROQUET,

Rédacteurs en chef,

A TOUS LES ANIMAUX.

« Mon cher et futur collaborateur,

« Nous croyons devoir vous adresser l'arrêté de la commission
« chargée de veiller plus particulièrement à la rédaction.

« Dans l'intérêt moral et matériel de la publication que nous entre-
« prenons en commun, il est recommandé à messieurs les Animaux
« Rédacteurs de formuler leurs opinions avec une telle mesure et une
« telle impartialité, que, tout en y trouvant d'utiles conseils, des cri-
« tiques méritées et sévères, les Animaux de tout âge, de tout sexe, de
« toute opinion, y compris les Hommes, n'y puissent rien rencontrer
« qui soit contraire aux lois imprescriptibles de la morale et des conve-
« nances.

« En conséquence, il a été arrêté que tout article empreint de ce
« caractère de violence et de méchanceté qui a quelquefois déshonoré les
« œuvres de la Presse parmi les Hommes, et qui répugne aux cœurs
« bien placés comme aux organisations délicates, serait renvoyé à son
« auteur, dont le nom cesserait dès lors de figurer sur la liste de nos
« collaborateurs.

« *N. B.* — Le comité de rédaction a dû s'adjoindre, à titre de
« correcteurs d'épreuves seulement, quelques HOMMES fort au courant de
« cette pénible besogne, et que leur misanthropie recommandait d'ailleurs
« entre tous à la bienveillance de l'espèce animale.

« Fait au Jardin des Plantes, à Paris. »

Sur la recommandation de messieurs les Rédacteurs en chef, la distribution de cette pièce importante a été confiée à un Corbeau, très-entendu, qui a organisé pour la circonstance *un Office de Publicité* qui dépasse tout ce que l'industrie des Hommes avait imaginé en ce genre. Cet intelligent Oiseau s'est chargé également de l'envoi des prospectus et des livraisons à domicile pour Paris, les départements et l'étranger : les Canards qu'il a enrôlés défieraient les plus intrépides de nos crieurs patentés, ils ne craignent ni le vent ni la pluie ; et le moindre de ses Chiens courants laisserait loin derrière lui le plus agile des facteurs de l'administration des postes. Grâce à ses Pigeons voyageurs, les abonnés de tous les pays recevront leurs livraisons avec une promptitude que l'estafette la plus vantée ne saurait atteindre, et les abonnés des campagnes seront servis avec autant d'exactitude que les abonnés des villes. Des affiches seront, par ses ordres, apposées sur tous les murs dans les quatres parties du monde, sur la fameuse muraille de la Chine elle-même. Messieurs les Rédacteurs espèrent pouvoir compter parmi leurs souscripteurs tous les Animaux et tous les Hommes sincères qui désirent faire preuve d'impartialité, et qui ne redoutent aucune des vérités qui sont bonnes à dire.

P.-J. Stahl.

Voilà ce qui vient de paraître! — 10 centimes la livraison.
Histoire des bêtes à l'usage des gens d'esprit...

HISTOIRE
D'UN LIÈVRE

SA VIE PRIVÉE
PUBLIQUE ET POLITIQUE

ÉCRITE SOUS SA DICTÉE PAR UNE PIE, SON AMIE.

Quelques mots de madame la Pie à MM. LE SINGE et LE PERROQUET, Rédacteurs en chef.

MESSIEURS, il a été proclamé par l'Assemblée, dont les délibérations ont eu pour résultat cette publication, que si le droit de parler pouvait nous être refusé, il nous serait du moins permis d'écrire.

Avec votre permission, illustres Directeurs, j'ai donc écrit.

Dieu merci, la plume est une arme courtoise, elle égalise les forces, et j'espère prouver un jour qu'*entre les mains* d'une Pie intelligente cette arme n'a pas moins de valeur qu'entre les griffes d'un Loup ou les pattes d'un Renard.

Pour le moment, il ne s'agit ni de moi ni de mesdames les Oies, les Poules et les Grues, qu'un orateur à la fois spirituel et profond, à la fois juge et partie, a si vertueusement renvoyées à leur ménage[1], et je me bornerai à vous raconter l'*Histoire d'un Lièvre* que ses malheurs ont rendu célèbre parmi les Bêtes et parmi les Hommes, à Paris et dans les champs.

Croyez, Messieurs, que si je me décide, dans une question qui ne m'est point personnelle, à rompre avec les habitudes de silence et de discrétion dont on sait que je me suis toujours fait une loi, c'est qu'il m'eût été impossible de m'y refuser sans manquer aux obligations les plus ordinaires de l'amitié.

---

[1] Ceux de MM. nos souscripteurs qui n'ont point encore oublié que les dames ne purent être admises à se faire entendre dans notre Assemblée générale, trouveront sans doute tout naturel qu'une dame ait été des premières à nous écrire. Nous espérons que notre empressement à publier la lettre de madame la Pie effacera les impressions fâcheuses que paraissent avoir laissées dans son esprit certaines parties du discours du Renard (voir le Prologue). Par une réserve dont chacun appréciera le difficile mérite et le rare bon goût, l'auteur s'est modestement effacé toutes les fois qu'il l'a fallu absolument dans le récit des aventures de son héros.

NOTE DES RÉDACTEURS.

I

Où la Pie essaye d'entrer en matière. — Quelques réflexions philosophiques et préliminaires du Lièvre, héros de cette histoire. — La dernière chasse d'un Roi. — Notre héros est fait prisonnier. — Théorie des Lièvres sur le courage.

Je m'étais, un soir de cette semaine, oubliée sur un monceau de pierres, et je méditais les derniers vers d'un poëme en douze chants que je consacre à la défense des droits méconnus de notre sexe, quand je vis accourir entre les deux raies d'un pré un Levraut de ma connaissance, arrière-petit-fils du héros de mon histoire.

« Madame la Pie, me cria-t-il tout haletant, grand-père est là-bas au coin du bois, et il m'a dit : Va chercher bien vite notre amie la Pie… et je suis venu.

— Tu es un bon petit enfant, lui répondis-je en lui donnant sur la joue un coup d'aile amical; c'est bien de faire comme cela les commissions à son grand-père. Mais si tu cours toujours si vite, tu finiras par te rendre malade.

— Ah! me répondit-il en me regardant tristement, je ne suis pas malade, moi, c'est grand-père qui l'est! le Lévrier du garde champêtre l'a mordu… c'est ça qui fait peur. »

Il n'y avait pas de temps à perdre; en deux sauts je fus auprès de mon malheureux ami, qui me reçut avec cette cordialité qui est la politesse des bons Animaux.

Sa patte droite était supportée par une écharpe faite à la hâte de deux brins de jonc; sa pauvre tête, sur laquelle on avait appliqué quelques compresses de feuilles de dictame qu'une Biche compatissante lui avait procurées, était entourée d'un bandeau qui lui cachait un œil : le sang coulait encore.

A ce triste spectacle, je reconnus les Hommes et leurs funestes coups.

« Ma chère Pie, me dit le vieillard, dont le visage, empreint d'un caractère de tristesse et de gravité inaccoutumée, n'avait cependant rien perdu de son originelle simplicité, on ne vient pas au monde pour être heureux.

— Hélas! lui répondis-je, cela se voit bien.

— Je sais, continua-t-il, qu'on doit avoir toujours peur, et qu'un

Lièvre n'est jamais sûr de mourir tranquillement dans son gîte; mais, vous le voyez, je puis moins qu'un autre compter sur ce qu'on est convenu d'appeler une belle mort : la campagne s'annonce mal, me voilà borgne peut-être, et pour sûr estropié; un Épagneul viendrait à bout de moi. Ceux des nôtres qui voient tout en beau, et qui s'entêtent à penser que la chasse ferme quelquefois, veulent bien convenir qu'elle ouvrira dans quinze jours; je crois que je ferai bien de mettre ordre à mes affaires et de léguer mon histoire à la postérité pour qu'elle en profite, si elle peut. A quelque chose malheur doit être bon. Si Dieu m'a accordé la grâce de retrouver ma patrie, après m'avoir fait vivre et souffrir parmi les Hommes, c'est qu'il a voulu que mes infortunes servissent d'enseignement aux Lièvres à venir. Dans le monde on se tait sur bien des choses par prudence et par politesse; mais, devant la mort, le mensonge devenant inutile, on peut tout dire. D'ailleurs, j'avoue mon faible : il doit être agréable de laisser après soi un glorieux souvenir, et de ne pas mourir tout entier; qu'en pensez-vous? »

J'eus toutes les peines du monde à lui faire entendre que j'étais de son avis, car il avait gagné dans ses rapports avec les Hommes une surdité d'autant plus gênante, qu'il s'obstinait à la nier. Que de fois n'ai-je pas maudit cette infirmité, qui le privait du bonheur d'écouter! Je lui criai dans les oreilles qu'on était toujours bien aise de se survivre dans ses œuvres, et que, devant une fin presque certaine, il devait être en effet consolant de penser que la gloire peut remplacer la vie, qu'en tout cas cela ne pouvait pas faire de mal.

Il me dit alors que son embarras était grand, que sa maudite blessure l'empêchait d'écrire, puisqu'il avait précisément la patte droite cassée; qu'il avait essayé de dicter à ses enfants, mais que les pauvres petits ne savaient que jouer et manger; qu'un instant il avait eu l'idée de faire apprendre par cœur son histoire à l'aîné, et de la transmettre ainsi à l'état de Rapsodie aux siècles futurs, mais que l'étourdi n'avait jamais manqué de perdre la mémoire en courant. « Je vois bien, ajouta-t-il, qu'on ne peut guère compter sur la tradition orale pour conserver aux faits leur caractère de vérité; je n'ai pas envie de devenir un mythe comme le grand Vichnou, Saint-Simon, Fourrier, etc.; vous êtes lettrée, ma bonne Pie, veuillez me servir de secrétaire, mon histoire y gagnera. »

Je cédai à ses instances, et je m'apprêtai à écouter. Les discours des vieillards sont longs, mais il en ressort toujours quelque utile enseignement.

Voulant donner de la solennité à cet acte, le plus important et le dernier peut-être de sa vie, mon vieil ami se recueillit pendant cinq minutes, et, se souvenant qu'il avait été un Lièvre savant, il jugea à propos de commencer par une citation. (Il tenait cette manie des citations d'un vieux comédien qu'il avait connu à Paris.) Il emprunta donc son exorde à un auteur tragique auquel les Hommes s'accordent enfin à trouver quelque mérite, et commença en ces termes :

« Approchez, mes enfants, enfin l'heure est venue
Qu'il faut que mon secret éclate à votre vue. »

Ces deux vers de Racine, qu'un nommé Mithridate adresse à ses enfants dans une circonstance qui n'est pas analogue, et la belle déclamation du narrateur, produisirent le plus grand effet.

L'aîné quitta tout pour venir se placer respectueusement sur les genoux de son grand-père; le cadet, qui aimait passionnément les contes, se tint debout et ouvrit les oreilles; et le plus jeune s'assit par terre en grugeant par la tige un brin de trèfle.

Le vieillard, satisfait de l'attitude de son auditoire, et voyant que je l'attendais, continua ainsi :

« Mon secret, mes enfants, c'est mon histoire. Qu'elle vous serve de leçon, car la sagesse ne vient pas à nous avec l'âge, il faut aller au-devant d'elle.

J'ai dix ans bien comptés; je suis si vieux, que de mémoire de Lièvre il n'a été donné de si longs jours à un pauvre Animal. Je suis venu au monde en France, de parents français, le 1er mai 1830, là tout près, derrière ce grand chêne, le plus beau de notre belle forêt de Rambouillet, sur un lit de mousse que ma bonne mère avait recouvert de son plus fin duvet.

Je me rappelle encore ces belles nuits de mon enfance, où j'étais ravi d'être au monde, où l'existence me semblait si facile, la lumière de la lune si pure, l'herbe si tendre, le thym et le serpolet si parfumés!

S'il est des jours amers, il en est de si doux!

J'étais alerte alors, étourdi, paresseux comme vous; j'avais votre âge, votre insouciance et mes quatre pattes; je ne savais rien de la vie, j'étais heureux, oui, heureux! car vivre et savoir ce que c'est que l'existence d'un Lièvre, c'est mourir à toute heure, c'est trembler toujours. L'expérience n'est, hélas! que le souvenir du malheur.

Je ne tardai pas, du reste, à reconnaître que tout n'est pas pour le mieux en ce triste monde, que les jours se suivent et ne se ressemblent pas.

Un matin, dès l'aurore, après avoir couru à travers ces prés et ces guérets, j'étais sagement revenu m'endormir près de ma mère, comme le devait faire un enfant de mon âge, quand je fus réveillé soudain par deux éclats de tonnerre et par d'horribles clameurs... Ma mère était à deux pas de moi, mourante, assassinée!... « Sauve-toi, me cria-t-elle encore, sauve-toi! » et elle expira. Son dernier soupir avait été pour moi.

Il ne m'avait fallu qu'une seconde pour apprendre ce que c'était qu'un fusil, ce que c'était que le malheur, ce que c'était qu'un Homme. Ah! mes enfants, s'il n'y avait pas d'Hommes sur la terre, la terre serait le paradis des Lièvres : elle est si bonne et si féconde! il suffirait de savoir où l'eau est la plus pure, le gîte le plus silencieux, les plantes les plus salutaires. Quoi de plus heureux qu'un Lièvre, je vous le demande, si, pour nos péchés, le bon Dieu n'avait imaginé l'Homme?

Mais, hélas, toute médaille a son revers, le mal est toujours à côté du bien, l'Homme est toujours à côté de l'Animal.

— Croiriez-vous, me dit-il, ma chère Pie, que j'ai vu dans des livres qui n'étaient pas écrits par des Bêtes, il est vrai, que Dieu avait créé l'Homme à son image? Quelle impiété!

— Dis donc, grand père, dit le plus petit, il y avait une fois dans

le champ là-bas deux petits Lièvres avec leur sœur, et puis il y avait aussi un grand méchant Oiseau qui a voulu les empêcher de passer : c'est-il cela un Homme?

— Tais-toi donc, lui répondit son frère, puisque c'était un Oiseau, c'était pas un Homme. Tais-toi : tu serais obligé de crier pour que papa t'entende; ça ferait du bruit, et nous aurions tous peur.

— Silence! s'écria le vieillard, qui s'aperçut qu'on ne l'écoutait plus. Où en étais-je? me demanda-t-il.

— Votre mère était morte, lui dis-je, en vous criant : Sauve-toi bien vite.

— Pauvre mère! reprit-il, elle avait bien raison : sa mort n'avait été qu'un prélude. C'était grande chasse royale. Toute la journée ce fut un carnage horrible : la terre était couverte de cadavres, on voyait du sang partout, sur les taillis dont les jeunes pousses tombaient coupées par le plomb, sur les fleurs elles-mêmes, que les Hommes n'épargnaient pas plus que nous, et qui périssaient écrasées sous leurs pieds. Cinq cents des nôtres succombèrent dans cette abominable journée! Comprend-on ces monstres qui croient n'avoir rien de mieux à faire que d'ensanglanter les campagnes, qui appellent cela s'amuser, et pour lesquels la chasse, l'assassinat, n'est qu'un délassement!

Du reste, ma mère fut bien vengée. Cette chasse fut la dernière des chasses royales, m'a-t-on dit. Celui qui la fit repassa bien une fois encore par Rambouillet, mais cette fois-là il ne chassait pas.

Je suivis les conseils de ma mère : pour un Lièvre de dix-huit jours je me sauvai très-bravement, ma foi; oui, bravement! Et si jamais vous vous trouvez à pareille affaire, ne craignez rien, mes enfants, sauvez-vous. Se retirer devant des forces supérieures, ce n'est pas fuir, c'est imiter les plus grands capitaines, c'est battre en retraite.

Je m'indigne quand je pense à la réputation de poltronnerie qu'on prétend nous faire. Croit-on donc qu'il soit si facile de trouver des *jambes* à l'heure du danger? Ce qui fait la force de tous ces beaux parleurs, qui s'arment jusqu'aux dents contre des Animaux sans défense, c'est notre faiblesse. Les grands ne sont grands que parce que nous sommes petits. Un écrivain de bonne foi, Schiller, l'a dit : S'il n'y avait pas de Lièvres, il n'y aurait pas de grands seigneurs.

Je courus donc, je courus longtemps; quand je fus au bout de mon haleine, un malheureux point de côté me saisit, et je m'évanouis. Je ne sais combien de temps cela dura : mais jugez de mon effroi, lorsque je me retrouvai, non plus dans nos vertes campagnes, non plus sous le ciel, non plus sur la terre que j'aime, mais dans une étroite prison, dans un panier fermé.

La fortune m'avait trahi! Pourtant, quand je m'aperçus que je n'étais pas encore mort, j'en fus bien aise; car j'avais entendu dire que la mort est le pire des maux, parce qu'elle en est le dernier; mais j'avais entendu dire aussi que les Hommes ne faisaient pas de prisonniers, et, ne sachant ce que j'allais devenir, je m'abandonnai à d'amères réflexions. Je me sentais ballotté par des secousses régulières très-incommodes, lorsque l'une d'elles, plus forte que les autres, ayant fait entr'ouvrir le couvercle de mon cachot, je pus m'apercevoir que l'Homme, au bras duquel il était suspendu, ne marchait pas, et que pourtant un mouvement rapide nous emportait. Vous qui n'avez rien vu encore, vous aurez peine à le croire; mais mon ravisseur était monté sur un Cheval! C'était l'Homme qui était dessus, c'était le cheval qui était dessous. Cela dépasse la raison animale. Que j'aie obéi plus tard à un Homme, moi, pauvre Lièvre, on le comprend. Mais qu'un Cheval, une créature si grande et si forte, qui a des sabots de corne dure, consente à se faire, comme le Chien, le domestique de l'Homme, et à le porter lâchement, voilà ce qui ferait douter des nobles destinées de l'Animal, si l'espoir d'une vie future ne venait nous soutenir, et si, du reste, le doute changeait quelque chose à l'affaire.

Mon ravisseur était un des laquais du roi. »

II

Où il est question de la révolution de Juillet et de ses fatales conséquences. — Utilité des arts d'agrément.

Après quelques instants de silence, mon vieil ami, que ce retour sur le passé avait vivement impressionné, hocha la tête et reprit avec plus de calme le fil de sa narration :

« Je n'essayai point de résister.

Il est des contre-temps qu'il faut qu'un sage essuie.

Chez les Hommes tout le monde est plus ou moins domestique, il n'y a de différence que dans la façon d'obéir; une fois entré dans les horreurs de la vie civilisée, je dus en accepter les obligations. Le valet d'un roi devint donc mon maître.

Par bonheur sa petite fille, qui m'avait pris pour un Chat, se déclara mon amie. Il fut résolu que je ne serais pas tué, parce que j'étais trop petit, parce qu'il ne manquait pas dans les cuisines de la cour et aux tables royales de Lièvres plus gros que moi, et parce que ma maîtresse me trouvait gentil. Pour les petites filles, la gentillesse consiste à se laisser tirer les oreilles et à montrer une patience d'ange. Je fus touché de la bonté de ma maîtresse. Les Femmes valent mieux que les Hommes, elles ne vont point à la chasse.

Assuré de la vie, et prisonnier sur parole, on ne me chargea pas de chaînes.

J'aurais pris mon mal en patience si j'avais pu m'évader, et je l'aurais fait certainement si je n'avais craint l'impitoyable baïonnette
De la garde qui veille aux barrières du Louvre.

Dans cette petite chambre, située à Paris sous les combles mêmes des Tuileries, j'arrosai bien souvent de mes larmes le pain qu'on me donnait par miettes et qui n'avait aucun rapport, je vous le jure, avec les herbes bienfaisantes que la terre produit pour nous. Le triste logement qu'un palais quand on n'en peut sortir à son gré! Les premiers jours j'essayai de me distraire en me mettant à la fenêtre; mais souvent on essaye d'être content, et on ne peut pas; il n'y a que ceux qui sont bien qui ne veulent pas changer de place. J'en vins à prendre en horreur cette vue monotone.

Que n'aurais-je pas donné pour une heure de liberté et pour un brin de serpolet! J'eus cent fois la tentation de me précipiter du haut de cette belle prison pour aller vivre libre dans les herbes ou mourir. Croyez-moi, mes enfants, le bonheur n'habite pas au-dessus des lambris dorés.

Mon maître, qui, en sa qualité de valet de cour, n'avait pas grand'-chose à faire, et qui trouvait sans doute à son point de vue humain mon éducation fort imparfaite, s'avisa de vouloir la compléter. Il me fallut apprendre alors (Dieu sait ce qu'il m'en coûta) une foule d'exercices plus déshonorants et surtout plus difficiles les uns que les autres. O honte! je sus bientôt faire le mort et faire le beau au moindre signe comme un Caniche. Mon tyran, encouragé par la déplorable facilité que je devais à la rigueur de sa méthode, voulut joindre à cette partie plus sérieuse de son enseignement ce qu'il nommait un art d'agrément, et me donna de si terribles leçons de musique, que, malgré mon horreur pour le bruit, je fus en moins de rien en état de battre un roulement très-passable sur le tambour, et forcé d'exercer ce nouveau talent toutes les fois qu'un des membres de la famille royale sortait du château.

Un jour, c'était un mardi, le 27 juillet 1830 (je n'oublierai jamais cette date-là), le soleil brillait de tout son éclat; je venais de battre aux champs pour monseigneur le duc d'Angoulême, qui allait toujours se promener, et j'avais encore les nerfs tout agacés par le contact de la peau de l'horrible instrument, une peau d'Ane! quand tout à coup, et pour la seconde fois de ma vie, j'entendis retentir des coups de fusil qui semblaient se tirer tout près des Tuileries, du côté du Palais-Royal, m'a-t-on dit.

Grand Dieu, pensai-je, des Lièvres infortunés auraient-ils eu l'impru-dence de se hasarder dans ces rues de Paris où il y a autant d'Hommes que de Chiens et de fusils? Et l'affreux souvenir de la chasse de Rambouillet me glaça d'effroi. Décidément, pensai-je, il faut qu'à une époque antérieure les Hommes aient eu à se plaindre des Lièvres, car un pareil acharnement ne peut s'expliquer que par un légitime besoin de vengeance; et, me tournant vers ma maîtresse, j'implorai du regard sa protection. Je vis alors sur sa figure une épouvante égale à la mienne. Déjà je me disposais à la remercier de la pitié que semblait lui inspirer le malheur de mes frères, quand je m'aperçus que sa frayeur était toute personnelle et qu'elle songeait beaucoup à elle-même et fort peu à nous.

Ces coups de fusil, dont chaque détonation me faisait figer le sang dans les veines, les Hommes ne les tiraient pas sur des Lièvres, mais bien sur d'autres Hommes. Je me frottai les yeux, je me mordis les pattes jusqu'au sang pour m'assurer que je ne rêvais pas et que j'étais éveillé : je puis dire comme Orgon, que je l'ai vu,

> . . . . . . de mes propres yeux vu,
> Ce qu'on appelle vu.

Le besoin que les Hommes ont de chasser est si grand, qu'ils aiment mieux se tuer que de ne rien tuer du tout.

— Ce que vous me contez là n'a rien d'étonnant, lui dis-je. Combien de fois, à la nuit tombante, n'ai-je pas eu à essuyer le feu des chasseurs dont la manie est de décharger sur nous autres Pies leur dernier coup de fusil, pour ne pas perdre leur poudre ! disent-ils ; et pourtant nous ne passons pas pour être bonnes à manger. Les lâches !

— Ce qu'il y a de plus singulier, reprit mon vieil ami, qui me témoigna par un geste significatif que j'avais bien raison, c'est qu'au lieu d'en rougir les Hommes sont très-fiers de ces luttes contre nature. Il paraît que parmi eux les choses ne vont bien que quand le canon s'en mêle, et que les époques où il y a beaucoup de sang répandu sont, dans leurs fastes, des époques à jamais mémorables.

Je n'entreprendrai pas de vous faire l'historique de ces journées; quoique tout n'ait pas encore été dit sur la révolution de Juillet, ce n'est pas à un Lièvre qu'il appartient de s'en faire l'historien.

— Qu'est-ce que c'est qu'une révolution de Juillet ? demanda le petit Lièvre, qui, de même que tous les enfants, n'écoutait que par intervalles, quand par hasard un mot le frappait.

— Veux-tu bien te taire, lui répondit son frère, tu n'écoutes donc pas; grand-père vient de nous dire que c'est un moment où tout le monde a joliment peur.

— Je me contenterai de vous apprendre, continua le narrateur, que ce petit incident n'avait pas frappé, que, durant trois mortelles journées, j'eus les oreilles déchirées par le roulement du tambour, par le fracas du canon et par le sifflement des balles, auxquels succédait un bruit lugubre et sourd qui pesait sur tout Paris. Pendant que le peuple se battait et se barricadait dans les rues, la cour était à Saint-Cloud ; je ne sais ce qu'elle y faisait : quant à nous, nous passions dans les Tuileries une nuit bien désagréable : les nuits n'ont pas de fin quand on a peur. Le lendemain 28, la fusillade recommença de plus belle, et je sus qu'on avait pris et repris l'Hôtel de Ville. J'en aurais fait mon deuil si j'avais pu m'en aller comme la cour, mais il n'y fallait pas songer. Le 29, dès le matin, des cris furieux se firent entendre sous les fenêtres du château, le canon tonnait. — C'en est fait! s'écria ma maîtresse, pâle d'effroi, le Louvre est pris ; et, emportant dans ses bras sa fille qui pleurait, elle s'enfuit éperdue : il était onze heures.

Quand elle fut partie, je réfléchis qu'à la vérité j'étais seul et sans défense, mais qu'aussi j'étais sans ennemis, et le courage me revint. Que les Hommes s'entr'égorgent, pensai-je, c'est leur affaire, les Lièvres n'y perdront rien. La chambre sous le lit de laquelle j'étais parvenu à me retrancher fut occupée pendant quelques heures par des soldats rouges qui tirèrent par la fenêtre un bon nombre de coups de fusil, en criant avec un accent étranger : Vive le roi ! Criez, leur disais-je, criez ; on voit bien que vous n'êtes pas des Lièvres, et que ce roi n'a pas été à la chasse dans vos guérets. Bientôt je ne vis plus de soldats, ils avaient disparu : un pauvre homme, un sage sans doute, qui semblait n'avoir aucun goût pour la guerre, vint se réfugier dans ma retraite abandonnée, et se cacha philosophiquement dans une armoire, où il fut bientôt découvert et bafoué par des gens qui remplirent en un instant la chambre. Ceux-là n'avaient pas d'uniformes, leur toilette était même négligée. Ils fouillèrent partout en criant : Vive la liberté ! comme s'ils avaient espéré la trouver dans ma mansarde des Tuileries. Il paraît que, parmi les Hommes, la liberté est la reine de ceux qui ne veulent pas de roi. Pendant que l'un d'entre eux arborait à la fenêtre un drapeau qui n'était pas blanc, les autres chantaient avec ferveur un beau chant dont j'ai retenu ces paroles :

> Allons, enfants de la patrie,
> Le jour de gloire est arrivé.

Quelques-uns étaient noirs de poudre et paraissaient s'être battus aussi bien que si on les eût payés pour cela. Comme ils ne cessaient de crier ;

Vive la liberté! je pensai que ces malheureux, avant d'être les plus forts, avant d'avoir pu se donner la joie de se garder eux-mêmes et de s'organiser en patrouilles volontaires, avaient sans doute été enfermés

comme moi dans des paniers, ou emprisonnés dans de petites chambres, et forcés peut-être de faire du bruit sans rime ni raison en l'honneur du roi. Les faibles se laissent mettre le couteau sur la gorge, mais c'est toujours à charge de revanche.

O puissance magnétique de l'enthousiasme! Je fis trois pas vers ces

Hommes, nos ennemis, et j'eus envie de crier comme eux : Vive la liberté ! mais je me dis : A quoi bon ?

Pendant ces trois journées, le croiriez-vous, ma chère Pie ? douze cents Hommes furent tués et enterrés.

— Bah ! lui dis-je, on enterre les morts, mais on n'enterre pas les idées.

— Hum, me répondit-il.

Le lendemain je vis revenir mon maître, qui ne s'était pas montré depuis vingt-quatre heures ; il était bien changé, il avait retourné son habit, ce qui ne lui avait pas servi à grand'chose, et portait sur son épaule un flot de rubans aux trois couleurs.

J'appris, en l'écoutant causer avec sa femme, que j'avais vu de belles choses, que tout était perdu, qu'il n'y avait plus de roi, ni de domestiques de roi, qu'on parlait déjà de s'en passer, que Charles X était sorti pour ne plus rentrer, qu'il fallait bien se garder de prononcer son nom, que la situation était embarrassante, qu'on ne savait pas comment tout cela tournerait, que pour le moment il fallait faire ses paquets et déménager au plus vite, qu'ils étaient ruinés, etc., etc.

Bon, pensai-je, quoi qu'il arrive, j'y aurai toujours gagné de ne plus demeurer dans un palais et de ne plus battre du tambour.

Hélas ! mes pauvres petits, le Lièvre propose, mais l'Homme dispose. Si jamais vous voyez une révolution, vous promît-on monts et merveilles, tremblez. Cette révolution, de laquelle j'avais tant espéré, de laquelle, en tout cas, j'étais bien innocent, ne fit qu'empirer mon triste sort. Au bout d'un mois, mon maître, de plus en plus ruiné, toujours sans place et sans pain, vit la misère approcher. La misère est pour les Hommes ce que l'hiver est pour les Lièvres quand il gèle à pierre fendre et que la terre est nue. Un jour sa femme pleurait, son enfant pleurait, nous pleurions tous : nous avions tous faim ! (Si les riches croyaient à l'appétit des pauvres, ils auraient peur d'être dévorés par eux.) Je vis avec effroi mon maître désespéré fixer sur moi des regards qui me parurent féroces. Homme affamé n'a point d'entrailles. Jamais Lièvre ne courut plus grand danger. Dieu vous garde, enfants, d'avoir jamais la perspective de devenir un civet.

— Qu'est-ce que c'est qu'un civet ? demanda le petit Lièvre, qui décidément était un intrépide questionneur.

— Un civet, répondit le vieillard, c'est un Lièvre *coupé par morceaux* et cuit dans une casserole. Buffon a écrit des Lièvres : « Leur « chair est excellente, leur sang même est très-bon à manger, *c'est le plus doux de tous les sangs.* » Cet Homme, qui, entre autres contes à dormir debout, prétend que nous dormons les yeux ouverts, a dit ailleurs que le style était l'Homme ; j'en conclus qu'il dut être un monstre de cruauté. »

A cette réponse du vieillard, l'auditoire parut frappé de stupeur ; le silence devint si grand, qu'on entendait l'herbe pousser.

« On ne me fera jamais croire, s'écria le vieux Lièvre, que le souvenir de cette époque de sa vie avait singulièrement ému, que le Lièvre ait été créé pour être mis à la broche, et que l'Homme n'ait rien de mieux à faire que de manger les autres animaux, ses frères.

Il fut donc question de m'immoler ce jour-là. Mais ma maîtresse fit observer que j'étais trop maigre.

Je ne connus qu'alors le bonheur d'être maigre, et je rendis grâce à la misère qui avait daigné ne me laisser que la peau et les os.

La petite fille parut comprendre tout ce que la question avait de gravité pour moi et pour ses plaisirs ; et quoiqu'elle n'aimât guère le pain sec, elle eut la générosité de s'opposer au meurtre qu'on préméditait. Pour la seconde fois je lui dus la vie. — Si on le tue, dit-elle en pleurant à chaudes larmes, cela lui fera du mal ; il ne pourra plus faire le mort, ni faire le beau, ni battre du tambour.

— Parbleu ! s'écria mon maître en se frappant le front, cette petite fille me donne une idée, et je crois bien que nous sommes sauvés. Quand nous étions riches, mon Lièvre faisait de la musique pour notre plaisir à tous et pour le sien, il en fera maintenant pour de l'argent.

Il avait raison. Ils étaient sauvés, et pour mon malheur je fus leur sauveur. Tel que vous me voyez, à partir de ce jour, mon travail nourrit un homme, une femme et un enfant. »

III

*Vie publique et politique. — Ses maîtres tombent à sa charge.
La gloire n'est que fumée.*

« Mais pour qui diable mon maître veut-il que je batte aux champs?
me disais-je. Qu'est-ce qui peut donc être entré aux Tuileries après ce

qui s'y est passé? Je sus plus tard qu'à l'exception du roi rien n'était changé dans mon ancienne demeure; que le beau monde n'avait pas cessé de s'y montrer, et les enfants d'y jouer avec les Poissons rouges.

Le soir même, je connus mon sort : je ne devais plus retourner dans ma royale mansarde. Mon maître dressa, dans les Champs-Élysées, une petite baraque en plein vent, qui se composait de quatre planches entourées de toile grise; et là, sur des tréteaux, à la face du ciel et de la terre, moi, Animal né libre, et citoyen de la grande forêt de Rambouillet, je fus obligé de me donner en spectacle aux Hommes, mes persécuteurs, aux dépens de ma fierté, de ma timidité et de ma santé.

Je me rappelle encore les paroles que mon maître m'adressa quelques instants avant mon début dans cette carrière difficile.

— Bénis le ciel, me dit-il, qui, après t'avoir départi plus d'intelligence que la cervelle d'un Lièvre n'en comporte d'ordinaire, t'a donné un maître tel que moi. Je t'ai pendant longtemps logé, chauffé et nourri sans rétribution; le moment est venu pour toi de prouver à l'univers qu'avec les Lièvres un bienfait n'est jamais perdu. Tu n'étais qu'un paysan, tu es maintenant un Animal civilisé, et tu pourras te vanter d'avoir été le premier des Lièvres savants! Ces talents que, grâce à ma prévoyance, tu as acquis dans des temps meilleurs pour ton agrément, tu vas avoir l'occasion de les exercer d'une façon glorieuse et lucrative pour nous deux. Il est juste et il est d'usage parmi les Hommes qu'on recueille tôt ou tard le fruit de son désintéressement. Souviens-toi donc que dès aujourd'hui nos intérêts sont communs, que le public devant lequel tu vas paraître est un public français, dont la sévérité et le bon goût sont célèbres dans tous les pays, et qu'une chute serait d'autant plus impardonnable que, pour l'éviter, il te suffira de plaire à tout le monde. Songe que le rôle que tu vas jouer dans la société est un rôle important, et qu'il est toujours beau d'amuser un grand peuple. Provisoirement arrange-toi pour oublier jusqu'au nom de Charles X; il faut bien être un peu ingrat pour gagner sa pauvre vie dans les temps où nous sommes. Ainsi donc, attention! Il ne s'agit plus de battre le tambour à tort ou à travers; car, en matière politique, il n'est point de faute vénielle, et toute confusion est un crime. Reste bien dans ton rôle, le mien sera de faire la quête. Nous ne gagnerons pas des millions, mais les pauvres vivent à moins.

— Ah bien! me dis-je, voilà une admirable tirade et une prodigieuse explication. J'ai là un tyran bien naïf ou bien effronté. Ne jurerait-on pas, à l'entendre, que c'est moi qui l'ai supplié de me faire prisonnier, de m'arracher à mes campagnes, de m'apprendre à jouer la comédie et de me rendre le plus malheureux des Lièvres? Ne croirait-on pas que je dois lui savoir un gré infini de ne pas m'avoir tué toutes les fois qu'il lui a paru plus agréable et plus utile de me laisser la vie?

Malgré l'émotion inséparable d'un début, les miens furent brillants. Tout Paris voulut me voir. Mon répertoire varia à l'infini; pendant trois ans je battis aux champs, successivement pour l'École polytechnique, pour Louis-Philippe, pour Lafayette, pour Laffitte, pour dix-neuf ministres, pour la Pologne, et toujours pour Napoléon... le Grand.

J'appris, écrivez, ma chère Pie, c'est de l'histoire, j'appris à tirer le canon.

Dès le second coup j'étais aguerri.

— Je le crois bien, pensai-je, il était devenu sourd au premier.

— J'en tirai par la suite beaucoup plus que n'en ont tiré quelques hommes de guerre, gardes nationaux célèbres, dont l'histoire fera très-bien d'oublier les noms.

Pendant longtemps, par un bonheur incroyable, il ne m'arriva pas une seule fois de prendre un nom pour un autre et de m'abuser sur la valeur de ceux dont j'avais à constater la popularité; et pourtant les tentatives de séduction ne me manquèrent pas : plus d'une fois des spectateurs, qui pouvaient bien être des conspirateurs ou des agents de police déguisés en Hommes, me sollicitèrent de brûler de la poudre en l'honneur de Polignac, de Wellington, de Nicolas, et de beaucoup d'autres. Je sortis vainqueur de tous les piéges qui me furent tendus.

Mon maître, devenu mon compère, vantait partout ma probité et me déclarait incorruptible.

Pendant le cours de ma vie publique et politique, une seule question m'intéressa un instant. Ce fut la question d'Orient, question que la hardiesse de la diplomatie a pu résoudre enfin, à la satisfaction des Lièvres de tous les pays. En Orient, le Lièvre a été l'objet de l'attention particulière du législateur, qui défend de manger sa chair. Je suis donc de ceux qui ne redoutent nullement l'agrandissement de l'empire ottoman.

Mais hélas! tant va la cruche à l'eau qu'à la fin elle se casse. Une fois, après toute une journée de fatigues, je venais de donner la cinquantième représentation extraordinaire de la soirée, j'avais recueilli de nombreux applaudissements, et mon maître pas mal de gros sous; les deux chandelles qui éclairaient la scène tiraient à leur fin, je croyais ma journée bien finie, je dormais tout éveillé pour faire plaisir à M. de Buffon), quand mon tyran, sur la demande d'un parterre insatiable, annonça la cinquante et unième représentation extraordinaire de tous mes exercices. Je l'avoue, la patience m'échappa : on ne s'amuse jamais en amusant les autres; le feu me monta au cerveau, et quand je me retrouvai sur la planche maudite, j'avais déjà perdu la tête. Je crois me rappeler que je posai machinalement la patte sur la détente du pistolet.

— Feu pour Louis XVIII ! cria mon maître.

Je ne bougeai pas; mais, je l'avoue, je n'avais pas la conscience de ce que je faisais, et les bravos qui accueillirent mon noble refus furent des bravos volés. Quelques gros sous tombèrent dans le tambour de basque, que mon maître tendait avec persévérance aux spectateurs, qui ce jour-là n'en eurent pas pour leur argent.

— Feu pour Wellington ! — Nouveau silence, nouveaux applaudissements, nouveaux gros sous.

— Feu pour Charles X ! cria mon maître triomphant.

Je ne sais quel vertige s'empara de moi :

Le chien s'abat, le feu prend, le coup part.

— A bas le carliste ! hurla la foule indignée; à mort le carliste ! Moi, Lièvre de Rambouillet, carliste, était-ce croyable ? Mais le moyen de faire entendre raison à un public aveuglé par la passion !

En un clin d'œil mon théâtre, mon maître, la recette, les chandelles, et moi-même, tout fut bousculé, pillé, saccagé. Voilà bien les Hommes ! Saint-Augustin et Mirabeau ont eu raison de dire, chacun dans leur langage, qu'il n'y a qu'un pas du Capitole à la Roche, que la gloire n'est que fumée, et qu'il ne faut compter sur rien. Je me rappelai aussi les beaux vers d'Auguste Barbier sur la popularité. Heureusement la peur me rendit mes esprits et mon courage. A la faveur du tumulte, je cherchai mon salut dans la fuite.

J'étais à peine à cinquante pas du théâtre de ma gloire et de mon désastre, j'entendais encore les clameurs de la foule irritée, lorsqu'en voulant franchir d'un bond un des fossés qui bordent les Champs-Élysées je donnai de la poitrine dans de longues jambes qui semblaient fuir comme moi la bagarre. Mon élan était si rapide, et le choc fut si violent, que je roulai dans le fossé avec le malheureux propriétaire des jambes qui avaient embarrassé ma retraite. C'en est fait de moi, pensai-je, les Hommes sont pleins d'amour-propre, et celui-ci ne pardonnera jamais à un pauvre Lièvre l'humiliation d'une pareille culbute : il faut mourir ! »

IV

Qui se ressemble s'assemble. — Notre héros se lie d'amitié avec un employé subalterne du gouvernement. — La mort d'un pauvre. — Adieux à Paris.

« J'eus peine à en croire mes yeux. Cet homme dont je redoutais la colère était plus effrayé que moi-même, je m'aperçus qu'il tremblait de tous ses membres. Bon, me dis-je, mon étoile ne m'a pas encore abandonné ; ce vieux monsieur me paraît avoir les mêmes théories que moi sur le courage : entre gens qui ont peur, il doit être facile de s'entendre.

— Monsieur, lui dis-je, en adoucissant ma voix pour le rassurer, monsieur, je n'ai pas l'habitude d'adresser la parole à vos pareils ; mais si nous ne sommes pas frères d'origine, je vois à l'émotion que vous éprouvez que nous sommes frères par les sentiments ; vous avez peur, ne le niez pas : ce sentiment vous honore à mes yeux.

Une voiture passa en ce moment sur la route, et à la lueur des lanternes je reconnus dans l'Homme que j'avais eu le malheur d'entraîner dans ma chute une de mes vieilles connaissances, le sage méconnu de l'armoire des Tuileries, qui, depuis, était devenu le plus fidèle de mes spectateurs. S'il avait le corps d'un Homme, il y avait dans les traits de son visage je ne sais quel caractère d'honnêteté et de douceur qui semblait indiquer qu'à une époque fort éloignée sans doute il avait existé entre sa famille et la nôtre quelque lien de parenté. Il était pâle et tout effaré.

— Monsieur, lui dis-je encore, seriez-vous blessé ? Croyez que je suis au désespoir de ce qui vient d'arriver ; mais, vous le savez, on n'est pas maître de sa peur.

Il est probable qu'il me comprit, car je le vis se relever peu à peu.

Je restai devant lui sans faire un seul mouvement qui pût l'inquiéter, et sa joie fut grande quand il eut retrouvé en moi son acteur favori ; il me caressa d'une main, pendant que de l'autre il réparait minutieusement le désordre de sa toilette. La propreté est la parure du pauvre.

— La peur est pire que le mal, dit-il en se remettant sur ses pieds.

Ces paroles me parurent pleines de sens et de profondeur, et, cédant à la sympathie que pour la première fois je ressentais pour un Homme, j'avoue que, malgré mon amour pour la liberté, je me laissai emporter par celui-ci sans résistance.

Mon nouveau maître, ou plutôt mon ami, car il fut plutôt mon ami que mon maître, était bon, silencieux, modeste, employé subalterne dans

un ministère, et par conséquent fort pauvre. Il était voûté, moins par l'âge que par l'habitude qu'il avait dû contracter de saluer tout le monde, de ne jamais relever la tête devant ses supérieurs, et d'écrire du matin au soir. Après son fils, qui lui ressemblait en tout, ce qu'il aimait le plus au monde, c'était ce qu'il appelait son jardin, un peu de terre et quelques fleurs qui s'épanouissaient de leur mieux sur notre petite fenêtre, à laquelle le soleil daignait à peine envoyer quelques pâles rayons : à Paris, le soleil ne luit pas pour toutes les fenêtres.

— Mon cher monsieur, lui disait quelquefois un de nos voisins, qui, plus heureux que moi, s'était enrichi à jouer la comédie, vous n'arriverez jamais à rien, vous ne faites pas assez de bruit et vous êtes trop modeste; croyez-moi, défaites-vous de ces défauts-là. Quelque rôle qu'on joue dans le monde, il faut un peu brûler les planches. Que diable! j'ai été modeste comme vous, mais ce qui dégoûte de la modestie, c'est qu'on est toujours pris au mot; faites comme moi, grossissez votre voix, remuez les bras, et vous deviendrez chef d'emploi. Habileté n'est pas vice.

Hélas! on conseille le pauvre plutôt qu'on ne le secourt, et mon cher maître aimait mieux demeurer pauvre que de devenir habile, car l'habileté consiste trop souvent à tirer parti des circonstances et à exploiter son prochain.

Notre vie était très-régulière : de bonne heure le père allait à son bureau et le fils à l'école. Je restais seul à garder notre chambre, où je me serais fort ennuyé peut-être si, après les fatigues de ma vie des Champs-Élysées, le repos ne m'eût paru très-bon : le calme est le bonheur de ceux qui ne sont pas heureux. Après le travail de la journée, le repas nous réunissait. Nous vivions de bien peu. Je me rappelle que j'appréhendais d'avoir faim : les riches ne font que donner, mais les pauvres partagent; et je prenais à regret ma part du pain de mon bon maître. Sans la pauvreté, cette existence eût été supportable; mais souvent j'avais le chagrin de voir mon excellent maître revenir très-agité.

— Mon Dieu! répétait-il avec amertume, on parle encore d'un changement de ministère, si je perdais ma place, que deviendrions-nous? nous n'avons point d'argent. — Pauvre père! disait l'enfant dont les yeux se remplissaient toujours de larmes à cette nouvelle; quand je serai grand, j'en gagnerai de l'argent! — Tu n'es pas grand encore, lui répondait mon maître.

— Va voir le roi, lui dit une fois son fils, et dis-lui de te donner de l'argent, puisqu'il en a.

— Mon cher enfant, lui dit le vieillard en relevant la tête, il n'y a

7

que les mendiants qui vivent de leurs maux; d'ailleurs il paraît que le roi n'est pas si riche qu'il en a l'air, et puis, n'a-t-il pas ses pauvres, qui ont beaucoup de dépenses à faire?

Puisque les riches disent tous qu'ils ont des pauvres, pensai-je, pourquoi les pauvres n'ont-ils pas tous des riches? »

— Papa, dit ici le petit Lièvre, qui s'était glissé derrière son grand-père, et qui, résolu à obtenir une réponse, se mit à crier de toutes ses forces : Papa, tu dis toujours le roi et aussi les ministres. Qu'est-ce que cela veut donc dire, le roi et les ministres? Le roi, cela vaut-il encore mieux que les ministres?

— Tais-toi, petit, répondit le vieux Lièvre, dont ce dernier de ses enfants était le Benjamin; le roi, cela ne te regarde pas, cela ne regarde personne : on ne sait pas bien encore si c'est quelqu'un ou quelque chose, on n'est pas d'accord là-dessus. Quant aux ministres, ce sont des messieurs qui font perdre leur place aux autres, en attendant qu'ils perdent la leur. Es-tu content?

— Tiens, tiens, fit le petit Lièvre, et il se remit à écouter, fort satisfait, à ce que je pus voir, de l'explication que son grand-père lui avait donnée. Qu'on nie encore qu'il faille parler sérieusement à la jeunesse!

« Un jour, mon ami était parti à huit heures, et il était arrivé à son bureau le premier comme à l'ordinaire. Il apprit ce jour-là par le garçon, qui n'était pas fier, disait-il, et qui voulait bien causer avec lui (quelle misère!), que, dans la nuit, il avait été absolument nécessaire de faire de nouveaux ministres et de défaire les anciens. Le lendemain, avant de partir, il reçut une grande lettre cachetée de rouge, qui avait été apportée par un soldat. Il attendit pour l'ouvrir que son fils fût parti pour l'école. Après l'avoir regardée bien longtemps avec émotion, il se décida à l'ouvrir; après l'avoir lue, il se mit à genoux, et prononça bien souvent le nom du bon Dieu et de son petit garçon, et puis après il se coucha. Au bout de huit jours, il mourut, et il avait l'air bien malheureux en mourant.

Je le pleurai comme j'aurais pleuré un frère, et je ne l'oublierai jamais.

On vendit son lit, sa table et sa chaise, pour payer le médecin, le cercueil et le propriétaire, un Homme très-dur qui s'appelait M. Vautour; et puis on l'emporta. Son fils, qui n'avait plus rien, s'en alla tout seul derrière lui.

Cette chambre me parut si triste et si désolée, que je résolus de m'en aller aussi. D'ailleurs les Hommes ne laissent pas pousser l'herbe dans la chambre de leurs morts, et je n'avais pas envie de faire connaissance avec le nouveau locataire qui devait venir l'occuper dès le lendemain. Quand la nuit fut venue, je descendis tout doucement l'escalier. Je n'eus pas besoin de demander le cordon, car il n'y avait, dans notre maison, ni portier ni sentinelle : ce n'était pas comme dans mon premier logement des Tuileries.

Une fois dans la rue, je pris à gauche, et, en allant droit devant moi, je me trouvai je ne sais comment tout auprès des Champs-Élysées.

Je ne songeai point à m'y promener, et je me hâtai de mettre entre Paris et moi la barrière. Je passai fort lestement sous l'arc de triomphe de l'Étoile. Une fois là, je ne pus m'empêcher de jeter un regard de pitié sur cette ville immense dans laquelle je jurai bien de ne plus rentrer : j'en avais trop des plaisirs de la capitale! Dors! m'écriai-je, dors, mauvais gîte! dors, ô Paris! dans tes maisons malsaines; tu ne connaîtras jamais le bonheur de dormir à la belle étoile. »

V

Retour aux champs. — Les Hommes ne valent rien, mais les Bêtes ne valent pas davantage. — Un Coq, habitué de la barrière du Combat, provoque notre héros. — Duel au pistolet.

« J'arrivai bientôt dans un bois où ma poitrine se remplit d'un air pur; il y avait si longtemps que je n'avais vu le ciel tout entier, qu'il me sembla le voir pour la première fois. Je trouvai que la lune avait embelli. Les étoiles brillaient d'un si doux éclat, qu'elles me parurent plus jolies les unes que les autres. Il n'y a de vraie poésie qu'aux champs. Si Paris était à la campagne, les Hommes eux-mêmes s'y adouciraient.

Dès le matin, je fus réveillé par un bruit de ferraille : c'étaient deux messieurs qui se battaient à grands coups d'épée. Je crus qu'ils s'allaient tuer, mais ils finirent par se prendre bras dessus, bras dessous, quand l'appétit leur fut venu. A la bonne heure, me dis-je, voilà des gens raisonnables. Après ceux-là, il en vint d'autres qui se livrèrent avec plus ou moins de résolution au même exercice, et je vis bien que ce que j'avais pris pour un bois n'était qu'une promenade. Cela ne faisait pas mon affaire : pour moi, ce qui constitue la campagne, c'est l'absence des Hommes; je fis donc mes adieux au bois de Boulogne, et je repris ma course. Tout près d'un village qu'on appelle Puteaux, j'aperçus un Coq. Mes yeux, las de voir des messieurs et des dames, s'arrêtèrent avec complaisance sur cet Animal.

C'était un Coq de la plus belle espèce; il était haut en *jambes* et se cambrait en marchant comme un Coq qui ne veut rien perdre des avantages de sa taille : il y avait dans toute sa tenue quelque chose de martial qui me rappela les militaires français que j'avais vus souvent se presser autour de mon théâtre des Champs-Élysées.

— Par ma crête ! me dit-il tout d'un coup, il y a longtemps que vous me regardez. Pour un Lièvre, je vous trouve bien impertinent.

— Quoi ! lui répondis-je, est-il défendu de trouver que vous êtes un bel oiseau ? j'arrive de Paris, où je n'ai vu que des Hommes, et je suis heureux de voir enfin un Animal.

Ma réponse était fort simple, je pense ; il trouva pourtant moyen de s'en offenser.

— Je suis le Coq du village, s'écria-t-il, et il ne sera pas dit qu'un méchant Lièvre m'aura insulté impunément !

— Vous m'étonnez, lui dis-je, je n'ai point voulu vous insulter ; je suis fort doux et n'aime point les querelles : je vous offre mes excuses.

— J'ai bien affaire de tes excuses ! me répliqua-t-il ; toute insulte doit être lavée dans le sang; il y a longtemps que je ne me suis battu, et je ne serais pas fâché de te donner une leçon de savoir vivre. Tout ce que je puis faire, c'est de te laisser le choix des armes.

— Moi, me battre! lui dis-je, y pensez-vous? j'aimerais mieux mourir! Apaisez-vous, je vous prie, et veuillez me laisser passer : je m'en vais à Rambouillet, où j'espère encore retrouver quelques vieilles connaissances.

— Nous sommes loin de compte, me répondit-il; entre gens qui se respectent, les choses ne se passent point ainsi. Nous nous battrons, et, si tu refuses, je te battrai. Tiens, ajouta-t-il en me montrant un Bœuf et un Chien qui venaient de notre côté, voilà notre affaire, nos témoins sont trouvés. Suis-moi, et n'essaye pas de te sauver : j'ai l'œil sur toi.

Il n'y avait pas à répliquer, et la fuite était impossible. J'obéis.

— Tous les Animaux sont frères, dis-je au Bœuf et au Chien en les abordant; ce Coq est un duelliste, vous ne souffrirez pas qu'il m'assassine, mon sang retomberait sur votre tête : je ne me suis jamais battu, et j'espère encore ne me battre jamais.

— Bah! me dit le Chien, ceci est la moindre des choses, il y a commencement à tout. Votre candeur m'intéresse, et je veux vous servir de témoin. Maintenant que je réponds de vous, il y va de mon honneur que vous vous battiez : vous vous battrez donc.

— Vous êtes trop honnête, lui répondis-je, et je suis touché de votre procédé, mais j'aime mieux ne pas trouver de témoin; je ne me battrai pas.

— Vous l'entendez, cher Bœuf! reprit mon adversaire exaspéré; dans quel temps vivons-nous? c'est vraiment incroyable! Vous verrez qu'à force de lâcheté on triomphera de nous, et que les forts devront subir la tyrannie des faibles et tout endurer d'eux.

Le Bœuf impitoyable beugla en signe d'approbation, et je demeurai confondu.

Ces Animaux domestiques ne valent pas mieux que les Hommes, pensai-je.

— Mourir pour mourir, me dit le Chien en me prenant à l'écart, mieux vaut mourir les armes à la main; entre nous soit dit je n'aime pas ce Coq, et mes vœux sont pour vous : vous pouvez m'en croire, je ne suis point un Chien de chasse, et je n'a. aucune raison de vouloir du mal à votre espèce. Ne tremblez donc pas ainsi, mon cher Lièvre, et prenez confiance. A toute force, il n'est pas nécessaire pour se battre d'avoir du courage, il suffit d'en montrer. Quand vous aurez à essuyer le feu de votre adversaire, tâchez de penser à autre chose.

— Je n'en viendrai jamais à bout, lui dis-je à demi mort.

— Ne croyez donc pas cela, reprit-il, on vient à bout de tout Tenez, puisque le choix des armes vous est laissé, ne prenez pas l'épée : votre adversaire aurait sur vous l'avantage du sang-froid et de l'habitude ; battez-vous au pistolet, je chargerai moi-même les armes.

— Comment, lui dis-je, vous croyez que je vais me battre avec des pistolets chargés? N'y comptez pas; vous en parlez bien à votre aise. S'il faut se battre à toute force, ce Coq intraitable n'a-t-il pas des éperons et un bec très-crochu? Croyez-vous que ces armes ne soient pas assez dangereuses? Eh bien! je ferai de mon mieux pour avoir à en souffrir le moins possible. Au nom de l'humanité, tâchez d'arranger cette abominable affaire à laquelle je ne puis rien comprendre.

— Fi donc! s'écria le Coq, un duel à coups de bec! Me prenez-vous pour un *manant?* Allons, finissons-en! Entrons dans ce taillis. *L'un de nous n'en sortira pas!...* ajouta-t-il avec un accent que Duprez lui-même n'eût pas désavoué.

Je sentis à ces mots une sueur froide couvrir tous mes membres, et je voulus tenter un dernier effort.

Je rappelai au Chien et au Bœuf les dernières lois sur le duel et les peines portées contre les témoins.

— Revenez-vous de Pontoise? me répondirent-ils; et ne voyez-vous pas que ces lois ont été faites par des gens qui ont eu quelquefois l'occasion de ne pas se battre? Tout cela n'empêchera pas les duels d'aller leur train. Quand on a de bonnes raisons pour s'égorger, on ne songe guère à M. le procureur général.

— Monsieur le Coq, dis-je à mon adversaire, on ne sait vraiment pas ce qui peut arriver : je suis si maladroit! Si j'allais vous tuer, pensez à vos Poules; j'en serais fâché pour elles. Faisons la paix, je vous en supplie.

Tout fut inutile : vingt-cinq pas furent comptés par mon témoin, auquel j'aurais souhaité des pattes de Lévrier à la place de ses pattes de Bouledogue, et les pistolets furent chargés.

— Avez-vous l'habitude de cette arme? me dit le Chien.

— Hélas! oui, lui répondis-je; mais le Ciel m'est témoin que je n'ai jamais ajusté ni blessé personne.

Le sort devant désigner lequel des deux combattants tirerait le premier, le Chien se retourna un instant, et me présenta ses deux pattes de devant, dont l'une était mouillée.

Je pris la première venue, j'y voyais à peine; le juste Ciel m'avait favorisé !

— Courage donc, courage ! me répétait mon témoin, et visez bien : je déteste ce Coq.

Tenez-moi bien, dis-je à mon témoin...

S'il le déteste, pensai-je, pourquoi ne prend-il pas ma place ? je la lui céderais volontiers.

Mon adversaire s'alla placer gravement en face de moi.

— Hélas ! lui criai-je, il me semble qu'il y a un siècle que nous sommes là : est-ce que vous êtes encore en colère? Embrassons-nous, et que tout soit oublié. Je vous assure que chez les Hommes cela se passe quelquefois ainsi.

— Sacrebleu! me cria-t-il en blasphémant, tirez donc! et visez bien : car, si vous me manquez, je jure que je ne vous manquerai pas.

Cette brutalité me révolta, et le sang me revint au cœur. *En mon bon droit j'eus confiance.*

— Tenez-moi bien, dis-je à mon second; vous êtes témoin que j'ai tout fait pour empêcher ce duel.

Le Bœuf s'éloigna de quelques pas, et frappa trois fois la terre de son sabot : c'était le signal convenu. Je pressai la détente, le coup partit, et nous tombâmes tous deux. L'émotion m'avait renversé; quant au Coq, il était mort sur le coup, victime de son opiniâtreté. La mort fut constatée par une Sangsue qui avait assisté au combat.

— Bravo! s'écria le Chien, en me relevant; vous m'avez rendu là un grand service. Ce maudit Coq demeurait dans la même ferme que moi; il se couchait en même temps que les Poules, et, dès l'aube, son chant insipide éveillait tout le monde. Quand on ne tient pas à voir lever l'aurore, on ne tient guère à un voisin comme celui-là.

— Je n'y avais pas songé, reprit le Bœuf; le fait est que, grâce à ce brave Lièvre, nous pourrons désormais dormir la grasse matinée. Du reste, ce que vous avez fait là est digne d'un Français, me dit-il, car je soupçonne votre adversaire d'avoir appartenu autrefois à un ministre anglais qui l'avait dressé au combat. Je ne sais s'il faut en faire honneur à son éducation; mais jamais Coq ne se jeta plus étourdiment dans les hasards des batailles.

Je regardai avec douleur le cadavre de mon adversaire qui gisait sans vie sur le gazon.

— Que n'as-tu entendu de ton vivant, lui dis-je, cette impitoyable oraison funèbre! elle t'aurait appris ce que valait au juste ce renom de bretteur dont tu étais si fier et qui te coûte la vie.

Que le sang de ce malheureux Coq retombe sur vos têtes! dis-je au Bœuf et au Chien; car il dépendait de vous d'empêcher ce duel fatal. Quant à moi, je suis innocent de ce meurtre que je déteste : la mort m'a toujours paru abominable!

Et je repris fort triste la route de Rambouillet. J'avais toujours devant les yeux ce cadavre ensanglanté. Mais à mesure que j'avançai, ces funèbres images s'effacèrent. La vue des campagnes paisibles calme les plus grandes douleurs; et quand je retrouvai Rambouillet et ma forêt chérie, devant ces souvenirs de mes premiers jours tous mes chagrins

Quand on ne tient pas à voir lever l'aurore, on ne tient guère à un voisin comme celui-là.

furent oubliés. Quelques mois après mon retour, je connus enfin le bonheur d'être père et bientôt grand-père. — Vous savez le reste, mes chers enfants; et maintenant vous pouvez aller jouer. J'ai dit. »

A ces mots du vieillard, son auditoire se réveilla. Pendant cette dernière partie de son récit, le silence avait été exemplaire. Les petits ne se le firent pas dire deux fois ; l'histoire leur avait paru très-intéressante et un peu longue : ils s'en allèrent courir dans les herbes.

— Madame la Pie, me demanda le petit Lièvre, tout en se frottant les yeux, c'est-il vrai tout ce que grand-papa vient de dire ?

— Fi ! lui dis-je, les grands-pères sont comme le bon Dieu; ils ne peuvent jamais ni se tromper ni mentir.

VI

Qu'est-ce que le bonheur? Conclusion tirée de saint Augustin (*Conf.*, chap. des Odeurs).

« Ma chère Pie, me dit mon vieil ami, depuis mon retour aux champs, j'ai jeté un regard impartial sur les choses d'ici-bas, et quoique je les aie jugées sans passion, je serais bien embarrassé de vous en dire mon avis. Toute affirmation est téméraire. Je crois pourtant qu'on peut assurer qu'on ne saura jamais ce qu'il faudrait savoir pour être heureux. Mais est-il donc nécessaire de l'être ?

Les Hommes seuls, chez lesquels cette bizarre manie d'être heureux est poussée jusqu'à la folie, persistent à se croire sérieusement destinés à résoudre, à leur profit, le problème du bonheur. Leurs philosophes, dont le métier consiste à chercher le sens de cette énigme, ont tous cherché en vain, puisqu'ils cherchent encore: — Les uns, pleins de leur propre mérite, placent naïvement le bonheur dans l'amour de soi-même ; les autres, plus humbles, regardent le ciel et le demandent à Dieu seul, comme si Dieu le leur devait. — Ceux-ci vous disent, fût-on pauvre et repoussé comme Job : Ne te refuse rien ! et ils prêchent d'exemple, parce qu'ils le peuvent; ceux-là veulent qu'on s'abstienne, et ils ne s'abstiennent pas. — Les plus opiniâtres se contentent d'espérer jusqu'à leur dernier jour qu'ils seront heureux... demain ; mais la plupart conviennent, avec Shakspeare, qu'il vaudrait mieux n'être pas né.

Qu'en faut-il conclure ? sinon que le bonheur n'est pas de ce monde, que ce mot est tout simplement un mot de trop dans toutes les langues, et qu'il est absurde de courir après une chose que personne ne trouve, et dont, à tout prendre, il est facile de se passer, puisque, bon gré, mal gré, tout le monde s'en passe.

Pour ma part, je doute encore qu'il faille bénir le Ciel de nous avoir fait naître dans une condition animale, et que la différence soit grande entre le Lièvre et l'Homme, au point de vue du bien-être.

Sans doute l'Homme est inhabile au bonheur ; il a contre lui des instincts si pervers, qu'on a vu le frère s'armer contre le frère (est-on moins frères parce qu'on se bat?). Il a des prisons, des tribunaux, des maladies et une pauvre peau fine qu'une épine de rose met en sang et de laquelle il ne saurait être fier. Il a la pauvreté, cette plaie inconnue aux Lièvres, qui sont tous égaux devant le soleil et le serpolet, et, comme l'a dit Homère, il y a des hommes qui se promènent en mendiant sur la terre féconde.

Mais la destinée du Lièvre est-elle meilleure? Quand je réfléchis que ce n'est qu'à forces égales que les droits sont égaux, et qu'avec la crainte des hommes, des meutes et de la poudre à canon, un honnête Lièvre n'est pas encore sûr de faire son chemin dans le monde, je n'hésite pas à déclarer que le bonheur est impossible. Puisque tout le monde demande où il est, c'est qu'il n'est nulle part : car enfin, comme dit saint Augustin : « Si le mal n'existe pas, il existe au moins la crainte du mal, laquelle, certes, n'est pas un bien. » Le grand point, ce n'est donc pas d'être heureux, c'est de fuir le mal...

Maintenant, ajouta-t-il, ma chère Pie, j'ai fini.

Grand merci de l'attention que vous m'avez prêtée. C'est un mérite de savoir écouter. Jusqu'à présent, les Pies n'en ont pas eu le privilége, me dit-il un peu malignement. Conservez ce manuscrit, dont je vous laisse dépositaire, et quand ces pauvres petits auront passé l'âge où l'on joue, quand je serai mort, ce qui ne peut tarder, vous livrerez ces Mémoires à la publicité. Les Mémoires d'outre-tombe sont fort goûtés ; de notre temps, les morts ne manquent pas d'admirateurs, et les vivants gagnent beaucoup à mourir. »

Voici, messieurs, ces Mémoires. C'est à une indiscrétion que vous les devez, je l'avoue : l'auteur n'est pas mort, et pourtant je vous les livre. J'espère que mon ami me pardonnera de l'avoir forcé à devenir célèbre de son vivant, et que sa modestie ne refusera pas de prendre un avant-goût de la gloire qu'un honnête Animal est toujours en droit d'attendre du récit de ses infortunes personnelles.

Veuillent messieurs les Milans, les Éperviers et autres poëtes qui ne chantent que sur la tombe des morts, traiter mon ami aussi favorablement que s'il eût déjà passé de vie à trépas !

Pour madame LA PIE,

P.-J. STAHL.

PEINES DE CŒUR

D'UNE

CHATTE ANGLAISE

Q UAND le Compte rendu de votre première séance est arrivé à Londres, ô Animaux français ! il a fait battre le cœur des amis de la Réforme Animale. Dans mon petit particulier, je possédais tant de preuves de la supériorité des Bêtes sur l'Homme, qu'en ma qualité de Chatte anglaise je vis l'occasion souvent souhaitée de faire paraître le roman de ma vie, afin de montrer comment mon pauvre moi fut tourmenté par les lois hypocrites de l'Angleterre. Déjà deux fois des Souris, que j'ai fait vœu de respecter depuis le *bill* de votre auguste parlement, m'avaient conduite chez Colburn, et je m'étais demandé, en voyant de vieilles miss, des ladies entre deux âges et même de jeunes mariées corrigeant les épreuves de leurs livres, pourquoi, ayant des griffes, je ne m'en servirais pas aussi. On ignorera toujours ce que pensent les femmes, surtout celles qui se mêlent d'écrire ; tandis qu'une Chatte, victime de la perfidie anglaise, est intéressée à dire plus que sa pensée, et ce qu'elle écrit de trop peut compenser ce que taisent ces illustres ladies. J'ai l'ambition d'être la mistress Inchbald des Chattes, et vous prie d'avoir égard à mes nobles efforts, ô Chats français ! chez lesquels a pris naissance la plus grande maison

de notre race, celle du Chat-Botté, type éternel de l'Annonce, et que tant d'hommes ont imité sans lui avoir encore élevé de statue.

Je suis née chez un ministre du Catshire, auprès de la petite ville de Miaulbury. La fécondité de ma mère condamnait presque tous ses enfants à un sort cruel, car vous savez qu'on ne sait pas encore à quelle cause attribuer l'intempérance de maternité chez les Chattes anglaises, qui menacent de peupler le monde entier. Les Chats et les Chattes attribuent, chacun de leur côté, ce résultat à leur amabilité et à leurs propres vertus. Mais quelques observateurs impertinents disent que les Chats et les Chattes sont soumis en Angleterre à des convenances si parfaitement ennuyeuses, qu'ils ne trouvent les moyens de se distraire que dans ces petites occupations de famille. D'autres prétendent qu'il y a là de grandes questions d'industrie et de politique, à cause de la domination anglaise dans les Indes; mais ces questions sont peu décentes sous mes pattes et je les laisse à l'*Edinburgh-Review*. Je fus exceptée de la noyade constitutionnelle à cause de l'entière blancheur de ma robe. Aussi me nomma-t-on Beauty. Hélas! la pauvreté du ministre, qui avait une femme et onze filles, ne lui permettait pas de me garder. Une vieille fille remarqua chez moi une sorte d'affection pour la Bible du ministre; je m'y posais toujours, non par religion, mais je ne voyais pas d'autre place propre dans le ménage. Elle crut peut-être que j'appartiendrais à la secte des Animaux sacrés qui a déjà fourni l'ânesse de Balaam, et me prit avec elle. Je n'avais alors que deux mois. Cette vieille fille, qui donnait des soirées auxquelles elle invitait par des billets qui promettaient *thé et Bible*, essaya de me communiquer la fatale science des filles d'Ève; elle y réussit par une méthode protestante qui consiste à vous faire de si longs raisonnements sur la dignité personnelle et sur les obligations de l'extérieur, que, pour ne pas les entendre, on subirait le martyre.

Un matin, moi, pauvre petite fille de la nature, attirée par de la crème contenue dans un bol, sur lequel un *muffing* était posé en travers, je donnai un coup de patte au *muffing*, je lapai la crème; puis, dans la joie, et peut-être aussi par un effet de la faiblesse de mes jeunes organes, je me livrai, sur le tapis ciré, au plus impérieux besoin qu'éprouvent les jeunes Chattes. En apercevant la preuve de ce qu'elle nomma *mon intempérance* et mon défaut d'éducation, elle me saisit et me fouetta vigoureusement avec des verges de bouleau, en protestant qu'elle ferait de moi une lady ou qu'elle m'abandonnerait.

— Voilà qui est gentil! disait-elle. Apprenez, miss Beauty, que les Chattes anglaises enveloppent dans le plus profond mystère les choses

En apercevant la preuve de ce qu'elle nomma *mon intempérance*...

naturelles qui peuvent porter atteinte au respect anglais, et bannissent tout ce qui est *improper*, en appliquant à la créature, comme vous l'avez entendu dire au révérend docteur Simpson, les lois faites par Dieu pour la création. Avez-vous jamais vu la Terre se comporter indécemment?

N'appartenez-vous pas d'ailleurs à la secte des *saints* (prononcez *sentz*), qui marchent très-lentement le dimanche pour faire bien sentir qu'ils se promènent? Apprenez à souffrir mille morts plutôt que de révéler vos désirs : c'est en ceci que consiste la vertu des *saints*. Le plus beau privilége des Chattes est de se sauver avec la grâce qui vous caractérise, et d'aller, on ne sait où, faire leurs petites toilettes. Vous ne vous montrerez ainsi aux regards que dans votre beauté. Trompé par les apparences, tout le monde vous prendra pour un ange. Désormais, quand pareille envie vous saisira, regardez la croisée, ayez l'air de vouloir vous promener, et vous irez dans un taillis ou sur une gouttière. Si l'eau, ma fille, est la gloire de l'Angleterre, c'est précisément parce que l'Angleterre sait s'en servir, au lieu de la laisser tomber, comme une sotte, ainsi que font les Français, qui n'auront jamais de marine à cause de leur indifférence pour l'eau.

Je trouvai, dans mon simple bon sens de Chatte, qu'il y avait beaucoup d'hypocrisie dans cette doctrine; mais j'étais si jeune!

— Et quand je serai dans la gouttière? pensai-je en regardant la vieille fille.

— Une fois seule, et bien sûre de n'être vue de personne, eh bien! Beauty, tu pourras sacrifier les convenances, avec d'autant plus de charme que tu te seras plus retenue en public. En ceci éclate la perfection de la morale anglaise qui s'occupe exclusivement des apparences, ce monde n'étant, hélas! qu'apparence et déception.

J'avoue que tout mon bon sens d'animal se révoltait contre ces déguisements; mais, à force d'être fouettée, je finis par comprendre que la propreté extérieure devait être toute la vertu d'une Chatte anglaise. Dès ce moment, je m'habituai à cacher sous des lits les friandises que j'aimais. Jamais personne ne me vit ni mangeant, ni buvant, ni faisant ma toilette. Je fus regardée comme la perle des Chattes.

J'eus alors l'occasion de remarquer la bêtise des Hommes qui se disent savants. Parmi les docteurs et autres gens appartenant à la société de ma maîtresse, il y avait ce Simpson, espèce d'imbécile, fils d'un riche propriétaire, qui attendait un bénéfice, et qui, pour le mériter, donnait des explications religieuses de tout ce que faisaient les Animaux. Il me vit un soir lapant du lait dans une tasse, et fit compliment à la vieille fille de la manière dont j'étais élevée, en me voyant lécher premièrement les bords de l'assiette, et allant toujours en tournant et diminuant le cercle du lait.

— Voyez, dit-il, comme dans une sainte compagnie tout se perfectionne : Beauty a le sentiment de l'éternité, car elle décrit le cercle qui en est l'emblème, tout en lapant son lait.

La conscience m'oblige à dire que l'aversion des Chattes pour mouiller leurs poils était la seule cause de ma façon de boire dans cette assiette; mais nous serons toujours mal jugées par les savants, qui se préoccupent beaucoup plus de montrer leur esprit que de chercher le nôtre.

Quand les dames ou les hommes me prenaient pour passer leurs mains sur mon dos de neige et faire jaillir des étincelles de mes poils, la vieille fille disait avec orgueil : « Vous pouvez la garder sans avoir rien à craindre pour votre robe, elle est admirablement bien élevée! » Tout le monde disait de moi que j'étais un ange : on me prodiguait les friandises et les mets les plus délicats; mais je déclare que je m'ennuyais profondément. Je compris très-bien qu'une jeune Chatte du voisinage avait pu s'enfuir avec un Matou. Ce mot de Matou causa comme une maladie à mon âme que rien ne pouvait guérir, pas même les compliments que je recevais ou plutôt que ma maîtresse se donnait à elle-même : « Beauty est tout à fait morale, c'est un petit ange, disait-elle. Quoiqu'elle soit très-belle, elle a l'air de ne pas le savoir. Elle ne regarde jamais personne, ce qui est le comble des belles éducations aristocratiques; il est vrai qu'elle se laisse voir très-volontiers; mais elle a sur tout cette parfaite insensibilité que nous demandons à nos jeunes miss, et que nous ne pouvons obtenir que très-difficilement. Elle attend qu'on la veuille pour venir, elle ne saute jamais sur vous familièrement, personne ne la voit quand elle mange, et certes ce monstre de lord Byron l'eût adorée. En bonne et vraie Anglaise, elle aime le thé, se tient gravement quand on explique la Bible, et ne pense de mal de personne, ce qui lui permet d'en entendre dire. Elle est simple et sans aucune affectation, elle ne fait aucun cas des bijoux; donnez-lui une bague, elle ne la gardera pas; enfin elle n'imite pas la vulgarité de celles qui chassent, elle aime le *home*, et reste si parfaitement tranquille, que parfois vous croiriez que c'est une Chatte mécanique faite à Birmingham ou à Manchester, ce qui est le *nec plus ultra* de la belle éducation. »

Ce que les Hommes et les vieilles filles nomment l'éducation est une habitude à prendre pour dissimuler les penchants les plus naturels, et quand ils nous ont entièrement dépravées, ils disent que nous sommes bien élevées. Un soir, ma maîtresse pria l'une des jeunes miss de chanter. Quand cette jeune fille se fut mise au piano et chanta, je reconnus aussitôt les mélodies irlandaises que j'avais entendues dans mon enfance, et je compris que j'étais musicienne aussi. Je mêlai donc ma voix à celle de la jeune fille; mais je reçus des tapes de colère, tandis que la miss recevait des compliments. Cette souveraine injustice

me révolta, je me sauvai dans les greniers. Amour sacré de la patrie ! oh ! quelle nuit délicieuse ! Je sus ce que c'était que des gouttières ! J'entendis les hymnes chantés par des Chats à d'autres Chattes, et ces adorables élégies me firent prendre en pitié les hypocrisies que ma maîtresse m'avait forcée d'apprendre. Quelques Chattes m'aperçurent alors et parurent prendre de l'ombrage de ma présence, quand un Chat au poil hérissé, à barbe magnifique, et qui avait une grande tournure, vint m'examiner et dit à la compagnie : « C'est une enfant ! » A ces paroles de mépris, je me mis à bondir sur les tuiles et à caracoler avec l'agilité qui nous distingue, je tombai sur mes pattes de cette façon flexible et douce qu'aucun animal ne saurait imiter, afin de prouver que je n'étais pas si enfant. Mais ces chatteries furent en pure perte. « Quand me chantera-t-on des hymnes ? » me dis-je. L'aspect de ces fiers Matous, leurs mélodies, que la voix humaine ne rivalisera jamais, m'avaient profondément émue, et me faisaient faire de petites poésies que je chantais dans les escaliers; mais un événement immense allait s'accomplir qui m'arracha brusquement à cette innocente vie. Je devais être emmenée à Londres par la nièce de ma maîtresse, une riche héritière qui s'affola de moi, qui me baisait, me caressait avec une sorte de rage et qui me plut tant, que je m'y attachai, contre toutes nos habitudes. Nous ne nous quittâmes point, et je pus observer le grand monde à Londres pendant la saison. C'est là que je devais étudier la perversité des mœurs anglaises qui s'est étendue jusqu'aux Bêtes, y connaître ce *cant* que lord Byron a maudit, et dont je suis victime, aussi bien que lui, mais sans avoir publié mes heures de loisir.

Arabelle, ma maîtresse, était une jeune personne comme il y en a beaucoup en Angleterre : elle ne savait pas trop qui elle voulait pour mari. La liberté absolue qu'on laisse aux jeunes filles dans le choix d'un homme les rend presque folles, surtout quand elles songent à la rigueur des mœurs anglaises, qui n'admettent aucune conversation particulière après le mariage. J'étais loin de penser que les Chattes de Londres avaient adopté cette sévérité, que les lois anglaises me seraient cruellement appliquées et que je subirais un jugement à la cour des terribles *Doctors commons*. Arabelle accueillait très-bien tous les hommes qui lui étaient présentés, et chacun pouvait croire qu'il épouserait cette belle fille; mais quand les choses menaçaient de se terminer, elle trouvait des prétextes pour rompre, et je dois avouer que cette conduite me paraissait peu convenable. « Épouser un Homme qui a les genoux cagneux ! jamais, disait-elle de l'un. Quant à ce petit, il a le nez camus. » Les Hommes m'étaient si parfaitement indifférents, que je ne comprenais rien à ces incertitudes fondées sur des différences purement physiques.

Enfin, un jour, un vieux pair d'Angleterre lui dit en me voyant : « Vous avez une bien jolie Chatte, elle vous ressemble, elle est blanche, elle est jeune, il lui faut un mari, laissez-moi lui présenter un magnifique Angora que j'ai chez moi. »

Trois jours après, le pair amena le plus beau Matou de la Pairie. Puff, noir de robe, avait les plus magnifiques yeux, verts et jaunes, mais froids et fiers. Sa queue, remarquable par des anneaux jaunâtres, balayait le tapis de ses poils longs et soyeux. Peut-être venait-il de la

maison impériale d'Autriche, car il en portait, comme vous voyez, les couleurs. Ses manières étaient celles d'un Chat qui a vu la cour et le beau monde. Sa sévérité, en matière de tenue, était si grande, qu'il ne se serait pas gratté, devant le monde, la tête avec la patte. Puff avait voyagé sur le continent. Enfin il était si remarquablement beau, qu'il avait été, disait-on, caressé par la reine d'Angleterre. Moi, simple et naïve, je lui sautai au cou pour l'engager à jouer; mais il s'y refusa sous prétexte que nous étions devant tout le monde. Je m'aperçus alors que le pair d'Angleterre devait à l'âge et à des excès de table cette gravité postiche et forcée qu'on appelle en Angleterre *respectability*. Son embonpoint, que les hommes admiraient, gênait ses mouvements. Telle était sa véritable raison pour ne pas répondre à mes gentillesses : il resta calme et froid sur son *innommable,* agitant ses barbes, me regardant et fermant parfois les yeux. Puff était, dans le beau monde des Chats anglais, le plus riche parti pour une Chatte née chez un ministre : il avait deux valets à son service, il mangeait dans de la porcelaine chinoise, il ne buvait que du thé noir, il allait en voiture à Hyde-Park, et entrait au parlement. Ma maîtresse le garda chez elle. A mon insu, toute la population féline de Londres apprit que miss Beauty du Catshire épousait l'illustre Puff, marqué aux couleurs d'Autriche. Pendant la nuit, j'entendis un concert dans la rue : je descendis, accompagnée de milord qui, pris par sa goutte, allait lentement. Nous trouvâmes les Chattes de la Pairie qui venaient me féliciter et m'engager à entrer dans leur Société Ratophile. Elles m'expliquèrent qu'il n'y avait rien de plus commun que de courir après les Rats et les Souris. Les mots *shocking, vulgar*, furent sur toutes les lèvres. Enfin elles avaient formé pour la gloire du pays une Société de Tempérance. Quelques nuits après, milord et moi nous allâmes sur les toits d'Almack's entendre un Chat gris qui devait parler sur la question. Dans une exhortation, qui fut appuyée par des *Écoutez! Écoutez!* il prouva que saint Paul, en écrivant sur la charité, parlait également aux Chats et aux Chattes de l'Angleterre. Il était donc réservé à la race anglaise, qui pouvait aller d'un bout du monde à l'autre sur ses vaisseaux sans avoir à craindre l'eau, de répandre les principes de la morale ratophile. Aussi, sur tous les points du globe, des Chats anglais prêchaient-ils déjà les saines doctrines de la Société, qui d'ailleurs étaient fondées sur les découvertes de la science. On avait anatomisé les Rats et les Souris, on avait trouvé peu de différence entre eux et les Chats : l'oppression des uns par les autres était donc contre le Droit des Bêtes, qui est plus solide encore que le Droit des Gens. « Ce sont nos frères, » dit-il. Et il fit une si belle peinture des souffrances d'un Rat pris dans la gueule d'un Chat, que je me mis à fondre en larmes.

En me voyant la dupe de ce *speech*, lord Puff me dit confidentiellement que l'Angleterre comptait faire un immense commerce avec les Rats et les Souris; que si les autres Chats n'en mangeaient plus, les Rats seraient à meilleur marché; que derrière la morale anglaise il y avait toujours quelque raison de comptoir; et que cette alliance de la morale et du mercantilisme était la seule alliance sur laquelle comptait réellement l'Angleterre.

Puff me parut être un trop grand politique pour pouvoir jamais faire un bon mari.

Un Chat campagnard (*country gentleman*) fit observer que, sur le continent, les Chats et les Chattes étaient sacrifiés journellement par les catholiques, surtout à Paris, aux environs des barrières (on lui criait : *A la question!*). On joignait à ces cruelles exécutions une affreuse calomnie en faisant passer ces Animaux courageux pour des lapins, mensonge et barbarie qu'il attribuait à l'ignorance de la vraie religion anglicane, qui ne permet le mensonge et les fourberies que dans les questions de gouvernement, de politique extérieure et de cabinet.

On le traita de radical et de rêveur. « Nous sommes ici pour les intérêts des Chats de l'Angleterre, et non pour ceux du continent! » dit un fougueux Matou *tory*. Milord dormait. Quand l'assemblée se sépara, j'entendis ces délicieuses paroles dites par un jeune Chat qui venait de l'ambassade française, et dont l'accent annonçait la nationalité :

« *Dear Beauty,* de longtemps d'ici la nature ne pourra former une Chatte aussi parfaite que vous. Le cachemire de la Perse et des Indes semble être du poil de Chameau, comparé à vos soies fines et brillantes, Vous exhalez un parfum à faire évanouir de bonheur les anges, et je l'ai senti du salon du prince de Talleyrand, que j'ai quitté pour accourir à ce déluge de sottises que vous appelez un *meeting*. Le feu de vos yeux éclaire la nuit! Vos oreilles seraient la perfection même si mes gémissements les attendrissaient. Il n'y a pas de rose dans toute l'Angleterre qui soit aussi rose que la chair rose qui borde votre petite bouche rose. Un pêcheur chercherait vainement dans les abîmes d'Ormus des perles qui puissent valoir vos dents. Votre cher museau fin, gracieux, est tout ce que l'Angleterre a produit de plus mignon. La neige des Alpes paraîtrait rousse auprès de votre robe céleste. Ah! ces sortes de poils ne se voient que dans vos brouillards! Vos pattes portent mollement et avec grâce ce corps qui est l'abrégé des miracles de la création, mais que votre queue, interprète élégant des mouvements de votre cœur, surpasse : oui! jamais courbe si élégante, rondeur plus correcte, mouvements plus délicats ne se sont vus chez aucune Chatte. Laissez-moi ce vieux drôle de Puff.

qui dort comme un pair d'Angleterre au parlement, qui d'ailleurs est un misérable vendu aux wighs, et qui doit à un trop long séjour au Bengale d'avoir perdu tout ce qui peut plaire à une Chatte. »

J'aperçus alors, sans avoir l'air de le regarder, ce charmant Matou français : il était ébouriffé, petit, gaillard, et ne ressemblait en rien à un Chat anglais. Son air cavalier annonçait, autant que sa manière de secouer l'oreille, un drôle sans souci. J'avoue que j'étais fatiguée de la solennité des Chats anglais et de leur propreté purement matérielle. Leur affectation de *respectability* me semblait surtout ridicule. L'excessif naturel de ce Chat mal peigné me surprit par un violent contraste avec tout ce que je voyais à Londres. D'ailleurs ma vie était si positivement réglée, je savais si bien ce que je devais faire pendant le reste de mes jours, que je fus sensible à tout ce qu'annonçait d'imprévu la physionomie du Chat français. Tout alors me parut fade. Je compris que je pouvais vivre sur les toits avec une amusante créature qui venait de ce pays où l'on s'est consolé des victoires du plus grand général anglais par ces mots : « Malbrouk s'en va-t-en guerre, *mironton*, TON TON, MIRONTAINE ! » Néanmoins, j'éveillai Milord et lui fis comprendre qu'il était fort tard, que nous devions rentrer. Je n'eus pas l'air d'avoir écouté cette déclaration, et fus d'une apparente insensibilité qui pétrifia Brisquet. Il resta là, d'autant plus surpris qu'il se croyait très-beau. Je sus plus tard qu'il séduisait toutes les Chattes de bonne volonté. Je l'examinai du coin de l'œil : il s'en allait par petits bonds, revenait en franchissant la largeur de la rue, et s'en retournait de même, comme un Chat français au désespoir : un véritable Anglais aurait mis de la décence dans ses sentiments, et ne les aurait pas laissé voir ainsi. Quelques jours après, nous nous trouvâmes, milord et moi, dans la magnifique maison du vieux pair ; je sortis alors en voiture pour me promener à Hyde-Park. Nous ne mangions que des os de poulets, des arêtes de poissons, des crèmes, du lait, du chocolat. Quelque échauffant que fût ce régime, mon prétendu mari Puff demeurait grave. Sa *respectability* s'étendait jusqu'à moi. Généralement, il dormait dès sept heures du soir, à la table de whist, sur les genoux de Sa Grâce. Mon âme était donc sans aucune satisfaction, et je languissais. Cette situation de mon intérieur se combina fatalement avec une petite affection dans les entrailles que me causa le jus de Hareng pur (le vin de Porto des Chats anglais) dont Puff faisait usage, et qui me rendit comme folle. Ma maîtresse fit venir un médecin, qui sortait d'Édimbourg après avoir étudié longtemps à Paris. Il promit à ma maîtresse de me guérir le lendemain même, après avoir reconnu ma maladie. Il revint en effet, et sortit de sa poche un instrument de fabrique parisienne. J'eus une espèce de frayeur en apercevant un canon de métal blanc terminé par un tube effilé. A la vue de ce mécanisme, que le docteur fit jouer avec satisfaction, Leurs

Grâces rougirent, se courroucèrent et dirent de fort belles choses sur la dignité du peuple anglais : comme quoi ce qui distinguait la vieille Angleterre des catholiques n'était pas tant ses opinions sur la Bible que sur

cette infâme machine. Le duc dit qu'à Paris les Français ne rougissaient pas d'en faire une exhibition sur leur théâtre national, dans une comédie de Molière; mais qu'à Londres un *watchman* n'oserait en prononcer le nom. « Donnez-lui du calomel! »

— Mais Votre Grâce la tuerait, s'écria le docteur. Quant à cette innocente mécanique, les Français ont fait maréchal un de leurs plus braves généraux pour s'en être servi devant leur fameuse colonne.

— Les Français peuvent arroser les émeutes de l'intérieur comme ils le veulent, reprit Milord. Je ne sais pas, ni vous non plus, ce qui pourrait arriver de l'emploi de cette avilissante machine; mais ce que je sais, c'est qu'un vrai médecin anglais ne doit guérir ses malades qu'avec les remèdes de la vieille Angleterre.

Le médecin, qui commençait à se faire une grande réputation, perdit toutes ses pratiques dans le beau monde. On appela un autre médecin qui me fit des questions inconvenantes sur Puff, et qui m'apprit que la véritable devise de l'Angleterre était : Dieu et mon Droit *conjugal!* Une nuit, j'entendis dans la rue la voix du Chat français. Personne ne pouvait nous voir : je grimpai par la cheminée, et, parvenue en haut de la maison, je lui criai : « A la gouttière! » Cette réponse lui donna des ailes, il fut auprès de moi en un clin d'œil. Croiriez-vous que ce Chat français eut l'inconvenante audace de s'autoriser de ma petite exclamation pour me dire : « Viens dans mes pattes! » Il osa tutoyer, sans autre forme de procès, une Chatte de distinction. Je le regardai froidement, et pour lui donner une leçon, je lui dis que j'appartenais à la Société de Tempérance.

— Je vois, mon cher, lui dis-je, à votre accent et au relâchement de vos maximes, que vous êtes, comme tous les Chats catholiques, disposé à rire et à faire mille ridiculités, en vous croyant quitte pour un peu de repentir; mais, en Angleterre, nous avons plus de moralité : nous mettons partout de la *respectability*, même dans nos plaisirs.

Ce jeune Chat, frappé par la majesté du *cant* anglais, m'écoutait avec une sorte d'attention qui me donna l'espoir d'en faire un Chat protestant. Il me dit alors dans le plus beau langage qu'il ferait tout ce que je voudrais, pourvu qu'il lui fût permis de m'adorer. Je le regardais sans pouvoir répondre, car ses yeux, *very beautiful, splendid*, brillaient comme des étoiles, ils éclairaient la nuit. Mon silence l'enhardit, et il s'écria : — Chère Minette!

— Quelle est cette nouvelle indécence? m'écriai-je, sachant les Chats français très-légers dans leurs propos.

Brisquet m'apprit que, sur le continent, tout le monde, le roi lui-même, disait à sa fille : *Ma petite Minette*, pour lui témoigner son affection; que beaucoup de femmes, et des plus jolies, des plus aristocratiques, disaient toujours : *Mon petit Chat*, à leurs maris, même quand elles ne les aimaient pas. Si je voulais lui faire plaisir, je l'appellerais : Mon petit Homme! Là-dessus il leva ses pattes avec une grâce infinie. Je disparus, craignant d'être faible. Brisquet chanta *Rule, Britannia!* tant il était heureux, et le lendemain sa chère voix bourdonnait encore à mes oreilles.

— Ah! tu aimes aussi, toi, chère Beauty, me dit ma maîtresse en me voyant étalée sur le tapis, les quatre pattes en avant, le corps dans un mol abandon, et noyée dans la poésie de mes souvenirs.

Je fus surprise de cette intelligence chez une Femme, et je vins alors, en relevant mon épine dorsale, me frotter à ses jambes en lui faisant entendre un *ronron* amoureux sur les cordes les plus graves de ma voix de *contre-alto*.

Pendant que ma maîtresse, qui me prit sur ses genoux, me caressait en me grattant la tête, et que je la regardais tendrement en lui voyant les yeux en pleurs, il se passait dans *Bond-Street* une scène dont les suites furent terribles pour moi.

Puck, un des neveux de Puff, qui prétendait à sa succession, et qui, pour le moment, habitait la caserne des *Life-Guards*, rencontra *my dear* Brisquet. Le sournois capitaine Puck complimenta l'attaché sur ses succès auprès de moi, en disant que j'avais résisté aux plus charmants Matous de l'Angleterre. Brisquet, en Français vaniteux, répondit qu'il serait bien heureux d'attirer mon attention, mais qu'il avait en horreur les Chattes qui vous parlaient de tempérance et de la Bible, etc.

— Oh! fit Puck, elle vous parle donc?

Brisquet, ce cher Français, fut ainsi victime de la diplomatie anglaise; mais il commit une de ces fautes impardonnables et qui courroucent toutes les Chattes bien apprises de l'Angleterre. Ce petit drôle était véritablement très-inconsistant. Ne s'avisa-t-il pas au Park de me saluer et de vouloir causer familièrement comme si nous nous connaissions. Je restai froide et sévère. Le cocher, apercevant ce Français, lui donna un coup de fouet qui l'atteignit et faillit le tuer. Brisquet reçut ce coup de fouet en me regardant avec une intrépidité qui changea mon moral : je l'aimai pour la manière dont il se laissa frapper, en ne voyant que moi, ne sentant que la faveur de ma présence, domptant ainsi le naturel qui pousse les Chats à fuir à la moindre apparence d'hostilité. Il ne devina pas que je me sentais mourir, malgré mon apparente froideur. Dès ce moment, je résolus de me laisser enlever. Le soir, sur la gouttière, je me jetai dans ses pattes tout éperdue.

— *My dear*, lui dis-je, avez-vous le capital nécessaire pour payer les dommages-intérêts au vieux Puff?

— Je n'ai pas d'autre capital, me répondit le Français en riant, que les poils de ma moustache, mes quatre pattes et cette queue.

Là-dessus il balaya la gouttière par un mouvement plein de fierté.

— Pas de capital ! lui répondis-je ; mais vous n'êtes qu'un aventurier, *my dear*.

— J'aime les aventures, me dit-il tendrement. En France, dans les circonstances auxquelles tu fais allusion, c'est alors que les Chats se peignent ! Ils ont recours à leurs griffes et non à leurs écus.

— Pauvre pays, lui dis-je. Et comment envoie-t-il à l'étranger, dans ses ambassades, des Bêtes si dénuées de capital ?

— Ah ! voilà, dit Brisquet. Notre nouveau gouvernement n'aime pas l'argent... chez ses employés : il ne recherche que les capacités intellectuelles.

Le cher Brisquet eut, en me parlant, un petit air content qui me fit craindre que ce ne fût un fat.

— L'amour sans capital est un *non-sens !* lui dis-je. Pendant que vous irez à droite et à gauche chercher à manger, vous ne vous occuperez pas de moi, mon cher.

Ce charmant Français me prouva, pour toute réponse, qu'il descendait, par sa grand'mère, du Chat-Botté. D'ailleurs, il avait quatre-vingt-dix-neuf manières d'emprunter de l'argent, et nous n'en aurions, dit-il, qu'une seule de le dépenser. Enfin il savait la musique et pouvait donner des leçons. En effet, il me chanta, sur un mode qui arrachait l'âme, une romance nationale de son pays : *Au clair de la lune...*

En ce moment, plusieurs Chats et des Chattes amenés par Puck me virent quand, séduite par tant de raisons, je promettais à ce cher Brisquet de le suivre dès qu'il pourrait entretenir sa femme confortablement.

— Je suis perdue ! m'écriai-je.

Le lendemain même, le banc des *Doctors commons* fut saisi par le vieux Puff d'un procès en criminelle conversation. Puff était sourd : ses neveux abusèrent de sa faiblesse. Puff, questionné par eux, leur apprit que la nuit je l'avais appelé par flatterie : *Mon petit Homme !* Ce fut une des choses les plus terribles contre moi, car jamais je ne pus expliquer de qui je tenais la connaissance de ce mot d'amour. Milord, sans le savoir, fut très-mal pour moi ; mais j'avais remarqué déjà qu'il était en enfance. Sa Seigneurie ne soupçonna jamais les basses intrigues auxquelles je fus en butte. Plusieurs petits Chats, qui me défendirent contre l'opinion publique, m'ont dit que parfois il demande son ange, la joie de ses yeux, sa *darling*, sa *sweet* Beauty ! Ma propre mère, venue à Londres, refusa de me voir et de m'écouter, en me disant que jamais une Chatte anglaise ne devait être soupçonnée, et que je mettais bien de l'amertume dans ses vieux jours. Mes sœurs, jalouses de mon élévation, appuyèrent mes accusatrices. Enfin, les domestiques déposèrent contre moi. Je vis alors clairement à propos de quoi tout le monde perd la tête en Angleterre. Dès qu'il s'agit d'une criminelle conversation, tous les sentiments s'arrêtent, une mère n'est plus mère, une nourrice voudrait reprendre son lait, et toutes les Chattes hurlent par les rues. Mais, ce qui fut bien plus infâme, mon vieil avocat, qui, dans le temps, croyait à l'innocence de la reine d'Angleterre, à qui j'avais tout raconté dans le moindre détail, qui m'avait assuré qu'il n'y avait pas de quoi fouetter un Chat; et à qui, pour preuve de mon innocence, j'avouai ne rien comprendre à ces mots, *criminelle conversation* (il me dit que c'était ainsi appelé précisément parce qu'on parlait très-peu); cet avocat, gagné par le capitaine Puck, me défendit si mal, que ma cause parut perdue. Dans cette circonstance, j'eus le courage de comparaître devant les *Doctors commons*.

— Milords, dis-je, je suis une Chatte anglaise, et je suis innocente! Que dirait-on de la justice de la vieille Angleterre, si...

A peine eus-je prononcé ces paroles, que d'effroyables murmures couvrirent ma voix, tant le public avait été travaillé par le *Cat-Chronicle* et par les amis de Puck.

— Elle met en doute la justice de la vieille Angleterre qui a créé le jury! criait-on.

— Elle veut vous expliquer, Milords, s'écria l'abominable avocat de mon adversaire, comment elle allait sur les gouttières avec un Chat français pour le convertir à la religion anglicane, tandis qu'elle y allait bien plutôt pour en revenir dire en bon français *mon petit Homme* à son mari, pour écouter les abominables principes du papisme, et apprendre à méconnaitre les lois et les usages de la vieille Angleterre!

Quand on parle de ces sornettes à un public anglais, il devient fou. Aussi des tonnerres d'applaudissements accueillirent-ils les paroles de l'avocat de Puck. Je fus condamnée, à l'âge de vingt-six mois, quand je pouvais prouver que j'ignorais encore ce que c'était qu'un Chat. Mais, à tout ceci, je gagnai de comprendre que c'est à cause de ses radotages qu'on appelle Albion la vieille Angleterre.

Je tombai dans une grande mischathropie qui fut causée moins par mon divorce que par la mort de mon cher Brisquet, que Puck fit tuer dans une émeute, en craignant sa vengeance. Aussi rien ne me met-il plus en fureur que d'entendre parler de la loyauté des Chats anglais.

Vous voyez, ô Animaux français, qu'en nous familiarisant avec les Hommes, nous en prenons tous les vices et toutes les mauvaises institutions. Revenons à la vie sauvage où nous n'obéissons qu'à l'instinct, et

Milords, dis-je, je suis une Chatte anglaise, et je suis innocente.

où nous ne trouvons pas des usages qui s'opposent aux vœux les plus sacrés de la nature. J'écris en ce moment un traité politique à l'usage des classes ouvrières animales, afin de les engager à ne plus tourner les broches, ni se laisser atteler à de petites charrettes, et pour leur enseigner les moyens de se soustraire à l'oppression du grand aristocrate. Quoique notre griffonnage soit célèbre, je crois que miss Henriette Martineau ne me désavouerait pas. Vous savez sur le continent que la littérature est devenue l'asile de toutes les Chattes qui protestent contre l'immoral monopole du mariage, qui résistent à la tyrannie des institutions, et veulent revenir aux lois naturelles. J'ai omis de vous dire que, quoique Brisquet eût le corps traversé par un coup reçu dans le dos, le *Coroner*, par une infâme hypocrisie, a déclaré qu'il s'était empoisonné lui-même avec de l'arsenic, comme si jamais un Chat si gai, si fou, si étourdi, pouvait avoir assez réfléchi sur la vie pour concevoir une idée si sérieuse, et comme si un Chat que j'aimais pouvait avoir la moindre envie de quitter l'existence! Mais, avec l'appareil de Marsh, on a trouvé des taches sur une assiette.

DE BALZAC.

LES AVENTURES
D'UN PAPILLON

RACONTÉES PAR SA GOUVERNANTE

Son enfance. — Sa jeunesse.
Voyage sentimental de Paris à Baden. — Ses égarements
Son mariage et sa mort.

AVERTISSEMENT DES RÉDACTEURS

Nous croyons être agréables à ceux de nos lecteurs et à celles de nos lectrices que d'autres travaux ont détournés de l'étude de l'histoire animale, en mettant sous leurs yeux cet extrait d'un important ouvrage publié à Londres par un savant naturaliste anglais sur les mœurs et coutumes des insectes en général, et des Hyménoptères neutres en particulier :

« Les Hyménoptères neutres, les plus indus-
« trieux de tous les insectes, ont la vie plus longue que les Hymé-
« noptères ordinaires, et peuvent voir se succéder plusieurs générations
« de mâles et de femelles. Il semble que, dans sa prévoyance infinie,
« Dieu leur ait refusé la faculté de se reproduire, pour que les orphelins
« pussent trouver auprès d'eux les soins d'une mère. Rien n'est sans but
« dans la nature. Les Hyménoptères neutres élèvent les larves ou enfants
« de leurs frères et sœurs, qui, en raison de la loi établie pour tous les

« insectes, périssent en donnant le jour à leurs petits. Ce sont les Hymé-
« noptères neutres qui pourvoient à la subsistance de ces êtres nouveaux,
« privés des soins de leurs parents, qui vont leur chercher des aliments,
« et qui remplissent ainsi auprès d'eux, avec une sollicitude admirable,
« l'office des sœurs de la charité parmi les Hommes. »

Les détails pleins d'intérêt que notre correspondante nous communique sur la vie d'un Papillon qu'elle a beaucoup connu pourront servir de base à l'histoire générale des mœurs et du caractère des Papillons de tous les pays.

Le Singe et le Perroquet,
Rédacteurs en chef.

Messieurs les Rédacteurs,

Si j'avais dû vous parler de moi, je n'aurais point entrepris de vous écrire, car je ne crois pas qu'il soit possible de raconter sa propre histoire avec convenance et impartialité. Les détails qui vont suivre ne me sont donc point personnels. Il vous suffira de savoir que si je ne suis pas la dernière à vous donner de mes nouvelles, c'est que malheureusement les soins de ma famille ne sauraient m'absorber.

Je suis seule au monde, messieurs, et ne connaîtrai jamais le bonheur d'être mère : je suis de la grande famille des Hyménoptères neutres. Mais le cœur s'accommode mal de l'isolement; vous ne vous étonnerez donc point que je me sois vouée à l'enseignement. Un Papillon de haut parage, qui vivait tout près de Paris, dans les bois de Belle-Vue, et qui m'avait sauvé la vie, se sentant mourir, me supplia de vouloir bien être la gouvernante de son enfant qu'il ne devait pas voir, et dont la naissance approchait.

Après quelques hésitations bien légitimes, sans doute, je pensai que si je me devais aux Hyménoptères mes frères, la reconnaissance me faisait pourtant un devoir impérieux d'accepter ce difficile emploi. Je promis donc à mon bienfaiteur de consacrer ma vie à l'œuf qu'il me confiait, et qu'il avait déposé dans le calice d'une fleur. L'enfant vit le jour le lendemain de la mort de son père; un rayon de soleil le fit éclore.

J'eus le chagrin de le voir débuter dans la vie par un acte d'ingratitude. Il quitta la Campanule, sa mère d'adoption, qui lui avait prêté l'abri de son cœur, sans songer seulement à dire un dernier adieu à la pauvre fleur, qui se courba jusqu'à terre en signe d'affliction.

Sa première éducation fut difficile : il était capricieux comme le vent, et d'une légèreté inouïe. Mais les caractères légers n'ont pas la conscience du mal qu'ils font : de là vient qu'on arrive souvent à les aimer. J'eus donc le bonheur, ou le malheur plutôt de me prendre d'affection pour ce pauvre enfant, quoiqu'il eût, à vrai dire, tous les défauts d'une petite Chenille. Ce mot, tout vulgaire qu'il soit, peut seul rendre ma pensée.

Je lui répétai mille fois, et toujours en vain, les mêmes leçons, je lui prédis mille fois les mêmes malheurs ; plus incrédule que l'Homme lui-même, l'étourdi ne tenait aucun compte des prédictions. M'arrivait-il, le croyant endormi sous un brin d'herbe, de le quitter un instant, si courte qu'eût été mon absence, je ne le retrouvais plus à la même place ; je me rappelle qu'un jour, et à cette époque ses seize pattes le portaient à peine, une visite que j'avais dû faire à des Abeilles de mon voisinage s'étant prolongée, il avait trouvé le moyen de grimper jusqu'à la cime d'un arbre, au péril de sa vie.

A peine au sortir de l'enfance, sa vivacité le quitta tout à coup. Je crus un instant que mes conseils avaient fructifié, mais je ne tardai pas à reconnaître que ce que j'avais pris pour de la sagesse, c'était une maladie, une véritable maladie, pendant laquelle il semblait sous le poids d'un engourdissement général. Il demeura de quinze à vingt jours sans mouvement, comme s'il eût dormi d'un sommeil léthargique. « Qu'éprouves-tu ? lui disais-je quelquefois. Qu'as-tu, mon cher enfant ? — Rien, me répondait-il d'une voix altérée, rien, ma bonne gouvernante ; je ne saurais remuer, et pourtant je sens en moi des élans inconnus ; le malaise qui m'accable n'a pas de nom, tout me fatigue : ne me dis rien, c'est bon de se taire et de ne pas remuer. »

Il était méconnaissable. Sa peau, d'un jaune pâle, avait l'apparence d'une feuille sèche ; cette vie vraiment insuffisante ressemblait tant à la mort, que je désespérais de le sauver, quand un jour, par un soleil resplendissant, je le vis se réveiller peu à peu, et bientôt la guérison fut entière. Jamais transformation ne fut plus complète ; il était grand, beau et brillant des plus riches couleurs. Quatre ailes d'azur à reflets charmants s'étaient comme par enchantement posées sur ses épaules, de gracieuses antennes se dressaient sur sa tête, six jolies petites pattes bien déliées s'agitaient sous un fin corselet de velours tacheté de rouge et de noir; ses yeux s'ouvrirent, son regard étincela, il secoua un instant ses ailes légères, la Chrysalide avait disparu, et je vis le Papillon s'envoler.

Je le suivis à tire-d'aile.

Jamais course ne fut plus vagabonde, jamais essor ne fut plus impétueux; il semblait que la terre entière lui appartînt, que toutes les fleurs fussent ses fleurs, que la lumière fût sa lumière, et que la création eût été faite pour lui seul. Cet enivrement fut tel, et cette entrée dans la vie si turbulente, que je craignis que les trésors de sa jeunesse ne pussent suffire à des élans si peu mesurés.

Mais bientôt sa trompe capricieuse délaissa ces prés d'abord tant aimés, dédaigna ces campagnes déjà trop connues. L'ennui vint, et contre ce mal des riches et des heureux, toutes les joies de l'espace, toutes les fêtes de la nature furent impuissantes. Je le vis alors rechercher de préférence la plante chérie d'Homère et de Platon, l'Asphodèle, symbole des pâles rêveries. Il restait des minutes entières sur le Lichen sans fleurs des rochers arides, les ailes rabattues, n'ayant d'autre sentiment que celui de la satiété; et plus d'une fois j'eus à l'éloigner des feuilles livides et sombres de la Belladone et de la Ciguë.

Il revint un soir très-agité, et me confia avec émotion qu'il avait rencontré sur un Souci des champs un Papillon fort aimable, nouvellement arrivé de pays lointains, desquels il lui avait raconté des merveilles.

L'amour de l'inconnu l'avait saisi.

On l'a dit[1] : qui n'a pas quelque douleur à distraire ou quelque joug à secouer?

« Il faut que je meure ou que je voyage! s'écria-t-il.

— Ne meurs pas, lui dis-je, et voyageons. »

Soudain la vie lui revint, il déploya ses ailes ranimées, et nous partîmes pour Baden.

Vous dire sa folle joie au départ, ses ravissements, ses extases, cela est impossible; il était si radieux, si léger, que moi, pauvres insecte dont les chagrins ont affaibli les ailes, j'avais peine à le suivre.

---

[1] G. Sand.

Il ne s'arrêta qu'à Château-Thierry, non loin des bords vantés de la Marne qui virent naître La Fontaine.

Ce qui l'arrêta, vous le dirai-je? ce fut une humble Violette qu'il aperçut au coin d'un bois. « Comment ne pas t'aimer, lui dit-il, petite Violette, toi si douce et si modeste? Si tu savais comme tu as l'air honnête et charmant, comme tes jolies feuilles vertes te vont bien, tu comprendrais qu'il faut t'aimer. Sois bonne, consens à être ma sœur chérie, vois comme je deviens calme et reposé près de toi ! Que j'aime cet arbre qui te protége de son ombre, cette paisible fraîcheur et ce parfum d'honneur qui t'environnent ; que tu fais bien d'être bleue et gracieuse et cachée ! Si tu m'aimais, quelle douce vie que la nôtre !

— Sois une pauvre fleur comme moi, et je t'aimerai, lui dit la fleur sensée ; et quand l'hiver viendra, quand la neige couvrira la terre, quand le vent sifflera tristement dans les arbres dépouillés, je te cacherai sous ces feuilles que tu aimes, et nous oublierons ensemble le temps et ses rigueurs. Laisse là tes ailes, et promets-moi de m'aimer toujours.

— Toujours, répéta-t-il, toujours ; c'est bien long, et je ne crois pas à l'hiver. » Et il reprit son vol.

« Console-toi, dis-je à la Violette attristée, tu n'as perdu que le malheur. »

Au-dessous de nous passèrent les blés, les forêts, les villes et les tristes plaines de la Champagne. Tout près de Metz, un parfum venu de la terre l'attira. « Le fertile pays ! me dit-il ; le vaste horizon ! que cette eau qui revient des montagnes doit arroser de beaux parterres ! » Et je le vis se diriger d'un vol coquet vers une Rose, une Rose unique qui fleurissait sur les rives de la Moselle. « La magnifique Rose ! murmurait-il ; les vives couleurs ! la riche nature ! Quel air de fête et quelle santé ! »

« Mon Dieu ! que je vous trouve belle et pleine d'attraits ! lui dit-il ; jamais le soleil n'a brillé sur une plus belle Rose. Accueillez-moi, je vous prie ; je viens de loin, souffrez que je me pose un instant sur une des branches de votre rosier.

— N'approche pas, répondit la Rose dédaigneuse ; sais-je d'où tu viens ? Tu es présomptueux et tu sais flatter ; tu es un trompeur, n'approche pas. »

Il approcha et recula soudain. « Méchante ! s'écria-t-il, tu m'as piqué ! » Et il montrait son aile froissée. « Je n'aime plus les Roses, ajouta-t-il ; elles sont cruelles et n'ont point de cœur. Volons encore, le bonheur est dans l'inconstance. »

Tout près de là, il aperçut un Lis ; sa distinction le charma, mais l'aristocratie de son maintien, son imposante noblesse et sa blancheur l'intimidèrent. « Je n'ose vous aimer, lui dit-il de sa voix la plus respectueuse, car je ne suis qu'un Papillon, et je crains d'agiter l'air que votre présence embaume.

— Sois sans tache, répondit le Lis, ne change jamais, et je serai ton frère. »

Ne changer jamais ! En ce monde, il n'y a plus guère que les Papillons qui soient sincères : il ne put rien promettre. Et un coup de vent l'emporta sur les sables d'argent des bords du Rhin.

Je le rejoignis bientôt.

« Suis-moi, disait-il déjà à une Marguerite des champs, suis-moi, et je saurai t'aimer toujours parce que tu es simple et naïve ; passons le Rhin, viens à Baden. Tu aimeras ces fêtes brillantes, ces concerts, ces parures et ces palais enchantés, et ces montagnes bleues que tu vois au fond de l'horizon. Quitte ces bords monotones, et tu seras la plus gracieuse de toutes ces fleurs que le riant pays de Baden attire.

— Non, répondait la fleur vertueuse, non, j'aime la France, j'aime ces bords qui m'ont vue naître, j'aime ces Pâquerettes, mes sœurs, qui m'entourent, j'aime cette terre qui me nourrit ; c'est là que je dois vivre et mourir. Ne me demande pas de mal faire. » Ce qui fait qu'on peut aimer les Marguerites, c'est qu'elles aiment le bien et la constance.

« Je ne puis te suivre, mais toi, tu peux rester ; et loin du bruit de ce monde dont tu me parles, je t'aimerai. Crois-moi : le bonheur est facile, confie-toi en la douce nature. Quelle fleur t'aimera donc mieux que moi ? Tiens, compte mes feuilles, n'en oublie aucune, ni celles que je t'ai sacrifiées, ni celles que le chagrin a fait tomber ; compte-les encore, et vois que je t'aime, que je t'aime beaucoup, et que c'est toi, ingrat, qui ne m'aimes pas du tout ! »

Il hésita un instant, et je vis la tendre fleur espérer... « Pourquoi ai-je des ailes ? » dit-il, et il quitta la terre.

« J'en mourrai, fit la Marguerite en s'inclinant.

— C'est bien tôt pour mourir, lui dis-je ; crois-moi, ta douleur elle-même passera, il est rare de bien placer son cœur. »

Et je récitai avec Lamartine ce beau vers qui a dû consoler tant de fleurs :

N'est-il pas une terre où tout doit refleurir ?

« *Wergiss mein nicht,* aime-moi, aime-moi ; tourne ta blanche couronne et ton cœur vers ce petit coin de terre où tu es adorée ; je suis une petite plante comme toi, et j'aime tout ce que tu aimes, » disait tout bas à la Marguerite désolée une fleur bleue, sa voisine, qui avait tout entendu.

« Bonne fleur, pensai-je, si les fleurs sont faites pour s'entr'aimer, peut-être seras-tu récompensée; » et je pus rejoindre moins triste mon frivole élève.

« J'aime le mouvement, j'ai des ailes pour voler, répétait-il avec mélancolie. Les Papillons sont bien à plaindre! Je ne veux plus rien voir de ce qui tient à la terre. Je veux oublier ces fleurs immobiles, ces rencontres m'ont profondément attristé! Cette vie m'est odieuse... »

Et je le vis s'élancer vers le fleuve, comme s'il eût été emporté par une résolution soudaine! Un funeste pressentiment traversa mon cerveau... « Grand Dieu! m'écriai-je, voudrait-il mourir! » Et j'arrivai éperdue au bord de l'eau que je savais profonde en cet endroit.

Mais déjà tout était calme, et rien ne paraissait à la surface que les feuilles flottantes de Nénufar autour desquelles des Araignées aquatiques décrivaient des cercles bizarres.

Vous l'avouerai-je? mon sang se glaça!

Folle que j'étais, j'en fus quitte, Dieu merci, pour la peur; une touffe de Roseaux me l'avait caché.

« Bon Dieu, me criait-il d'une voix railleuse, que fais-tu là depuis si longtemps, ma sage gouvernante? Prends-tu le Rhin pour un miroir, ou bien songerais-tu à te noyer? Viens donc de ce côté; et si tu as quelque affection pour moi, sois heureuse, car j'ai trouvé le bonheur! J'aime enfin, et cette fois pour toujours..., non plus une triste fleur, attachée au sol et condamnée à la terre, mais bien un trésor, une perle, un diamant, une fille de l'air, une fleur vivante et animée qui a des ailes enfin, quatre ailes minces et transparentes, enrichies d'anneaux précieux, des ailes plus belles que les miennes peut-être, pour franchir les airs et voler avec moi. »

Et j'aperçus, posée sur la pointe d'un Roseau, et doucement balancée par le vent, une gracieuse Demoiselle aux vives allures.

« Je te présente ma fiancée, me dit-il.

— Quoi ! m'écriai-je, les choses en sont-elles déjà là ?

— Déjà ? repartit la Demoiselle ; nos ombres ont grandi, et ces Glaïeuls se sont fermés depuis que nous nous connaissons. Il m'a dit que j'étais belle, et je l'ai aimé aussitôt pour sa franchise et pour sa bonne grâce.

— Hélas ! Mademoiselle, lui répondis-je, s'il faut se ressembler pour se marier, mariez-vous, et soyez heureux. Je n'ai pas encore pris parti contre le mariage. »

Je dois convenir qu'ils arrivèrent à Baden du même vol, ou peu s'en faut. Ils visitèrent ensemble, le même jour, avec une rare conformité de caprice, les beaux jardins du palais des Jeux, le vieux château, le couvent, Lichtenthal, la vallée du ciel, et la vallée de l'enfer sa voisine. Je les vis s'éprendre tous deux du frais murmure du même ruisseau, et le quitter tous deux avec la même inconstance.

Le mariage avait été annoncé pour le lendemain. Les témoins furent, pour la Demoiselle, un Cousin et un Capricorne de sa famille, et pour le Papillon, un respectable Paon de nuit, qui s'était fait accompagner de sa nièce, jeune Chenille fort bien élevée, et d'un Bousier de ses amis.

On assure que dans le moment où le Cerf-Volant qui les maria ouvrit le Code civil au chapitre VI, concernant *les droits et les devoirs respectifs des époux,* et prononça d'une voix pénétrée ces formidables paroles :

« ART. 212. — Les époux se doivent mutuellement *fidélité,* secours,
« assistance.

« ART. 213. — Le mari doit protection à sa femme, la femme
« *obéissance* à son mari.

« Art. 214. — La femme est obligée d'habiter avec le mari et de
« le suivre *partout* où il est obligé de résider, » la mariée fit un mouvement d'effroi qui n'échappa à aucun des assistants. Une vieille Demoiselle, qu'une lecture intelligente de la *Physiologie du mariage* de M. de Balzac avait confirmée dans ses idées de célibat, et qui avait fait de ce livre son *vade mecum*, dit qu'assurément une Demoiselle n'aurait point ainsi rédigé ces trois articles. La plus jeune des sœurs de la mariée, Libellule très-impressionnable, fondit en larmes en cette occasion pour se conformer à l'usage.

Le soir même une grande fête fut donnée sur la lisière des beaux bois qui entourent le château de la Favorite, dans le sillon d'un champ de blé qu'on avait disposé à cette intention.

Des lettres d'invitation, imprimées en couleur et en or par Silbermann de Strasbourg, sur des feuilles de mûrier superfin, avaient été adressées aux étrangers de distinction que le soin de leur santé et de leur plaisir avait amenés dans le duché, et aux notables insectes badois que les époux voulaient rendre témoins de leur fastueux bonheur.

Les préparatifs de cette fête firent tant de bruit, que les chemins furent bientôt couverts par l'affluence des invités et des curieux. Les Escargots se mirent en route avec leurs équipages à la Daumont; les Lièvres montèrent les Tortues les plus rapides; Les Écrevisses pleines de feu piaffaient et se cabraient sous le fouet impatient de leurs cochers. Il fallait voir surtout les Vers à mille pattes galoper ventre à terre et brûler le pavé. C'était à qui arriverait le premier.

Dès la veille, des baladins avaient dressé leurs théâtres en plein vent dans les sillons voisins de ce sillon fortuné. Une Sauterelle verte exécuta, avec et sans balancier, sur une corde faite avec les pétioles flexibles de la Clématite, les voltiges les plus hardies. Les cris d'enthousiasme du peuple des Limaçons et des Tortues émerveillés se mêlaient aux fanfares du cavalier servant de cette danseuse infatigable. Le triomphant Criquet s'était fait une trompette de la corolle d'un Liseron tricolore.

Mais bientôt le bal commença. La réunion fut nombreuse et la fête brillante. Un Ver luisant des plus entendus s'était chargé d'organiser une illumination *a giorno* qui surpassa toute imagination; les Lucioles, ces petites étoiles de la terre, suspendues avec un art infini aux guirlandes légères des Convolvulus en fleur, furent trouvées d'un si merveilleux effet, que tout le monde crut qu'une fée avait passé par là. Les tiges dorées des Astragales, couvertes de Fulgores et de Lampyres, répandaient une telle lumière, que les Papillons de jour eux-mêmes ne purent d'abord soutenir l'éclat sans pareil de ces vivantes flammes; quant aux Noctuelles, beaucoup se retirèrent avant même d'avoir pu faire la révérence aux nouveaux époux, et celles qui, par amour-propre, s'étaient obstinées à rester, s'estimèrent heureuses de pouvoir s'ensevelir, tant que dura la fête, sous le velours de leurs ailes.

Quand la mariée parut, l'assemblée entière éclata en transports d'admiration, tant elle était belle et bien parée. Elle ne prit pas un moment de repos, et chacun fit compliment à l'heureux époux (qui, de son côté, n'avait pas manqué une contredanse) des grâces irrésistibles de celle à laquelle il unissait sa destinée.

L'orchestre, conduit par un Bourdon, violoncelliste habile et élève de Batta, joua avec une grande perfection les valses encore nouvelles et déjà tant admirées de Reber, et les contredanses, toujours si chères aux Sauterelles, du pré aux fleurs.

Vers minuit, une rivale de Taglioni, la signorina Cavaletta, vêtue d'une robe de nymphe assez transparente, dansa une saltarelle qui, devant cette assemblée ailée, n'obtint qu'un médiocre succès. — Le bal fut alors coupé par un grand concert vocal et instrumental, dans lequel se firent entendre des artistes de tous les pays que la belle saison avait réunis à Baden-Baden.

Un Grillon joua, sur une seule corde, un solo de violon, que Paganini avait joué peu d'heures avant sa mort.

Une Cigale, qui avait fait *furore* à Milan, cette terre classique des Cigales, fut fort applaudie dans une cantilène de sa composition, intitulé *le Parfum des Roses*, et dont le rhythme monotone rappelait assez heureusement l'épithalame chez les anciens. Elle chanta avec beaucoup de dignité, en s'accompagnant elle-même sur une lyre antique, que quelques mauvais plaisants prirent pour une guitare.

Une jeune Grenouille genevoise chanta un grand air dont les paroles étaient empruntées aux *Chants du Crépuscule* de M. Victor Hugo. Mais la fraîcheur de la nuit avait un peu altéré le timbre de sa voix.

Un Rossignol, qui se trouvait par hasard spectateur de cette noce quasi royale, céda avec une bonne grâce infinie aux instances de l'assemblée. Le divin chanteur, du haut de son arbre, déploya dans le silence de la nuit toutes les richesses de son gosier, et se surpassa dans un morceau fort difficile qu'il avait entendu chanter une seule fois, disait-il, avec une inimitable perfection, par une grande artiste, madame Viardot-Garcia, digne sœur de la célèbre Maria Malibran.

Enfin le concert fut terminé par le beau chœur de *la Muette* : Voilà *des fleurs, voilà des fruits,* qui fut chanté, avec un ensemble fort rare à l'Opéra, par des Scarabées de rose blanche et des Callidies.

Pendant cette dernière partie du concert, et avec un à-propos que l'on voulut bien trouver ingénieux, un souper composé des sucs les plus exquis, extraits des fleurs du jasmin, du myrte et de l'oranger, fut servi dans le calice des plus jolies petites clochettes bleues et roses qu'on puisse voir. Ce délicieux souper avait été préparé par une Abeille dont les secrets eussent fait envie aux marchands de bonbons les plus renommés.

A une heure, la danse avait repris toute sa vivacité, la fête était à son *apogée.*

A une heure et demie, des bruits étranges commencèrent à circuler, chacun se parlait à l'oreille; le marié, furieux, disait-on, cherchait et cherchait en vain *sa femme* disparue depuis vingt minutes.

Quelques Insectes de ses amis lui affirmèrent obligeamment, pour le rassurer sans doute, qu'elle venait de danser une mazureck avec un Insecte fort bien mis et beau danseur, son parent, le même qui le matin avait assisté comme témoin à la célébration du mariage. « La perfide ! s'écria le pauvre mari désespéré; la perfide ! je me vengerai ! »

J'eus pitié de son désespoir. « Viens, lui dis-je, calme-toi et ne te venge pas, la vengeance ne répare rien. Toi qui as semé l'inconstance, il est triste, mais il est juste que tu recueilles ce que tu as semé. Oublie : cette fois, tu feras bien. Il ne s'agit pas de maudire la vie, mais de la porter.

— Tu as raison ! s'écria-t-il; décidément, l'amour n'est pas le bonheur. » Et je parvins à l'entraîner loin de ce champ tout à l'heure si animé, dont la nouvelle de son infortune avait fait un désert.

La colère des Papillons n'a guère plus de portée qu'une boutade. La nuit était sereine, l'air était pur, c'en fut assez pour que sa belle humeur lui revînt; et en quittant les jardins de la Favorite, il souhaita presque gaiement le bonsoir à une Belle-de-Nuit qui veillait près d'une Belle-de-Jour endormie.

Arrivés sur la route : « Tiens, me dit-il, vois-tu cette diligence qui retourne à Strasbourg ? Profitons de la nuit et posons-nous sur l'impériale : ce voyage à travers les airs me fatigue.

— Non pas, lui répondis-je, tu as échappé aux épines, à l'eau et au désespoir, tu n'échapperais pas aux Hommes : il se peut qu'il y ait quelque filet dans cette lourde voiture. Crois-moi, rentrons en France, sur nos ailes, tout simplement. Le grand air te fera du bien, et d'ailleurs nous arriverons plus vite et sans poussière. »

Bientôt Kehl, le Rhin et son pont de bateaux furent derrière nous. Arrivés à Strasbourg, ce fut avec le plus grand étonnement que je le vis s'arrêter devant la flèche de la cathédrale, dont il admira l'élégance et la hardiesse en des termes qu'un artiste n'eût pas désavoués. « J'aime tout ce qui est beau ! » s'écria-t-il.

Les esprits légers aiment toujours, c'est pour eux un état permanent et nécessaire, c'est seulement l'objet qui change ; s'ils oublient, c'est pour remplacer. Un peu plus loin, il salua la statue de Gutenberg quand je lui eus dit que ce bronze de David était un hommage rendu tout récemment à l'inventeur de l'imprimerie.

Un peu plus loin encore, il s'inclina devant l'image de Kléber. « Ma bonne gouvernante, me dit-il, si je n'étais Papillon, j'aurais été artiste, j'aurais élevé de beaux monuments, j'aurais fait de beaux livres ou de belles statues, ou bien je serais devenu un héros et je serais mort glorieusement. »

Je profitai de l'occasion pour lui apprendre qu'il n'est pas donné à tous les héros de mourir en combattant, et que Kléber mourut assassiné.

Le jour venait, il fallut songer à trouver un asile ; j'aperçus heureusement une fenêtre qui s'ouvrait dans une salle immense que je reconnus pour appartenir à la bibliothèque de la ville. Elle était pleine de livres et d'objets précieux. Nous entrâmes sans crainte, car, à Strasbourg comme partout, ces salles de la science sont toujours vides.

Son attention fut attirée par un bronze antique de la plus grande beauté. Il loua avec enthousiasme les lignes nobles et sévères de cette imposante Minerve, et je crus un instant qu'il allait écouter les conseils d'airain de l'impérissable sagesse. Il se contenta de remarquer que les hommes faisaient de belles choses.

« Mais, oui, lui répondis-je, il n'est presque pas une seule de leur ville qui ne possède une bibliothèque pleine de chefs-d'œuvre, que bien peu d'entre eux savent apprécier, et un musée d'histoire naturelle qui devrait donner à penser aux Papillons eux-mêmes. »

Cette réflexion le calma un peu, et il se tint coi jusqu'au soir. Mais après tout un jour de repos, à la tombée de la nuit rien ne put l'arrêter: et il reprit son vol de plus belle.

« Attends-moi ! lui criai-je, attends-moi ! dans ces murs habités par nos ennemis, tout est piége, tout est à craindre. »

Mais l'insensé ne m'écoutait plus ; il avait aperçu la vive lueur d'un bec de gaz qu'on venait d'allumer, et, séduit par cet éclat trompeur, enivré par l'éblouissante lumière, je le vis tournoyer un moment autour d'elle, puis tomber...

« Hélas ! me dit-il, ma pauvre mie, soutiens-moi ; cette belle flamme m'a tué, je le sens, ma brûlure est mortelle ; il faut mourir, et mourir brûlé !... c'est bien vulgaire.

« Mourir, répétait-il, mourir au mois de juillet, quand la vie est partout dans la nature ! ne plus voir cette terre émaillée ! Ce qui m'effraye de la mort, c'est son éternité.

— Détrompe-toi, lui dis-je ; on croit mourir, mais on ne meurt pas. La mort n'est qu'un passage à une autre vie. » Et je lui exposai les consolantes doctrines de Pythagore et de son disciple Archytas sur la transformation successive des êtres, et, à l'appui, je lui rappelai qu'il avait été déjà Chenille, Chrysalide et Papillon.

« Merci, me dit-il d'une voix presque résolue ; merci, tu m'auras été bonne jusqu'à la fin. Vienne donc la mort, puisque je suis immortel ! Pourtant, ajouta-t-il, j'aurais voulu revoir avant de mourir ces bords fleuris de la Seine où se sont écoulés si doucement les premiers jours de mon enfance. »

Il donna aussi un regret à la Violette et à la Marguerite ; ce souvenir lui rendit quelques forces. « Elles m'aimaient, dit-il ; si la vie me revient, j'irai chercher auprès d'elles le repos et le bonheur. »

Ces riants projets, si tristes en face de la mort, me rappelèrent ces jardins que font les petits enfants des Hommes en plantant dans le sable des branches et des fleurs coupées, qui le lendemain sont flétries.

Sa voix s'affaiblit subitement. « Pourvu, dit-il si bas que j'eus peine à l'entendre, pourvu que je ne ressuscite ni Taupe, ni Homme, et que je revive avec des ailes ! »

Et il expira.

Il était dans toute la force de l'âge et n'avait vécu que deux mois et demi, à peine la moitié de la vie ordinaire d'un Papillon.

Je le pleurai, monsieur ; et pourtant quand je songeai à la triste vieillesse que son incorrigible légèreté lui préparait, je me pris à penser que tout était pour le mieux dans le meilleur des mondes possibles. Car je suis de l'avis de La Bruyère : c'est une grande difformité dans la nature qu'un vieillard frivole et léger.

Quant à la Demoiselle qu'il avait épousée, si vous tenez à savoir ce qu'elle devint, vous pouvez la voir fixée enfin, au moyen d'une épingle, sous le numéro 1840, dans la collection d'un Grand-Duc allemand, amateur passionné d'Insectes, qui chassa incognito au filet, dans ses propriétés situées à quelques lieues de Baden, le lendemain de ces noces funestes.

Vous verrez tout auprès un bel Insecte fixé par le même procédé sous le numéro 1841. La Demoiselle et l'Insecte avaient été pris le même jour, du même coup de filet, par l'heureux prince que le ciel semblait avoir fait naître pour qu'il servît ainsi d'instrument aveugle à son inexorable justice.

P. J. Stahl.

LES CONTRARIÉTÉS
D'UN CROCODILE

Vous voyez en ma personne, Messieurs, un animal bien contrarié !

On le serait à moins

Jugez-en.

Qu'est-ce que je demande ?

A manger, à digérer, à dormir, à chauffer mon épaisse cuirasse au soleil. Peu m'importe que les autres êtres de la création déploient de l'activité, et s'évertuent pour gagner leur misérable existence ! Tranquille dans mon gîte, j'attends ma proie et la dévore. Issu des illustres Crocodiles qu'adoraient autrefois les Égyptiens, je dois être fidèle à mon origine aristocratique, dédaigner les jouissances intellectuelles et n'entrer en relation avec mes voisins que pour les croquer.

Eh bien ! on ose me déranger, moi, gentilhomme Saurien !

Les Hommes, sous divers prétextes, troublent à chaque instant ma quiétude. Ils ont inventé la guerre ; ils ont ensuite inventé le progrès pacifique, et ce sont autant d'imaginations dont je suis l'infortunée victime.

Je suis bien contrarié.

Mes premières années avaient été heureuses. Par une belle matinée d'été (mon histoire commence comme un roman moderne), je perçai la coquille de l'œuf où j'étais renfermé, et j'aperçus pour la première fois la lumière. J'avais à ma gauche le désert hérissé de sphinx et de pyramides, à ma droite, le Nil et l'île fleurie de Raoudah avec ses allées de sycomores et d'orangers. Sans prendre le temps d'admirer ce spectacle, je m'avançai vers le fleuve, et débutai dans la carrière gastronomique en avalant un Poisson qui passait. J'avais laissé sur le sable environ quarante œufs semblables à celui d'où je venais de sortir. Ont-ils été décimés par les Loutres et les Ichneumons? Sont-ils éclos sans encombre? Je ne m'en inquiète guère. Pour les francs Crocodiles, les liens de famille ne sont-ils pas des chaînes dont il est bon de s'affranchir?

Je vécus dix ans en me rassasiant tant bien que mal d'Oiseaux pêcheurs et de Chiens errants; parvenu à l'âge de raison, c'est-à-dire à l'âge où la plupart des êtres créés commencent à déraisonner, je me livrai à des réflexions philosophiques dont le résultat fut le monologue suivant:

« La nature, me dis-je, m'a comblé de ses plus rares faveurs. Charmes de la figure, élégance de la taille, capacité de l'estomac, elle m'a tout prodigué, la bonne mère! songeons à faire usage de ses dons. Je suis propre à la vie horizontale; abandonnons-nous à la mollesse; j'ai quatre rangées de dents acérées, mangeons les autres, et tâchons de n'en pas être mangé. Pratiquons l'art de jouir, adoptons la morale des viveurs, ce qui équivaut à n'en adopter aucune. Fuyons le mariage; ne partageons pas avec une compagne une proie que nous pouvons garder tout entière; ne nous condamnons pas à de longs sacrifices pour élever une bande d'enfants ingrats. »

Tel fut mon plan de conduite, et les charmes des Sauriennes du grand fleuve ne me firent point renoncer à mes projets de célibat. Une seule fois je crus ressentir une passion sérieuse pour une jeune Crocodile de cinquante-deux ans. O Mahomet! qu'elle était belle! Sa tête aplatie semblait avoir été comprimée entre les pinces d'un étau; sa gueule rieuse s'ouvrait large et profonde comme l'entrée de la pyramide de Chéops. Ses petits yeux verts étaient garnis d'une paupière aussi jaune que l'eau du Nil débordé. Sa peau était rude, raboteuse, semée de mouchetures verdâtres. Toutefois je résistai à la séduction de tant d'attraits, et rompis des nœuds qui menaçaient de m'attacher pour toujours.

Je me contentai, durant plusieurs années, de la chair des quadrupèdes et des habitants du fleuve. Je n'osais suivre l'exemple des vieux Crocodiles, et déclarer la guerre aux Hommes; mais, un jour, le shérif de Rahmanieh passa près de ma retraite, et je l'entraînai sous les eaux avant que ses serviteurs eussent eu le temps de détourner la tête. Il était tendre, succulent, comme doit l'être tout dignitaire grassement payé pour ne rien faire. Que de hauts et puissants seigneurs dont je souperais volontiers !

Depuis cette époque, je dédaignai les Bêtes pour les Hommes; ces derniers valent mieux comme comestible, et ce sont d'ailleurs nos ennemis naturels. Je ne tardai pas à acquérir parmi mes confrères une haute réputation d'audace et de sybaritisme. J'étais le roi de toutes leurs fêtes, le président de tous leurs banquets; les bords du Nil furent souvent témoins de nos réunions gastronomiques, et retentirent du bruit de nos chansons :

> Amis, à bien manger le sage met sa gloire;
> Prolongeons nos festins sous le ciel d'Orient,
> Et broyons sans pitié d'une forte mâchoire
>   L'infidèle et le vrai croyant.
>
> L'Homme prétend régner sur la race amphibie;
> Il croit les Sauriens de ses lois dépendants,
> Lui qui perd sous les eaux les forces et la vie,
>   Lui qui n'a que trente-deux dents !
>
> Il peut être vainqueur en de grandes batailles,
> Mais quand il veut tourner ses armes contre nous,
> Notre dos cuirassé de solides écailles
>   Est impénétrable à ses coups.
>
> Jamais il n'a servi notre chair sur ses tables
> Et nous, nous dévorons ce rival odieux.
> Jadis, pour conjurer nos griffes redoutables,
>   Il nous pria comme des dieux !

Au commencement de la lune de Baby-el-Alouel, l'an de l'hégire 1213, autrement dit le 3 thermidor an VII, autrement dit le 21 juillet 1798, je sommeillais sur un lit de roseaux, quand je fus réveillé par un tumulte inaccoutumé. Des nuages de poussière s'élevaient autour du village d'Embabeh, et deux grandes armées s'avançaient l'une contre l'autre : d'un côté des Arabes, des Mamelouks cuirassés d'or, des Kiayas, des beys montés sur des Chevaux superbes, des escadrons miroitant au soleil; de l'autre, des soldats étrangers, en chapeaux de feutre noir à plumets rouges, en uniformes bleus, en pantalons d'un blanc sale. Le bey de l'armée franque était un petit homme pâle et maigre, et j'eus pitié des humains en songeant qu'ils se laissaient commander par un être chétif, dont un Crocodile n'eût fait qu'une bouchée.

Le petit homme prononça quelques paroles, en désignant du doigt le haut des Pyramides. Les soldats levèrent les yeux, ne virent rien, et parurent enthousiasmés. Puis, la canonnade retentit, les balles, les boulets, les obus, sifflèrent aux oreilles des Crocodiles, et en atteignirent quelques-uns. Hélas! messieurs, c'est à partir de ce jour

fatal que mon repos a été détruit; l'infernale musique s'est fait entendre à plusieurs reprises, toujours aussi agaçante, et parfois meurtrière pour nous.

Mais nous aurions dédaigné cet inconvénient, si l'invasion des

Occidentaux en Égypte, si la propagation de leurs idées de progrès, de civilisation, d'améliorations, n'avaient attiré dans notre patrie des savants, des ingénieurs, des perturbateurs comme Belzoni, Caillaud, Drovetti, qui ont exploré les ruines du passé, ou comme un certain Ferdinand de Lesseps, qui prélude à l'avenir.

Un jour, des importuns vinrent d'Europe camper à Louqsor, avisèrent, au milieu de cinq cents colonnes gigantesques, une pierre assez maussade, et à force de cabestans, de cordes et de machines, ils l'amenèrent à bord d'un bâtiment mouillé dans le Nil. Cette pierre, qui n'était qu'un accessoire de la décoration d'un temple égyptien, est plantée aujourd'hui, dit-on, au milieu de la plus belle place de l'Europe, entourée de fontaines où il n'y a pas assez d'eau pour baigner un jeune Caïman. Tous les orientalistes se sont en vain évertués à déchiffrer les caractères tracés sur ce monument. Malgré mes faibles connaissances dans la science des Champollion, je crois pouvoir avancer qu'il y a là une suite de maximes inconvenantes à l'usage des Crocodiles, et, vu la conduite des puissances du jour, je serais tenté de croire qu'elles en ont en partie découvert la clef. On y lit entre d'autres devises :

La bonne chère adoreras
Et aimeras parfaitement.

Égoïste toujours seras
De fait et volontairement.

Obélisque point ne prendras
De force ou de consentement.

Deux millions tu les payeras,
Si tu les prends injustement.

Nos amateurs de pierres peu précieuses eurent la funeste idée de faire la chasse au Crocodile ; l'un d'eux me poursuivit et me lança une pioche dont la pointe acérée me creva l'œil droit. La douleur me fit perdre connaissance, et quand je revins à moi, j'étais, hélas ! garrotté, prisonnier et commensal des Hommes ! On me transféra dans la grande ville d'El-Kahiréh, que les infidèles nomment le Caire, et je fus provisoirement logé chez un consul étranger. Le tintamarre de la bataille des Pyramides n'était pas comparable à celui qui se faisait dans cette maison, où l'on se battait aussi, mais à coups de langue. On s'y chamaillait du matin au soir ; et comme on pérorait beaucoup sans pouvoir s'entendre, j'en conclus qu'il était question de la question d'Orient ! Et pas un Crocodile pour mettre les dissidents d'accord en les croquant tous !

Le matelot qui s'était emparé de moi, ne me jugeant pas digne d'être offert au Muséum ou au Jardin d'acclimatation, me vendit à un saltimbanque après notre arrivée au Havre. O douleur! les mâchoires engourdies par le froid, je fus placé dans un vaste baquet, et exposé au stupide ébahissement de la foule. Le saltimbanque hurlait à la porte de sa baraque : « Entrez, messieurs et mesdames, c'est l'instant, c'est le moment où cet intéressant animal va prendre sa nourriture! » Il prononçait ces mots avec une conviction si communicative, et d'un ton si persuasif, qu'involontairement, en l'entendant, j'écartais les mâchoires pour engloutir les aliments promis. Hélas! le traître, craignant de mettre mes forces au niveau de ma rage, me soumettait à un jeûne systématique.

Un vieil escompteur, qui avait avancé quelques sommes au propriétaire de ma personne, me tira de cet esclavage en faisant saisir la ménagerie dont je formais le plus bel ornement; tous les autres Animaux étaient empaillés. Deux jours après, il me transmit, au lieu d'argent comptant, à un viveur qu'il aidait à se ruiner. Je fus casé dans un large bassin, près d'un port de mer, où mon nouveau patron possédait une délicieuse villa. J'appris par les propos des domestiques, ennemis intérieurs heureusement inconnus chez les Sauriens, que mon maître était un jeune Homme de quarante-cinq ans, gastronome distingué, possesseur de vingt-cinq mille livres de rente, ce qui, grâce à la bonhomie des fournisseurs, lui permettait d'en dépenser deux cent mille. Il avait éludé le mariage, qui, selon lui, n'était obligatoire qu'au dénoûment des vaudevilles, et s'appliquait uniquement à mener joyeuse vie. Au physique, il n'avait de remarquable que son ventre, dont il était fier : « Je l'ai fait ce qu'il est, disait-il, cela m'a coûté gros, mais je n'ai pas perdu mon argent. J'étais né pour être sec et maigre, un régime intelligent m'a donné, en dépit de la nature, cet honorable embonpoint. » Le moindre dîner de ce brave homme lui coûtait cinquante francs. « Il n'y a que les sots, disait-il encore, qui meurent de faim. »

Un soir d'été, après boire, mon possesseur vint me rendre visite avec une société nombreuse; les uns me trouvèrent une heureuse physionomie; les autres prétendirent que j'étais fort laid; tous, que j'avais un faux air de ressemblance avec leur ami. Les insolents! avec quel plaisir j'aurais mangé un suprême de dandy!

« Pourquoi vous amusez-vous à héberger ce monstre? dit un vieillard sans dents, qui, certes, méritait mieux que moi l'injurieuse qualification. A votre place, je le ferais tuer et accommoder par mon cuisinier. On m'a assuré que la chair du Crocodile était très-recherchée, tant par certaines peuplades africaines que par les Cochinchinois.

Il n'y a que les sots, disait-il encore, qui meurent de faim.

— Ma foi ! dit mon patron, l'idée est originale. Vous avez beau dire qu'il a un faux air de ressemblance avec moi, je vous le sacrifie. Chef, tu nous prépareras demain un pâté de Crocodile aux oignons d'Égypte. »

Tous les parasites battirent des mains; le chef s'inclina; je frémis au fond de mon âme et de mon bassin. Après une nuit terrible, une nuit de condamné à mort, les premières clartés du soleil me montrèrent l'odieux cuisinier aiguisant un énorme coutelas pour m'en percer les entrailles ! Il s'approcha de moi, escorté de deux estafiers, et pendant que l'un détachait ma chaîne, l'autre m'assena vingt-deux coups de bâton sur le crâne. J'étais perdu, si un bruit soudain n'avait attiré l'attention de mes bourreaux. Je vis mon patron se débattre entre quatre inconnus de mauvaise mine, arrivés de Paris, dont l'un tenait une montre à la main :

cinq heures venaient de sonner. J'entendis crier : « En route pour Clichy! »
Et une voiture roula sur le pavé. Sans en demander davantage, et profitant de la perturbation générale, je sautai hors de mon bassin, traversai rapidement le jardin, et de là je gagnai la mer...

J'ai pu, non sans peine, revenir dans mon pays natal; mais, ô douleur! on y canalise plus que jamais; on y répète avec une déplorable insistance les mots de civilisation et de progrès. Les eaux et les rivages sont encombrés de dragues, d'appareils divers, de chalands en fer, de grues à vapeur, de locomobiles et autres machines diaboliques.

Mes camarades ont été expulsés du lac de Timsah, dont le vieux nom signifie Crocodile. Si cette rage de remuer le sol et les eaux se maintient toujours au même diapason, on pourra dire bientôt le dernier des Crocodiles, comme on dit le dernier des Mohicans. Je serai l'Uncas de ma race.

Un homme dont la tête est couverte d'une forêt de cheveux gris, et dont les yeux noirs pétillent d'énergie et de finesse, court à cheval au milieu des sables; c'est l'initiateur du percement de l'isthme de Suez, et il est, m'assure-t-on, sur le point de réussir.

Comme je ne suis pas Anglais, la chose devrait m'être indifférente.
N'importe.
Je suis bien contrarié...

ÉMILE DE LA BEDOLLIÈRE

ORAISON FUNÈBRE
D'UN VER A SOIE

Le soleil, fatigué sans doute d'avoir brillé tout un long jour, s'était couché tout à coup; — les Oiseaux venaient d'achever leur prière du soir, — et la terre, tiède encore, se préparait dans le silence au repos de la nuit.

Le Sphinx à tête de mort donna alors le signal du départ, et le petit cortége se mit en marche, suivant à pas lents le sentier qui conduisait aux bruyères roses.

Des Faucheurs, dont l'emploi consistait à débarrasser le chemin, précédaient le corps, qui était entouré, d'un côté, par les Bêtes à bon Dieu, et, de l'autre, par les Mantes religieuses, que suivaient les Porte-Queue. Venaient ensuite les Fourmis communes, les Spectres, et enfin les Chenilles processionnaires.

Quand on fut à quelques pas du mûrier où étaient restés les frères et les sœurs désolés du Ver à soie qui venait de mourir, la Pyrochre cardinale, jugeant qu'il n'y avait plus de danger d'être entendu par eux, et de renouveler ou de troubler leur douleur, l'hymne des morts fut, sur son ordre, entonné par le chœur des Scarabées nasicornes, et chanté ensuite alternativement par les Grillons et par les Bourdons.

De temps en temps les chants cessaient, et l'on entendait distinctement des soupirs, et même des sanglots, qui témoignaient des regrets universels qu'inspirait la perte de l'humble Insecte que l'on conduisait à sa dernière demeure.

Arrivé au champ des bruyères, on aperçut, non loin de quelques tombeaux qui s'étaient refermés depuis peu, ainsi que l'indiquait la terre fraîchement remuée qui les couvrait, et parmi quelques fosses qui semblaient avoir été creusées en prévision peut-être des besoins futurs de quelques-uns même des assistants, une petite fosse sur laquelle étaient penchés encore les Fossoyeurs ou Nécrophores.

Ce fut vers cette fosse que le convoi se dirigea. Les chants avaient cessé, les sanglots aussi, et même les soupirs; car, dans toutes les grandes douleurs, il y a un moment de profond abattement qui les rend muettes.

Mais quand les Insectes qui portaient le corps l'eurent déposé dans la tombe, et quand on put voir que rien ne le séparait plus de la terre avide et nue, les cris et les sanglots éclatèrent de nouveau, et la douleur ne connut plus de bornes.

Alors s'approcha de la tombe encore ouverte un Insecte entièrement vêtu de noir :

« Pourquoi pleurez-vous? s'écria-t-il. Et jusques à quand ceux sur qui pèse le fardeau de la vie pleureront-ils ceux que la mort a délivrés? Mais pleurez, ajouta-t-il, car celui qui est là n'a rien à craindre de votre douleur; vos larmes ne le ressusciteront point. Après la mort, qui donc voudrait reculer vers la vie? »

Mais les sanglots se faisaient encore entendre, car personne n'était consolé.

« Frères, dit un autre orateur en s'avançant à son tour, c'est à leur naissance et non à leur mort qu'il faut pleurer les Vers à soie. Notre frère est mort, réjouissez-vous, car il n'a eu de la vie que les fleurs et les feuilles; en quittant la terre, il a quitté toutes les douleurs, et n'a perdu que les misères. Je vous dis la vérité; vous êtes de pauvres Vers comme moi, pourquoi vous flatterais-je? Ce n'est pas nous autres, malheureux, que la vue de la mort doit troubler. »

Mais ils pleuraient toujours.

Et un de ceux qui pleuraient, prenant la parole à son tour :

« Nous savons, dit-il, que tout ce qui commence a une fin, et qu'il faut donc mourir; nous savons ce qu'il faut de courage pour gagner sa vie feuille par feuille, et sa feuille bouchée par bouchée; nous savons ce qu'il faut de patience et d'abnégation pour qu'une feuille de mûrier devienne une robe de soie; nous savons combien sont durs les

travaux de la cabane et ceux de l'atelier, et qu'une fois enfermés dans notre triste cellule nous pleurerions en vain les songes de notre courte jeunesse avant que notre tâche soit achevée; nous savons enfin qu'à tout prendre, mourir, c'est cesser de filer, la mort n'étant que l'autre bout de ce fil qui commence à la vie; nous nous disons aussi que de quelque côté qu'on se tourne on voit mourir, et que, quand on regarde en soi-même, on voit mourir encore, et que notre frère qui est mort n'a donc cédé qu'au destin; mais nous aimions notre frère, et rien ne nous consolera de l'avoir perdu. »

Et tous dirent avec lui : « Nous aimions notre frère, et rien ne nous consolera de l'avoir perdu. »

La Mante religieuse s'approcha alors.

« J'ai pleuré comme vous notre frère qui est mort, dit-elle, et pourtant, toutes les fois que je vois un Ver à soie sur le point de mourir, je ne puis empêcher mon cœur de s'épanouir. Va dans l'autre monde, lui dis-je; tu y seras mieux que dans celui-ci, où l'on est mal. Là, s'ouvriront pour toi les portes qui s'ouvrent pour les petits comme pour les grands; là, tu retrouveras ceux que tu as perdus, et tu les retrouveras au milieu des fleurs qui ne meurent pas et des mûriers toujours verts, sur le bord des neuf fontaines qui ne tarissent jamais; et quand tu les auras retrouvés, tu leur diras de nous attendre, nous que la vie retient encore; car mourir, c'est renaître à une vie meilleure. »

Et quand le bon Insecte eut ainsi parlé, les pleurs cessèrent tout à coup.

« Et maintenant, ajouta-t-elle, allez et volez sans bruit; notre frère n'a plus besoin de vous. »

Et chacun ayant déposé sur la tombe une fleurette de bruyère rose, les uns disparurent dans un pâle rayon de la lune qui venait de se lever, et les autres regagnèrent à travers les herbes leurs petites demeures.

Et tous étaient consolés, car ils disaient avec la Mante religieuse et Shakspeare : « Mourir, c'est renaître à une vie meilleure. »

P. J. Stahl.

VOYAGE

D'UN

MOINEAU DE PARIS

A LA RECHERCHE DU MEILLEUR GOUVERNEMENT

INTRODUCTION.

Les Moineaux de Paris passent depuis longtemps pour les plus hardis et les plus effrontés Oiseaux qui existent · ils sont Français, voilà leurs défauts et leurs qualités en un mot; ils sont enviés, voilà l'explication de bien des calomnies. Ils vivent, en effet, sans avoir à craindre les coups de fusil, ils sont indépendants, ne manquent de rien, et sont sans doute les plus heureux entre tous les volatiles. Peut-être ne faut-il pas trop de bonheur à un Oiseau. Cette réflexion, qui surprendrait chez tout autre, est naturelle à un Friquet nourri de haute philosophie et de petites graines ; car je suis un habitant de la rue de Rivoli, voletant dans la gouttière d'un illustre écrivain, allant de son toit sur les fenêtres des Tuileries, et comparant les soucis qui encombrent le palais aux roses immortelles qui fleurissent dans la simple demeure du défenseur des prolétaires, ces Moineaux humains, ces Passereaux qui font les générations et desquels il ne reste rien.

En gobant les miettes du pain et entendant les paroles d'un grand Homme, je suis devenu très-illustre parmi les miens qui m'élurent en bes circonstances graves, et me confièrent la mission d'observer la meilleure forme de gouvernement à donner aux Oiseaux de Paris. Les Moineaux de Paris furent naturellement effarouchés par la révolution de 1830 ; mais les Hommes ont été si fort occupés de cette grande mystification, qu'ils n'ont fait aucune attention à nous. D'ailleurs, les émeutes qui agitèrent le peuple ailé de Paris eurent lieu lors du choléra. Voici comment et pourquoi.

Les Moineaux de Paris, pleinement satisfaits par la desserte de cette vaste capitale, devinrent penseurs et très-exigeants sous le rapport moral, spirituel et philosophique. Avant de venir habiter le toit de la rue de Rivoli, je m'étais échappé d'une cage où l'on m'avait mis à la chaîne, et où je tirais un seau d'eau pour boire quand j'avais soif. Jamais ni Silvio Pellico ni Maroncelli n'ont eu plus de douleurs au Spielberg que j'en endurai pendant deux ans de captivité chez le grand Animal qui se prétend le roi de la terre. J'avais raconté mes souffrances à ceux du faubourg Saint-Antoine, au milieu desquels je parvins à m'échapper et qui furent admirables pour moi. Ce fut alors que j'observai les mœurs du peuple-Oiseau. Je devinai que la vie n'était pas toute dans le boire et dans le manger. J'eus des opinions qui augmentèrent la célébrité que je devais à mes souffrances. On me vit souvent, posé sur la tête d'une statue au Palais-Royal, les plumes ébouriffées, la tête rentrée dans les épaules, ne montrant que le bec, rond comme une boule, l'œil à demi fermé, réfléchissant à nos droits, à nos devoirs et à notre avenir : Où vont les Moineaux ? d'où viennent-ils ? pourquoi ne peuvent-ils pas pleurer ? pourquoi ne s'organisent-ils pas en société comme les Canards sauvages, comme les Corbines, et pourquoi ne s'entendent-ils pas comme elles qui possèdent une langue sublime ? Telles étaient les questions que je méditais.

Quand les Pierrots se battaient, ils cessaient leurs disputes devant moi, sachant que je m'occupais d'eux, que je pensais à leurs affaires, et ils se disaient : « Voilà le Grand-Friquet ! » Le bruit des tambours, les parades de la royauté me firent quitter le Palais-Royal : je vins vivre dans l'atmosphère intelligente d'un grand écrivain.

Sur ces entrefaites, il se passait des choses qui m'échappaient, quoique je les eusse prévues ; mais après avoir observé la chute imminente d'une avalanche, un Oiseau philosophe se pose très-bien sur le bord de la neige qui va rouler. La disparition progressive des jardins convertis en maisons rendait les Moineaux du centre de Paris très-malheureux et les plaçait dans une situation pénible, surtout évidemment inférieure à celle des Moineaux du faubourg Saint-Germain, de la rue de Rivoli, du Palais-Royal et des Champs-Élysées.

Les Moineaux des quartiers sans jardins n'avaient ni graines, ni insectes, ni vermisseaux, enfin ils ne mangeaient pas de viande : ils en étaient réduits à chercher leur vie dans les ordures, et y trouvaient souvent des substances nuisibles. Il y avait deux sortes de Moineaux : les Moineaux qui avaient toutes les douceurs de la vie et les Moineaux qui manquaient de tout, enfin des Moineaux privilégiés et des Moineaux souffrants.

Cette constitution vicieuse de la cité des Moineaux ne pouvait pas durer longtemps chez une nation de deux cent mille Moineaux effrontés, spirituels, tapageurs, dont une moitié pullulait heureuse avec de superbes femelles, tandis que l'autre maigrissait dans les rues, la plume défaite, les pieds dans la boue, sans cesse sur le qui-vive. Les Friquets souffrants, tous nerveux, munis de gros becs endurcis, aux ailes rudes comme leurs voix mâles, formaient une population généreuse et pleine de courage. Ils allèrent chercher pour les commander un Friquet qui vivait au faubourg Saint-Antoine chez un brasseur, un Friquet qui avait assisté à la prise de la Bastille. On s'organisa. Chacun sentit la nécessité d'obéir momentanément, et beaucoup de Parisiens furent alors étonnés de voir des milliers de Moineaux rangés sur les toits de la rue de Rivoli, l'aile droite appuyée à l'Hôtel de Ville, l'aile gauche à la Madeleine et le centre aux Tuileries.

Les Moineaux privilégiés, excessivement effrayés de cette démonstration, se virent perdus : ils allaient être chassés de toutes leurs positions et refoulés sur les campagnes où la vie est très-malheureuse. Dans ces conjonctures, ils envoyèrent une élégante Pierrette pour porter aux insurgés des paroles de conciliation : — Ne valait-il pas mieux s'entendre que de se battre? Les insurgés m'aperçurent. Ah! ce fut un des plus beaux moments de ma vie que celui où je fus élu par tous mes concitoyens pour dresser une charte qui concilierait les intérêts des Moineaux les plus intelligents du monde, divisés pour un moment par une question de vivres, le fond éternel des discussions politiques.

Les Moineaux en possession des lieux enchantés de cette capitale y avaient-ils des droits absolus de propriété? Pourquoi, comment cette inégalité s'était-elle établie? pouvait-elle durer? Dans le cas où l'égalité la plus parfaite régirait les Moineaux de Paris, quelles formes prendrait ce nouveau gouvernement? Telles furent les questions posées par les commissaires des deux partis.

« Mais, me dirent les Friquets, l'air, la terre et ses produits sont à tous les Moineaux.

Je partis en qualité de procureur général des Moineaux de Paris.

— Erreur! dirent les privilégiés. Nous habitons une ville, nous sommes en société, subissons-en les bonheurs et les malheurs. Vous vivez encore infiniment mieux que si vous étiez à l'état sauvage, dans les champs. »

Il y eut alors un gazouillement général qui menaçait d'étourdir les législateurs de la Chambre, lesquels, sous ce rapport, craignent la concurrence et tiennent à s'étourdir eux-mêmes. Il sortit quelque chose de ce tumulte : tout tumulte, chez les Oiseaux comme chez les Hommes, annonce un fait. Un tumulte est un accouchement politique. On émit la proposition, approuvée à l'unanimité, d'envoyer un moineau franc, impartial, observateur et instruit, à la recherche du Droit Animal, et chargé de comparer les divers gouvernements. On me nomma. Malgré nos habitudes sédentaires, je partis en qualité de procureur général des Moineaux de Paris : que ne fait-on pas pour sa patrie !

De retour depuis peu, j'apprends l'étonnante Révolution des Animaux, leur sublime résolution prise dans leur nuit célèbre au Jardin des Plantes, et je mets la relation de mon voyage sur l'autel de la patrie, comme un renseignement diplomatique dû à la bonne foi d'un modeste philosophe ailé.

I

Du Gouvernement formique.

J'arrivai, non sans peine, après avoir traversé la mer, dans une île appelée assez orgueilleusement la Vieille-Formicalion par ses habitants, comme s'il y avait des portions de globe plus jeunes que les autres[1]. Une vieille Corbine instruite, que je rencontrai, m'avait indiqué le régime des Fourmis comme le gouvernement modèle; vous comprenez combien j'étais curieux d'étudier ce système et d'en découvrir les ressorts.

Chemin faisant, je vis beaucoup de Fourmis, voyageant pour leur plaisir : elles étaient toutes noires, très-propres et comme vernies, mais sans aucune individualité. Toutes se ressemblaient. Qui voit une seule Fourmi, les connaît toutes. Elles voyagent dans une espèce de fluide formique qui les préserve de la boue, de la poussière, si bien que sur les montagnes, dans les eaux, dans les villes, rencontrez-vous une

---

[1] La fausseté de cette opinion m'a été démontrée par une aimable Coralline de la mer Polynésique emmenée en captivité par des Poissons, et qui regrettait amèrement les magnifiques constructions cyclopéennes auxquelles elle coopérait, et sur le corail desquelles devait reposer un nouveau continent. Elle m'expliqua même que le gouvernement formique les subventionnait, afin d'avoir le droit d'occuper les nouvelles terres aussitôt qu'elles apparaissent à la surface des eaux. Les Friquets de Paris prendront sans doute en considération cette note, due aux confidences de ce membre excessivement distingué de la République Polypéenne, qui fait des ruches sous-marines assez solides pour briser des vaisseaux. Néanmoins la jolie Coralline resta sans réponse quand je lui demandai sur quoi reposaient les immenses bâtiments de sa nation.

Fourmi, elle semble sortir d'une boîte, avec son habit noir bien brossé, bien net, ses pattes vernies et ses mandibules propres. Cette affectation de propreté ne prouve pas en leur faveur. Que leur arriverait-il donc sans ce soin perpétuel? Je questionnai la première Fourmi que je vis: elle me regarda sans me répondre, je la crus sourde; mais un Perroquet me dit qu'elle ne parlait qu'aux bêtes qui lui avaient été présentées.

Dès que je mis le pied dans l'île, je fus assailli d'Animaux étranges, au service de l'État et chargés de vous initier aux douceurs de la liberté

en vous empêchant de porter certains objets, quand même vous les auriez en affection. Ils m'entourèrent et me firent ouvrir le bec pour voir s'il n'y avait pas des poisons que, sans doute, il est défendu d'introduire. Je levai mes ailes l'une après l'autre pour montrer que je n'avais rien dessous. Après cette cérémonie, je fus libre d'aller et de venir dans le siége de l'Empire Formique dont les libertés m'avaient été si fort vantées par la Corbine.

Le premier spectacle qui me frappa vivement fut celui de l'activité merveilleuse de ce peuple. Partout des Fourmis allaient et venaient,

chargeant et déchargeant des provisions. On bâtissait des magasins, on débitait le bois, on travaillait toutes les matières végétales. Des ouvriers creusaient des souterrains, amenaient des sucres, construisaient des galeries, et le mouvement est si attachant pour ce peuple, qu'on ne remarqua point ma présence. De différents points de la côte, il partait des embarcations chargées de Fourmis qui s'en allaient sur de nouveaux continents. Il arrivait des estafettes qui disaient que, sur tel point, telle denrée abondait, et aussitôt on expédiait des détachements de Fourmis pour s'en emparer, et ils s'en emparaient avec tant d'habileté, de promptitude, que les Hommes eux-mêmes se voyaient dévalisés sans savoir comment ni dans quel temps. J'avoue que je fus ébloui. Au milieu de l'activité générale, j'aperçus des Fourmis ailées au milieu de ce peuple noir sans ailes.

« Quelle est cette Fourmi qui se goberge et s'amuse pendant que vous travaillez? dis-je à une Fourmi qui restait en sentinelle.

— Oh! me répondit-elle, c'est une noble Fourmi. Vous en compterez cinq cents ainsi, les Patriciennes de l'Empire Formique.

— Qu'est-ce qu'une Patricienne? dis-je.

— Oh! me répondit-elle, c'est notre gloire, à nous autres! Une Fourmi Patricienne, comme vous le voyez, a quatre ailes, elle s'amuse, jouit de la vie et fait des enfants. A elle les amours, à nous le travail. Cette division est une des grandes sagesses de notre admirable constitution : on ne peut pas s'amuser et travailler tout ensemble. Chez nous, les Neutres font l'ouvrage, et les Patriciennes s'amusent!

— Mais est-ce une récompense du travail? Pouvez-vous devenir Patricienne?

— Ah! bien, oui! Non, fit la Fourmi Neutre. Les Patriciennes naissent Patriciennes. Sans cela, où serait le miracle? il n'y aurait plus rien d'extraordinaire. Mais elles ont aussi leurs obligations, elles veillent à la sécurité de nos travaux et préparent nos conquêtes. »

La Fourmi Patricienne se dirigea de notre côté : toutes les Fourmis se dérangèrent et lui témoignèrent des respects infinis. J'appris qu'aucune des Fourmis ordinaires, dites Neutres, n'oserait disputer le pas à une Patricienne, ni se permettre de se placer devant elle. Les Neutres ne possèdent absolument rien, travaillent sans cesse, sont bien ou mal nourries, selon les chances; mais les cinq cents Patriciennes ont des palais dans les fourmilières, elles y pondent des enfants qui sont l'orgueil de l'Empire Formique, et possèdent des parcs de Pucerons pour leur nourriture. J'assistai même à une chasse aux Pucerons, dans le domaine d'une Patricienne, spectacle qui me fit le plus grand plaisir à voir. On ne saurait imaginer jusqu'où ce peuple a poussé l'amour pour les petits, ni la perfection qu'il a su donner aux soins avec lesquels il les élève : comment les Neutres les brossent, les lèchent, les lavent, les veillent et les arrangent! avec quelles admirables pensées de prévoyance elles les nourrissent et devinent les accidents auxquels ils sont exposés dans ut âge si tendre. On étudie les températures, on les rentre quand il pleut, on les expose au soleil quand il fait beau, on les accoutume à faire jouer leurs mandibules, on les accompagne, on les exerce; mais une fois grands, aussi tout est dit : plus d'amour, plus de sollicitude. Dans cet empire, l'état le meilleur pour les individus est d'être enfant.

Malgré la beauté des petits, la choquante inégalité de ces mœurs me frappa vivement; je trouvai que les querelles des Moineaux de Paris étaient des vétilles, comparées aux malheurs de ces pauvres Neutres. Vous comprenez que ceci, pour un Friquet philosophe, n'était que la question même. Il y avait lieu d'examiner par quels ressorts les cinq cents Fourmis privilégiées maintenaient cet état de choses. Au moment où j'allais aborder la Patricienne, elle monta sur une des fortifications de la cité, où se trouvaient quelques autres de son espèce et où elle leur dit des mots en langue formique : aussitôt les Patriciennes se répandirent dans la fourmilière. Je vis partir des détachements commandés par des Patriciennes. Des Neutres s'embarquèrent sur des pailles, sur des feuilles, sur des bâtons. J'appris qu'il s'agissait d'aller porter secours à quelques Neutres attaquées à deux mille pieds de là. Pendant cette expédition, j'entendis la conversation suivante entre deux vieilles Patriciennes.

« Votre Seigneurie n'est-elle pas effrayée de la grande quantité de peuple qui va mourir de faim, nous ne saurions le nourrir...

— Votre Grâce ne sait donc pas que de l'autre côté de l'eau il y a une fourmilière bien garnie, et que nous allons l'attaquer, en chasser les habitants, et y mettre notre trop-plein? »

Cette injuste agression était autorisée par le principe fondamental du gouvernement Formique dont la Charte a pour premier article : *Ote-toi de là, que je m'y mette*. Le second article porte en substance que ce qui convient à l'Empire Formique appartient à l'Empire Formique, et que quiconque s'oppose à ce que les sujets Formiques s'en emparent devient l'ennemi du gouvernement Formique. Je n'osai pas dire que les voleurs n'avaient pas d'autres principes, je reconnus l'impossibilité d'éclairer cette nation. Ce dogme sauvage est devenu l'instinct même des Fourmis. Leur expédition fut consommée sous mes yeux. Au retour de la guerre faite pour sauver les trois Neutres compromises, on envoya des ambassadeurs examiner le terrain, les abords de la fourmilière à prendre, et l'esprit des habitants.

« Bonjour, mes amis, dit la Patricienne à des Fourmis qui passaient, comment vous portez-vous?

— Pardon, je suis occupée.

— Attendez donc! que diable, on se parle. Vous avez beaucoup de grain, et nous n'en avons point, mais vous manquez de bois, et nous en avons beaucoup : changeons?

— Laissez-nous tranquilles, nous gardons nos grains.

— Mais il ne vous est pas permis de garder ce qui abonde chez vous, quand nous en manquons chez nous : cela est contre les lois du bon sens. Échangeons. »

Sur le refus de la fourmilière, la Patricienne, qui se regarda comme insultée, expédia une feuille des plus solides chargée de Fourmis en Formicalion. Les Patriciennes dirent que l'honneur formique et la liberté commerciale étaient compromis par une fourmilière récalcitrante. Sur ce, l'eau fut couverte aussitôt d'embarcations, et la moitié des Neutres embarquées. Après trois jours de manœuvres, les pauvres Fourmis étrangères furent obligées de se disperser dans l'intérieur des terres, abandonnant leur fourmilière aux enfants de la Vieille-Formicalion. Une Patricienne me montra dix-sept fourmilières ainsi conquises et où elles envoyaient leurs filles, qui y devenaient à leur tour Patriciennes.

« Vous faites des choses souverainement infâmes, dis-je à la Patricienne qui était venue offrir des bois pour des grains.

— Oh! ce n'est pas moi, dit-elle. Moi, je suis la plus honnête créature du monde; mais le gouvernement Formique est forcé d'agir dans l'intérêt de ses classes ouvrières. Ce que nous venons de faire était souverainement utile à leurs intérêts. On se doit à son pays; mais je retourne dans mes terres, pratiquer les vertus que Dieu impose à notre race. »

En effet, elle paraissait au premier abord la meilleure Fourmi du monde.

« Vous êtes de fiers sycophantes! m'écriai-je.

— Oui, me dit une autre Patricienne en riant; mais convenez que cela est beau, dit-elle en me montrant une foule de Patriciennes qui se promenaient au soleil dans l'éclat de leur puissance.

— Comment parvenez-vous à maintenir cet état contre nature? lui demandai-je. Je voyage pour mon instruction, et voudrais savoir en quoi consiste le bonheur des Animaux.

— Il consiste à se croire heureux, me répondit la Patricienne. Or, chaque ouvrière de l'Empire Formique a la certitude de sa supériorité sur les autres Fourmis du monde. Interrogez-les, toutes vous diront que nos fourmilières sont les mieux bâties, que dans quelque endroit de la terre qu'une de ces ouvrières se trouve, si quelqu'un l'insulte, l'insulte est épousée par l'Empire Formique.

— Il me semble que cet orgueil satisfait ne donne pas de grain...

— Ceci ressemble à une raison; mais vous parlez en Moineau. Je vous avoue que nous n'avons pas du grain pour tout le monde; mais ici tout le monde est convaincu que nous sommes occupées à en chercher; et tant que nous pourrons de temps en temps conquérir une fourmilière, tout ira bien.

— Mais ne craignez-vous pas que les autres fourmilières, averties, ne se coalisent contre vous, afin d'empêcher que vous ne les dévoriez ainsi?

— Oh! non. L'un des principes de la politique formique est d'attendre que les fourmilières se chamaillent entre elles pour aller prendre possession d'un territoire.

— Et quand elles ne se chamaillent pas?

— Ah! voilà! Les Patriciennes ne sont occupées qu'à fournir aux fourmilières étrangères les occasions de se chamailler.

— Ainsi la prospérité de l'Empire Formique se fonde sur les divisions intestines des autres fourmilières.

— Oui, seigneur Moineau. Voilà pourquoi nos ouvrières sont si fières d'appartenir à l'Empire Formique, et travaillent avec tant de cœur en chantant : *Rule, Formicalia!* »

Ceci, me dis-je en partant, est contraire à la Loi Animale : Dieu me garde de proclamer de tels principes. Ces Fourmis n'ont ni foi ni loi. Que deviendraient les Moineaux de Paris, qui sont déjà si spirituels, au cas où quelque grand Moineau les organiserait ainsi? Que suis-je? Je ne suis pas seulement un Friquet parisien, je me suis élevé, par la pensée, à toute l'Animalité. Non, l'Animalité n'est pas faite pour être gouvernée ainsi. Ce système n'est que tromperie au profit de quelques-uns.

Je partis vraiment affligé de la perfection de cette oligarchie et de la hardiesse de son égoïsme. Chemin faisant, je rencontrai sur la route un prince d'Euglosse-Bourdon qui allait presque aussi vite que moi. Je lui demandai la raison de son empressement; l'infortuné m'apprit qu'il voulait assister au couronnement d'une reine. Charmé de pouvoir observer une si belle cérémonie, j'accompagnai ce jeune prince, plein d'illusions Il avait l'espoir d'être le mari de la reine, étant de cette célèbre famille d'Euglosse-Bourdon en possession de fournir des maris aux reines, et qui leur en tient toujours un tout prêt, comme on tenait à Napoléon un poulet tout rôti pour ses soupers. Ce prince, qui n'avait que ses belles

couleurs pour toute fortune, quittait un pauvre endroit, sans fleurs ni miel, et comptait vivre dans le luxe, l'abondance et les honneurs.

II

De la Monarchie des Abeilles.

Instruit déjà par ce que j'avais vu dans l'Empire Formique, je résolus d'examiner les mœurs du peuple avant d'écouter les grands et les princes. En arrivant, je heurtai une Abeille qui portait un potage.

« Ah ! je suis perdue, dit-elle. On me tuera, ou tout au moins je serai mise en prison.

— Et pourquoi ? lui dis-je.

— Ne voyez-vous pas que vous m'avez fait répandre le bouillon de la reine ! Pauvre reine ! Heureusement que la Grande Échansonne, la duchesse des Roses, aura peut-être envoyé dans plusieurs directions : ma faute sera réparée ; car je mourrais de chagrin d'avoir fait attendre la reine.

— Entends-tu, prince Bourdon ? » dis-je au jeune voyageur.

L'Abeille se lamentait toujours d'avoir perdu l'occasion de voir la reine.

« Eh ! mon Dieu, qu'est-ce donc que votre reine pour que vous soyez dans une telle adoration ? m'écriai-je. Je suis d'un pays, ma chère, où l'on se soucie peu des rois, des reines et autres inventions humaines.

— Humaines ! s'écria l'Abeille. Il n'y a rien chez nous, effronté Pierrot, qui ne soit d'institution divine. Notre reine tient son pouvoir de Dieu. Nous ne pourrions pas plus exister en corps social sans elle, que tu ne pourrais voler sans plumes. Elle est notre joie et notre lumière, la cause et la fin de tous nos efforts. Elle nomme une directrice des ponts et chaussées qui nous donne nos plans et nos alignements pour nos somptueux édifices. Elle distribue à chacun sa tâche selon ses capacités, elle est la justice même et s'occupe sans cesse de son peuple : elle le pond, et nous nous empressons de le nourrir, car nous sommes créées et mises au monde pour l'adorer, la servir et la défendre. Aussi faisons-nous pour les petites reines des palais particuliers et les dotons-nous d'une bouillie particulière pour leur nourriture. A notre reine seule revient l'honneur de chanter et de parler, elle seule fait entendre sa belle voix.

— Quelle est votre reine ? dit alors le prince d'Euglosse-Bourdon.

— C'est, dit l'Abeille, Tithymalia XVII, dite la Grande Ruchonne, car elle a pondu cent peuples de trente mille individus. Elle est sortie victorieuse de cinq combats qui lui ont été livrés par d'autres reines jalouses. Elle est douée de la plus surprenante perspicacité. Elle sait quand il doit pleuvoir, elle prévoit les plus rudes hivers, elle est riche en miel, et l'on soupçonne qu'elle en a des trésors placés dans les pays étrangers.

— Ma chère, dit le prince d'Euglosse-Bourdon, croyez-vous que quelque jeune reine soit sur le point d'être mariée?...

— N'entendez-vous pas, prince, dit l'Ouvrière, le bruit et les cérémonies du départ d'un peuple? Chez nous, il n'y a pas de prince sans reine. Si vous voulez faire la cour à l'une des filles de Tithymalia, dépêchez-vous, vous êtes assez bien de votre personne, et vous aurez une belle lune de miel. »

Je fus émerveillé du spectacle qui s'offrit à mes regards et qui, certes, doit agir assez sur les imaginations vulgaires pour leur faire aimer les momeries et les superstitions qui sont l'esprit et la loi de ce gouvernement. Huit timbaliers à corselet jaune et noir sortirent en chantant de la vieille cité, que l'Ouvrière me dit se nommer Sidracha du nom de la première Abeille qui prêcha l'Ordre Social. Ces huit timbaliers furent suivis de cinquante musiciens si beaux, que vous eussiez dit des saphirs vivants. Ils exécutaient l'air de :

> Vive Tithymalia! vive c'te reine bonne enfant!
> Qui mange et boit comme cent
> Et qui pond tout autant.

Les paroles ont été faites par tout le monde, mais l'air est dû à l'un des meilleurs Faux-Bourdons du pays. Après, venaient les gardes du corps armés d'aiguillons terribles; ils étaient deux cent, allaient six par six, sur six rangs de profondeur, et chaque bataillon six rangs avait en tête un capitaine qui portait sur son corselet la décoration du Sidrach, emblème du mérite civil et militaire, une petite étoile en cire rouge. Derrière les porte-aiguillons allaient les essuyeuses de la reine, commandées par la Grande Essuyeuse; puis la Grande Échansonne avec huit petites échansonnes, deux par quartier; la Grande Maîtresse de la loge royale suivie de douze balayeuses; la Grande Gardienne de la cire et la Maîtresse du miel; enfin la jeune reine, belle de toute sa virginité. Ses ailes, qui reluisaient d'un éclat ravissant, ne lui avaient pas encore servi. Sa mère, Tithymalia XVII, l'accompagnait; elle étincelait d'une poussière de diamants. Le corps de musique suivait, et chantait une cantate composée exprès pour le départ. Après le corps de musique, venaient douze gros vieux Bourdons qui me parurent être une espèce de clergé. Enfin dix ou douze mille Abeilles sortirent se tenant par les pattes. Tithymalia resta sur le bord de la ruche, et dit à sa fille ces mémorables paroles :

« C'est toujours avec un nouveau plaisir que je vous vois prendre votre volée, car c'est une assurance que mon peuple sera tranquille, et que… »

Après, venaient les Gardes-du-Corps armés d'aiguillons terribles.

Elle s'arrêta dans son improvisation, comme si elle allait dire quelque chose de contraire à la politique, et reprit ainsi :

— Je suis certaine que, formées par nos mœurs, instruites de nos coutumes, vous servirez Dieu, que vous répandrez la gloire de son nom sur la terre; que vous n'oublierez jamais d'où vous êtes sorties, que vous conserverez nos saintes doctrines de gouvernement, notre manière de bâtir, et d'économiser le miel pour vos augustes reines. Songez que sans la royauté il n'y a qu'anarchie; que l'obéissance est la vertu des bonnes Abeilles, et que le palladium de l'État est dans votre fidélité. Sachez que mourir pour vos reines, c'est faire vivre la patrie. Je vous donne pour souveraine ma fille Thalabath! ce qui veut dire tarse agile. Aimez-la bien. »

Sur cette allocution pleine des agréments qui distinguent l'éloquence royale, il y eut un hurrah!

Un Papillon, à qui cette cérémonie pleine de superstitions faisait pitié, me dit que la vieille Tithymalia donnait à ses fidèles sujets une double ration du meilleur miel, et que la police et le miel fin étaient pour beaucoup dans ces solennités, mais qu'au fond elle était haïe.

Dès que le jeune peuple partit avec sa reine, mon compagnon de voyage alla bourdonner autour de l'essaim en criant : « Je suis un prince de la maison d'Euglosse-Bourdon. Il y a des polissons de savants qui refusent à notre famille de savoir faire du miel; mais pour te plaire, ô merveille de la race de Tithymalia! je suis capable de faire des économies, surtout si vous avez une belle dot.

— Savez-vous, prince, lui dit alors la Grande Maîtresse de la loge royale, que, chez nous, le mari de la reine n'est rien du tout? il n'a ni honneurs, ni rang; il est considéré comme un moyen malheureux dont il est impossible de se passer, mais nous ne souffrons pas qu'il s'immisce dans le gouvernement.

— Tu t'immisceras! Viens, mon ange, lui dit gracieusement Thalabath, ne les écoute pas. Je suis la reine, moi! Je puis beaucoup pour toi : tu seras d'abord le commandant de mes porte-aiguillons; mais si en général tu m'obéis, je t'obéirai en particulier. Et nous irons nous rouler dans les fleurs, dans les roses, nous danserons à midi sur les nectaires embaumés, nous patinerons sur la glace des lis, nous chanterons des romances dans les cactus, et nous oublierons ainsi les soucis du pouvoir... »

Je fus surpris d'une chose qui ne regarde pas le gouvernement, mais que je ne puis m'empêcher de consigner ici : c'est que l'amour est absolument le même partout. Je livre cette observation à tous les Animaux, en demandant qu'il soit nommé une commission pour examiner ce qui se passe chez les Hommes.

« Ma chère, dis-je à l'Ouvrière, ayez la bonté de dire à la vieille reine Tithymalia qu'un étranger de distinction, un Pierrot de Paris, désirerait lui être présenté. »

Tithymalia devait bien connaître les secrets de son propre gouvernement, et comme j'avais remarqué le plaisir qu'elle prenait à bavarder, je ne pouvais m'adresser à personne qui me donnât de meilleurs renseignements : le silence avec elle devait être aussi instructif que la parole. Plusieurs Abeilles vinrent m'examiner pour savoir si je ne portais pas sur moi quelque odeur dangereuse. La reine était tellement idolâtrée de ses sujettes, qu'on tremblait à l'idée de sa mort. Quelques instants après, la vieille reine Tithymalia vint se poser sur une fleur de pêcher où j'occupais une branche inférieure, et où, par habitude, elle prit quelque chose.

« Grande reine, lui dis-je, vous voyez un philosophe de l'ordre des Moineaux, voyageant pour comparer les gouvernements divers des animaux afin de trouver le meilleur. Je suis Français et troubadour; car le moineau français pense en chantant. Votre Majesté doit bien connaître les inconvénients de son système.

— Sage Moineau, je m'ennuierais beaucoup si je n'avais pas à pondre deux fois par an; mais j'ai souvent désiré n'être qu'une Ouvrière, mangeant la soupe aux choux des roses, allant et venant de fleur en fleur. Si vous voulez me faire plaisir, ne m'appelez ni majesté ni reine, dites-moi tout simplement princesse.

— Princesse, repris-je, il me semble que la mécanique à laquelle vous donnez le nom de peuple des Abeilles exclut toute liberté, vos Ouvrières font toujours absolument la même chose, et vous vivez, je le vois, d'après les coutumes égyptiennes.

— Cela est vrai, mais l'Ordre est une des plus belles choses. ORDRE PUBLIC, voilà notre devise, et nous la pratiquons; tandis que si les Hommes s'avisent de nous imiter, ils se contentent de graver ces mots en relief sur les boutons de leurs gardes nationaux, et les prennent alors pour prétexte des plus grands désordres. La monarchie, c'est l'ordre, et l'ordre est absolu.

— L'ordre à votre profit, princesse. Il me semble que les Abeilles vous font une jolie liste civile de bouillie perfectionnée, et ne s'occupent que de vous.

— Eh! que voulez-vous? l'État, c'est moi. Sans moi, tout périrait. Partout où chacun discute l'ordre, il fait l'ordre à son image, et comme il y a autant d'ordres que d'opinions, il s'ensuit un constant désordre. Ici, l'on vit heureux parce que l'ordre est le même. Il vaut mieux que ces intelligentes Bêtes aient une reine, que d'en avoir cinq cents comme chez les Fourmis par exemple. Le monde des Abeilles a tant de fois éprouvé le danger des discussions, qu'il ne tente plus l'expérience. Un jour, il y eut une révolte. Les Ouvrières cessèrent de recueillir la propolis, le miel, la cire. A la voix de quelques novatrices, on enfonça les magasins, chacune d'elles devint libre et voulut faire à sa guise. Je sortis, suivie de quelques fidèles de ma garde, de mes accoucheuses et de ma cour, et vins dans cette ruche. Eh bien, la ruche en révolution n'eut plus de bâtiments, plus de réserves. Chacune des citoyennes mangea son miel, et la nation n'exista plus. Quelques fugitifs vinrent chez nous transis de froid, et reconnurent leurs erreurs.

— Il est malheureux, lui dis-je, que le bien ne puisse s'obtenir que par une division cruelle en castes; mon bon sens de Moineau se révolte à cette idée de l'inégalité des conditions.

— Adieu, me dit la reine, que Dieu vous éclaire! De Dieu procède l'instinct, obéissons à Dieu. Si l'égalité pouvait être proclamée, ne serait-ce pas chez les Abeilles, qui sont toutes de même forme et de même grandeur, dont les estomacs ont la même capacité, dont les affections sont réglées par les lois mathématiques les plus rigoureuses? Mais, vous le voyez, ces proportions, ces occupations ne peuvent être maintenues que par le gouvernement d'une reine.

— Et pour qui faites-vous votre miel? pour l'Homme? lui dis-je. Oh! la liberté! Ne travailler que pour soi, s'agiter dans son instinct! ne se dévouer que pour tous, car tous, c'est encore nous-mêmes!

— Il est vrai que je ne suis pas libre, dit la reine, et que je suis plus enchaînée que ne l'est mon peuple. Sortez de mes États, philosophe parisien, vous pourriez séduire quelques têtes faibles.

— Quelques têtes fortes! » dis-je.

Mais elle s'envola. Je me grattai la tête quand la reine fut partie, et j'en fis tomber une Puce d'une espèce particulière.

« O philosophe de Paris, je suis une pauvre Puce venue de bien loin sur le dos d'un Loup, me dit-elle; je viens de t'entendre, et je t'admire. Si tu veux t'instruire, prends par l'Allemagne, traverse la Pologne, et, vers l'Ukraine, tu te convaincras par toi-même de la grandeur et de l'indépendance des Loups dont les principes sont ceux que tu viens de proclamer à la face de cette vieille radoteuse de reine. Le Loup, seigneur Moineau, est l'animal le plus mal jugé qui existe. Les naturalistes ignorent ses belles mœurs républicaines, car il mange les naturalistes assez osés pour venir au milieu d'une Section; mais ils ne pourront pas dévorer un Oiseau. Tu peux sans rien craindre te poser sur la tête du plus fier des Loups, d'un Gracchus, d'un Marius, d'un Régulus lupien, et tu contempleras les plus belles vertus animales pratiquées dans les steppes où se sont établies les républiques des Loups et des Chevaux. Les Chevaux sauvages, autrement dits les Tarpans, c'est Athènes; mais les Loups, c'est Sparte.

— Merci, Puceron! Que vas-tu faire?

— Sauter sur ce Chien de chasse assis au soleil, et d'où je suis sortie. »

Je volai vers l'Allemagne et vers la Pologne dont j'avais tant entendu parler dans la mansarde de mon philosophe, rue de Rivoli.

III

De la République lupienne.

O Moineaux de Paris, Oiseaux du monde, Animaux du globe, et vous, sublimes carcasses antédiluviennes, l'admiration vous saisirait tous, si, comme moi, vous aviez été visiter la noble république lupienne, la seule où l'on dompte la Faim! Voilà qui élève l'âme d'un Animal! Quand j'arrivai dans les magnifiques steppes qui s'étendent de l'Ukraine à la Tartarie, il faisait déjà froid, et je compris que le bonheur donné par la liberté pouvait seul faire habiter un tel pays. J'aperçus un Loup en sentinelle.

« Loup, lui dis-je, j'ai froid et vais mourir : ce serait une perte pour votre gloire, car je suis amené par mon admiration pour votre gouvernement, que je viens étudier pour en propager les principes parmi les Bêtes.

— Mets-toi sur moi, me dit le Loup.

— Mais tu me mangeras, citoyen?

— A quoi cela m'avancerait-il? répondit le Loup. Que je te mange ou ne te mange pas, je n'en aurai pas moins faim. Un Moineau pour un Loup, ce n'est pas même une seule graine de lin pour toi. »

J'eus peur, mais je me risquai, en vrai philosophe. Ce bon Loup me laissa prendre position sur sa queue, et me regarda d'un œil affamé sans me toucher.

« Que faites-vous là ? lui dis-je pour renouer la conversation.

— Eh ! me dit-il, nous attendons des propriétaires qui sont en visite dans un château voisin, et nous allons, quand ils en sortiront, probablement manger des Chevaux esclaves, de vils cochers, des valets et deux propriétaires russes.

— Ce sera drôle, » lui dis-je.

Ne croyez pas, Animaux, que j'aie voulu bassement flatter ce sauvage républicain qui pouvait ne pas aimer la contradiction : je disais là ma pensée. J'avais entendu tant maudire à Paris, dans les greniers et partout, l'abominable variété d'Hommes appelés *les propriétaires*, que, sans les connaître le moins du monde, je les haïssais beaucoup.

« Vous ne leur mangerez pas le cœur, repris-je en badinant.

— Pourquoi ? me dit le citoyen Loup.

— J'ai ouï dire qu'ils n'en avaient point.

— Quel malheur ! s'écria le Loup ; c'est une perte pour nous, mais ce ne sera pas la seule.

— Comment ! fis-je.

— Hélas ! me dit le citoyen Loup, beaucoup des nôtres périront à l'attaque ; mais la patrie avant tout ! Il n'y a que six Hommes, quatre Chevaux et quelques effets potables ; ce ne sera pas assez pour notre section des Droits du Loup, qui se compose d'un millier de Loups. Songe Moineau, que nous n'avons rien pris depuis deux mois.

— Rien ? lui dis-je ; pas même un prince russe ?

— Pas même un Tarpan ! Ces gueux de Tarpans nous sentent de deux lieues.

— Eh bien, comment ferez-vous ? lui dis-je.

— Les lois de la république ordonnent aux jeunes Loups et aux Loups valides de combattre et de ne pas manger. Je suis jeune, je laisserai passer les femmes, les petits et les anciens...

— Cela est bien beau, lui dis-je

— Beau ! s'écria-t-il ; non, c'est tout simple. Nous ne reconnaissons pas d'autre inégalité que celle de l'âge et du sexe. Nous sommes tous égaux.

— Pourquoi?

— Parce que nous sommes tous également forts.

— Cependant vous êtes en sentinelle, monseigneur.

— C'est mon tour de garde, dit le jeune Loup, qui ne se fâcha point d'être monseigneurisé.

Tous les Loups sont frères.

— Avez-vous une Charte? lui dis-je.

— Qu'est-ce que c'est que ça? dit le jeune Loup.

— Mais vous êtes de la section des Droits du Loup, vous avez donc des droits?

— Le droit de faire ce que nous voulons. Nous nous rassemblons dès qu'il y a péril pour tous les Loups ; mais le chef que nous nous donnons redevient simple Loup après l'affaire. Il ne lui passerait jamais par la tête qu'il vaut mieux que le Loup qui a fait ses dernières dents le matin. Tous les Loups sont frères!

— Dans quelles circonstances vous rassemblez-vous?

— Quand il y a disette et pour chasser dans l'intérêt commun. On chasse par sections. Dans les jours de grande famine, on partage, et les parts se font strictement. Mais sais-tu, moutard de Moineau, que dans les circonstances les plus horribles, quand, par dix pieds de neige sur les steppes, par la clôture de toutes les maisons, quand il n'y a rien à croquer pendant des trois mois, on se serre le ventre, on se tient chaud les uns contre les autres! Oui, depuis que la république des Loups est constituée, jamais il n'est arrivé qu'un coup de dent ait été donné par un Loup sur un autre. Ce serait un crime de lèse-majesté : un Loup est un souverain. Aussi le proverbe, *les Loups ne se mangent point*, est-il universel et fait-il rougir les Hommes.

— Hé! lui dis-je pour l'égayer, les Hommes disent que les souverains sont des Loups. Mais alors il ne saurait y avoir de punitions?

— Si un Loup a commis une faute dans l'exercice de ses fonctions, s'il n'a pas arrêté le gibier, s'il a manqué à flairer, à prévenir, il est battu ; mais il n'en est pas moins considéré parmi les siens. Tout le monde peut faillir. Expier sa faute, n'est-ce pas obéir aux lois de la république? Hors le cas de chasse pour raison de faim publique, chacun est libre comme l'air, et d'autant plus fort qu'il peut compter sur tous au besoin.

— Voilà qui est beau! m'écriai-je. Vivre seul et dans tous! vous avez résolu le plus grand problème. J'ai bien peur, pensai-je, que les Moineaux de Paris n'aient pas assez de simplicité pour adopter un pareil système.

— Hourrah! » cria mon ami le Loup.

Je volai à dix pieds au-dessus de lui. Tout à coup mille à douze cents Loups, d'un poil superbe et d'une incroyable agilité, arrivèrent aussi rapidement que s'ils eussent été des Oiseaux. Je vis de loin venir deux kitbikts attelés de deux Chevaux chacun ; mais malgré la rapidité de leur course, en dépit des coups de sabre distribués aux Loups par les maîtres et par les valets, les Loups se firent écraser sous les roues avec une sublime abnégation de leur poil qui me parut le comble du stoïcisme républicain. Ils firent trébucher les Chevaux, et dès que ces Chevaux purent être mordus, ils furent morts! Si la meute perdit une centaine de Loups, il y eut une belle curée. Mon Loup, comme sentinelle, eut le droit de manger le cuir des tabliers. De vaillants Loups, n'ayant rien, mangeaient les habits et les boutons. Il ne resta que six crânes qui se trouvèrent trop durs, et que les Loups ne pouvaient ni casser ni mordre. On respecta les cadavres des Loups morts dans l'action : ce fut l'objet d'une spéculation excessivement habile. Des Loups affamés se couchèrent sous les cadavres. Des Oiseaux de proie vinrent se poser dessus, il y en eut de pris et de dévorés.

Émerveillé de cette liberté absolue qui existe sans aucun danger, je me mis à rechercher les causes de cette admirable égalité. L'égalité des droits vient évidemment de l'égalité des moyens. Les Loups sont tous égaux, parce qu'ils sont tous également forts, comme me l'avait fait pressentir mon interlocuteur. Le mode à suivre, pour arriver à l'égalité absolue de tous les citoyens, est de leur donner à tous, par l'éducation, comme font les Loups, les mêmes facultés. Dans les violents exercices auxquels s'adonnent ces républicains, tout être chétif succombe : il faut que le Louveteau sache souffrir et combattre, ils ont donc tous le même courage. On ne s'ennoblit point dans une position supérieure à celle d'autrui, on s'y dégrade dans la mollesse et le rien-faire. Les Loups n'ont rien et ont tout. Mais cet admirable résultat vient des mœurs. Quelle entreprise, que de réformer les mœurs d'un pays gâté par les jouissances ! Je devinai pourquoi et comment il y avait à Paris des Moineaux qui mangeaient des vers, des graines, qui habitaient des oasis, et comment il y avait de pauvres Moineaux forcés de picorer par les rues. Par quels moyens convaincre les Moineaux heureux de se faire les égaux des Moineaux malheureux? Quel nouveau fanatisme inventer?

Les Loups s'obéissent tout aussi durement à eux-mêmes que les Abeilles obéissaient à leur reine, et les Fourmis à leurs lois. La liberté rend esclave du devoir, les Fourmis sont esclaves de leurs mœurs, et les Abeilles de leur reine. Ma foi! s'il faut être esclave de quelque chose, il vaut mieux n'obéir qu'à la raison publique, et je suis pour les Loups. Évidemment, Lycurgue avait étudié leurs mœurs, comme son nom l'indique. L'union fait la force, là est la grande charte des Loups, qui peuvent, seuls entre les Animaux, attaquer et dévorer les Hommes, les Lions, et qui règnent par leur admirable égalité. Maintenant, je comprends la Louve mère de Rome!

Après avoir profondément médité sur ces questions, je me promis, en revenant, de les dégosiller à mon grand écrivain. Je me promettais aussi de lui adresser quelques questions sur toutes ces choses. Avouons-le à ma honte ou à ma gloire! à mesure que je me rapprochais de Paris, l'admiration que m'avait inspirée cette race sauvage de héros lupiens se dissipait en présence des mœurs sociales, en pensant aux merveilles de l'esprit cultivé, en me souvenant des grandeurs où conduit cette tendance idéaliste qui distingue le Moineau français. La fière république des Loups ne me satisfaisait plus entièrement. N'est-ce pas, après tout, une triste condition, que de vivre uniquement de rapines? Si l'égalité entre Loups est une des plus sublimes conquêtes de l'esprit animal, la guerre du Loup à l'Homme, à l'Oiseau de proie, au Cheval et à l'Esclave, n'en reste pas moins en principe une abominable violation du droit des Bêtes.

« Les rudes vertus d'une république ainsi faite, me disais-je, ne subsistent donc que par la guerre? Sera-ce le meilleur gouvernement possible, celui qui ne vivra qu'à la condition de lutter, de souffrir, d'immoler sans cesse et les autres et soi-même? Entre mourir de faim en ne faisant aucune œuvre durable, ou mourir de faim en coopérant, comme le Moineau de Paris, à une histoire perpétuelle, à la trame continue d'une étoffe brodée de fleurs, de monuments et de rébus, quel Animal ne choisirait le *tout* au *rien,* le *plein* au *vide,* l'*œuvre* au *néant?* Nous sommes tous ici-bas pour faire quelque chose! » Je me rappelai les Polypes de la mer des Indes, qui, fragment de matière mobile, réunion de quelques monades sans cœur, sans idée, uniquement douées de mouvement, s'occupent à faire des îles sans savoir ce qu'ils font. Je tombai donc dans d'horribles doutes sur la nature des gouvernements. Je vis que beaucoup apprendre, c'est amasser des doutes. Enfin, je trouvai ces Loups socialistes décidément trop carnassiers pour le temps où nous vivons. Peut-être pourrait-on leur enseigner à manger du pain, mais il faudrait alors que les Hommes consentissent à leur en donner.

Je devisais ainsi à tire-d'aile, arrangeant l'avenir à vol d'Oiseau, comme s'il ne dépendait pas des Hommes d'abattre les forêts et d'inventer les fusils, car je faillis être atteint par une de ces machines inexplicables! J'arrivai fatigué. Hélas! la mansarde est vide : mon philosophe est en prison pour avoir entretenu les riches des misères du peuple Pauvres riches, quels torts vous font vos défenseurs! J'allai voir mon ami dans sa prison, il me reconnut.

« D'où viens-tu, cher petit compagnon? s'écria-t-il. Si tu as vu beaucoup de pays, tu as dû voir beaucoup de souffrances qui ne cesseront que par la promulgation du code de la Fraternité. »

George Sand.

VIE
et
OPINIONS PHILOSOPHIQUES
D'UN PINGOUIN

> Faut-il chercher le bonheur? demandai-je au Lièvre. — Cherchez-le, me répondit-il, mais en tremblant.
> — L'Oiseau anonyme. —

I

Si je n'étais pas né en plein midi, sous les rayons d'un soleil brûlant dont les ardeurs me firent éclore, et qui, par conséquent, fut bien autant mon père que le brave Pingouin qui avait abandonné dans le sable l'œuf (très-dur) que j'eus à percer en venant au monde... et si d'ailleurs j'étais d'humeur à faire, en si grave matière, une mauvaise plaisanterie, je dirais que je suis né sous une mauvaise étoile.

Mais étant né, comme je viens de le dire, en plein soleil, c'est-à-dire en l'absence de toute étoile, bonne ou mauvaise, je me contenterai d'avancer que je suis né dans un mauvais jour, et je le prouverai.

Quand je fus venu à bout de sortir de la coquille où j'étais emprisonné depuis longtemps, et fort à l'étroit, je vous assure, je restai pendant plus d'une heure comme abasourdi de ce qui venait de m'arriver.

Je dois l'avouer, la naissance a quelque chose de si imprévu et de si nouveau, qu'eût-on cent fois plus de présence d'esprit qu'on n'a l'habitude d'en avoir dans ces sortes de circonstances, on garderait encore de ce moment un souvenir extrêmement confus.

« Ma foi, me dis-je aussitôt que j'eus, non pas repris, mais pris mes sens, qui m'eût dit, il n'y a pas un quart d'heure, quand j'étais accroupi dans cette abominable coquille où tout mouvement m'était interdit, qui m'eût dit qu'après avoir été trop gros pour mon œuf, j'en viendrais à avoir trop de place quelque part? »

Je me confesse pour être franc. Je dirai donc que je fus étonné plutôt que ravi du spectacle qui s'offrit à ma vue, quand j'ouvris les yeux pour la première fois; et que je crus un instant, en voyant la voûte céleste s'arrondir tout autour de moi, que je n'avais fait que passer d'un œuf infiniment petit dans un œuf infiniment grand. J'avouerai aussi que je fus loin d'être enchanté de me voir au monde, bien qu'en cet instant ma première idée fût que tout ce que je voyais devait m'appartenir, et que la terre n'avait sans doute jamais eu d'autre emploi que celui de me porter, moi et mon œuf. Pardonnez cet orgueil à un pauvre Pingouin, qui depuis n'a eu que trop à en rabattre.

Lorsque j'eus deviné à quoi pouvaient me servir les yeux que j'avais, c'est-à-dire quand j'eus regardé avec soin ce qui m'entourait, je découvris que j'étais dans ce que je sus plus tard être le creux d'un rocher, pas bien loin de ce que je sus plus tard être la mer, et, du reste, aussi seul que possible.

Ainsi, des rochers et la mer, des pierres et de l'eau, un horizon sans bornes, l'immensité enfin, et moi au milieu comme un atome, voilà ce que je vis d'abord.

Ce qui me frappa davantage, ce fut que cela était en vérité bien grand, et je me demandai aussitôt : « Pourquoi l'univers est-il si grand ? »

II

Cette question, la première que je m'adressai, combien de fois me la suis-je adressée depuis, et combien de fois me l'adresserai-je encore?

Et, en effet, à quoi sert donc que le monde soit si grand ?

Est-ce qu'un petit monde, tout petit, dans lequel il n'y aurait de place que pour des amis, que pour ceux qui s'aiment, ne vaudrait pas cent fois mieux que ce grand monde, que ce grand gouffre dans lequel tout se perd, dans lequel tout se confond, où il y a de l'espace, non-seulement pour des créatures qui se détestent, mais encore pour des peuples entiers qui se volent, qui se frappent, qui se tuent, qui se mangent ; pour des espèces ennemies, et l'une sur l'autre acharnées ; pour des appétits contraires ; pour des passions incompatibles enfin, et, qui pis est, pour des Animaux qui doivent, après avoir respiré le même air, vu la même lune, et le même soleil, et les mêmes astres, mourir sottement, après s'être, par-dessus le marché, ignorés toute leur vie ?

Je vous le demande à vous tous, Pingouins qui me lisez, Pingouins mes bons amis, est-ce qu'une petite terre par exemple, une terre sur laquelle il n'y aurait qu'une petite montagne, pas bien haute, qu'un petit bois planté d'arbres très en vie, chargés de feuilles, et poussant à merveille, et se couvrant à plaisir de ces belles fleurs et de ces beaux fruits qui font la gloire et la joie des branches qui les portent, et dans ce petit bois une ou deux douzaines de nids charmants, bien habités par de bons et joyeux Oiseaux élégamment vêtus, riches en santé, en couleurs, en beauté, en grâces, en tout enfin, et non pas de pauvres diables de Pingouins comme vous et moi ; est-ce que dans chacun de ces nids un cœur ou plusieurs cœurs ne faisant qu'un, et tout au fond quelques œufs chaudement et tendrement couvés, je vous le demande, est-ce qu'une petite terre ainsi faite ne ferait pas votre affaire, et l'affaire de tout le monde ?

Qui donc réclamerait, je vous prie, contre cette douce petite terre, contre ce petit bois, contre ces beaux arbres, contre ces rares oiseaux s'aimant tous, se chérissant tous, tous amis, qui donc ?

Certes, ce ne serait pas moi, qui écris ces lignes, et si ce devait être vous qui les lisez, je vous dirais, quoi qu'il pût m'en coûter : « Allez au diable ; vous m'avez trompé, vous n'êtes pas même un Pingouin, fermez ce livre et brouillons-nous. »

Mais pardon, ami lecteur, pardon ; l'habitude d'être seul m'a rendu maussade, grossier même, et je m'oublie, et j'oublie qu'on n'a pas le droit de s'oublier quand on est face à face avec vous, puissant lecteur !

III

Je dois dire que, comme je ne savais pas alors grand'chose, pas même compter jusqu'à deux, je ne m'étonnais pas d'être seul, tant je croyais peu qu'il fût possible de ne l'être pas !

Je ne me permis donc aucune lamentation sur les malheurs de la solitude qui était mon partage.

L'occasion était bonne pourtant ; un peu plus tard, je ne l'aurais pas laissée échapper.

Cela semble si bon de se plaindre, que j'ai cru quelquefois que c'était là tout le bonheur.

Je n'existais pas depuis une heure, que j'avais déjà connu le froid et le chaud, la vie tout entière ; le soleil avait disparu tout d'un coup, et, de brûlant qu'il était, mon rocher était devenu aussi froid que s'il se fût changé subitement en une montagne de glace.

N'ayant rien de mieux à faire, j'entrepris alors de remuer.

Je sentais à mes épaules et sous mon corps quelque chose que je supposais n'être pas là pour rien. J'agitai comme je le pus ces espèces de petits bras, ces espèces de petites ailes, ces quasi-jambes que venait de me donner la nature (laquelle vit depuis trop longtemps, selon moi, sur sa bonne réputation de tendre mère, aimant également tous ses enfants), et je fis si bien qu'après de longs efforts je réussis enfin... à rouler du haut de mon rocher.

C'est ainsi que je fis mon premier pas dans la vie, lequel fut une chute, comme on voit.

On dit qu'il n'y a que le premier pas qui coûte : que ne dit-on vrai !

J'arrivai à terre plus mort que vif, et tout meurtri.

Comme un vrai enfant que j'étais, je frappai de mon pauvre bec le sol insensible contre lequel je m'étais blessé, et me blessai davantage, ce qui me donna à penser.

« Évidemment, me dis-je, il faut se défier de son premier mouvement, et avant d'agir réfléchir. »

Je commençai alors à me poser de la façon la plus sérieuse la question de ma destinée comme Pingouin, non pas que j'eusse la moindre prétention à la philosophie ; mais quand on se trouve obligé de vivre, et qu'on n'en a pas l'habitude, il faut bien se dire quelque chose pour trouver les moyens d'en venir à bout.

Qu'est-ce que le bien?
Qu'est-ce que le mal?
Qu'est-ce que la vie?
Qu'est-ce qu'un Pingouin?

Je m'endormis avant d'avoir résolu une seule de ces graves questions.

Qu'il est bon de dormir!

IV

La faim me réveilla.

Oubliant mes résolutions, je ne me demandai pas : Qu'est-ce que la faim? et je fis mon premier repas de quelques coquillages qui me semblaient bâiller sur la plage à mon intention, avant de m'être livré à aucune dissertation préliminaire sur les dangers possibles de cet ancien usage.

J'en fus puni : car, dans ma candeur, ayant mangé trop vite, je faillis m'étrangler.

Je ne vous dirai pas comment il se fit que je pus apprendre successivement à boire, à manger, à marcher, à remuer, à aller à droite ou à gauche, à mesurer de l'œil les distances, à savoir qu'on ne tient pas tout ce qu'on voit, à descendre, à monter, à nager, à pêcher, à dormir debout, à me contenter de peu et quelquefois de rien, etc., etc. Il suffira que je vous dise que chacune de ces études fut pour moi l'objet de peines sans nombre, de mésaventures fabuleuses, d'épreuves inouïes !

Et c'est ainsi qu'il m'arriva de passer les plus beaux jours de ma vie, faisant tout à la sueur de mon front, et petit à petit devenant gros et gras, et d'une belle force pour mon âge.

V

Que penses-tu des Pingouins, Dieu suprême? Que feras-tu d'eux au jour du jugement? A quoi as-tu songé quand tu as promis la résurrection des corps?

Importait-il donc à ta gloire de créer un oiseau sans plumes, un poisson sans nageoires, un bipède sans pieds?

« Si c'est là vivre, me suis-je écrié bien souvent, je demande à rentrer dans mon œuf. »

Un jour qu'à force de méditer j'avais fini par m'endormir, il me sembla que j'entendais pendant mon sommeil un bruit qui n'était ni celui des vagues, ni celui des vents, ni aucun autre bruit que je connusse.

« Réveille-toi donc, me disait intérieurement cette partie active de notre âme qui semble ne dormir jamais, et que je ne sais quelle puissance tient constamment éveillée en nous pour notre salut ou pour notre perte; réveille-toi donc, ce que tu verras en vaut bien la peine, et ta curiosité sera satisfaite.

— Assurément je ne me réveillerai pas, répondait tout en dormant cette autre excellente partie de nous-mêmes à laquelle nous devons de dormir en toute circonstance; je ne suis point curieuse, et ne veux rien voir. Je n'ai que trop vu déjà. »

Et comme l'autre insistait :

« J'aurais bien tort, en vérité, de secouer pour si peu ce bon sommeil, reprenait la dormeuse; d'ailleurs je n'entends rien; vous voulez me tromper, ce bruit n'est pas un bruit; je dors, je rêve, et voilà tout. Laissez-moi donc dormir. Y a-t-il rien au monde qui vaille mieux qu'un bon somme? »

Et comme, à vrai dire, je tenais à dormir, je m'y obstinais, fermant les yeux de mon mieux et me cramponnant au sommeil qui allait m'échapper, avec tous ces petits soins qu'ont de leur repos les vrais dormeurs, pendant même qu'ils s'y livrent.

Mais il était sans doute écrit que je devais me réveiller. Hélas! hélas! je me réveillai donc!

Que devins-je, moi qui m'étais cru la Bête la plus considérable, et même la seule Bête de la création (je m'étais bien trompé!), que devins-je en apercevant une demi-douzaine au moins de charmantes créatures vivant, parlant, volant, riant, chantant, caquetant, ayant des plumes, ayant des ailes, ayant des pieds, tout ce que j'avais enfin, mais tout cela dans un degré de perfection telle, que je ne doutai pas un instant que ce ne fussent des habitants d'un monde plus parfait, de la lune par exemple, ou même du soleil, qu'un caprice inconcevable avait poussés pour un instant sur mon rocher!

Comme elles avaient l'air fort occupé, et elles l'étaient en effet, car elles jouaient et mettaient à leur jeu beaucoup d'ardeur, faisant de leur corps tout ce qu'elles voulaient, rasant tour à tour la terre et l'eau de leurs ailes légères, avec une souplesse et une vivacité dont je ne songeai même pas à être jaloux, tant elles dépassaient tout ce que j'aurais osé imaginer, elles ne me virent pas d'abord, et je restai coi dans le creux de mon rocher, jusqu'à ce qu'enfin, entraîné tout à la fois et par l'ardeur de mon âge, et surtout par cet élan irrésistible qui pousse tout ce qui vit vers le beau, lequel, j'ai pu le voir plus tard, est le vrai roi de la terre, je m'élançai éperdu au milieu d'elles.

« Oiseaux célestes ! m'écriai-je, fées de l'air ! déesses ! Et comme j'avais beaucoup couru pour arriver jusqu'à elles et fait de violents efforts, pour courir sans tomber, il me fut impossible de dire un mot de plus, et force me fut de rester court.

— Un Pingouin ! s'écria une des joueuses.

— Un Pingouin ! » répéta toute la bande.

Et comme elles se mirent toutes à rire en me regardant, j'en conclus qu'elles n'étaient pas fâchées de me voir.

« Les aimables personnes ! » pensais-je ; et, le courage m'étant revenu, je les saluai avec respect, et prononçai alors le plus long discours que j'eusse encore prononcé de ma vie :

« Mesdemoiselles, leur dis-je, je viens de naître, j'ai laissé là-haut ma coquille, et comme j'ai vécu seul jusqu'à présent, je me vois avec plaisir en aussi belle compagnie ; vous jouez : voulez-vous que je joue avec vous ?

— Pingouin, mon ami, me dit celle qui me parut être la reine de la bande, et que je sus plus tard être une Mouette Rieuse, tu ne sais pas ce que tu demandes, mais tu vas le savoir ; il ne sera pas dit qu'un aussi éloquent petit Pingouin aura essuyé de nous un refus. Tu veux jouer, joue donc, me dit-elle ; et, cela dit, elle me poussa de l'aile au milieu de ses amies, une autre en fit autant, et puis une autre, et chacune me poussant, tantôt d'un côté, tantôt de l'autre, je jouai alors !!!

— Je ne veux plus jouer, dis-je dès qu'il me fut possible de prononcer un mot.

— Fi ! le mauvais joueur ! » s'écrièrent-elles toutes à la fois.

Et le jeu recommença, jusqu'à ce qu'enfin, épuisé, humilié, désespéré, je roulai par terre.

« Vous que je respectais! leur dis-je, vous que j'aimais! vous que j'adorais! vous que je trouvais superbes!... »

Et ce que je souffrais, comment le dire?

Celle-là même qui m'avait appelé Pingouin mon ami, et qui néanmoins m'avait le plus maltraité, me voyant tout penaud, se reprocha sa conduite:

« Pardonne-nous, mon pauvre Pingouin, me dit-elle; nous sommes des Mouettes, des Mouettes Rieuses, et ce n'est pas notre faute si nous ne valons rien, car nous ne sommes peut-être pas faites pour être bonnes. »

Et en me parlant ainsi, elle vint à moi d'un air si bon, que, quoi qu'elle m'en eût dit, je crus voir en elle la beauté et la bonté parfaites, et j'oubliai ses torts.

Mais la pitié n'est souvent qu'un remords de la dureté, et ce que j'avais pris pour un commencement d'affection n'était que le regret d'avoir mal fait. Aussi, dès qu'elle me vit consolé, s'envola-t-elle avec ses compagnes.

Ce brusque départ me surprit à un tel point, qu'il me fut impossible de trouver un geste ou une parole pour l'empêcher, et je recommençai à être seul.

C'est-à-dire que chaque jour triste avait son plus triste lendemain, car dès lors la solitude me devint insupportable.

VI

Pour tout dire, j'étais fou, car j'étais amoureux, et c'est tout un ; je ne me pardonnais pas de n'avoir rien fait, pour la retenir, que souffrir !

« Il s'agissait bien de souffrir, me disais-je ; tu n'es qu'un sot, il fallait te faire aimer... Mais faites-vous donc aimer, vous tous et vous toutes qu'on n'aime pas ! »

Et les reproches que je me faisais étaient si vifs, et je sentais si bien que je ne les méritais que trop, que je fus je ne sais combien de temps à me remettre en paix avec moi-même.

J'avais tant de chagrin que je ne pouvais plus ni boire ni manger ; je restais des jours entiers et des nuits entières à la même place et dans la même position, n'osant bouger ni respirer, parce qu'il me semblait que, s'il ne se faisait aucun bruit, l'ingrate que j'aimais pourrait peut-être bien revenir.

Quelquefois je fermais les yeux et les tenais fermés le plus longtemps possible.

« Peut-être, quand je les rouvrirai, sera-t-elle là, me disais-je ; n'est-ce pas ainsi qu'elle m'apparut une première fois ? »

Où j'étais encore le moins mal, c'était sur le bord de la mer ; je trouve que nulle part on n'est aussi bien que là pour être très-triste.

Cette eau sans fin, au bout de laquelle il semble qu'il n'y ait rien, ne ressemble-t-elle pas, en effet, à ces douleurs dont on n'aperçoit pas le terme ?

Je ne me lassais pas de regarder au loin, demandant à l'horizon ce que l'horizon m'avait emporté, et fixant dans l'espace le point où je l'avais vue disparaître.

« Reviens, m'écriais-je, car je t'aime! »

Et j'étais si fort persuadé que, quelle que soit la distance, ce qu'on demande ainsi doit être exaucé, que quand je voyais qu'elle ne revenait pas, et qu'elle ne reviendrait pas, je tombais à la renverse, et ne me relevais que pour l'appeler encore.

VII

« Je n'y puis plus tenir! » me dis-je un jour, et je me jetai à la mer.

VIII

Malheureusement je savais nager, de façon que mon histoire ne finit pas là.

IX

Quand je revins sur l'eau, on revient toujours une ou deux fois sur l'eau avant de se noyer définitivement, cédant à ma passion pour les monologues, je me laissai aller à me demander si j'avais bien le droit de disposer de ma vie, si le monde n'en irait pas plus mal quand il y aurait un Pingouin de moins dans la nature, si je trouverais mon ingrate au fond des eaux (parmi les perles), ou si, ne l'y trouvant pas, j'y trouverais au moins quelques compensations, etc., etc., etc., etc.

De sorte que le monologue fut très-long, et que j'eus le temps de faire sept cents lieues en allant toujours tout droit avant d'avoir pris aucun parti.

De temps en temps, de centaine de lieues en centaine de lieues, par exemple, il m'était bien arrivé, un peu pour l'acquit de ma conscience, je l'avoue, de m'abîmer de quelques pieds sous les flots, dans la louable intention d'aller tout au fond pour y rester ; mais, pour une raison ou pour une autre, je me retrouvais bientôt à la surface, et, je dois le dire, après chaque nouvelle tentative, l'air me paraissait toujours meilleur à respirer.

Je venais de manquer mon septième ou huitième suicide, et j'étais bien décidé à en rester là et à vivre, puisque enfin je paraissais y tenir, quand, en revoyant la lumière, je trouvai tout d'un coup à mes côtés un Oiseau dont l'air simple, naïf et sensé me gagna le cœur tout d'abord.

« Qu'avez-vous donc été faire là-dessous, monsieur le Pingouin ? » me dit-il en me faisant un beau salut.

Comme la question ne laissait pas que d'être embarrassante, je lui fis signe que je n'en savais rien.

« Et où allez-vous ? ajouta-t-il.

— Je ne le sais pas davantage, lui répondis-je.

— Eh bien, alors, allons ensemble. »

J'acceptai bien volontiers ; car, à vrai dire, j'en avais par-dessus la tête d'être seul.

Chemin faisant, je lui racontai mes malheurs, qu'il écouta avec beaucoup d'attention et sans m'interrompre.

Quand j'eus fini, il me demanda ce que je comptais faire ; je lui dis alors que j'avais une demi-envie de courir après celle que j'aimais.

« Tant que vous courrez, cela ira bien, me répondit-il, car en amour mieux vaut poursuivre que tenir ; mais s'il vous arrive de trouver celle que vous cherchez, vos misères recommenceront. »

Et, comme j'avais l'air surpris de cette singulière assertion :

« Comment voulez-vous qu'une Mouette vous aime ? reprit-il ; les Mouettes s'aiment entre elles, comme les Pingouins doivent s'aimer entre eux. Quelle idée vous a pris, à vous qui êtes un Oiseau plein d'embonpoint, d'aimer une de ces vivantes bouffées de plumes qui ne peuvent pas rester en place, et que le diable et le vent emportent toujours ?

— Ma foi ! m'écriai-je, si je sais quelque chose, ce n'est pas comment vient l'amour. Quant au mien, il m'est venu, ou plutôt il m'est tombé du ciel, comme j'ai eu l'honneur de vous le dire.

— Du ciel! s'écria à son tour mon compagnon de route. Voilà bien le langage des amoureux! A les en croire, le ciel serait toujours de moitié dans leurs affaires.

— Vous m'avez l'air bien revenu de tout, lui dis-je, monsieur; que vous est-il donc arrivé? Est-ce que vous êtes malheureux? »

Mon nouvel ami ne répondit à ma question que par un sourire assez triste; il se trouvait là un rocher que la marée basse avait laissé à découvert, il y grimpa après m'avoir témoigné qu'il serait bien aise de se reposer un peu, et je fis comme lui.

Et comme il se taisait, je me tus aussi, me contentant de l'examiner en silence. Il avait l'air extrêmement préoccupé, et, par discrétion, je me tins à l'écart.

Au bout de quelques minutes il fit un mouvement, et je crus pouvoir me rapprocher de lui.

« A quoi pensez-vous? lui demandai-je.

— A rien, me répondit-il.

— Mais enfin qui donc êtes-vous, lui dis-je, Oiseau qui parlez et qui vous taisez comme un sage?

— Je suis, me répondit-il, de la famille des Palmipèdes totipalmes; mais de mon nom particulier on m'appelle Fou.

— Vous, Fou? m'écriai-je; allons donc!

— Mais oui, Fou, reprit-il. On nous appelle ainsi parce qu'étant forts nous ne sommes pas méchants, et, à un certain point de vue qui n'est pas le bon, on a raison. »

O justice!

X

« Mais ce n'est pas de moi qu'il s'agit, me dit cet Oiseau véritablement sublime, parlons de vous. Il y a de par le monde, et pas bien loin d'ici, une île qu'on appelle l'île des Pingouins. Cette île est habitée par des Oiseaux de votre espèce, des Pingouins, des Manchots, des Macareux, tous Brachyptères comme vous; c'est là qu'il faut aller, mon ami. Dans cette île, vous ne serez pas plus laid qu'un autre, et il se peut même que relativement on vous y trouve très-beau.

— Mais je suis donc laid? lui dis-je.

— Oui, me répondit-il. Votre Mouette avec son élégant manteau bleu couleur du temps, son corps blanc comme neige et sa preste allure, vous paraissait-elle jolie?

— Une Fée! c'était une Fée! une perfection!
— Eh bien, me répondit-il, lui ressemblez-vous?

L'île des Pingouins.

— Partons! m'écriai-je. Avec vous, ô le plus sage des Fous, j'irais au bout du monde. »

XI

Comment il se fit que, tout en cinglant vers l'île des Pingouins, nous nous trouvâmes, après des fatigues de tout genre, en vue d'une île qui n'était pas celle que nous cherchions, voilà ce qui n'étonnera que ceux qui ne se sont jamais trompés de chemin.

Comment il se fit encore qu'après être partis avec des vents favorables et par un temps superbe nous rencontrâmes sur notre route une grosse tempête, voilà ce qui n'étonnera personne non plus, si ce n'est pourtant ceux qui ne sont jamais sortis de leur coquille.

Du reste, tant que dura la tempête, qui fut horrible, cela alla bien. Soit que nous fussions au fond ou au-dessus de l'abîme, le calme de mon mentor ne se démentit point.

« O maître, lui dis-je quand la colère des flots fut apaisée, qui donc vous a appris à vivre tranquillement au milieu des orages?

— Quand on n'a rien à perdre, on n'a rien à sauver, et partant rien à craindre, me répondit mon compagnon de voyage en souriant une fois encore de ce triste sourire que je lui avais déjà vu.

— Mais nous pouvions mille fois perdre la vie! m'écriai-je.

— Bah! reprit-il, il faut bien mourir; qu'importe donc comment on meurt... pourvu qu'on meure! » ajouta-t-il après un moment de silence, mais tout bas et comme quelqu'un qui se parlerait à lui-même et oublierait qu'on peut l'entendre.

« Assurément, pensai-je, mon bon ami a dans le fond du cœur un grand chagrin qu'il me cache; » et j'allais, au risque d'être indiscret, le supplier de me raconter ses peines comme je lui avais raconté les miennes, et de se plaindre un peu à son tour, quand, reprenant tout d'un coup la conversation où il l'avait laissée :

« Tiendriez-vous donc maintenant à la vie, me dit-il, vous qui tout à l'heure encore pensiez à vous l'ôter?

— Hélas! lui dis-je, monsieur, j'en conviens, depuis que vous m'avez fait espérer qu'il pouvait y avoir un coin de terre où l'on ne me rirait pas au nez en me regardant, le courage m'est revenu, et je crois bien que je ne serais pas fâché de vivre encore un peu, ne fût-ce que par curiosité. Ai-je tort?

— Mon Dieu non, » me répondit-il.

XII

L'île Heureuse.

« Parbleu ! s'écria mon guide quand nous eûmes mis pied à terre et que nous nous fûmes un peu secoués pour nous sécher, c'est inouï comme on vient quelquefois à bout de reculer sans faire un seul pas en arrière ! voilà un coin de terre qui devrait être à cinq cents lieues derrière nous. »

Et comme je lui demandais où nous étions :

« Cette île est l'île Heureuse, reprit-il ; son nom ne se trouve, que je sache, sur aucune carte, et elle n'est guère connue ; mais en somme elle mérite de l'être, et pour un Pingouin de votre âge, un séjour de quelques heures dans ce pays peut n'être pas sans profit. Si donc vous le voulez, nous irons plus avant dans les terres.

— Si je le veux ! » m'écriai-je.

Et déjà je baisais avec transport l'île fortunée qui avait pu mériter un si beau nom.

« La, la, calmez-vous, me dit mon guide ; ceci n'est encore ni le Pérou, ni le paradis des Pingouins ; vous laisserez-vous donc toujours prendre à l'étiquette du sac ?

« L'île Heureuse n'a été ainsi nommée que parce que ses habitants apportent tous en naissant une si furieuse envie d'être heureux, que leur vie tout entière se passe à essayer de satisfaire cette envie ; si bien qu'ils se donnent plus de mal pour atteindre leur chimère qu'il ne saurait leur en coûter jamais pour être tout bonnement malheureux comme doit l'être et comme consent à l'être toute créature qui a tant soit peu d'expérience et de sens commun.

« Ces dignes insulaires ne peuvent pas se persuader qu'il est bon que dans le monde il y ait toujours quelque chose qui aille de travers, que le bien de tous se compose du mal de chacun, que, quoi qu'on fasse, on n'est jamais heureux qu'à ses propres dépens, et qu'enfin, s'il y a des heures heureuses, il n'y a pas de jours heureux.

« Comment, diable, des Animaux bien constitués, au moins en apparence, peuvent-ils s'imaginer qu'il y a place pour ce qu'il leur plaît d'appeler le bonheur entre le commencement et la fin d'une chose aussi facile à troubler que la vie ?

« En vérité, tous ces braves gens qui, avec les meilleures intentions du monde, suent sang et eau pour ne rien faire, ne feraient-ils pas mieux de demeurer tranquilles en leur peau, comme l'a dit un sage ?

« J'ai entendu dire qu'après avoir essayé sans succès des *différentes recettes pour être heureux*, qui étaient depuis longtemps connues et éventées, ils viennent, avec les débris des plus anciennes, d'en fabriquer une toute nouvelle.

« Et d'abord il a été convenu entre eux qu'on ne fait rien et qu'on n'a jamais rien fait que dans un intérêt tout personnel, et qu'en cela on a eu et on a raison.

« Dès lors l'amitié, les bons offices, le dévouement, le sacrifice, la reconnaissance, la vertu, le devoir et tout ce qui s'ensuit, comme la volonté, la liberté et la responsabilité, sont devenus des mots et des choses parfaitement inutiles partout ailleurs que dans le dictionnaire, et même dans le dictionnaire qu'il faudra refaire comme tout le reste et remplir de mots nouveaux qui auront sur ceux qu'ils auront remplacés l'avantage d'exprimer les mêmes idées avec beaucoup moins de clarté, de précision et d'élégance.

« Tout doit se faire pour le plaisir qu'on y trouve, et rien ne se doit faire de ce qu'on ferait sans une joie très-vive.

« Le travail sans fruit, c'est-à-dire le sang et l'eau répandus en vain sur une terre ingrate et pour des ingrats, ce travail-là, au moyen d'un certain mécanisme social, deviendra attrayant, et au besoin on ne manquerait pas de bras qui seraient trop heureux d'avoir à remplir le tonneau des Danaïdes ou à vider passionnellement les écuries d'Augias et autres écuries.

« Mais que dis-je ? il n'y aura point de travail sans fruit, point d'effort inutile ; aussi chacun deviendra-t-il si riche que ce qui lui manquera, ce sera l'appétit, et encore trouvera-t-on infailliblement le moyen de manger cinq ou six fois plus qu'on ne mange aujourd'hui.

« On restera jusqu'à un certain point libre de se dévouer, mais personne ne vous en saura gré, et il sera dit, par exemple, qu'un tel, en se tuant pour sauver la vie de son ami ou même celle de son ennemi, a cédé à un goût particulier qu'il a satisfait et à un simple mouvement d'égoïsme qu'il ne serait peut-être pas trop bon d'encourager.

« Il avait été écrit quelque part : « Aimez-vous les uns les autres; » ils ont écrit : « Aimez-vous vous-même ! »

« Et de cet amour égoïste, et de ce bonheur solitaire, et de cette note unique que vous jouerez, vous unité, et sans vous soucier de l'ensemble, dans le grand concert de la nature, résultera le bonheur commun, l'harmonie universelle.

« Leur recette guérit tout.

« Plus de maladies de l'âme; plus de passions mauvaises, contradictoires, ennemies, plus de guerres non plus (si ce n'est toutefois entre les petits pâtés et les vol-au-vent); adieu enfin le cortége des petites et des grandes misères de la vie.

« On viendra au monde en chantant : *Amis, la matinée est belle,* ou bien : *Ah! quel plaisir d'être phalanstérien!* et non en criant et en se lamentant comme cela s'est pratiqué à tort jusqu'à présent.

« On vivra sans souffrir, et après une vie heureuse on quittera le bonheur lui-même sans regrets; en un mot, on en viendra à mourir pour son plaisir.

« Sans quoi on ne mourrait plutôt pas.

« Nous allons voir quel peut être le résultat de ce nouveau spécifique.

« Voici là-bas une grande maison qui n'est pas trop belle, et dans laquelle ces nouveaux apôtres du bonheur sur la terre se livrent à leurs jeux innocents.

« Allons-y; peut-être en aurons-nous pour notre argent. »

Sur la porte on lisait :

PHALANSTÈRE

PREMIER CANTON D'ESSAI. — ASSOCIATION DE BAS DEGRÉ

(HARMONIE HONGRÉE.)

C'est-à-dire, en langage vulgaire : *Nous sommes ici quatre cents tous heureux.*

Un immense avantage en éducation harmonienne, c'est de neutraliser l'influence des parents, qui ne peut que retarder et pervertir l'enfant [1].

---

[1] *Association composée,* Fourier. (Textuel.)

Dans une des salles d'entrée nous vîmes d'abord d'excellentes petites mères qui refusaient de couver leurs œufs.

« C'est déjà bien assez, s'écriaient-elles, qu'on soit obligé de les pondre soi-même! »

Après quoi elles s'en allaient modestement chercher et rejoindre dans les jardins, au beau milieu des groupes des choutistes, des ravistes et autres amis des légumes, leurs préférés amovibles ou amoureux.

Ou bien encore, si, tant bien que mal, les pauvres petits étaient éclos :

« Je vous ai pondus, et, qui plus est, je vous ai couvés, disaient-elles à leurs nouveau-nés; que d'autres vous nourrissent. Nous viendrons vous gâter plus tard si nous y pensons. »

Et vous croyez peut-être que les œufs et les petits restaient là?

Pas du tout.

Comme il a été reconnu que dans le système d'association composée les vrais pères et les vraies mères, ceux et celles que donnent la loi de la nature, la logique du cœur et le bon Dieu, ne valent pas le diable, l'association ne manque pas de leur substituer des individus qui, pour n'être que des pères adoptifs, n'en sont évidemment que meilleurs, puisqu'ils n'ont eu aucune raison pour le devenir.

De temps en temps arrivaient à quatre pattes de vieux patriarches et de bonnes mères nourrices qui s'emparaient des orphelins et s'en allaient leur donner gratis la becquée et les préparer à l'harmonie, chacun selon son degré d'âge ou de caractère, dans les salles destinées aux hauts poupons, mi-poupons, bas poupons et autres.

Un Nilgaud sibyllin nous apprit que les patriarches et les bonnes mères nourrices étaient d'excellents Renards et des Fouines compatissantes, voire même de vieilles Couleuvres, dont l'attraction pour les œufs éclos et à éclore était incontestable.

Un peu plus loin les Loups dévoraient des Agneaux, lesquels, pour que les pauvres Loups ne mourussent pas de faim, se laissaient croquer à belles dents.

Quelques-uns même, qui n'étaient pas mangés encore, semblaient attendre leur tour avec impatience.

« Quoi! leur dis-je, seriez-vous vraiment pressés d'être dévorés, et est-ce bien pour votre plaisir que vous attendez une pareille mort?

— Pourquoi non? me répondit un charmant petit Agneau, c'est une attraction comme une autre; s'il plaît à ceux-ci de vivre, il faut bien qu'il nous plaise de mourir.

— . . . . . . Le ciel permit aux Loups
D'en croquer quelques-uns... »

me dit un Singe qui avait entendu ma question.

« Ils les croquèrent tous, »

ajouta en riant dans sa barbe, et en trempant sa mouillette dans un œuf auquel il était supposé servir de père, un des Renards nourriciers que j'avais vus dans la première salle.

Mais où je vis le plus distinctement tout le parti qu'on pouvait tirer de la nouvelle doctrine, ce fut dans un séristère ou étable principale qui se trouvait au centre.

Les bonnes mères nourrices étaient de vieilles Couleuvres.

Sur un des panneaux de la porte on lisait :

SALLE D'ÉTUDE. — TRAVAIL ATTRAYANT.

L'assemblée était nombreuse, les travailleurs étaient couchés les uns sur les autres, les plus gros sur les plus petits, comme de juste.

Il y avait là des Sangliers civilisés qui ne manquaient pas de se coucher sur le dos quand ils étaient fatigués d'être sur le ventre, des Bœufs qui avaient abandonné leur charrue, et des Chameaux qui essayaient de faire porter leurs bosses à leurs voisins, lesquels auraient désiré sans doute que les bosses fussent plates, si en pleine phalange un phalanstérien pouvait avoir quelque chose d'impossible à désirer.

Ceux qui ne dormaient pas bâillaient ou allaient bâiller, ou avaient bâillé, et tous semblaient s'ennuyer profondément.

Au centre était assis un Singe, qui, tenant un de ses genoux dans ses mains, la tête un peu penchée en arrière, semblait absorbé dans ses réflexions et penser pour les autres, bien qu'à vrai dire il s'en souciât fort peu.

« Monsieur, lui dis-je, ces gens si tristes sont-ils vraiment heureux?
— J'ai bien peur que non, me répondit-il, quoiqu'ils n'aient rien de mieux à faire. Quant à moi, continua-t-il, je suis bien mal sur ce tabouret; si je n'étais pas chef de phalange, je me coucherais comme les autres. »

En nous en allant, nous passâmes devant la boutique d'un maréchal ferrant qui, comme tous ses confrères, s'était fait cordonnier et vendait aux chevaux qui avaient les pieds sensibles des escarpins, des brodequins et des pantoufles en tapisserie.

« Ma foi, dis-je à mon compagnon de route, j'en ai assez de l'île Heureuse et de cette promenade en harmonie. Ce serait à dégoûter du bonheur, si c'était là le bonheur.

— Quand les partisans de ce nouveau système n'auront plus rien à manger et à faire manger à leur système, j'espère bien qu'à moins qu'ils ne se mangent les uns les autres ils en viendront à... »

Je ne pus achever tant ce que je vis m'étonna.

Mon guide, que j'avais pu croire au-dessus de toute émotion, comme l'Oiseau dont parle le poëte : *Impavidum ferient ruinæ;* mon guide, jusque-là impassible, s'étant arrêté pour se désaltérer sur le bord d'une petite rivière, s'était mis tout à coup à donner les signes du plus violent désespoir.

« Que je suis malheureux ! s'écriait-il ; que je suis malheureux ! »

Et il poussait de si profonds soupirs, que je courus à lui les larmes aux yeux.

« Pour Dieu ! qu'avez-vous, mon bien cher ami ? lui dis-je.

— Ce que j'ai ? me répondit-il ; et il me montrait sur l'autre rive un groupe de Canards musqués qui barbotaient avec beaucoup de fatuité autour d'une des plus belles Oies frisées que j'aie vues de ma vie. Ce que j'ai ?.. Je n'ai rien, sinon que j'ai aimé comme un fou cette dame que tu aperçois là-bas, et elle m'aimait aussi!!! mais hélas! un jour elle disparut. Jusqu'à présent j'avais eu le bonheur de la croire morte, et n'avais cessé de la pleurer ; aussi n'ai-je pas été maître de mon émotion en la retrouvant ici dans cette sotte île, et en la voyant prodiguer ses faveurs à ces petits imbéciles de Canards musqués qui l'entourent.

— Consolez-vous, lui dis-je, ou du moins cherchez à vous consoler.

— Chercher à se consoler, me répondit-il en relevant la tête, c'est n'avoir point la patience d'attendre l'indifférence. On ne se console pas, on oublie. J'oublierai. »

Et s'étant couvert de ses ailes comme d'un sombre nuage, il se dirigea vers la mer, où nous arrivâmes sans qu'il eût prononcé un seul mot ni jeté un regard en arrière.

« Amour redoutable, pensai-je, faut-il donc croire tout le mal qu'on dit de toi ? Comment cette Oie frisée a-t-elle pu tromper ce bon Oiseau ? Qui m'assure que celle que j'aime ?... »

Mais à quoi bon vous dire cela, cher lecteur ?

XIII

L'île des Pingouins.

Deux jours après nous étions enfin dans l'île des Pingouins.

« Que veut dire ceci? dis-je en apercevant deux ou trois cents individus de mon espèce qui étaient rangés sur la côte et comme en

Le roi des Pingouins.

bataille; est-ce pour nous faire honneur ou pour nous mal recevoir que ces Oiseaux, mes frères, bordent ainsi le rivage?

— Sois tranquille, me répondit mon ami, ces Pingouins, tes semblables, sont là pour ne rien faire, et nous n'avons rien à craindre. Ils ont, comme tant d'autres, l'habitude de se rassembler sans but, et ne font guère autre chose, tant que dure le jour, que de rester plantés les uns à côté des autres comme des piquets. Cela ne fait de mal à personne, et cela leur suffit. »

On nous reçut avec beaucoup de bonhomie, et les premiers que nous rencontrâmes nous conduisirent, avec toutes sortes de prévenances, vers un vieux Manchot, qu'ils nous dirent être le roi de l'île, et qui l'était en effet; ce qui ne nous étonna pas quand nous le vîmes, car c'était le plus gros Manchot qu'on pût voir, et nous ne pûmes nous empêcher de l'admirer.

Ce bon roi était assis sur une pierre qui lui servait de trône, et entouré de ses sujets, qui avaient tous l'air d'être au mieux avec lui.

« Illustres étrangers, s'écria-t-il du plus loin qu'il nous aperçut, vous êtes les bienvenus, et je suis enchanté de faire votre connaissance ! »

Et comme la foule qui l'entourait nous empêchait d'arriver jusqu'à sa personne :

« Çà, dit-il, mes enfants, rangez-vous donc un peu pour laisser passer ces messieurs. »

Aussitôt les Dames se mirent à sa gauche, et les Pingouins à sa droite.

Puis, s'étant excusé de ce qu'il ne se dérangeait point, sur l'extrême difficulté qu'il éprouvait à marcher, ce bon Monarque nous fit signe d'approcher.

« Messieurs les étrangers, nous dit-il, faites ici comme chez vous, et si vous vous y trouvez bien, restez-y. Dieu merci, il y a de la place pour tout le monde dans mon petit royaume. »

Nous lui répondîmes qu'il était bien bon et que son petit royaume nous paraissait très-grand, ce qui le mit tout à fait en bonne humeur.

Cet excellent roi nous demanda alors d'où nous venions, et dès qu'il sut que nous avions beaucoup voyagé, il nous fit raconter l'histoire de nos voyages, qu'il écouta avec tant de plaisir, que lorsqu'il croyait que nous allions nous arrêter, il nous criait : « Encore ! » ce qui nous redonnait beaucoup de courage.

Lorsque ce fut pour de bon fini, n'y pouvant plus tenir, il jeta par-dessus sa tête l'antique bonnet phrygien qui, de temps immémorial, servait de couronne aux rois de ce pays ; il jeta aussi la marotte, symbole de sagesse qui lui tenait lieu de sceptre, ainsi que l'œuf vide qui, dans sa main, figurait l'univers, et, s'étant ainsi débarrassé, il nous ouvrit ses bras en nous disant :

« Embrassez-moi ; vous êtes d'honnêtes Oiseaux que j'aime ; et, s'il vous plaît, nous ne nous quitterons plus.

— Ma foi, Sire, lui dis-je, je crois que nous aurions tort de vous refuser ; si donc mon ami pense comme moi, nous resterons.

— Qu'en dites-vous, monsieur le Fou ? c'est à vous de parler. Regardez cette île, et si, parmi ces rochers qui dominent la mer, il y en a un qui vous convienne, il est à vous.

— Sire, répondit mon ami, des rois comme vous et des royaumes comme le vôtre sont très-rares, et je ne demande pas mieux que de vivre et de mourir chez vous.

— Bien dit, s'écria le roi; d'ailleurs, cher monsieur, ajouta-t-il, vous ne serez pas le seul Fou dans cette île, et vous savez... plus on est de fous, plus... »

Et comme la plaisanterie fut très-goûtée :

« Mes enfants, dit le prince au comble du bonheur, ces messieurs sont des nôtres, traitez-les bien. »

Chacun se mit alors à crier :

« Vive le roi! vive le roi! »

Et, ma foi! nous criâmes comme les autres, et plus fort que les autres :

« Vive le roi! »

Après quoi :

« Quant à vous, ajouta ce grand monarque, en s'adressant plus particulièrement à moi, ce n'est pas tout. J'ai une idée! êtes-vous marié?

— Sire, lui répondis-je, je suis garçon.

— Il est garçon! dit Sa Majesté en se retournant du côté des Dames; garçon!!!

— Lui garçon! s'écrièrent-elles toutes aussitôt; c'est un péché, il faut le marier.

— Vous l'avez dit, s'écria le roi en riant de tout son cœur, et j'étais sûr que vous le diriez!

— Mais, Sire, m'écriai-je, voyant enfin, mais trop tard, où il voulait en venir, mon cœur est...

— Ta, ta, ta, chansons; taisez-vous, me dit-il; votre cœur est bon, et vous ne me refuserez pas d'être mon gendre; je n'ai point de fils, vous m'en servirez, vous me succéderez, et je mourrai content. Qu'on aille bien vite me chercher la princesse! » ajouta-t-il.

Je m'attendais si peu à cette proposition, que je restai muet d'étonnement.

« Qui ne dit mot consent! » s'écria le roi.

Et je n'avais pas encore eu le temps de prendre un parti, que déjà la princesse, à laquelle on avait dit de quoi il s'agissait, était arrivée, toujours courant, de façon que, quand je levai les yeux sur elle, je rencontrai les siens, qui, hélas! ne me parurent point cruels.

« Regardez-la donc, me disait celui qui voulait devenir mon beau-père, et regardez-la bien. N'êtes-vous pas ravi? n'êtes-vous pas trop heureux? ne la trouvez-vous pas jolie?

— Bonté divine! pensai-je, elle jolie! elle qui me ressemble comme deux gouttes d'eau se ressemblent!

— Et si vous saviez quelle bonne fille cela fait, et quelle bonne grosse femme vous aurez là! disait le pauvre père en jetant sur la jeune princesse des regards attendris. Sans compter, ajouta-t-il, que pas une de mes sujettes n'a les pieds plus larges, la taille plus épaisse, les yeux plus petits, le bec plus jaune. Et sa robe, disait-il encore, n'est-elle pas superbe? et ses petits bras ne sont-ils pas aussi courts qu'on peut le désirer? et cette espèce de palatine qui s'arrondit gracieusement sur son dos, en avez-vous vu de plus belle?

— Hélas! dis-je tout bas à mon ami, il y a des siècles que les palatines sont passées de mode!

— Tu auras le meilleur beau-père qu'on puisse voir, me répondit-il.

— Mais ce n'est pas lui qui sera ma femme! lui dis-je.

— Le mariage est le meilleur des maux, reprit-il; si ce n'est déjà fait, oublie ta Mouette.

— Hélas! pensais-je, le souvenir nous tue; mais qui de nous voudrait oublier? »

Pendant ce temps-là :

« A quand la noce? disaient les jeunes gens.

— Cela fera un beau couple, disaient les vieillards.

— Et ils auront beaucoup d'enfants, ajoutaient les commères.

— Il n'est pas malheureux! disaient les jaloux. Pour un Pingouin de rien, né on ne sait où et d'un œuf inconnu, une princesse! je crois bien qu'il accepte!

— Mariez-vous! mariez-vous! mariez-vous! » me disait-on de tous côtés.

Je me mariai donc.

Le beau-père fit tous les frais de la noce : car, en Pingouinie, les rois ont, comme les plus pauvres de leurs sujets, de quoi marier et doter convenablement leurs filles.

Et voilà comment je devins fils de roi, et voilà comment on fait de sots mariages; et c'est ainsi que tous mes tourments finirent par un malheur : car ma femme se trouva n'être pas trop bonne, et je ne fus guère heureux.

Aussi n'oubliai-je rien.

XIV

Je pourrais en rester là; mais, puisque j'en ai tant dit, j'irai jusqu'au bout : car, aussi bien, j'ai encore un aveu à faire.

Je rêvai un jour que je revoyais celle que j'avais tant aimée, et qu'elle m'appelait.

Dans mon rêve je la revis si bien, ainsi que la place où je croyais la voir, que, quand je me réveillai, je me persuadai que si cette place existait quelque part, en cherchant bien je la trouverais.

Je résolus donc de partir, et après avoir fait quelques préparatifs et prétexté une mission diplomatique, je m'en allai laissant là ma femme et mes enfants, ce qui était fort mal.

Pendant deux ans tout au moins je courus le monde sans rien rencontrer de ce que je cherchais, et ne retirai aucun fruit de mes voyages, sinon que j'appris que les vagues de la Méditerranée sont plus courtes que celles de l'Océan, et qu'il y a sur ce globe sept fois plus de surface d'eau que de surface de terre, ce qui me donna, entre autres idées, une grande idée des poissons.

Mais tout d'un coup, et au moment où je commençais à désespérer, le retrouvai sur un banc de sable... et accroupie sur les restes immondes d'une Baleine échouée... et en compagnie d'un ignoble Cormoran, le plus lâche des Oiseaux de mer, cette Mouette éthérée, cette beauté parfaite, cette Péri, cette sylphide, dont la séduisante image avait obsédé ma vie.

Et c'est ainsi que j'appris que tout ce qui brille n'est pas or, et qu'avant de donner son cœur on ne ferait pas mal d'y regarder à deux fois, que dis-je? à cent fois, dût-on finir par y voir toujours trop clair, et ne le donner jamais.

O mon premier amour! combien il m'en coûta de rougir de vous! Que devins-je quand je découvris que j'avais couru après un fantôme, que j'avais adoré un faux dieu, et que cette Mouette sans égale n'était qu'une Mouette de la pire espèce.

L'habitude du malheur finit par rendre ingénieux à s'en consoler.

« Tout est bien! m'écriai-je; mieux vaut la dure vérité que le plus doux mensonge. »

Et je mis à la voile pour l'île des Pingouins, bien résolu cette fois de n'en plus sortir et de devenir à la fois bon époux, bon père et bon prince.

XV

Dès mon arrivée, j'allai visiter notre peuple qui se portait fort bien, et mon beau-père, qui, Dieu merci! se portait encore mieux que notre peuple; et puis ensuite je me mis en quête de ma chère femme que je

retrouvai avec mes deux enfants, — et... *bénédiction céleste!... deux enfants de plus!*

XVI

Ce que voyant, je m'en allai trouver mon ami le Fou.

Le roi, qui avait su l'apprécier, avait voulu faire de lui son premier ministre, mais mon ami s'en était excusé sur sa santé, qui était en effet fort délabrée.

Un médecin, qu'on avait consulté, avait même paru craindre que sa poitrine ne fût attaquée.

« Mon ami, lui dis-je, vous n'avez pas bonne mine, il faudrait vous soigner.

— Bah! dit-il, chaque heure nous blesse; heureusement, la dernière nous tue. »

Il demeurait sur un rocher qui surpassait tous les autres en hauteur; il y vivait très-retiré, ne voyant personne ou presque personne, « parce que, disait-il, quand on est seul, on est encore avec ceux qu'on aime. »

L'Oiseau Anonyme, le Silencieux et le Solitaire faisaient toute sa société.

« Décidément, lui dis-je après lui avoir conté ce qui venait de m'arriver, je ne suis pas heureux.

— Et pourquoi diable le seriez-vous? me dit-il; avez-vous mérité de l'être? Voyons, qu'avez-vous trouvé? que tirez-vous de votre sac? Montrez-moi votre trésor. Avez-vous assez couru? vous êtes-vous assez remué? Êtes-vous trop puni? Enfin, me disait-il, aucun but valait-il donc la peine de tant d'efforts?

— Vous aurez beau dire, m'écriai-je, je n'aurais pas été fâché d'être heureux, ne fût-ce qu'un peu, pour savoir ce que c'est que le bonheur.

— Mille diables! reprit-il avec une incroyable vivacité, quel maudit entêtement! Mais où avez-vous appris, Pingouin que vous êtes, qu'on pouvait être heureux? Est-ce qu'on est heureux?

« Pour l'être, il faudrait préférer les nuages au soleil, — la pluie au beau temps, — la douleur au plaisir, — avoir grande envie de rire ou mettre son bonheur à pleurer, — n'avoir rien et se trouver trop riche de moitié, — prendre que tout ce qui se fait est bien fait, — que tout ce qui se dit est bien dit, — croire aux balivernes et que les vessies sont des lanternes, — se persuader qu'on vit quand on rêve, — qu'on rêve quand on vit, — adorer des prestiges, des apparences, des ombres, — avoir un pont pour toutes les rivières, — se payer de belles paroles, — nier le diable au milieu des diableries, — tout savoir et ne rien apprendre, — bouleverser la mappemonde, et mettre enfin chaque chose à l'envers.

« D'ailleurs, ajouta-t-il après avoir toutefois repris haleine, si vous êtes malheureux, attendez, le temps détruit tout. »

J'attends donc !

Si vous êtes malheureux, lecteur, faites comme moi : tout prend fin, même cette histoire.

P. J. Stahl.

DERNIÈRES PAROLES D'UN ÉPHÉMÈRE.

C'était l'opinion des savants philosophes de notre race qui ont vécu et fleuri longtemps avant le présent âge, que ce vaste monde ne pourrait pas subsister plus de dix-huit heures ; et je pense que cette opinion n'était pas sans fondement, puisque par le mouvement apparent du grand luminaire qui donne la vie à toute la nature, et qui de mon temps a considérablement décliné vers l'océan qui borne cette terre, il faut qu'il termine son cours à cette époque, s'éteigne dans les eaux qui nous environnent, et livre le monde à des glaces et à des ténèbres qui amèneront nécessairement une mort et une destruction universelles. J'ai vécu sept heures dans ces dix-huit ; c'est un grand âge ; ce n'est pas moins de quatre cent vingt minutes ; combien peu entre nous parviennent aussi loin ! J'ai vu des générations naître, fleurir et disparaître. Mes amis présents sont les enfants et les petits-enfants des amis de ma jeunesse, qui, hélas ! ne sont plus, et je dois bientôt les suivre ; car, pour le cours ordinaire de la nature, je ne puis m'attendre, quoique en bonne santé, à vivre encore plus de sept à huit minutes. Que me servent à présent tous mes travaux, toutes mes fatigues, pour faire sur cette feuille une provision de miellée que pendant tout le reste de ma vie je ne pourrai consommer ? Que me servent les débats politiques dans lesquels je me suis engagé pour l'avantage de mes compatriotes, habitants de ce buisson? Que me servent mes recherches philosophiques consacrées au bien de notre espèce en général? En politique, que peuvent les lois sans les mœurs? Le cours des minutes rendra la génération présente des éphémères aussi corrompue que celle des buissons plus anciens, et par conséquent, aussi malheureuse. Et en philosophie, que nos progrès sont lents! Hélas! l'art est long et la vie est courte. Mes amis voudraient me consoler par l'idée d'un nom qu'ils disent que je laisserai après moi. Ils disent que j'ai assez vécu pour ma gloire et pour la nature; mais que sert la renommée pour un éphémère qui n'existe plus? Et l'histoire, que deviendra-t-elle, lorsqu'à la dix-huitième heure le monde tout entier sera arrivé à sa fin pour n'être plus qu'un amas de ruines?

Pour moi, après tant de recherches actives, il ne me reste de bien réel que la satisfaction d'avoir passé ma vie dans l'intention d'être utile, la conversation aimable de quelques bonnes dames éphémères, et l'espérance de vivre encore quelques secondes dans leur souvenir, lorsque je ne serai plus.

Benjamin Franklin.

LES DOLÉANCES

D'UN

VIEUX CRAPAUD

Mon père était fort âgé déjà et un peu obèse, lorsque les joies de la paternité lui revinrent au cœur pour la dernière fois. Hélas! il devait payer bien cher ce dernier élan de tendresse! Ma pauvre mère, qui n'était plus jeune, eut une ponte horrible, et finalement, en dépit des soins les plus tendres, succomba en me mettant au monde. Ce premier malheur pesa cruellement sur le reste de mon existence, et je lui dois sans doute cette sorte de mélancolie, ce penchant à la contemplation rêveuse qui, à vrai dire, est la base de mon caractère.

Les premiers jours de ma vie de Têtard sont trop confus dans ma mémoire pour que j'en puisse parler. Je cherche... non, rien; c'est un brouillard vague au milieu duquel cependant j'entrevois mon père arrêté sur le bord du ruisseau et me souriant de son gros œil à la fois doux et grave. Il était affaissé, abattu, marchait lentement, et déjà redoutait extrêmement l'eau dont il préservait soigneusement ses pattes... Puis, peu à peu, ses visites devinrent plus rares et bientôt cessèrent complètement.

J'ai honte à le dire : cette séparation ne laissa point de trace dans ma mémoire. Songez que nous avions trois semaines environ, mes frères et moi, et qu'insouciants, avides de connaître, comme on l'est à cet âge, nous nous élancions follement vers les premiers enivrements de la vie. Ah! mes joies d'alors; ah! chères heures de ma première enfance, qu'êtes-vous devenues? Qu'es-tu devenu, ruisseau bien-aimé, et vous, belles herbes de la rive, roseaux tremblotants, belle eau transparente, où j'errais à l'aventure dans un monde enchanté? Que de courses folles sous les grosses pierres noirâtres! Que de frayeurs enfantines lorsque

Le doyen des Crapauds.

nous rencontrions tout à coup une Anguille immobile dans quelque coin, ou que nous nous heurtions imprudemment contre les écailles argentées de quelque Carpe rêveuse! Parfois la grosse bête, troublée dans son sommeil, nous regardait d'un œil irrité; puis, nous voyant honteux et confus de notre folle escapade, souriait avec bonté, et nos jeux recommençaient.

On ne sait pas le charme, l'ivresse qu'il y a à se sentir bercé, enveloppé, caressé par le courant qui file tranquillement en clapotant contre les petites pierres blanches. Lorsqu'un rayon de soleil, passant entre les saules, pénétrait dans l'eau, tout s'illuminait autour de nous; nous apercevions, au fond du ruisseau, des milliers de petits êtres étincelants que nous n'avions pas vus; les grains de sable s'animaient, les herbes, les petites plantes s'agitaient aussi dans ces flots de lumière, et je me ressentais si gai, si heureux de vivre et de dépenser ma vie, que je m'élançais avec ivresse au milieu de ces merveilles comme un Têtard qui a perdu la tête. (J'exagère peut-être; car, enfin, que resterait-il à un Têtard qui aurait perdu la tête?) Nous poursuivions ces nuées de petits Poissons microscopiques qui errent en bandes dans les eaux peu profondes, et nous nous croyions indomptables, lorsqu'au bout d'un instant la troupe effrayée avait disparu dans l'ombre. Alors nous déclarions la guerre à ces grandes Araignées d'eau qui, armées de leurs grandes pattes, glissent sur le courant et avalent tout ce qui se rencontre à la surface : c'étaient des personnes bien douces que ces grandes Araignées, et aimant à rire malgré leur activité. Nous allions tout doucement leur chatouiller les pattes de derrière, et, quand elles se retournaient tout à coup effrayées, nous nous échappions bien vite, un peu inquiets de notre audace, et nous ne retrouvions le calme que dans quelque caverne discrète et sombre, ou sous la large feuille flottante d'un nénufar doré. J'y ai passé des journées entières sous ces larges feuilles, sous ces beaux plafonds verts, suçant par-ci, humant par-là, examinant avec cette admiration profonde de l'enfance les délicatesses admirables de leur conformation. Je découvrais, dans chacun de ces pores, des milliers de petits êtres et de petites choses auxquels je n'osais toucher, tant j'étais ému. Elle me semblait si bonne, cette grosse plante, de laisser vivre en elle ce monde imperceptible, de le soutenir et de le cacher en le protégeant! Ces observations me rendirent curieux; je furetai partout; j'entrai dans le calice des fleurs qui dormaient en se baignant, je me faufilai entre les racines entrelacées des vieux arbres; j'examinai, et je vis partout la vie; je vis qu'autour des forts et des gros se groupaient en foule les faibles et les petits, et que ceux-ci, à leur tour, devaient protéger et partager la vie avec d'autres êtres plus petits encore et plus faibles qu'eux.

Je n'étais alors qu'un pauvre Têtard; eh bien! je vous jure qu'en découvrant cette solidarité des êtres et ce besoin de fraternité qui est comme la loi du monde je fus ému jusqu'aux larmes; peut-être même en versai-je une ou deux, mais je ne pus m'en apercevoir, étant au fond de l'eau.

Toutes ces choses me sont restées au cœur, parce que depuis j'y ai repensé souvent, et que j'ai vu qu'il y a des créatures qui semblent faire exception à cette bonne loi du bon Dieu, qu'il est en ce monde des pauvres malheureux sur la tête desquels on décharge les haines comme en un endroit maudit; j'ai été l'un de ces malheureux, je ne m'en plains pas pourtant, d'ailleurs il est trop tard. — Je reviens à mon enfance : c'est en me souvenant que j'ai guéri mes plaies.

J'étais heureux, je sentais mes forces grandir, et, dans ma grosse tête, de nouvelles pensées s'accumuler sans cesse. Est-ce le privilége des orphelins? — Je ne sais, mais je jouissais beaucoup des choses extérieures qui paraissaient être indifférentes à la plupart. Je me laissais bercer, et je vivais pour vivre dans le cher ruisseau qui pourvoyait à tout. Ignorant toute chose, je ne m'étais jamais demandé d'où je venais, qui j'étais ; je me doutais bien que je devais ressembler à mes voisins, encore n'en étais-je pas sûr. Pour se mirer il ne faut point être dans le miroir, et j'y étais tout entier. Savais-je seulement si j'étais beau ou laid, grand ou petit, fleur ou poisson? J'aimais tout ce que je voyais : arbres et bêtes, ciel et terre; il me semblait bien aussi que tout le monde devait m'aimer, et à vrai dire je n'avais reçu que bon accueil et preuves de fraternité.

Cependant vers cette époque je sentis à la partie postérieure de ma personne une sorte d'engourdissement, de paralysie singulière. Ma queue, ma rame, mon gouvernail, devint tout à coup plus lente, tandis que dans tout mon corps je sentais des tiraillements, des lassitudes inaccoutumées et aussi un besoin de respirer qui jusqu'alors m'avait été inconnu. Faut-il le dire : mes pattes poussaient, mes poumons se formaient, je devenais crapaud. A cette transformation physique correspondit une transformation morale. Tout se décolora pour moi et il me sembla que mon esprit et mon cœur revêtait aussi un habit de deuil : le châtiment commençait.

Un jour, il m'en souvient, j'aperçus au bord de l'eau une Cane et ses petits; je les avais vus souvent prendre leur bain quotidien, mais cette fois, en les apercevant, j'éprouvai une émotion particulière que je n'avais jamais ressentie. Les petits Canetons étaient couchés en tas sur une belle touffe d'herbe; on n'apercevait d'où j'étais qu'un amas confus de duvet blanc doré par le soleil. Par-ci par-là un petit bec jaunâtre dépassait, et l'on devinait à l'immobilité de ces bambins et à l'abandon de leur posture qu'ils étaient là, dans ce soleil, les Canetons les plus heureux du monde et qu'ils dormaient profondément. Cependant la mère Cane, qui ne dormait pas, inspectait sa couvée; il me sembla qu'elle jetait sur cette marmaille un regard de tendresse qui jamais ne m'avait effleuré. A un certain bruit qu'elle fit, toute la bande s'agita, mais lentement, les becs s'entr'ouvrirent, les petits yeux clignotants se tournèrent tous vers elle et j'entendis un ramage de kouic kouic joyeux.

« Bonjour, maman Cane, bonjour, semblaient-ils dire. Est-ce qu'il est l'heure du bain, maman Cane?

— Mais oui, petits paresseux, mais oui, mes amours, il est l'heure de se baigner. N'entendez-vous pas le ruisseau qui chante, ne sentez-vous pas le soleil de midi qui darde ses beaux rayons d'or? Vous allez attraper mal à la tête, mes enfants. »

Mais la marmaille ne bougeait guère et répondait : « Kouic kouic, maman Cane, on est si bien, couchés l'un sur l'autre, immobiles, engourdis, tandis que les insectes bourdonnent, que les clochettes des champs se penchent et se pâment, et que des haies d'aubépine s'élance une vapeur moirée qui se perd dans le bleu du ciel... Maman Cane, on est si bien !

— Fichus garnements ! vous allez me faire sortir de mon caractère ! Voulez-vous vous lever ! kouac... kouac... Voyons, mes petits anges, un peu de courage, et levons-nous ! »

Tous les Canetons sentirent bien alors qu'ils devaient obéir, et commencèrent à s'agiter ; mais il fallait débrouiller toute cette confusion de pattes roses, d'ailes plucheuses, de becs dorés enchevêtrés les uns dans les autres et cachés sous le duvet. Ils étaient gauches, inhabiles, mais je compris que leur maman dût les aimer. A chaque effort ils chaviraient sur l'herbe, roulaient sur le dos, et alors, ne sachant plus que faire, agitaient leurs pattes en l'air comme des désespérés. La Cane enfin, qui se tenait à quatre pour ne pas éclater de rire, vint les aider un peu et tout le monde fut bientôt sur pied.

Alors ils descendirent lentement vers le bord, les pierrettes roulaient devant eux, et à chaque pas qu'ils faisaient on eût dit qu'ils allaient choir. Leur petite queue inquiète se dandinait de droite et de gauche, tandis que par derrière la maman les suivait en les encourageant de la voix. Enfin, après bien des hésitations, des bavardages, des petits frissons et mille poltronneries qui me parurent étranges, ils tendirent le bec en avant, et tous ensemble s'abandonnèrent au courant. Je me sentis soulevé par un flot immense.

« Cyprien, les pattes en dehors, la tête droite ou je me fâche, » disait la Cane.

« Alphonse, mon chéri, plus de calme, tu frétilles comme un goujon ; voyons donc, grand nigaud, tu as peur ! vois un peu, est-ce que j'ai peur, moi ? »

A un certain moment les Canetons passèrent à côté de moi, et m'ayant aperçu, j'étais à fleur d'eau, ils me regardèrent avec étonnement et s'écartèrent bien vite; ils éprouvaient bien certainement un sentiment de répulsion.

Je ne saurais dire combien cela me fit de la peine, car je me sentais déjà disposé à les aimer. J'étais seul, isolé, et les voyant unis, je me disais : « Qui sait s'ils ne m'accepteraient pas comme un des leurs? » J'aurais aimé à m'étendre avec eux sur les belles touffes d'herbe et à entendre la bonne mère Cane me traiter comme un de ses enfants. C'était absurde, mais je ne savais rien du monde, et je croyais qu'on se faisait aimer des autres tout simplement en les aimant. Voilà pourquoi le regard des Canetons me fit tant de peine.

Après cette aventure, j'étais resté pensif; une grande Araignée d'eau avec laquelle j'avais joué cent fois passa au-dessus de ma tête et me sourit fort amicalement, mais il me fut impossible de trouver un sourire pour répondre au sien. Je me rapprochai de la rive vers laquelle un secret instinct m'attirait depuis quelque temps ; j'avais besoin d'air et le gazon me faisait envie. Arrivé près du bord, je soulevai ma tête hors de l'eau.

« Que le diable t'emporte! » me cria quelqu'un qui était fort près de moi. Je me retournai, et j'aperçus entre les racines d'un saule une personne admirablement vêtue : sa cravate avait la couleur du soleil lorsqu'il s'endort, son dos et ses ailes étaient d'un beau bleu d'azur qui se transformait en vert émeraude au moindre miroitement de l'eau. Cette personne avait le bec fort long, les yeux noirs et peu bienveillants, les pattes rouges, la queue courte et impatiente ; toute sa personne indiquait un caractère difficile. J'ai su depuis qu'il s'appelait *Martin-Pêcheur*.

« Qu'est-ce que tu fais là, grand niais, avec tes quatre pattes? me dit-il durement. Ne vois-tu pas que ta personne empoisonne la rivière? un peu plus et je te gobais comme un Goujon. » En disant cela il fit une grimace affreuse comme quelqu'un dont le cœur se soulève. « Sors d'ici et rondement, tu éloignes mes clients. »

Je ne comprenais pas bien ce qu'il voulait me dire, mais ce que je sentais, c'était la dureté de ses paroles. « Que lui ai-je fait, pensais-je? Avoir une gorge qui ressemble au soleil, un dos de la couleur du ciel, et être aussi méchant! Cependant je n'osai rien dire parce qu'il était beaucoup plus gros que moi, et j'essayai de me traîner sur le sable, hors de l'eau, pour lui être agréable. Je fus tout surpris de pouvoir me soulever, grâce à ces quatre appendices qui m'étaient récemment sortis du corps : je veux parler de mes pattes. Mais comme je me trouvai lourd, gauche, impuissant, lorsque je n'eus plus la belle eau transparente pour me soutenir et me porter! Instinctivement je me retournai vers le ruisseau pour le voir et le remercier de m'avoir fait vivre en lui, mais tout à coup je restai pétrifié. Une petite masse informe et ressemblant à mon père était là, dans l'eau, à mes pieds. Je remuai la tête, cette masse s'anima et remua la tête aussi. Je me soulevai sur mes pattes, elle se souleva comme moi.

« Et par-dessus le marché il est coquet, l'animal! » s'écria le Martin-Pêcheur en éclatant de rire. Te trouves-tu joli, affreux monstre?
— Comment, ce que je vois là, c'est donc moi-même?

— Oui mon trésor, et tu peux te vanter d'avoir sous les yeux un joli spectacle. »

C'était pourtant vrai, le doute n'était pas possible, car je voyais dans l'eau, en même temps que ma propre image, celle des saules qui bordent la rive, celle des liserons et des clochettes; j'y apercevais le ciel lui-même et ses petits nuages blancs, les peupliers de la colline que le vent faisait frissonner, les canetons qui, là-bas, remontaient sur la rive, et derrière moi je distinguais aussi le Martin-Pêcheur bleu et rouge qui riait encore avec un air de mépris. Il était bien méchant, sans doute; mais comme il était bien habillé, ce Martin-Pêcheur! quel beau bec! quelles jolies pattes! comme tout cela était élégant et fin!... Je détournai la tête, j'étais horrible; et c'était mon ruisseau chéri, lui qui m'avait comblé de ses caresses et livré ses trésors, c'était lui qui me reprochait ma laideur et faisait naître la honte en moi. Se repentait-il de ses bontés, pour s'en payer aussi cruellement? Hier il était bon; aujourd'hui il est cruel, et cependant les Araignées et les Pucerons se promènent comme à l'ordinaire sur sa surface, les petits Poissons filent et jouent dans son eau, les fleurs s'y baignent, les herbes s'y désaltèrent... Je ne comprenais pas, mais j'étais malheureux.

« C'est fini, pensais-je, c'est fini, on ne veut plus de moi, » et je dis adieu à toutes ces choses et à tous ces êtres avec lesquels j'avais vécu. Pas un regard ne répondit au mien, je sentis que je ne laissais pas de vide; le ruisseau n'interrompit pas sa chanson pour me souhaiter bonne chance, les Canetons, qui s'étaient rendormis à leur place accoutumée, ne levèrent pas la tête, le nénufar resta immobile. Je fis un effort et je m'acheminai péniblement; mais tout à coup j'étais devenu honteux et humble et je demandais pardon aux herbes que, malgré moi, je courbais sous mon poids.

« Votre serviteur, murmurai-je au Martin-Pêcheur.

— Va au diable, Crapaud maudit! »

Je n'ai pas revu depuis cet oiseau; mais, en me rappelant ses dernières paroles, j'ai pensé qu'il avait une grande expérience de la vie.

Je me traînais plutôt que je ne marchais; j'étais encore très-faible et bien inexpérimenté dans le nouveau métier que m'imposait la Providence. Au bout de dix minutes j'étais exténué. Le jour commençait à baisser, les herbes et la terre se faisaient humides; je tombais de sommeil : je m'acheminai donc vers de gros arbres que j'apercevais à gauche, espérant trouver dans l'un de ces vieux troncs un trou, une cachette, pour y passer la nuit. « Je suis si petit, que le gros arbre ne me refusera pas l'hospitalité, pensai-je; d'ailleurs, s'apercevra-t-il seulement de ma présence ? »

J'ai dit que j'étais d'un naturel rêveur et contemplatif; je n'ai point eu tort, car je me souviens que ce soir-là, en dépit de la fatigue, du sommeil et de la faim, je m'assis un instant sur mes pattes de derrière pour voir et entendre ce qui se passait autour de moi. Il y avait devant moi un petit bois derrière lequel le soleil se couchait, de sorte qu'à travers les arbres et les feuilles j'apercevais de longs rayons de soleil qui filaient comme des flèches et se perdaient au milieu des branches. Au-dessus de moi le ciel était tranquille, profond et d'une couleur vert-pomme dorée, si douce, si calme, si pleine de tendresse, que je me rappelai instinctivement le regard dont la bonne mère Cane enveloppait ses enfants. Oui vraiment, il me semblait que ce bon ciel me protégeait et me souhaitait courage. Ne dites pas : « Mais ce Crapaud est fou ! » C'est dans cette folie-là que j'ai trouvé les seules joies de ma pauvre vie. Les déshérités de ce monde se consolent comme ils peuvent !... Tous les bruits avaient cessé ; les fleurs et les herbes déjà couvertes d'une rosée délicieuse, dont je fus assez hardi pour boire quelques gouttes, s'affaissaient en s'endormant, et de tous côtés, sous les feuilles silencieuses et immobiles, les oiseaux se chantaient bonsoir en faisant leur toilette de nuit.

« Bonsoir, Fauvette! bonsoir, Pinson! bonsoir, mes mignons! bonsoir, mes amours!... tra deri dera ! » Et tous ces gens heureux, aile contre aile, le sourire au bec, se donnaient de jolis petits baisers en lançant un dernier éclat de rire.

« Hé ! là-bas, les enfants, un peu de silence, » s'écria un gros Merle ronfleur perché au sommet d'un arbre.

Ce Merle avait de l'autorité, car peu à peu le ramage cessa, et le sommeil s'étendit comme un voile.

Je regardai à terre. Tout autour de moi une foule de petits êtres que je n'avais jamais vus regagnaient leur demeure, actifs, pressés, fatigués, encore couverts de la poussière du jour. Ceux-ci rampaient, ceux-là marchaient au milieu de la mousse et des herbes, escaladant les feuilles mortes, tournant les mottes de terre; sans doute on les attendait chez eux... Dieu, que je me trouvai seul ce soir-là!...

Fort heureusement, j'aperçus tout près de moi un grand trou sombre entre deux racines ; je m'en approchai avec prudence et j'y entrai timidement en longeant les murs. Tout à coup, j'entendis dans l'obscurité un bruit régulier, lent, monotone, qui ressemblait à un ronflement.

« Qui est-ce qui est là ? » fit une voix bien timbrée.

Je ne répondis pas, j'étais tremblant.

« Mais qui est-ce qui est donc là ? » poursuivit la voix avec un accent de plus en plus irrité.

J'allais me décider à répondre, car je sentais qu'au fond j'étais indiscret, lorsque je ressentis à la paroi abdominale une douleur aiguë qui m'arracha un cri. J'entendis un grand éclat de rire.

Voilà ce que c'est que d'entrer sans se faire annoncer ! Qui es-tu ?

« Je suis Crapaud, monsieur, mais tout petit, je sors de l'eau.

— Ah ! l'horreur ! cet animal chez moi !

— Je me retire, monsieur. » Et j'allais sortir en effet, lorsque mes

yeux, s'habituant à l'obscurité, j'aperçus une boule énorme armée de pointes innombrables. J'étais chez un Porc-Épic.

Eh bien, voyez un peu, ce personnage redoutable fut excellent pour moi. Ce coup de pointe qui avait failli me tuer, je souffre encore de cette blessure et de bien d'autres, hélas! lorsque le temps est à l'orage; ce coup, dis-je, l'avait mis en belle humeur, et il me permit de passer ma nuit dans un coin, après m'avoir fait jurer toutefois que je ne ronflais pas.

Je parle de ce petit incident de ma vie parce que je lui dus, sinon un ami, du moins un voisin indulgent quoique fort rude. Ah! certes, il était fort rude, mon voisin le Porc-Épic, et mon cœur se gonfla bien souvent en l'entendant; il ne mâchait pas ses mots, comme on dit familièrement.

« Tu es laid, s'écriait-il en me foudroyant du regard; je ne dis pas assez, tu es horrible, tu es faible, tu es gluant, bavant, impotent, infirme, vil...

— Oui, monsieur, murmurai-je, car je sentais qu'il disait vrai.

— Eh bien, petit monstre infect, n'ajoute pas à tes infirmités en te battant les flancs pour avoir du cœur et de l'esprit. Tu n'es pas assez riche pour te payer ces petits plaisirs-là. On te haïra, tâche de haïr les autres; c'est une force, et quand on se sent fort on est joyeux. Si on t'approche, bave; si on te regarde, bave; tourne ton dos, exhibe tes croûtes, tes plaies, tes horreurs; fais fuir les gens, fais aboyer les chiens par le seul fait de ta laideur. Que la haine des autres soit un bouclier pour toi, tu n'as pas d'autre moyen de te tirer d'affaire, et si tu n'es pas une brute, eh bien, tu trouveras encore des joies dans ton métier de maudit. Sois fier de ton horrible enveloppe comme moi je suis fier de mes piquants pointus, et surtout fais comme moi : n'aime personne.

— Mais si vous ne m'aimiez pas un peu, — il éclata de rire — un tout petit peu, ajoutai-je timidement, si vous ne daigniez pas avoir pitié de moi, pourquoi me donneriez-vous ces conseils que vous croyez si bons, quoiqu'ils soient bien durs? Il riait toujours.

— Toi, mon ami! s'écria-t-il enfin, Dieu que tu es bête! tu m'amuses tout simplement parce que le rôle que tu vas jouer ressemble un peu à celui que je joue, que mes ennemis seront aussi les tiens, et qu'avant tout je pense leur être désagréable en t'armant contre eux. Bave, mon garçon; si tu ne baves pas, l'on t'écrase. Au reste, fais comme tu voudras, cela m'est complétement égal. »

Ces rudes maximes me semblent odieuses. Que voulez-vous? on ne se refait pas. J'aurais dû les suivre, mais je ne les suivis pas. Est-ce ma faute si, inspirant l'horreur, j'avais soif d'affection et de tendresse ; si, laid et difforme, je me sentais attiré vers les jolies choses et les belles créatures ; si, vivant dans la boue, j'adorais les étoiles ; si, lourd et impotent, je rêvais la grâce et l'agilité ? Non, certes, ce n'était pas ma faute. C'est ce qui fit que bientôt le Porc-Épic, me voyant incorrigible, me méprisa profondément et me mit rudement à la porte. Voici quelle fut la goutte d'eau qui fit déborder le verre.

Il me faut un certain courage, je vous jure, pour raconter ici mes chagrins ; mon nom seul ne suffit-il pas à chasser la pitié du lecteur ? Les peines d'un Crapaud ! c'est à mourir de rire ! Qui sait cependant si dans la foule qui lira ces pages il ne se trouvera pas quelque être laid et hideux comme moi, qui dira tout bas : « Je suis son frère, » et me plaindra un peu en songeant à lui ? Mais je poursuis.

Je commençais à devenir adulte, lorsque je la vis pour la première fois. Il faisait grand soleil, l'herbe du pré était haute et répandait un parfum pénétrant qui m'enivra sans doute, car, en l'apercevant, je m'arrêtai tout net et je sentis que je l'aimais follement. Elle était élégante, allongée, souple, agile ; tout son petit corps était de ce vert tendre qu'on ne voit qu'au printemps. D'un bond elle s'élança à des hauteurs immenses. Je la suivis de l'œil, je vis ses ailes s'étendre, ses pattes fines s'allonger, et toute son aérienne personne se détacher sur le ciel bleu ; puis elle retomba sur le sommet d'une herbe qui la reçut en pliant, et pendant un moment l'herbe et la Sauterelle se balancèrent ainsi dans l'espace. Se balancer dans l'air, jouer avec les fleurs, les faire frissonner sur leur tige sans les meurtrir et les écraser, être élégant, gracieux, souple, agile, se mirer dans les flaques ; de ses deux pattes souples caresser sa taille fine, avoir un corps vert-pomme, et supprimer l'espace d'un petit coup de jarret !... Je devins fou, et durant un instant je n'osai respirer, me sachant si impur et si vil que je craignais de vicier l'air où s'agitait cette belle personne. A un certain moment, elle tourna ses yeux vers moi ; j'essayai de sourire, pensant qu'en souriant je serais moins horrible, mais je sentis bien que ma peau était trop rude, et qu'à travers mes yeux rien ne pouvait passer de ce que je ressentais en moi. Au reste, la Sauterelle ne me vit pas, ou peut-être me prit pour quelque motte de terre durcie par la pluie et cuite par le soleil. J'en fus presque content, et je restai immobile. Au moins je pouvais la voir ! Elle était en train de caresser ses longues antennes avec ses deux pattes de devant, lorsque je sentis une grande ombre qui s'étendait sur moi. Je me retournai et j'aperçus un gros enfant joufflu. Il s'avançait avec prudence, armé d'un grand filet de gaze muni d'un long bâton. Je l'avais vu cent fois, errant dans la prairie poursuivant les Papillons et les Insectes dont il s'emparait à l'aide de son filet. Quand une de ces pau-

D'un bond elle s'élançait à des hauteurs immenses.

vres petites bêtes si jolies et si faibles lui avait échappé, je l'avais vu se mettre en colère et la poursuivre de plus belle comme un ennemi dangereux. Et je me disais : « Voilà qui est horrible ! Est-ce donc un mal que d'échapper à la mort ? Que lui ont-elles donc fait, ces pauvres petites bêtes qui n'ont même pas le tort d'être laides comme moi? » J'en rêvai une nuit, et dans mon rêve je voyais de gros Crapauds, devenus ingambes, emprisonnant dans leurs filets les petits enfants de l'Homme et les piquant sur les troncs d'arbres avec de longues épingles. C'était un mauvais rêve, parce que parmi les Hommes il y en a de bien bons; moi qui vous parle, j'en eus la preuve : mais je vous conterai cela tout à l'heure.

Je connaissais donc l'enfant et son filet; aussi lorsque je le vis se diriger vers ma Sauterelle, je compris ce qu'il voulait faire et je tremblai pour celle que j'aimais. Que faire? La prévenir? Mais comment? Eût-elle compris mon cri? avais-je le temps de lui rien expliquer? Heureusement, j'eus alors là une excellente idée. L'enfant, les yeux fixés sur la chère mignonne, allait abaisser son filet lorsque, jugeant qu'il était trop éloigné, il fit un pas pour s'approcher d'elle. A ce moment, je calculai bien la distance, je fis un grand effort, je m'élançai et me plaçai si bien que le pied du bambin s'abattit sur mon dos. Ma vilaine peau étant gluante, oh! j'avais tout calculé, l'enfant perdit l'équilibre et d'un seul coup roula dans l'herbe. Ma belle chérie était sauvée! Mais je ressentis en même temps une douleur atroce et je m'aperçus que j'avais une patte en lambeaux. Eh bien, voyez un peu comme cela est étrange! je vous jure qu'en ce moment j'éprouvai, malgré ma souffrance, une des plus grandes joies de ma vie. Je lui avais donné quelque chose de moi-même, à la chère belle; je ne voulais rien lui réclamer, je n'aurais jamais osé le faire, mais je jouissais en pensant qu'elle était mon obligée. Comme on est égoïste au fond! Enfin, que voulez-vous? je jouissais de cela.

L'enfant se releva bientôt en criant. Lorsqu'il eut compris que j'étais la cause de sa chute, il prit une pierre, et de loin, en se reculant, car il avait peur de moi, il me lapida avec cette joie que les Hommes éprouvent à nuire aux autres lorsqu'ils sont en sûreté. Fort heureusement, le vilain garçon, outre qu'il était méchant, était très-maladroit, — on n'est pas parfait! — et j'en fus quitte pour quelques égratignures; d'ailleurs nous avons la vie dure, nous autres Crapauds; n'en soyez pas jaloux, vous autres! Dur veut dire solide, mais lourd à supporter aussi.

J'espérais bien au fond que la belle Sauterelle comprendrait ce que j'avais fait pour elle. En s'échappant, elle avait tourné la tête, m'avait vu écrasé, et nos regards s'étaient croisés. Elle avait tout compris en effet, ou du moins je me l'imaginai, car je l'aperçus bientôt escaladant les herbes et se dirigeant vers moi. Jamais je ne l'avais trouvée plus gracieuse, plus alerte. Il y a des gens que la reconnaissance rend joyeux sans doute. Elle était émue. J'eus un moment de vive espérance ; ma patte cependant me faisait grand mal, mon sang coulait en abondance, mais je me disais à part moi : « Quel bonheur ! elle va voir tout cela. »

Enfin elle s'arrêta, elle était accompagnée de plusieurs de ses amies, pimpantes et brillantes comme elle, venues là sans doute par curiosité. J'aurais bien préféré qu'elle fût seule, car j'avais déjà remarqué qu'isolément les gens sont meilleurs. Quand elles furent toutes là, je levai les yeux : il me sembla que le sort de ma vie allait se décider.

« C'est ce pauvre diable, dites-vous, ma chérie, qui s'est fait écraser tout à l'heure ? murmura l'une de ces Sauterelles en s'adressant à la reine de mon cœur. Oh ! mais il est très-touchant, voyez les plaies de ce pauvre misérable ; c'est horrible, horrible ! Si l'on n'était retenue par des sentiments élevés, véritablement on fuirait au plus vite. Ah ! l'affreux monstre ! est-ce singulier que l'héroïsme aille se nicher sous ces croûtes ignobles ? »

En disant cela, elle se retourna vers ses compagnes qui se mirent à sourire en minaudant ; je crois qu'elle leur avait signé que je devais sentir mauvais.

Ma bien-aimée s'adressant alors directement à moi, tout en caressant ses ailes : « Dis-moi, mon brave, pourquoi m'as-tu rendu le service de tout à l'heure ? As-tu conscience d'avoir fait là une belle action ? »

C'était le moment de me jeter à ses pieds, de laisser couler de mes yeux les larmes que j'avais dans le cœur, de m'écrier : « J'ai fait tout cela par amour pour vous, chère belle aimée ; » mais elle m'avait parlé avec une telle confiance dans sa supériorité, d'une voix si sûre et si peu émue, que je ne trouvai pas d'abord un mot à lui répondre.

« Mais, dites-moi, mignonne, on rencontrerait ce monstre héroïque, le soir, au clair de lune, dans un petit chemin, que sur l'honneur on mourrait de peur, n'est-il pas vrai ?

— A coup sûr il est effrayant. » Elles tournaient tout autour de moi, et m'examinaient avec attention.

« Je le trouve moins effrayant que grotesque, à vous dire vrai, murmura ma bien-aimée. C'est la tête surtout qui est unique ; il a un visage à faire jaunir les pâquerettes, à tarir les flaques. Avez-vous vu l'œil, mes belles?

— Oui, oui, firent-elles toutes ensemble; l'œil est impossible! ah! ah! ah! impossible. »

Ces petits rires aigus me traversaient le cœur, tout m'eût semblé préférable à ces moqueries; j'étais fait à la haine et au dégoût qu'inspirait ma personne; mais peu de gens avant cette aventure avaient songé à rire de moi, et d'ailleurs j'ai vu depuis dans le monde qu'on accepte plus facilement un rôle hideux qu'un rôle grotesque. La haine des autres vous blesse et vous excite, elle vous fait vivre. Le rire, au contraire, vous anéantit et vous écrase.

Bref, sous l'empire d'un sentiment d'orgueil dont j'ai honte aujourd'hui, je me soulevai sur ma patte sanglante, et m'adressant à la Sauterelle que j'aimais :

« Je ne vous demande ni pitié ni récompense, madame, lui dis-je; j'ai fait tout cela parce que...

— Écoutez donc, mes mignonnes aimées, fit la Sauterelle; mais il parle, il parle fort bien, et, si je ne me trompe, il a des dents. Oh! l'intéressante horreur! Ne vous approchez pas trop cependant, c'est plus sûr.

— Parce que..., poursuivis-je d'une voix faible, — je me sentais prêt à m'évanouir, — parce que je... vous aimais. »

Ces simples paroles furent d'un effet irrésistible; toutes les belles filles éclatèrent d'un rire argentin.

« Eh bien, mais..., ah! ah! ah!... c'est très-gentil cela..., ah! ah! ah!..., mon brave, d'aimer ses sembla..., ah! ah!..., ses semblables. » Ce dernier mot redoubla l'hilarité générale qui, au bout d'un instant, devint du délire. Alors toutes les Sauterelles, ne se contenant plus de joie, se prirent par la patte et dansèrent en rond autour de moi. De temps en temps elles s'arrêtaient toutes et s'écriaient en riant de bon cœur : « Salut l'amoureux, salut! votre servante, cœur sensible! »

Elles se sont bien amusées ce jour-là. Après tout elles avaient obéi à leur nature et moi j'étais sorti de la mienne. J'avais fait preuve d'idiotisme et de vanité; au moins ce fut l'opinion que m'exprima mon ami le Porc-Épic en me mettant le soir même à la porte de chez lui.

A partir de ce moment-là, je devins sombre et je pris les habitudes qu'ont tous ceux de notre espèce : je ne sortis plus guère que la nuit, je perdis la vue de toutes les belles choses qui m'avaient tant charmé, car il y a vraiment de belles choses en ce monde, il y a aussi des êtres heureux ! Si ceux-là seulement voulaient consentir à donner de temps en temps une de leurs heures joyeuses pour distribuer aux pauvres diables qui ne rient jamais, comme tout irait mieux, je vous le demande ! et comme la laideur s'effacerait peu à peu ! car ce qui rend laid c'est la souffrance ; mais je me trompe peut-être, mettons que je n'ai rien dit.

Peu à peu mes yeux s'habituèrent à distinguer dans l'obscurité. Plantes et gens, tout le monde dormait, l'air était frais et pur, le silence profond. Je marchais à la lueur des bonnes étoiles qui, chose étrange, ne m'ont jamais manifesté ni dégoût ni répulsion. Peut-être m'ont-elles vu de trop loin pour pouvoir me juger ; le fait est que je ressentis parfois dans la nuit des sensations qui doivent ressembler au bonheur. Je jouissais d'être calme et aussi de pouvoir regarder en face sans crainte de gêner les autres. Et cependant je me souviens qu'un soir... — j'écris au courant de la plume et je raconte ici mes impressions à mesure qu'elles me viennent à l'esprit, — je me souviens que, cherchant mon souper dans un parc où je vivais depuis quelques mois, j'aperçus sur un banc une jeune fille toute mignonne assise près d'un gros monsieur fort laid. Devrais-je accuser les autres de laideur ? qu'on me le pardonne ! La jeune fille était adorable, les boucles de ses cheveux blonds caressaient ses joues, et timidement souriante, émue, les yeux baissés, elle regardait la jolie chaîne d'or qu'elle avait dans les mains.

Le gros homme, l'air assuré, le gilet gonflé, le bec en l'air, la voix ronflante et le chapeau de travers, lui disait : « Accepte, mon enfant, en souvenir de moi, car je t'aime. » Et il entoura la taille de la chère petite de son gros bras impertinent.

« C'est donc bien sûr que vous m'aimez ? fit-elle en regardant toujours la chaîne.

— Je t'adore, ma belle, sur l'honneur ; — il mit la main dans son gousset — et toi, ne m'aimes-tu pas ?

— Mais si, fit-elle tout bas avec une grâce angélique, — elle se passa la chaîne au cou.

— En vérité, tu m'aimes ? et pourquoi m'aimes-tu, voyons, te rends-tu compte, ma petite duchesse ? dis, dis, pourquoi m'aimes-tu ?

— Mais, dame, parce que... — elle souriait avec une finesse extrême et rougissait un peu, — parce que... vous... êtes joli garçon. »

En ce moment, m'ayant aperçu, elle ne put retenir un éclat de rire dont je ne compris pas le sens, mais qui bien certainement ne s'adressait pas qu'à moi.

« Tenez, voyez ce Crapaud ; c'est donc la nuit qu'ils prennent du bon temps ?

— Quelle bête hideuse ! » fit l'Homme. Et de sa botte il m'envoya bien loin. Je pensais en me relevant au milieu des épines où j'étais tombé, je pensais : « Eh ! mon Dieu, si j'avais seulement une chaîne d'or à donner à quelqu'un ! » Et j'ajoutais, sachant qu'il n'y avait là personne pour rire de ma folie : « Ne suis-je pas riche aussi? n'ai-je pas, sous mon affreuse enveloppe, mon petit trésor d'amour, de poésie? Si l'on me laissait aimer, comme j'aimerais ! »

« Mais fou que tu es, m'écriai-je tout à coup en m'adressant à moi-même, qui te dit que tu ne t'es point trompé, que tu n'as pas fait fausse route en demandant le bonheur aux êtres et aux choses qui ne pouvaient pas te le donner? Tu es un orgueilleux, l'ami. Parce qu'un grand poëte au cœur miséricordieux a chanté de sa voix divine tes infortunes et tes chagrins, tu ne vois dans l'univers qu'une victime qui est toi. Sois plus modeste et moins artiste, sois moins rêveur, regarde à terre, et tu trouveras là les petits bonheurs que la Providence y a mis pour toi. »

Cet éclair de bon sens traversa mon esprit. « Pourquoi vivre à part, me dis-je, cherchons dans mon espèce un être à aimer. Les filles de Crapaud sont-elles donc si repoussantes? Ote tes lunettes de poëte infortuné et regarde à l'œil nu, mon cher. »

A partir de ce moment, mes idées changèrent et mes habitudes aussi ; je fréquentai les endroits où ceux et celles de mon espèce se réunissaient d'ordinaire, et je ne tardai pas à rencontrer une adorable enfant qui, par le plus pur des hasards, se trouvait être ma propre cousine à la mode de Bretagne. C'était la belle-fille du second mari de la sœur de... Mais il serait trop long de vous expliquer tout cela. Je demandai sa main et je l'obtins, quoique son père ne fût pas partisan des mariages entre Crapauds de la même famille. Peut-être avait-il raison ; j'ai entendu émettre sur cette question les opinions les plus diverses. Quoi qu'il en soit, j'épousai ma cousine. J'aurais bien envie de vous faire son portrait, et tout autre que moi n'y résisterait peut-être pas, mais je me contiens ; rien n'est sot comme de parler des siens. Qu'il suffise de savoir que je la trouvai belle et qu'elle me trouva à son gré. Père de famille, — ma chérie fut d'une fécondité surprenante, — je revins vers le ruisseau qui m'avait vu naître, et je fus tout surpris de trouver dans les souvenirs que j'avais maudits un charme qui me fit pleurer de tendresse.

Que de fois, mon Dieu, nous avons causé de toutes ces choses en nous promenant le soir, côte à côte, tandis que les petits folâtraient devant nous !

« Oh! que j'aurais voulu te connaître à cette époque-là, me disait-elle, alors que tu étais si malheureux ! je t'aurais consolé, mon gros bijou. »

Ah! être appelé mon bijou, c'est la joie suprême.

« Tu es enfant, lui répondais-je ; si je t'avais connue, je n'aurais pas été malheureux. »

Je souriais de bon cœur et je l'embrassais au front.

Il faut vous dire maintenant, quoiqu'il soit un peu niais de parler tant de soi, il faut vous dire que j'ai gagné beaucoup en prenant des années ; j'ai acquis un embonpoint qui ne m'est point défavorable ; mon regard en outre a plus de..., ma démarche aussi... Enfin je ne suis plus laid. Parole d'honneur, demandez à ma femme !

C'est mon pauvre beau-père qui n'embellit pas ! Seigneur !

Un vieux Crapaud.

Pour avoir mis les points et les virgules,
Gustave Droz.

LE PREMIER
FEUILLETON
DE PISTOLET

Mon cher maître,

ous devez être inquiet, surtout par ce temps de grandes chaleurs, quand toutes les murailles sont chargées de cris de : *Mort aux Caniches!* de m'avoir vu sortir hier au soir sans muselière, sans collier et sans vous. Véritablement je serais tout à fait un ingrat, si je n'avais pas été poussé hors de la maison par ce je ne sais quoi d'irrésistible et de tout-puissant dont vous parlez si souvent dans vos conversations littéraires. Rappelez-vous d'ailleurs que, le jour de mon escapade, vous avez été passablement ennuyeux les uns et les autres, à propos d'art, de poésie, de Boileau, d'Aristote et des cinq unités.

J'avais beau vous écouter en bâillant et japper le plus gentiment du monde, comme si j'eusse entendu quelqu'un venir à la porte, je n'ai pas été assez heureux pour vous distraire, vous et Messieurs vos amis, un seul instant de cette savante dissertation. Je n'ai pu obtenir ni une caresse ni un coup d'œil ; j'ai même été rudoyé lorsque j'ai sauté sur vos genoux, à l'instant même où vous disiez que les anciens étaient toujours... les *anciens*. Bref, vous étiez très-désagréable ce soir-là : moi, j'étais très-éveillé. Vous vouliez rester au logis, j'avais grande envie de courir les aventures. Ma foi, j'ai pris mon parti bien vite ; et comme j'avais trouvé sur votre table une belle loge d'avant-scène pour le théâtre des Animaux savants, je me rendis en toute hâte en cette magnifique enceinte, toute resplendissante de l'éclat des lustres, et dans laquelle on n'attendait plus que vous... et moi.

Je ne vous décrirai pas, mon cher maître, toutes les magnificences de cette assemblée, d'abord parce que je suis un écrivain novice, ensuite parce que la description est le meilleur de votre gagne-pain. Que deviendriez-vous, en effet, sans la description ? Comment remplir votre tâche et votre papier de chaque jour, si vous n'aviez pas sous la main les festons et les astragales de l'art dramatique ? Oui-da ! je serais un ingrat de venir m'emparer de vos domaines ! Et d'ailleurs, à quoi vous servirait, à vous qui vivez de l'analyse, la plus splendide analyse ? Vous avez une de ces imaginations savantes, c'est-à-dire blasées, qui ne racontent jamais mieux que ce qu'elles n'ont pas vu.

J'arrive donc au théâtre, à pied, car le temps était beau, la rue était propre, le boulevard était tout rempli des plus charmantes promeneuses qui s'en allaient le nez au vent. Le Bouledogue de la porte s'inclina à mon aspect. La loge s'ouvre avec un empressement plein de respect. Je m'étends nonchalamment dans un fauteuil, la patte droite appuyée sur le velours de l'avant-scène, les deux jambes étendues sur un second fauteuil, et dans l'attitude heureuse que vous prenez vous-même effrontément lorsque vous vous dites tout bas : « Bon ! nous allons en avoir pour cinq heures d'horloge... cinq longs actes ! » Et alors vous froncez le sourcil comme un des Lévriers de M. de Lamartine, attendant que son maître veuille enfin le promener au bois.

Pour moi, vous dirai-je toute la vérité, mon cher maître ? cela ne me déplaisait pas de voir les Bassets des galeries et du parterre pressés, entassés, étouffés, écrasés dans un espace étroit, pendant que moi je me prélassais.

J'étais à peine assis depuis dix minutes, lorsque tout à coup l'orchestre fut envahi par les musiciens. Ces musiciens étaient les plus gais personnages qui se puissent voir : le bec de la flûte était au bec d'une jeune Oie, un Ane allait pincer de la harpe, — *Asinus ad lyram,* dirait le poëte, — un Dindon gloussait en *mi bémol*. Ici Marsyas écorchait Apollon, — *hic Marsyas Apollinem*.

La symphonie commença. Cela doit ressembler beaucoup à ces symphonies fantastiques dont vous parlez avec enthousiasme tous les hivers. Quand chacun eut gloussé sa petite partie en sommeillant, la toile se leva, et alors commença pour moi, pauvre feuilletoniste novice, un drame étrange et solennel.

Figurez-vous, mon maître, que les paroles de ce drame avaient été composées tout exprès pour la circonstance par un grand Lévrier à poil frisé, moitié Lévrier et moitié Bouledogue, moitié anglais et moitié allemand, qui a la prétention d'entrer à l'Institut des Chiens français avant qu'il soit huit jours.

Ce grand poëte dramatique, qui a nom Fanor, compose ses drames d'une façon qui m'a paru très-simple et très-commode. Il s'en va d'abord chez le Carlin de M. Scribe lui demander un sujet de drame. Quand il a son sujet de drame, il s'en va chez le Caniche de M. Bayard pour se le faire écrire. Quand le drame est écrit, il le fait appuyer au parterre par six Molosses sans oreilles et sans queue, tout griffes et tout dents, devant lesquels chaque spectateur baisse le museau, quoi qu'il en ait : si bien que tout le mérite du susdit Fanor consiste à accoupler deux imaginations qui ne sont pas les siennes, et à mettre son nom au chef-d'œuvre qu'il n'a pas écrit. Du reste, c'est un Animal actif, habile, bien peigné, à poil frisé sur le cou, à poil ras sur le dos, qui donne la patte à merveille ; il saute pour le roi et pour la reine, il a des os à ronger pour toutes les Fouines de théâtre, et il règne en despote sur les étourneaux de la publicité.

Donc le drame commença. C'était, disait-on, un drame nouveau.

Je vous fais grâce des premières scènes. C'est toujours la même façon de faire expliquer par des suivantes et par des confidents les passions, les douleurs, les crimes, les vertus, les ambitions de leurs maîtres. On a beau dire que le susdit Fanor est un inventeur : il n'a encore rien imaginé de mieux, pour l'exposition de ses drames, que l'exposition de nos maîtres les Dogues romantiques, les Chiens de berger classiques, les Épagneuls tout disposés à l'intime union du drame, de la tragédie et du roman.

Voyez-vous, mon maître, on a peut-être eu tort d'ôter à nos poëtes la muselière classique : tout le malheur de la poésie aux grands aspects

vient justement de l'absence de muselière. Les anciens poëtes, grâce à leur muselière, vivaient loin de la foule, des passions mauvaises, des colères soudaines. On ne les voyait pas, comme ceux d'aujourd'hui, fourrer insolemment leur nez souillé dans toutes les immondices de l'histoire. Muselés, ils étaient les bienvenus partout, dans le palais, dans le salon, sur les genoux des belles dames ; muselés, ils étaient à l'abri de la rage, inexplicable maladie, à l'abri de la boulette municipale; muselés, ils restaient chastes, purs, bien élevés, élégants, corrects, fidèles, tout ce que doit être un poëte. Aujourd'hui, voyez ce qui arrive; voyez à quels excès les pousse la liberté nouvelle! à quels hurlements, à quelles révolutions. Et que vous avez bien raison de dire souvent, dans vos feuilles, que ces novateurs ne sont que plagiaires. Je les entends d'ici, s'écriant en latin : Mort à ceux qui ont dit avant nous ce que nous voulions dire : « *Pereant qui ante nos nostra dixerunt !* »

Cependant, peu à peu, l'action dramatique allait en s'élargissant, comme on dit aujourd'hui. Quand les Carlins à la suite eurent bien expliqué les affaires les plus secrètes de leurs maîtres, leurs sentiments les plus intimes, les maîtres vinrent à leur tour pour nous donner la paraphrase et le hoquet de leurs passions. Oh! si vous saviez combien ce sont là d'odieux personnages! Dans le théâtre des Chiens savants, les comédiens sont presque aussi ridicules que les auteurs. Figurez-vous de vieux Renards veufs de leurs queues et de vieux Loups endormis qui regardent tout sans rien comprendre. Voici des Ours épais et mal léchés qui dansent comme les autres marchent, des Belettes au museau effilé, à l'œil éraillé, à la patte gantée, mais sèche et maigre, même sous le gant qui la recouvre. Tout cela compose un personnel de vieux comédiens et de comédiennes déchirées qui ont passé, sans trop s'en inquiéter et sans en rien garder pour eux, à travers tous les crimes, toutes les vengeances, toutes les passions, tous les amours. Oh! les tristes créatures, vues du théâtre! et pourtant on ajoute que, hors du théâtre, ils se déchirent pour un gigot de mouton ou pour un cuissot de cheval. Mais j'oublie que la vie publique devrait être murée : donc je reviens à mon analyse par un détour.

Autant que j'ai pu comprendre le nouveau drame (il est écrit dans un jappement néo-chrétien qui ressemble plus à l'allemand anglaisé qu'au français,) il s'agissait, et ceci est le comble de l'abomination, de nous raconter les malheurs de la reine Zémire et de son amant Azor. Vous ne sauriez croire, mon maître, quelles singulières inventions ont été entassées dans cette hybride composition. Figurez-vous que la belle Zémire appartient tout simplement à la reine d'Espagne. Elle porte un collier de perles, elle passe sa vie dans le giron soyeux de sa royale maîtresse, elle mange dans sa main, elle boit dans son verre, elle est traînée par six chevaux fringants, elle la suit à la messe, à l'Opéra; en un mot, Zémire, petite-fille de Fox, arrière-petite-fille de Max, et qui compte parmi ses aïeux l'illustre, le célèbre, le royal César, frère de Laridon, Zémire est, après la reine d'Espagne, la seconde reine de l'Escurial!

Mais, d'autre part, dans les arrière-cuisines du château, et dans la roue ardente du tournebroche, un Animal tout pelé, tout galeux, bon enfant, du reste, nommé Azor, fait tourner la broche de la reine en pensant tout bas à Zémire. Il chante :

> Belle Zémire, ô vous, blanche comme l'hermine!
> O mon bel ange à l'œil si doux!
> Quand donc à la fin prendrez-vous
> En pitié mon amour, au fond de la cuisine?

> Vous dormez tout le jour aux pieds de notre reine,
> Et moi, vil marmiton,
> Je tourne tout le jour dans ma noire prison.
> Zémire, oh! tirez-moi de peine!

> Laissez tomber, Madame, un regard favorable,
> Sur mon respect, sur mon amour.
> Ainsi l'astre à la fleur du soir est secourable
> Du haut de l'éternel séjour.

Je vous assure, maître, que ces vers improvisés à la pâle clarté de la lampe furent trouvés admirables. Les amis du poëte se récrièrent que cela était tout parfumé de passion. En vain les linguistes, les Roquets, les Griffons, les Serpents Boas et non Boas, voulurent critiquer la coupe de ces vers, et ces rimes féminines heurtant des rimes féminines, et ces mots : *cuisine*, *marmiton*, accolés aux *fleurs*, à l'*astre*, à l'*éternel séjour*, comme choses tout à fait dissemblables, il y eut clameur de haro sur ces malintentionnés, et même j'ai vu le moment où ils allaient être jetés à la porte à l'aide de Martin-Bâton, sous-chef de claque du théâtre. Dites seulement à un musicien du Jardin des Plantes de mettre ces petits vers en musique, et faites-les chanter par la Girafe au long cou, vous m'en direz de bonnes nouvelles :

> Du haut de l'éternel séjour.

Quand il eut bien chanté ces petits vers aux étoiles, au ciel bleu, à la brise du soir, à toutes les petites fleurs qui agitent leur tête mignonne dans la verdure des prairies, notre amoureux revient à ses jappements de chaque jour, en prose : «Zémire, Zémire, viens, dit-il; viens, mon âme; viens, mon étoile. Oh! que je voudrais tant seulement baiser de la poussière de tes pas, si tu faisais de la poussière en marchant! » Ainsi déclame et jappe le jeune Azor. Mais tout à coup, au milieu de son délire, arrive le marmiton qui lui jette de la cendre brûlante dans les yeux pour lui faire tourner la broche un peu plus vite.

Il faut vous dire que, dans le palais de l'Escurial, se tient le féroce Danois du ministre Da Sylva. Ce Danois est un insolent drôle, très-fier de sa position dans le monde, l'ami intime des Chevaux de M. le comte, et chassant quelquefois avec lui, mais uniquement pour son propre plaisir. C'est un gentilhomme d'une belle robe et d'une belle souche, mais dur, féroce, implacable, jaloux, méchant. Vous allez voir.

Notre Danois a fait une cour assidue à la belle Zémire ; il l'a même flairée de très-près. Mais elle, la noble Espagnole, n'a répondu que par le plus profond mépris aux empressements de cet amoureux du Nord. Alors que fait le Danois ? Le Danois dissimule ; on dirait qu'il a tout à fait oublié cet amour si maltraité. Mais, hélas ! il n'a rien oublié, le traître ! et comme un jour, en passant dans les fossés du château, il vit le tendre Azor assis sur son derrière, qui regardait d'un œil amoureux la niche de sa maîtresse : « Azor, lui dit le Danois, suivez-moi ! » Azor le suit, la queue entre les jambes. Que fait alors mon Danois ? Il mène Azor au bord de l'étang voisin, il lui ordonne de se jeter à l'eau et d'y rester pendant une heure. Azor obéit ; le voilà qui se plonge dans les eaux bienfaisantes ; l'eau emporte avec elle toute cette abominable odeur de cuisine ; elle rend leur lustre à ces soies ébouriffées, sa grâce à ce corps maladif, leur vivacité à ces yeux fatigués par le feu du fourneau. Sorti de l'eau limpide, Azor se roule avec délices sur l'herbe odorante ; il imprègne sa robe de l'odeur des fleurs, il blanchit ses belles dents au lichen du vieil arbre. C'en est fait, il a retrouvé tous les bondissements de la jeunesse ; son jeune cœur se dilate à l'aise dans sa poitrine ; il bat ses flancs de sa queue soyeuse ; — il s'enivre, en un mot, d'espérance et d'amour. L'avenir lui est ouvert. Il n'est rien au monde à quoi il ne puisse atteindre, pas même la patte de Zémire. A la vue de tous ces transports extraordinaires, le Danois rit dans sa barbe, comme un sournois qu'il est, et il semble dire en grognant : « Coquette que vous êtes, malheur à vous ! et toi, tu me le payeras, mon cher ! »

Je dois vous dire, mon maître, pour être juste, que cette scène de réhabilitation sociale est jouée avec le plus grand succès par le célèbre comédien Laridon. Il est un peu gros pour son rôle, peut-être même un peu vieux. Mais il a de l'énergie, il a de la passion, il a du *chic*, comme on dit dans les journaux consacrés aux beaux-arts.

Une belle scène, ou du moins qui a paru belle, c'est la scène où Zémire, la Chienne de la reine, vient prendre ses ébats dans la forêt d'Aranjuez. Zémire marche à pas comptés, en silence; ses longues oreilles sont baissées vers la terre; sa démarche annonce la tristesse et les angoisses de son cœur. Tout à coup, au coin du bois, Zémire rencontre... Azor! Azor qui a fait peau neuve, Azor l'amoureux, Azor tout resplendissant de sa beauté nouvelle, Azor lui-même! Est-ce bien lui? n'est-ce pas lui? ne serait-ce pas un autre que lui? Ô mystère! ô pitié! terreur! Mais aussi, ô joie! ô délire! ô cher Azor! Rien qu'à se voir, les deux amants se sont compris sans se parler. Ils s'aiment, ils s'adorent, ils se le disent à leur manière. Ciel et terre, ils oublient toute chose. Qui dirait à celle-là : « Vous êtes assise sur un des plus grands trônes de l'univers, » elle répondrait : « Que m'importe? » Qui dirait à celui-ci : « Rappelle-toi que tu es un tourneur de broche, » il vous montrerait les dents. O belles heures poétiques ! charmants délires de la passion ! grandeurs et misères de l'amour ! et pour finir toutes mes exclamations, vanité des vanités !

Sachez en effet qu'à la porte il y a un gond, à la serrure une clef, dans la rose un ver, sur la place publique un espion, dans le chenil un Chien, à plus forte raison à la lampe il n'y a pas mèche, et dans la forêt d'Aranjuez il y a le terrible Danois qui regarde nos deux amants de loin. « Oh ! vous vous aimez, dit-il les pattes croisées sur sa poitrine ; oh ! vous vous aimez à mon dam et préjudice ! eh bien, tremblez, tremblez, misérables ! » Ainsi parlant, et quand Zémire est rentrée chez sa royale maîtresse, qui la rappelle avec des croquignoles dans les mains et des tendresses plein le regard, le Danois arrête Azor au milieu de sa joie. « Zémire te trouve beau, lui dit-il; mais à toute force, je le veux, je l'ordonne, il le faut, Zémire te verra, non pas dans ta beauté d'emprunt, non pas lisse et peigné comme un Chien de bonne maison, mais tout hideux, tout crasseux, tout couvert de sauces et de cendres, enfumé comme un Chien de marmiton que tu es ; et non-seulement tu te montreras à Zémire tel que tu es, comme un vrai Porc-Épic; la serviette au cou, le poil hérissé, les pattes suppliantes, mais encore tu diras cela devant la reine, afin qu'elle sache bien la conduite de Zémire.

Ainsi jappe, ainsi hurle le Danois, le traître. Et vous ne sauriez croire, ô mon maître, les passions que ce monstrueux Animal a soulevées. Il n'y avait pas dans la salle assez de Geais, de Perroquets, de Merles, de Serpents, d'Animaux siffleurs, pour siffler ce misérable Danois. Toujours est-il que le pauvre Azor, naguère si beau, arrive tout souillé aux pieds de sa maîtresse ; et là, devant *le tormenteur*, un affreux Héron au long bec emmanché d'un long cou, qui le regarde de toute sa hauteur, Azor déclare à Zémire qu'il n'est, en résultat, qu'un vil marmiton, qu'il sortait du bain, l'autre jour, quand il l'a rencontrée, et que c'était le premier bain qu'il prenait de sa vie. Maître, que vous dirai-je? A cet affreux récit, voilà Zémire qui se jette aux pieds d'Azor. « Oh! lui dit-

elle, que j'ai de joie de t'aimer dans cette vile condition ! que je suis fière de te faire le sacrifice de mon orgueil ! Tu veux ma patte, mon amour, voilà ma patte : je te la donne à la face de l'univers ! » A cette scène touchante, mon maître, vous eussiez vu pleurer toute la salle : le Blaireau, le petit-maître des balcons, s'efforçait en vain de retenir ses larmes ; le Bœuf, dans sa baignoire, fermait les yeux pour ne pas pleurer ; la Poule, au paradis, agitait ses ailes en sanglotant ; le Coq, sur ses ergots, voulut appeler en duel le traître de mélodrame. Ce n'étaient, du parterre à la première galerie, que gémissements, grincements, évanouissements : on se serait cru dans une salle peuplée d'êtres humains.

Ici finit le quatrième acte.

Vous dirai-je maintenant le cinquième acte ? Je ne crois pas que j'y sois obligé, mon maître : car enfin je ne crois pas que ce soit à moi, votre Chien, d'usurper les droits de votre critique. Qu'il vous suffise de savoir qu'à ce cinquième acte les Chiens étaient devenus des Tigres, comme cela se passe chez les bons auteurs. Le Tigre entrait à pas de Loup, le poignard à la main ; il surprenait en adultère la Tigresse avec un autre Tigre de son espèce, et je vous laisse à penser s'il les poignardait avec férocité !

Il paraît que la douce Zémire, une fois mariée, était devenue une Tigresse ; cela se voit dans les meilleurs ménages. Et puis on m'a dit que c'était une vieille histoire d'un Chien de basse-cour nommé Othello.

Après le cinquième acte, tout rempli de crimes, de meurtres, de coups de poignard, de sang répandu, la toile s'est baissée, en attendant la petite pièce, jouée par des Souris blanches et un gros Porc-Épic qui fait beaucoup rire, rien qu'à se laisser voir.

Le drame accompli, la salle entière s'est remise de son émotion. Les larmes ont été essuyées ; les Panthères ont relevé leurs petites moustaches ; les Lionnes ont passé leurs ongles rosés dans leur crinière ; chacun a songé à sa voisine, le Lièvre à Jeanne la Lapine, l'Escargot au Papillon, le Ver à soie à la Femme du Hanneton, le Coucou à tous et à chacun. D'empressés Ouistitis, la queue relevée au-dessus de la tête, ont apporté à qui en voulait toutes sortes de friandises que l'assemblée a grignotées du bout des dents. Pour moi, j'ai fait comme vous faites aux grands jours de premières représentations ; je suis sorti en toute hâte, d'un air mystérieux et comme un Animal de bon sens qui en sait plus long qu'il ne veut en dire. D'un air calme, posé, sentencieux, je suis allé me promener dans la basse-cour qui est le foyer du théâtre ; et dans cette basse-cour j'ai rencontré toutes sortes de grands juges des belles choses, qui se promenaient d'un air rogue et pédant ; celui-ci avait le dard des Abeilles, celui-là le bec du Cormoran ; le Perroquet répétait ce qu'il avait entendu dire, et le Corbeau guettait sa proie ; il y avait des Lions qui faisaient limer leurs dents par l'ingénue et la grande coquette ; des Tigres qui battaient l'air de leur queue sans faire de mal à personne. A cette vue, je me suis rappelé ce que dit le seul historien des Animaux, notre Molière et notre la Bruyère tout à la fois, le seul qui ait accompli dignement cette noble tâche, et, par Cerbère ! pourquoi donc y revenir quand ce grand Homme a dit tout ce qui nous concerne :

D'Animaux malfaisants c'était un méchant plat ?

Aussi chacun les évitait ; ou bien, si quelques-uns les saluaient, c'était en faisant la grimace ; quand ils donnaient des poignées de patte, ils retiraient leurs griffes toutes sanglantes ; leurs baisers ressemblaient à des morsures. Mais leur dent était saine, et le mal que faisait leur griffe était bientôt guéri.

Bonjour. Je dois vous dire que lorsque j'ai dit que vous m'apparteniez, j'ai été admis dans les coulisses, où j'ai pu voir toutes ces petites Chattes se graissant le museau de leur mieux : celle-ci montrant ses dents qui sont blanches, celle-là cachant ses dents qui sont noires ; l'une miaulant d'un ton si doux ! l'autre se pourléchant d'un air tout riant ! Les unes et les autres, elles m'ont fait patte de velours, elles m'ont accueilli de leur *ronron* le plus câlin. Bref, on a parlé du beau temps, de l'aurore, du soleil levant, de la rosée qui sème les perles, et tout d'un coup, ces dames, chaudement enveloppées dans leurs fourrures, ont résolu d'aller voir lever le soleil. Ainsi ont-elles fait. J'ai voulu faire comme tout le monde : je suis allé à Montmorency avec deux Lévriers de mes amis, un jeune Faon du Conservatoire et une jeune

Biche timide qui doit débuter la semaine prochaine dans les Volnys et les Plessis.

Nous sommes logés, les uns et les autres, d'une façon très-hospitalière à l'hôtel du Lion d'or. Je dicte cette lettre à la hâte à un Mouton de la forêt de Montmorency, où il exerce le métier d'écrivain public. Ma lettre vous sera portée à vol de Corbeau, et j'y mets ma griffe, ne sachant pas écrire, en ma qualité d'apprenti du feuilleton.

<small>Montmorency, sous le signe de l'Écrevisse.</small>

PISTOLET, *frère de Carabine.*

P. S. — Bien des choses à Louis, notre valet de chambre, ainsi qu'au petit Chat que je trouve un peu rouge ; mais des goûts et des couleurs il ne faut pas disputer. Je ne serais pas fâché que les Serins eussent couvé tous leurs œufs à mon retour.

Pour copie conforme,

J. JANIN.

Hélas ! cette excursion galante du pauvre feuilletoniste en herbe devait être la dernière. Pistolet, malgré son nom, n'était pas né pour mener de front tant de travaux et de tristesses dont se compose la vie littéraire. C'était tout simplement un charmant et bondissant Épagneul, plein de joie, qui ne vivait que pour être un brave Chien, libre de tout préjugé. Il avait en horreur les fureurs de l'amour-propre et les divisions intestines du peuple dramatique. Il était né, non pas pour critiquer toutes choses, mais pour jouir de toutes choses. Rien ne lui déplaisait comme de rechercher les faux jappements dans un concert, les fausses notes dans une voix de son espèce, les fausses couleurs dans le plumage, les faux bonds dans le Cerf qui s'enfuit à travers le bois. Il trouvait beau tout ce qui était la vie, le mouvement, le monde extérieur. Il aimait les Animaux en frères, parce qu'il était leur égal en force, en bonté, en beauté, en courage. Il aimait les Hommes tels qu'ils étaient, parce qu'il n'en avait jamais reçu que bon accueil, bons petits soins, bons offices et croquignoles... Hélas! à l'heure où tout semblait lui réussir, l'ennui le prit à la gorge... Il est mort en disant, lui aussi : *J'avais pourtant quelque chose là !* Or, ce quelque chose qu'il avait là, c'étaient les nobles instincts du chasseur, c'était le nez du Limier qui fait lever la Bête fauve, c'était l'ardeur vigilante du Chien courant, c'était la patiente ardeur du Chien d'arrêt, c'étaient tous les bonheurs de la chasse aux jours de l'automne. Tels étaient les instincts du noble Animal ; mais, contrairement au vœu de la nature, de ce chasseur on a fait un faiseur de feuilletons, de ce Nemrod on a fait un abbé Geoffroy.

Un monument d'une grande simplicité sera élevé aux frais des amis du critique novice. — *On souscrit ici.* — Jusqu'à présent, nous n'avons même pas reçu cinquante centimes pour contribuer à l'érection de ce monument funèbre. Quoi d'étonnant ? Notre ami Pistolet avait loué tout le monde, il n'avait blessé personne ; il avait si peu d'ennemis et tant d'amis !

Mais ce qui coûte moins cher que le tombeau le plus modeste, ce sont des vers funèbres. Voici un petit distique improvisé sur feu Pistolet par un poëte de ce temps-ci, M. Deyeux, qui l'a pleuré comme écrivain et comme chasseur :

> La chasse est tout à fait l'image de notre âge
> Où tous les orgueilleux ne font que du tapage.

— NOTE DE L'ÉDITEUR. —

LE
RAT PHILOSOPHE

OU

VIVE LA POULE... ENCORE QU'ELLE AIT LA PÉPIE

(SANCHO PANÇA.)

PERSONNAGES:

RONGE-MAILLE, Rat à barbe grise.
TROTTE-MENU, jeune Rat, pupille de Ronge-Maille.

BABOLIN, donneur d'eau bénite.
TOINON, fille de Babolin.
UNE VOIX.

Le théâtre représente une salle à manger modestement meublée

SCÈNE PREMIÈRE.

RONGE-MAILLE, seul. Il va, vient, et paraît fort affairé.

Mon pupille Trotte-Menu va venir partager mon dîner ; faisons en sorte qu'il n'ait pas lieu de se repentir d'avoir accepté l'invitation de son vieux tuteur... (Flairant un morceau de fromage qu'il vient de trouver sous la table.) Voilà un vieux chester dont le parfum ferait revenir un mort... nous verrons ce qu'en dira mon pupille... Il n'y fera peut-être pas attention seulement. Ces Rats de la jeune génération sont si singuliers ! ils n'aiment rien, ne se plaisent à rien, ne se dérident jamais... Oh ! de mon temps, nous étions moins atrabilaires ; nous prenions le temps comme il venait... Aujourd'hui nous mangions du blé, demain nous rongions du bois : bois et blé, tout nous allait. Maintenant ça n'est plus de même, on n'est jamais content... eût-on des noix et du lard sur la

planche, on se lamenterait encore... Quelle étrange monomanie!...
Décidément mon pupille se fait bien attendre... Est-ce qu'il lui serait
arrivé malheur?

SCÈNE II.

RONGE-MAILLE, TROTTE-MENU.

TROTTE-MENU, paraissant à la fenêtre.

Tuteur, peut-on entrer?

RONGE-MAILLE.

Quoi! par la fenêtre? Ne pouvais-tu faire comme tout le monde
et passer sous la porte? Mais j'oubliais que, vous autres Rats de la
jeune Raterie, vous ne faites rien comme personne... Les portes!
c'est bon pour le Rat vulgaire, n'est-il pas vrai?... Allons, jouons des
mâchoires!... il y a longtemps que le festin est prêt...

TROTTE-MENU, d'un ton mélancolique.

Si, au lieu de me glisser sous la porte, j'ai été obligé de faire un
long détour et d'arriver par les toits, la faute n'en est pas à moi,
tuteur!...

RONGE-MAILLE, riant.

Ni à moi, que je sache... (Il le sert.) Un peu de cette noix grillée; elle
est parfaite...

TROTTE-MENU, de plus en plus sombre.

La faute en est au destin!...

RONGE-MAILLE.

Encore ce satané destin!... Tu ne peux donc pas le laisser tranquille?

TROTTE-MENU.

C'est que lui, tuteur, ne se lasse pas de nous persécuter... N'est-ce
pas lui qui a bouché le jour que vous aviez pratiqué au bas de cette
porte, afin que vos parents et amis pussent plus facilement vous rendre
visite?

RONGE-MAILLE.

Et tu crois que c'est le destin qui a bouché ce trou?

TROTTE-MENU.

Et qui serait-ce donc, tuteur?

RONGE-MAILLE.

C'est Toinon!... (Il le sert.) Ce lard est délicieux... Il n'y a vraiment que Toinon pour avoir de si bon lard...

TROTTE-MENU.

Quelle est cette Toinon, tuteur?

RONGE-MAILLE.

La maîtresse de céans, la fille à Babolin, le plus charmant museau de femme!... et travailleuse!... En voilà une qui mord joliment au ravaudage! elle tire des points du matin au soir...

TROTTE-MENU.

Et quel intérêt si puissant cette Toinon avait-elle à condamner le passage par où j'ai l'habitude de m'introduire?

RONGE-MAILLE, riant.

Quel intérêt ? Tu es ravissant, ma parole d'honneur !... Goûte donc ce chester, il embaume... Quel intérêt ? mais celui de ses jambes... c'est là toute l'histoire... Elle n'aime pas les vents coulis, Toinon !... Du reste, fille charmante qui fait des miettes en mangeant et laisse toujours le buffet ouvert... Ça sera une excellente femme de ménage ; je veux la marier...

TROTTE-MENU, avec amertume.

Vous ?

RONGE-MAILLE, avec bonhomie.

Oui, moi ! je veux la marier à un garçon qu'elle aime... Il me convient de faire le bonheur de ces deux pauvres enfants... qui peut m'en empêcher ?

TROTTE-MENU, exalté.

Mais vous ne pensez ni à ce que vous dites, ni à ce que vous êtes, ô tuteur ! Vous parlez de faire le bonheur d'un jeune Homme et d'une jeune Fille, vous ?

RONGE-MAILLE.

Eh bien ! après ?

TROTTE-MENU, avec mépris.

Un Rat !...

RONGE-MAILLE.

Et un Rat qui est fier de l'être !... Croqueras-tu ce brin de sucre, ou rongeras-tu cette queue de poire ?

TROTTE-MENU.

Merci, je n'ai plus faim... (Avec amertume.) Fier d'être le dernier des Animaux ! Ah ! je n'en suis pas fier, moi !...

RONGE-MAILLE.

Le dernier des Animaux !... Il y a bien des choses à dire là-dessus... Promenons-nous un peu, ça nous fera faire la digestion. (Ils trottinent en causant.)

TROTTE-MENU.

Bien des choses ! Et lesquelles ? Des sophismes, des paradoxes !... Ne pas vouloir reconnaître que le Rat est le plus misérable de tous les Animaux, c'est fermer les yeux à la lumière ! Mais les Hommes, les Hommes eux-mêmes (Animaux qui, bien qu'on médise d'eux, ont tout autant de lumières que nous), ne proclament-ils pas ce qu'il y a de petitesse et de dégradation dans la condition que la nature nous a faite, eux qui, pour exprimer l'excessive misère, nous prennent, nous autres Rats, pour termes d'une odieuse comparaison ?...

RONGE-MAILLE.

Parce qu'ils disent : « Gueux comme un Rat ! » Peuh ! qu'est-ce que ça prouve ? Gueuserie ne signifie pas malheur. As-tu jamais rien grignoté de Béranger, toi ?

TROTTE-MENU.

Jamais !

RONGE-MAILLE

Au fait, tu ne peux pas le connaître... Ça reste si peu en magasin, ces sortes de livres-là, que c'est à peine si on a le temps de les effleurer... Ah ! autrefois c'était plus agréable ! Chaque fois que messieurs de la justice pouvaient mettre la main sur une édition de ce gaillard-là, ils la fourraient dans des greniers d'où elle ne sortait plus... C'est alors que nous nous en donnions à la joie de notre cœur !... Les chansons de Béranger !... mais on ne les mangeait pas, on les dévorait !... De 1827 à 1830 je n'ai vécu que de cela : aussi je me portais !...

TROTTE-MENU.

Et que chantent ces chansons, s'il vous plaît ?

RONGE-MAILLE.

Elles chantent que les gueux, — ou, si tu aimes mieux, les Rats, — ont en partage la probité, l'esprit et le bonheur : rien que cela !

TROTTE-MENU.

Paradoxe !... Ces chansons-là n'empêcheront ni les gueux ni les Rats de mourir de faim...

RONGE-MAILLE.

Qui est-ce qui a l'habitude de mourir de faim ? Est-ce toi ? Es-tu mort hier ? Meurs-tu aujourd'hui ?

TROTTE-MENU, à part, d'un ton profondément mystérieux.

Qui sait ? (Haut.) Si je ne meurs pas, moi, d'autres meurent. Ne vous souvient-il plus de Ratapon et de sa nombreuse famille ? Il y avait plusieurs jours que lui et les siens souffraient de la faim ; par un beau matin, ils prirent leur courage à deux pattes, et s'en allèrent implorer l'obligeance d'un de leurs voisins, un Cochon gros et gras, dont l'étable regorgeait de glands, d'orge et de légumes. Eh bien ! qu'arriva-t-il de cette démarche ?

RONGE-MAILLE, impatienté.

Mon Dieu! je le sais aussi bien que toi, ce qui arriva... Réveillé par leurs gémissements, monseigneur le Cochon parut à la fenêtre de son étable et leur dit d'un ton bourru : « Quel est ce bruit et que veut cette canaille? — La charité, s'il vous plaît, monseigneur! répondirent-

ils tous à la fois. — Allez au diable! repartit le Cochon, je n'ai pas de trop pour moi. »

TROTTE-MENU, plus lugubre que jamais.

Et puis, le lendemain, le cadavre de Ratapon et des siens jonchaient la campagne... le désespoir et la faim les avaient tués !...

RONGE-MAILLE.

Le désespoir et la faim?... Ne fais donc pas de poésie... c'est la mort-aux-rats que tu veux dire. Ils ont eu la mauvaise chance de tomber sur des boulettes d'arsenic ; ils les ont gloutonnement, imprudemment avalées : ils en sont morts. Quoi de plus simple ?

TROTTE-MENU, avec ironie.

Quoi de plus simple, en effet que la mort ? N'est-ce pas notre lot, à nous, à nous que menacent sans cesse et les Chats, et le poison, et les piéges, et les appâts !

RONGE-MAILLE.

Ce qui ne nous empêche pas de vivre...

TROTTE-MENU.

Oui, si c'est vivre que souffrir mille morts !

RONGE-MAILLE.

Mille valent mieux qu'une, quand ces mille ne tuent pas.

TROTTE-MENU.

Elles valent mieux pour les âmes faibles, peut-être ; mais le Rat de cœur ne veut pas d'une vie qui est une torture de tous les instants, et il la rejette !...

RONGE-MAILLE.

Ah ! tu donnes dans le suicide ?... C'est une folie comme une autre ; seulement elle est peu gaie.

TROTTE-MENU, gravement.

Ne plaisantez pas, tuteur ; je parle sérieusement : cette vie de périls et de privations me fatigue, et j'y renonce...

RONGE-MAILLE.

Et tu as grand tort, crois-en ma vieille expérience... La vie n'est pas une mauvaise chose... elle a ses bons comme ses mauvais quarts d'heure... J'ai vu plus d'une fois l'ennemi face à face, et je n'en suis pas mort. Les piéges des Hommes ne sont pas si habilement combinés qu'on ne puisse s'y soustraire ; la griffe des Chats n'est pas toujours mortelle. Ah ! si défunt mon père était encore vivant, tu apprendrais de lui comment, à force de patience et de résolution, on se tire des situations les plus difficiles ! J'étais bien jeune encore, quand un jour l'appât d'un morceau de lard le fit tomber dans un de ces traquenards vulgairement connus sous le nom de souricières. Tous réunis autour de sa prison, nous imitions notre pauvre mère, nous ne songions qu'à verser des larmes, en invoquant la miséricorde céleste... Lui, toujours calme, toujours grand, même dans le malheur, il nous dit : « Ne pleurez pas, « agissez !... Peut-être, à quelques pas d'ici, l'ennemi veille dans l'om- « bre... Essayons de lui échapper... Plus d'une fois j'ai curieusement « observé la construction de ces piéges inventés par la perversité

« humaine ; et, si je ne me trompe, il n'est pas impossible d'en sortir. « Cette porte qui vient de se refermer sur moi se rattache à ce que la « science nomme un levier. » Mon père était un Rat de bibliothèque ; il savait de tout un peu. « On prétend qu'avec un levier et un point

« d'appui on soulèverait le monde ; si avec ce levier on peut sauver un
« père de famille, ça sera bien plus beau ! Grimpez donc sur le toit de
« ma prison, et tous, réunissant vos efforts, suspendez-vous à ce levier :
« bientôt je serai libre. » Ses ordres sont exécutés ; la porte fatale se
rouvre ; mon père nous est rendu, et déjà nous allions fuir, lorsque,
d'un bond terrible, un affreux Matou s'élance au milieu de nous.
« Partez ! » nous crie mon père, dont rien ne peut ébranler le courage ; et voilà que seul il tient tête à ce terrible adversaire. Noble
lutte ! il y reçut force égratignures, même y perdit la queue, mais n'y
laissa pas la vie. Peu d'instants après, il avait regagné notre trou
domestique ; et pendant que nous léchions le sang de ses blessures, il
nous disait en souriant : « Voyez-vous, mes enfants, il en est du péril
« comme des *Bâtons flottants* :

« De loin, c'est quelque chose, et de près, ce n'est rien. »

TROTTE-MENU, avec aplomb.

Oh ! le péril ne m'effraye pas ; je n'ai peur de rien.

En ce moment, on entend au dehors frapper trois coups dans les mains. Trotte-Menu veut fuir,
Ronge-Maille l'arrête.

RONGE-MAILLE.

Tu n'as pas peur ; cependant tu commences toujours par te sauve... Mais rassure-toi ; je connais ce signal... c'est l'amoureux de
Toinon qui l'appelle... Nous pouvons rester là. Les amoureux ne
sont dangereux pour personne : ils ne pensent qu'à eux.

SCÈNE III.

LES MÊMES, TOINON, UNE VOIX au dehors

TOINON. Elle a doucement ouvert la porte de sa chambre, marche sur la pointe du pied
et va vers la fenêtre.

Quoi ! c'est vous, Paul ? Quelle imprudence !... Si mon père rentrait !...

LA VOIX.

Ma foi, voilà deux jours que je ne vous ai vue, et je n'y tenais
plus... Est-ce que le père Babolin est toujours en colère contre moi ?...

TOINON.

Plus que jamais... Il veut vous intenter un procès...

LA VOIX.

Comment, un procès ? à propos de la maison de feu mon cousin
Michonnet ?

TOINON.

Justement.

LA VOIX.

Mais puisque le cousin Michonnet me l'a léguée par testament, elle est bien à moi, cette maison !

TOINON.

Mon père aussi a un testament, et il dit que le vôtre n'est pas le bon.

LA VOIX.

C'est-à-dire que c'est le sien qui est mauvais... Au fait, qu'il nous marie, et la maison sera aussi bien à lui qu'à moi.

TOINON.

Ah ! bien oui ! il ne veut plus entendre parler de mariage... Il dit qu'il vous déteste, et qu'il vaut mieux que je reste fille toute ma vie que de devenir la Femme d'un Homme aussi méchant que vous...

LA VOIX, d'un ton piteux.

Est-ce que vous êtes de cet avis-là, Toinon ?

TOINON.

Hélas !

RONGE-MAILLE, à part.

Voilà un hélas ! qui en dit plus qu'il n'est gros !...

LA VOIX.

Ciel !... votre père tourne la rue... Je me sauve !...

TOINON. Elle se retire vivement de la fenêtre.

Pourvu qu'il ne l'ait pas aperçu... C'est pour le coup qu'il ferait un beau tapage ! (Elle rentre dans sa chambre.)

SCÈNE IV.

RONGE-MAILLE, TROTTE-MENU.

TROTTE-MENU, raillant.

Dites donc, tuteur, il paraît que M. Babolin n'est pas d'accord avec vous sur le mariage de mademoiselle Toinon ?...

RONGE-MAILLE, tranquillement.

Qu'est-ce que ça me fait ? J'ai décidé ce mariage, il aura lieu.

TROTTE-MENU, de même.

Ah ! c'est bien différent !... Du moment que vous avez dit oui, il n'y a plus à dire non, n'est-il pas vrai ?

RONGE-MAILLE.

Babolin dira oui.

TROTTE-MENU.

C'est donc une girouette que ce Babolin-là?

RONGE-MAILLE.

Babolin n'est pas une girouette, tant s'en faut... Il est fort obstiné ; et quand il a mis quelque chose dans sa tête de Rat, on ne l'en fait pas sortir facilement.

TROTTE-MENU, étonné.

La tête de Rat du père Babolin? Le père de cette jeune fille serait un des nôtres?...

RONGE-MAILLE.

Pas précisément... c'est ce que les Hommes appellent un Rat d'église... Il est donneur d'eau bénite à la porte de Notre-Dame, et vend aux fidèles les petits cierges que leur piété allume en l'honneur de Dieu et de ses saints...

TROTTE-MENU.

Je connais ça... ce sont des cierges qu'on allume quand la pratique est là, et qu'on éteint quand elle a le dos tourné. (Avec indignation.) Le genre humain, comme le genre animal, n'est que mensonge et déception !...

RONGE-MAILLE.

Allons, allons, tu t'indigneras plus tard... J'entends Babolin, laissons-lui la place libre ; car il serait parfaitement capable de nous marcher sur le corps. (Ils disparaissent.)

SCÈNE V.

BABOLIN, seul.

Ah ! l'on cause amoureusement par la fenêtre, et cela malgré mes défenses expresses ! Me prend-on pour un père de comédie ?... Je vais me montrer. (Appelant.) Toinon ! Toinon !

SCÈNE VI.

BABOLIN, TOINON.

TOINON.

Me voici, mon père, que voulez-vous ?

BABOLIN.

Je veux, mademoiselle, que vous mettiez immédiatement votre châle et votre chapeau et que vous vous prépariez à m'accompagner.

TOINON.

Où cela, mon père ?

BABOLIN, avec emphase.

Chez un avoué, mademoiselle !... Je veux apprendre à M. Paul qu'entre lui et nous il n'y a plus rien de commun. Un procès, un bon procès me fera justice des impertinentes prétentions de ce jeune homme. Ah ! ce monsieur voudrait dépouiller le père et séduire la fille !...

TOINON.

Mon père !...

BABOLIN, sévèrement.

Taisez-vous, mademoiselle !... Jusqu'à ce jour, j'avais pu croire que le jeune homme ne serait pas assez présomptueux pour lutter avec moi, et qu'il me céderait de bonne grâce cette maison, que je tiens de l'amitié de Michonnet...

TOINON, pleurant.

Mais, mon papa, si M. Michonnet a laissé sa maison à tout le monde, ce n'est pas la faute de M. Paul...

BABOLIN.

Vous êtes une sotte !... M. Paul aimerait à hériter... rien de mieux ! c'est un goût fort répandu que celui des héritages... Qu'il fasse valoir ses droits... quant aux miens, ils sont constatés en bonne et due forme, et je vais, aujourd'hui même, déposer entre les mains d'un avoué le testament qui les consacre. Il faut que dès demain le procès soit entamé !... La clef du secrétaire, mademoiselle, donnez-la-moi !... (Toinon lui donne la clef en pleurant.) Et pas d'enfantillage !... Séchons ces larmes et habillons-nous. (Il sort.)

SCÈNE VII.

TOINON, puis RONGE-MAILLE et TROTTE-MENU.

TOINON, mettant son chapeau.

Vilain M. Michonnet, va !... Il avait bien besoin de faire deux testaments !...

TROTTE-MENU à Ronge-Maille.

Je crois, tuteur, que c'est le moment d'exprimer clairement votre volonté... le père Babolin n'a pas l'air de la deviner du tout.

RONGE-MAILLE.

Sois paisible, petit pupille, sois paisible...

SCÈNE VIII.

TOINON, BABOLIN.

BABOLIN, furieux.

Ah çà ! il y a donc des Rats ici ?... (Trotte-Menu détale, Ronge-Maille le suit.)

TOINON.

Je crois que oui, mon papa; il y en a toujours eu... Qu'ont-ils donc fait?

BABOLIN, de même.

Ce qu'ils ont fait! vous voulez savoir ce qu'ils ont fait?... Eh bien!... (Moment de silence.) vous ne le saurez pas !...

TOINON.

Comme il vous plaira, mon papa.

BABOLIN, se promenant avec agitation.

Qui se serait attendu à cela ? Me voilà bien avec mes droits... Où sont-ils, maintenant?... C'est M. Paul qui va se moquer de moi!... (Il s'arrête comme frappé d'une subite inspiration.) Mais si je ne disais rien de ma mésaventure?... si je jouais la clémence? Paul aime ma fille; ma fille aime Paul... si, comme un bon homme que je suis, je cédais à leurs vœux? C'est ça qui me ferait honneur et me donnerait l'air d'un père modèle!... (S'approchant de sa fille, il lui dit d'un ton câlin :) Dis donc, petite Nonnon, ça te chagrine donc bien de ne pas épouser ton Paul?... (Toinon ne répond rien : elle sanglote.) Nonnon, si, au lieu d'aller chez l'avoué, nous allions chez le notaire?...

TOINON, pleurant et riant tout à la fois.

Chez le notaire, mon petit papa?

BABOLIN.

Pour qu'il se hâte de dresser ton contrat de mariage...

TOINON, de même.

Avec qui, mon petit papa?

BABOLIN.

Avec Paul...

TOINON, sautant au cou de Babolin.

Oh! mon petit papa, mon petit papa, que vous êtes bon!... Je n'osais pas vous parler franchement, de peur de vous faire de la peine, mais je crois que si je n'étais pas devenue la femme de Paul, j'en serais morte.

BABOLIN.

Diable! diable! il ne faut pas que tu meures... Allons chez le notaire! (Ils sortent.)

SCÈNE IX ET DERNIÈRE.

RONGE-MAILLE, TROTTE-MENU.

RONGE-MAILLE.

Eh bien! que dis-tu de tout ceci, pupille?

TROTTE-MENU.

Je dis, tuteur, que vous êtes un grand sorcier... Mais ce testament de feu Michonnet, qu'est-il devenu, je vous prie? Vous l'avez donc escamoté?

RONGE-MAILLE.

J'en ai fait mon déjeuner de ce matin! Ainsi, grâce à moi, voilà un procès qui ne s'entame pas et un mariage qui se conclut!... Tu vois qu'en dépit de notre misère et de notre condition de Rats nous pouvons encore faire un peu de bien... Mais à quoi penses-tu, je te prie? te voilà tout rêveur!...

TROTTE-MENU.

Je pense que je viendrai vous voir le lendemain de la noce. Il y aura de fameux rogatons, je veux en goûter...

RONGE-MAILLE.

Tu ne songes donc plus à te suicider?

TROTTE-MENU.

Ma foi non, j'ai changé d'idée... Il me semble que, s'il y a beaucoup de souricières dans ce bas monde, il y a aussi d'excellents morceaux de fromage dont on ne tâte plus dès qu'on est mort...

RONGE-MAILLE.

Ainsi, tu es de l'avis du vieux proverbe :

Vive la Poule... encore qu'elle ait la pépie!

ÉDOUARD LEMOINE.

LES SOUFFRANCES
D'UN SCARABÉE

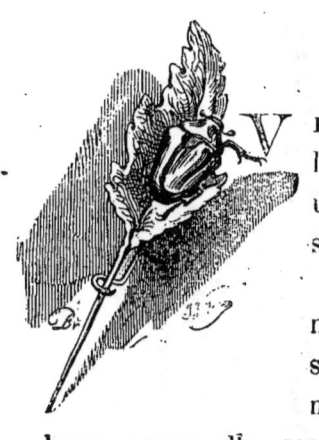

Violette, qui est la Colombe la plus aimable et la plus raisonnable du monde, portait l'autre jour une jolie épingle à sa collerette. Un Hibou philosophe et Oiseau de lettres lui en fit compliment.

« C'est, répondit Violette, un cadeau de ma marraine la Pie voleuse. Cela représente un Insecte sur une feuille de pivoine. Au moyen de ce talisman, on a toujours son bon sens; on voit les choses comme elles sont, et non pas à travers les besicles de la mode. »

Le Hibou s'approcha pour examiner ce beau joyau, et comme la Colombe vit bien que le cou blanc sur lequel il était posé empêchait le philosophe de regarder avec toute l'attention qu'il fallait, elle détacha l'épingle et la lui donna.

« Je vous la rendrai demain, » dit l'Oiseau nocturne. L'Insecte me racontera son histoire, et je saurai par lui pourquoi vous êtes si charmante et si sage.

En effet, lorsqu'il fut rentré chez lui, le Hibou mit l'épingle sur sa table, et aussitôt la petite Bête marcha sur la feuille de pivoine. C'était un Scarabée vert qui avait la mine d'un honnête garçon d'Insecte. Il passa une patte sur ses yeux, étendit une aile et puis l'autre; il tourna son nez pointu vers le philosophe d'un air intelligent et amical, et consentit à lui raconter son histoire en ces termes :

Je suis né sur les bords de la Seine, dans un grand jardin qui a reçu son nom d'un temple consacré à la déesse Isis. Il y avait longtemps que les Charançons fossoyeurs avaient mis en terre mes parents, lorsque le sentiment de l'existence me vint à l'ombre d'une *Mimosa pigra*, la sensitive paresseuse, dont le suc fut mon premier aliment. Une excellente Jardinière m'avait recueilli chez elle. Tandis qu'elle s'en allait aux champs sur ses longues pattes, j'ouvrais mes ailes, et je m'envolais bien loin dans les prés. Mes compagnons étaient des Bêtes simples. Je n'en-

Un Hibou philosophe et Oiseau de lettres.

trais que dans des fleurs sans culture. On me traitait en ami chez les coquelicots, où régnaient la franchise et le laisser aller. Comme j'étais déjà grand garçon, je cherchais les roses buissonnières, et je poursuivais les Abeilles laborieuses, qui abandonnaient un moment leurs ménages pour rire avec moi. Hélas! ce beau temps a passé comme un rêve! Le besoin de l'inconnu me dévora bientôt et me fit prendre en dégoût les mœurs paisibles de la campagne.

L'envie me vint de faire tirer mon horoscope par un Animal savant. Il y avait dans le pays un Capricorne qui passait pour sorcier et qui habitait un endroit sauvage. Malgré les cris et l'effroi de la bonne Jardinière, je me fis conduire dans la retraite de ce magicien. Le Capricorne portait une robe rouge couverte de signes cabalistiques. Il me reçut poliment, et, après avoir décrit des courbes bizarres avec ses antennes, il s'écria en regardant le creux de ma patte :

« Oh ! oh ! voilà un Animal qui a de la race. Est-ce que nous serions échappé d'une ancienne collection ? Que diable viens-tu faire dans ce jardin ? Tu n'y seras pas à la noce, mon ami.

— Monsieur le Capricorne, répondis-je, si je suis une bête de génie, vous pouvez me l'apprendre ; cela ne me fera pas de peine. Si je dois jouer un rôle considérable dans le monde, je suis prêt à m'y résigner.

— Voyez-vous cela ! reprit le sorcier ironiquement. Tu serais volontiers un don Juan Papillon ; tu consentirais à goûter de l'ambroisie des dieux, sauf à payer ce régal par les souffrances de Tantale ; tu déroberais le feu céleste comme Prométhée, au risque d'être mangé par un Vautour ! Tu n'es pas dégoûté ! Mais rassure-toi ; il n'est pas besoin de tout cela pour être mal à l'aise dans le printemps où nous vivons. Tu n'es qu'un bon Insecte qui porte en lui la simple flamme du sens commun. C'est bien suffisant. Ah ! tu t'avises de vouloir distinguer le vrai du faux et l'or du clinquant ! tu refuses absolument de croire que les vessies sont des lanternes ! Eh bien, mon garçon, tu feras de la belle besogne dans ce pays-ci ! Va, ton sort est inévitable : ta vie ne sera qu'une attaque de nerfs. »

Je me retirai un peu déconfit par le pronostic du Capricorne, mais toujours brûlant du désir de me lancer au milieu du vaste jardin d'Isis, où des milliers d'Insectes fourmillaient et se heurtaient dans un air empoisonné. Un jour que je cherchais à ramener le calme dans mon esprit, je me promenais dans les solitudes d'un potager, lorsque je fis la rencontre d'un vénérable Rhinocéros qui méditait sous l'ombre épaisse d'une laitue. Je le priai humblement de me donner de ces avis fleuris et précieux que Mentor prodiguait au jeune Télémaque du temps de madame de Maintenon.

« Volontiers, me dit-il : vous avez des devoirs à remplir et des droits à exercer. Il faut devenir un Scarabée policé. Voyez-vous, là-bas, toutes ces fleurs de luxe ? Demandez qu'on vous y introduise, et vous serez admis dans la bonne compagnie. Le jargon en est facile.

Vous ferez quelques contorsions de politesse devant la maîtresse du logis. Quand vous aurez prêté une oreille attentive aux balivernes qu'on

Monsieur le Sorcier, si je suis une Bête de génie, vous pouvez me l'apprendre; cela ne me fera pas de peine.

voudra bien vous dire, on vous régalera d'un peu d'eau chaude, et vous pourrez faire la cour aux Demoiselles. Ayez soin de vous tenir au courant des nouvelles et des méchants propos qu'on débite les uns contre les autres. Il ne s'agit pas de se divertir, mais de paraître content ; ni d'être amoureux, mais d'en avoir quelquefois l'apparence. Il n'est pas question d'avoir des opinions, des sentiments, des goûts ou des passions, mais d'offrir à peu près le semblant d'un Insecte qui pourrait dans le fond penser ou sentir quelque chose. Ne vous laissez pas voler votre bien, et prenez garde à qui vous donnez votre cœur, car on vous trompera le plus civilement du monde. Voilà pour l'article de vos plaisirs. Vos devoirs sont aisés à comprendre. Cinq ou six fois dans l'année seulement, vous serez invité à vous déguiser militairement et à faire pendant vingt-quatre heures ce qu'il passera par la tête à des Frelons de vous commander.

— Cinq ou six fois l'an ! m'écriai-je : mais c'est un énorme impôt !

— La patrie l'exige. Vous êtes averti : allez maintenant, et jouissez de vos priviléges. »

A cette peinture noire de ce qui m'attendait à mes débuts, un Scarabée moins vert et moins intrépide que moi aurait bien pu s'effrayer. La fougue de la jeunesse me réconforta. Je considérai le Rhinocéros comme un vieux Misentome cornu et désabusé dont il ne fallait pas prendre les avis chagrins au pied de la lettre. J'écartai de son discours tout ce qui me semblait menaçant, pour me souvenir de ce qui flattait mon imagination. Des amis me promirent de satisfaire mon désir d'être admis dans cette société délicieuse où l'on buvait de l'eau chaude en causant avec les Demoiselles. Je me liai intimement avec un Hanneton fort répandu dans le monde, et qui voulut bien me servir de guide.

« Venez avec moi, me dit-il un jour. Les arts et la bonne compagnie vous réclament. Je vous mènerai au théâtre et dans les réunions choisies. Venez, venez : je vous promets une soirée agréable. »

Après avoir compté nos écus, nous partîmes ensemble à tire-d'aile.

« Aimez-vous la musique ? me demanda le Hanneton tout en voltigeant.

— Oui-da ! il y avait dans le jardin où je suis né des Fauvettes d'une grande force.

— Nous avons à vous offrir mieux que cela ; je vais vous conduire dans une Académie : ce sera bien le diable si nous n'y entendons pas de bonnes choses. »

Mon compagnon rajusta ses antennes et redressa son col noir pour se présenter à l'entrée d'une vaste fleur d'acanthe. Un Cloporte lui passa deux billets par un petit trou, et nous nous élançâmes dans la salle. La réunion était d'un aspect agréable. Des Paons du jour placés aux avant-scènes, les moustaches cirées, les manchettes retroussées, lorgnaient avec cet air nonchalant que donnent le raffinement de l'esprit et l'habitude des plaisirs recherchés. Des Guêpes élancées, des Demoiselles à pattes fines, formaient des groupes charmants. Quelques innocents Pucerons sortaient leurs têtes carrées par les lucarnes du paradis. Les Mouches noires, arbitres du bon goût, se tenaient en silence au parterre. Tout ce monde paraissait jeune, poli et connaisseur.

« Ce public, dis-je à mon guide, a une mine qui me revient. Il est beau de voir la jeunesse accourir avec cet empressement dans une Académie.

— Ne vous trompez pas sur le mot, répondit le Hanneton. Les Paons du jour viennent ici pour les Sauterelles du théâtre, qui cachent avec soin leurs fémurs sous une gaze transparente. Les Guêpes viennent pour chercher fortune et les Demoiselles pour se montrer; mais on fait tout cela en écoutant le meilleur chant du monde. Chut! voici la première Cigale qui commence son grand air. »

J'ouvris mes oreilles à deux battants. La première Cigale, vêtue avec luxe, poussait des cris dramatiques dans un beau jardin de papier peint. L'orchestre accompagnait comme s'il eût assisté aux débuts de Stentor, cette basse-taille vantée des anciens, et pourtant la prodigieuse Cigale trouvait encore moyen de le surpasser et de me perforer le tympan. Il eût été malhonnête de ne pas écouter lorsqu'on faisait tant de bruit pour me divertir. Le morceau charmant était d'ailleurs cette cavatine qui se trouve en tête de tous les opéras nouveaux et qui a la vogue depuis nombre d'années. Impossible de ne pas être satisfait. Pour nous reposer du vacarme aigu de cette cavatine, par un ingénieux contraste, on introduisit sur la scène trois cents Grillons qui entonnèrent un chœur à faire crouler la salle, et le rideau tomba en attendant de nouvelles merveilles.

Après le tour des Cigales vint celui des Sauterelles. Autant les premières s'étaient évertuées à crier de tous leurs poumons, autant les autres s'essoufflèrent à gigoter de toute la vigueur de leurs jarrets. Apparemment, elles savaient exprimer quantité de choses avec leurs pattes, car mon compagnon me traduisait ces signes dans le langage vulgaire; sans lui je n'y aurais pas su démêler autre chose que des gambades. Ce spectacle, d'ailleurs, était fort gracieux et j'y prenais un plaisir extrême; mais tout à coup les jolies Sauterelles s'envolèrent et le tapage recommença plus fort qu'auparavant. Je fus pris d'une telle migraine que je ne pus résister au désir de m'élancer dehors, dans la nuit orageuse.

« Ce n'est pas là ce que vous m'aviez promis, dis-je au Hanneton mondain, quand j'eus respiré quelques bouffées d'air. Je vous avais demandé des chansons et je n'ai encore entendu qu'un brillant vacarme. Menez-moi, je vous prie, dans un endroit où l'on ne fasse pas de la musique à grand renfort d'épées et de flambeaux.

— J'ai votre affaire, répondit mon compagnon; suivez-moi, je vais vous conduire en un lieu choisi où l'on ne cultive que le bel art de la musique, dépouillé de tous les accessoires qui pourraient vous en distraire. Vous y entendrez une Cigale étrangère, adorable et adorée des quatre parties du monde. »

En trois coups d'ailes, nous volâmes jusqu'aux abords d'une vaste tulipe rouge. Le Cloporte de l'entrée nous donna deux billets, et nous arrivâmes à nos places au moment même où la Cigale adorable entonnait le plus bel air de la pièce. Elle chantait dans une langue inconnue, la plus douce qu'il soit possible d'imaginer. Cette fois, je fus ravi et transporté d'aise ; mais quand elle eut fini son morceau, de pauvres Cri-cris sans voix commencèrent à s'égosiller autour d'elle, en sorte que mon plaisir en fut gâté.

« D'où vient cela? demandai-je à mon compagnon. Pourquoi tous les autres rôles de la pièce sont-ils sacrifiés ? Est-ce qu'il n'y a dans cet établissement qu'une seule voix et qu'un seul talent ?

— Si fait, me répondit le Hanneton, il y a, au contraire, plusieurs gosiers incomparables ; mais, pour les entendre, il faut revenir demain. Le jour où la Cigale adorée se montre, on met le premier Grillon dans l'armoire, et le jour où chante le premier Grillon, la Cigale adorée reste dans sa cachette.

— Et pourquoi cette parcimonie de chansons ?

— Pour vous obliger à revenir. Si l'on servait à l'auditoire toutes les merveilles à la fois, cela coûterait trop cher à l'entrepreneur.

— Mais il en résulte que l'exécution est pleine de disparates et d'imperfections. Allons ailleurs, et cherchons un endroit où l'on fasse de la musique sans marchander.

— Je vous ai gardé la meilleure pour la dernière. Je vous avertis qu'il faut être connaisseur et avoir l'ouïe délicate et exercée pour goûter ce que vous allez entendre.

— A force de méditation, j'en comprendrai bien quelques petites beautés.

— Je n'en répondrais pas. Moi-même, qui suis initié, il y a des moments où je perds le fil de mes idées. Il faut savoir trouver le fin des choses, comme un gourmet découvre la langue de la Carpe, tandis que le vulgaire s'égare dans les arêtes. Où pensez-vous que soit le mérite d'un morceau de musique instrumentale?

— Pardieu ! comme pour tous les morceaux de musique du monde, il est dans le choix d'une mélodie agréable, dans les développements heureux que le compositeur sait lui donner, et dans le travail d'harmonie dont il l'accompagne.

— J'en étais sûr ! vous n'y êtes pas du tout, mon cher Scarabée. Ces idées-là sont arriérées de deux siècles au moins. Le charme de la musique consiste uniquement aujourd'hui dans la prestesse des pattes de l'exécutant, dans la végétation poilue de l'Insecte qui tape sur l'outil sonore. Le fin de l'harmonie, les délices de la mélodie sont dans le nez de l'Animal qui remue ses articulations sur l'instrument, dans la couleur de ses écailles, dans la manière dont il courbe les *nodus* de son épine dorsale à l'entour d'un violoncelle, dans le roulement de l'œil au fond de son orbite. Nous allons voir de ces artistes profonds qui donnent à la pensée une forme mystique, et néanmoins très-lucide pour celui qui est initié au langage chromatique des objets, à la vague harmonie des passions et aux rhythmes divers de la nature morte.

— Peste! dis-je en ouvrant de grands yeux, je vois, en effet, que ces belles affaires pourraient bien n'être pas à ma portée. N'importe : conduisez-moi toujours. Ma curiosité est extrême, et je grille du désir de connaître ces rhythmes que vous venez de me dire. »

Le Hanneton m'introduisit dans le vaste calice d'un *Datura fastuosa* richement décoré pour un concert instrumental, dans lequel on n'entrait pas sans payer fort cher. Le public en était plus élégant encore que celui de l'Académie.

Un cercle de Cantharides à couleurs changeantes murmuraient à demi-voix. Elles étaient rangées autour d'un ustensile à queue très-perfectionné, d'où les prodiges d'harmonie annoncés devaient s'élancer bientôt sous les doigts d'un Mille-Pattes fameux. Après s'être fait attendre pendant deux petites heures, les artistes arrivèrent enfin. Le Scolopendre s'assit devant son instrument. Il promena ses regards sur l'auditoire, et un silence profond s'établit aussitôt.

Le morceau débuta par trois accords foudroyants qui partaient de la note la plus basse du clavier jusqu'à la plus haute. Ayant ainsi commandé le sérieux et l'attention par cette entrée imposante, le virtuose se décida, quoique à regret, à poser ses doigts dans le médium de l'instrument. Alors commença un adagio lent et vague, d'une mesure insaisissable, et que les fioritures rendaient encore plus confus. Le motif en était pauvre ; mais qu'importe la misère d'une étoffe, lorsqu'elle est si chargée de broderies qu'on ne peut plus la voir? Ce n'était d'ailleurs qu'une introduction pour donner un avant-goût du morceau, et comme il y avait force roulements de grosses notes, je pensai qu'il ne s'agissait pas d'un badinage. Cependant ce fut le contraire qui arriva. Le nuage sombre et mystérieux de l'introduction s'ouvrit bientôt, et de son sein jaillit un pont-neuf de ballet, un air de danse tout guilleret qui semblait relever gaiement sa robe des deux mains pour folâtrer sur l'herbe courte. Le petit coquin avait paru subitement comme ces bonshommes qu'on met dans les faux pâtés de carton, et qui sautent au nez de l'im-

Le morceau débuta par trois accords foudroyants qui partaient de la note la plus basse du clavier jusqu'à la plus haute.

prudent qui découpe. Ce trivial et badin motif avait croupi depuis dix ans dans les jambes des plus vieilles Sauterelles de l'Opéra. On en était rassasié de toutes les façons, mais l'auditoire, flatté de le reconnaître, le salua de la tête comme un ancien ami.

A la suite de ce thème anodin, la chaîne sans fin des variations déroula ses anneaux éternels comme un Serpent à sonnettes. Le Scolopendre jouait son air de danse au fin fond des basses du clavecin avec une seule patte, tandis que les neuf cent quatre-vingt-dix-neuf autres pattes voltigeaient du haut en bas en agréments furieux, et puis le motif passait à droite et cédait la gauche à la nuée des triples croches. Ces évolutions se répétèrent indéfiniment, au plaisir toujours croissant de l'assemblée. Tout à coup il y eut un temps d'arrêt. Le virtuose compta quelques mesures avec l'air terrible de Thoas s'écriant : « Tremble! ton supplice s'apprête! » Il prit alors son motif innocent par les cheveux; il lui arracha un bras, lui coupa une jambe, lui aplatit le visage, le tordit entre ses doigts au point d'en faire un *six-huit* d'un simple *deux temps* qu'il était de naissance; puis il le jeta sur l'enclume fumante de son clavier, et se mit à forger dessus outrageusement avec ses mille pattes. C'était le finale, ou comme qui dirait le bouquet du feu d'artifice.

Et le Scolopendre forgea de plus fort en plus fort sur le pauvre motif estropié. Il forgea cinq minutes; il forgea dix minutes durant. Et par moments il forgeait si vite, qu'on ne pouvait plus le suivre; puis il forgeait tout à coup si lentement, que l'on restait malgré soi la bouche ouverte et la patte en l'air à attendre qu'il reprît un train plus rapide. Et il revenait à ce train rapide peu à peu; et il le dépassait encore par une vitesse terrible. La mesure devenait ce qu'elle pouvait au milieu de ces fluctuations. Et à force de voir ce Scolopendre forger ainsi, les Cantharides commencèrent à marquer insensiblement le mouvement de la forge par de petits signes de tête; et puis les signes de tête devinrent plus sensibles; et bientôt tout le corps marqua la mesure; et les pieds, les mains, les éventails des Cantharides, tout forgeait à la fois avec un ensemble qui témoignait assez le plus haut degré de l'émotion et du plaisir. Les unes avaient l'œil flamboyant, les autres en coulisse, et d'autres encore n'en montraient plus que le blanc; de sorte que ce fut comme une ivresse générale qui ressemblait à de l'épilepsie. Et comme j'échappais à la contagion, je rentrai en moi-même au milieu ou bruit et des explosions, tandis que le morceau se terminait par une interminable pétarade de ces accords auxquels on reconnaît la rare fécondité des Scolopendres.

« Oh! disait une Cantharide à sa voisine, puissance de la musique! Mon âme, remplie, harcelée, tiraillée, déchirée, a parcouru les sphères lumineuses du firmament. Elle s'arrête enfin, brisée, éperdue, et retombe à moitié morte dans cette odieuse vie réelle. Je voudrais une glace à la vanille.

— Ah! disait une autre Cantharide en se pâmant d'aise, j'ai monté en quelques minutes l'échelle entière des passions : l'amour, la jalousie, le désespoir, la fureur, j'ai tout souffert en un clin d'œil. Par pitié, de l'air! Ouvrez une fenêtre!

— Eh! murmurait une troisième Cantharide, affreux tyran, harmonie que j'adore et que je redoute, ne peux-tu laisser en paix mon imagination? J'ai vu des bois de citronniers où passaient des Capricornes mouchetés; j'ai vu des convois de Fourmis défiler sous les arceaux noirs d'une cathédrale; j'ai vu des prairies verdoyantes où de jeunes Charpentiers gravaient leurs chiffres sur l'écorce des bouleaux; j'ai vu des Blattes qui dévoraient un pain de sucre; j'ai vu des feuillages d'un vert très-sombre dans lesquels s'enfonçait un beau Papillon, qui se transformait subitement en Araignée pour s'évanouir au fond d'une caverne obscure.

— Aïe! hélas! holà! criait une Cantharide d'un âge mûr; quelle ivresse! quelles délices! quel bonheur! quel génie! Ce Scolopendre est immense! »

Je me tournai vers un gros Taon qui me parut avoir du bon sens, et je lui demandai timidement si ce n'était pas par ignorance que je n'avais su rien voir de toutes les merveilles qu'on débitait sur le pont-neuf varié que nous venions d'écouter.

« Imprudent! répondit le Taon en m'entraînant dans un coin; si on vous entendait, vous seriez déchiré par les Cantharides. Il faut bien que tous les prodiges dont on parle soient en effet dans cet effroyable morceau, puisque tout le monde le veut.

— Merci de l'avertissement! dis-je à ce Taon bienveillant; mais est-ce qu'on est forcé de venir entendre ces torrents d'harmonie que les Mille-Pattes déversent sur leurs contemporains?

— Il est difficile de s'y soustraire; cependant on ne peut obliger personne à sortir de chez soi. »

Dans ce moment, l'émotion causée par l'effroyable pont-neuf étant un peu calmée, on réclama le silence pour écouter un Perce-Oreille qui jouait du violon. C'était encore une introduction nébuleuse suivie d'un air de danse. Il y eut la chaîne sans fin des variations, de sorte que le Perce-Oreille me parut, à peu de choses près, racler tout ce que le Mille-Pattes venait de forger tout à l'heure ; mais il n'avait pas le privilége de troubler l'auditoire au même degré que son rival. Trois ou quatre Cantharides seulement, et des plus surannées, montrèrent un peu le blanc de leurs yeux ; encore disait-on que l'une d'elles avait des motifs particuliers pour être touchée de ce raclement.

La bonne vieille Jardinière qui prit soin de mon enfance m'ayant enseigné la politesse, je crus de mon devoir d'adresser quelques compliments aux virtuoses. Je m'approchai donc de l'immense Scolopendre, et je le félicitai, sans mentir, de la prodigieuse agilité de ses pattes ; mais il me regarda de travers, comme si je l'eusse gravement offensé.

« Non, s'écria-t-il avec un sourire plein d'amertume, non, je ne m'abaisserai plus à ce vil métier de jouer la musique des autres. Non, je ne veux plus désormais piétiner que sur mes propres élucubrations. Je ne veux plus estropier que mes propres idées. Un jour viendra où je prouverai à l'univers consterné que, si j'ai des pattes, je possède aussi une cervelle plus vaste que celle des Insectes chanteurs les plus accrédités. Un jour viendra où tout ce qui sait crier dans la nature, fredonnera mes chansons, où trois cents Grillons réunis feront monter vers le ciel un pont-neuf entièrement de mon invention, quand je devrais, pour atteindre ce but grandiose et lumineux, me changer de Mille-Pattes en Chenille, de Chenille en Larve, et de Larve en Bourdon. Jusque-là, qu'on ne me parle plus ni d'ovations ni de gloire. Ainsi, monsieur le Scarabée, vous pouvez rengaîner vos compliments.

— Ne vous fâchez pas, répondis-je en m'inclinant ; puisque vous l'exigez, je rengaîne. »

Le Hanneton triomphant s'était approché de moi.

« J'espère, me dit-il, que voilà une douce soirée !

— Surprenante, en vérité, répondis-je. C'est assez pour un jour ; allons dormir là-dessus. »

Le lendemain mon guide me fit comprendre qu'il était nécessaire de visiter plusieurs Sphinx tête-de-mort qui regardaient la nature du haut de leur belvédère, et tâchaient d'en imiter les formes et les couleurs. La plupart de ces infortunés n'avaient plus que des tronçons à leurs épaules, pour avoir entrepris trop jeunes de voler de leurs propres ailes. Ils se traînaient à l'aveugle, comme s'ils eussent encore vécu à l'état de nymphes, et ne savaient quelle route suivre, faute d'avoir été mis dès leur enfance dans le droit chemin. Le premier de ces Sphinx que nous visitâmes nous parla fort bien de son métier.

« On ne fait rien de bien sans art, disait-il, et il n'y a point d'art sans règles. Il faut donc suivre les préceptes des maîtres. Nulle composition ne saurait être heureuse sans l'ordre et la régularité. Nous devons reproduire de belles images, choisir dans la nature ce qui flatte les yeux et rejeter le grossier ou la laideur. C'est ce que j'ai cherché à faire dans le tableau que vous allez voir. »

Et, en parlant ainsi, le Sphinx nous montra une toile qui représentait une bataille de ces Larves que le microscope solaire découvre dans une goutte d'eau.

Le second Sphinx nous déroula d'incroyables systèmes qui ressemblaient fort aux divagations d'un fou.

« Quand je fais le portrait d'un Insecte, disait-il, je ne m'endors pas à copier les couleurs que je lui vois. Je cherche une plante qui ait quelque rapport avec le modèle ; j'imite cette plante, et non pas l'objet que j'ai sous les yeux. C'est d'après ces idées que j'ai mis sur la toile le Lépidoptère que voici. »

Je m'attendais à voir une drogue, et il se trouva au contraire que le Sphinx nous présentait une charmante figure de Religieuse à ailes grises. Le Hanneton m'apprit que ces contradictions entre le dire et le faire étaient choses communes en ce temps-ci. Il me conduisit ensuite dans une réunion de Cochenilles infatuées du rouge ardent, qui étalaient gauchement leurs couleurs crues sur des feuilles mortes.

« Mes amis, criait une de ces Cochenilles, il n'y eut jamais qu'une belle époque pour les arts. »

Je me hasardai à dire qu'on avait toujours cité quatre grands siècles, mais que j'accorderais volontiers la prééminence à l'un d'eux sur les trois autres. Je croyais émettre une banalité pour amener un sujet quelconque sur le tapis, mais lorsque j'eus prononcé le mot d'antiquité, une clameur m'apprit que je venais de lâcher une sottise.

« L'antiquité, reprit la Cochenille, c'est une époque d'enfance et de misère. Les Insectes n'étaient alors que des Chrysalides aveugles.

— Vous donnez donc l'avantage au siècle d'Auguste ? »

Un nouveau cri plus ironique que le premier me coupa la parole.

« Le siècle d'Auguste ! qu'est-ce que c'est ? Nous ne connaissons pas le siècle d'Auguste.

— Peut-être avez-vous raison de croire que la renaissance...

— La renaissance est un temps de décadence.

— Excusez-moi, je n'y songeais pas. Le mot l'indique assez : on comprend que renaître veut dire décroître.

— Sans doute. Cela est clair.

— Reste donc le grand siècle dix-septième. »

A ces mots, un hourra général d'indignation couvrit ma voix.

« Quel est ce Coléoptère iroquois ? s'écrièrent en chœur les Cochenilles. Vous avez donc vécu dans un trou ? Apprenez que tout ce qui est connu, admis, sanctionné par la postérité, nous le méconnaissons, nous le démolissons, nous le réduisons à zéro. Tout ce qui est, au contraire, ignoré, obscur, plongé dans la poussière de l'oubli, nous le nettoyons, nous le ressuscitons, nous l'exaltons, nous le restaurons du vernis de notre enthousiasme. Comme on vous le disait donc, il n'y eut jamais qu'une belle et grande époque; elle a duré vingt ans et trois mois; ce fut vers l'an 1021, et chez les Sarrasins, du temps d'Averrhoès. Les arts ont extrêmement fleuri alors dans un petit bourg de l'Afrique orientale. En comparaison de cette époque-là, il n'y avait rien qui vaille dans les quatre siècles qu'on cite éternellement. »

Je me penchai vers mon guide.

« Allons voir d'autres Animaux, lui dis-je à l'oreille.

— Bien volontiers. »

Le Hanneton prit son vol à travers le jardin, et me conduisit dans un endroit que je ne connaissais pas. Son nom lui venait d'une ancienne chaussée sur laquelle on l'avait établi. Mon compagnon entra dans une belle tulipe richement tendue à l'intérieur, où j'aperçus une foule d'Insectes variés.

« Vous voyez, me dit le Hanneton, toute la race entomique. Il y a des Paons, des Amiraux, des Maréchaux, des Princes, des Comtes, des Caniculaires, des Pouparts, des Satyres, voire même des Vulcains et des Argus. »

Vous savez que, nous autres Scarabées, nous descendons d'une race d'Insectes égyptiens habitués de longue main à déchiffrer les hiéroglyphes de la physionomie et à lire couramment l'almanach du visage. Je compris tout de suite que dans cette société brillante les femelles rangées en cercle et parées de leurs plus beaux atours ne songeaient qu'à se toiser entre elles des pieds à la tête. On voyait que chacune d'elles épluchait avec soin la toilette de ses voisines. Pendant ce temps-là, les mâles, dressés sur leurs ergots, se tenaient à distance.

« Mais, dis-je à mon compagnon, cette société choisie n'a point du tout l'air de s'amuser. Je ne voudrais pourtant pas juger légèrement un si beau monde; écoutons donc un peu ce qu'on y chuchote tout bas. »

De jeunes Pouparts bien frisés, tirés à quatre épingles, parlaient entre eux de leur chasse, de leurs dîners et de leurs gageures, toutes choses dont ils auraient pu s'entretenir aussi bien partout ailleurs, à moins de frais. Deux Belles-Dames jasaient ensemble à l'abri de leurs éventails. Je me glissai derrière elles pour les écouter. Quelle fut ma surprise quand je les entendis se servir d'expressions familières aux Insectes les plus méprisables! Elles ne parlaient, d'ailleurs, que des moyens d'extirper de la poche de leurs maris le plus d'argent possible. Mes antennes se dressèrent d'horreur sur ma tête.

« Oh! oh! dis-je à mon compagnon; voilà donc ce que vous appelez les plaisirs du monde! Dans le modeste champ où je suis né les choses ne se passent point ainsi. Quand une simple jardinière met sa toilette du dimanche, c'est pour tâcher de plaire à quelque jardinier; les mâles ne vont point d'un côté et les femelles de l'autre. Si l'on y offense la grammaire, c'est sans le vouloir, et l'on ne cherche pas à imiter le langage des Punaises.

— Que voulez-vous? me répondit le Hanneton; la mode est un tyran qui gouverne le langage tout comme la toilette, et il faut bien lui obéir.

— Mais, repris-je, si l'on ne songe qu'à se parer, si l'on met sur sa personne tout ce qu'on possède, comment vont le ménage, la maison?...

— La maison! le ménage! interrompit mon guide en ricanant; fi donc! cela était bon pour nos grand'mères.

— Et le budget? et ces deux fameux bouts de l'année qu'il est si important, pour le bon ordre, de savoir joindre ensemble?

— Cela ne vous regarde pas, ni moi non plus. »

Deux Insectes assez laids devisaient ensemble dans un coin.

« Qui sont ces êtres-là? demandai-je au Hanneton.

— Ce sont, me dit-il, des Fourmis-Lions de finance. Leurs mœurs sont bizarres. Ils s'assemblent le matin dans un temple consacré à leurs exercices, et là ils creusent des trémies souterraines sous les pas les uns des autres, ce qui rend le terrain de ce temple mouvant et dangereux. Les maladroits et les innocents trébuchent dans ces trémies, où ils sont à l'instant dévorés. Quand le Fourmi-Lion a sucé quelque bonne proie dans la journée, il se pavane volontiers le soir. Sa femelle est une Libellule dorée fort couverte de bijoux. »

Je laissai les Fourmis-Lions parler ensemble de leurs trémies, et j'écoutai de préférence le chuchotement des Libellules.

« Ma chère amie, disait l'une d'elles, vous avez un jeune Cousin chanteur qui voltige autour de vous, sur lequel nous pourrions jaser si nous le voulions. Il fera l'un de ces jours une morsure au front de votre vieux Vulcain.

— Bah! comment voulez-vous que nous nous entendions? Nous n'avons pas les mêmes goûts. Il me querelle quand je mange des pastilles pendant qu'on joue des *sonates* ou des *quatuors* de Haydn ou de Mozart. Ce n'est pas ainsi qu'il s'emparera de mon cœur. Mais, ma chère amie, nous aurions bien plutôt à jaser sur ce vieux Grand-Paon qui vous conte des douceurs.

— J'avoue que j'ai un faible pour lui. Sa position lui donne droit à des loges dans les théâtres. N'est-ce pas éblouissant? Rien ne frappe mon imagination comme de voir toujours ce Grand-Paon aux places les meilleures. Quand je pense qu'il pourrait, dans une seule soirée, aller à tous les spectacles sans payer!...

— En effet, dit une autre Libellule, c'est une chose qui séduit. Chacun a son point vulnérable comme le talon d'Achille. Pour moi, ce qui me touche le plus, c'est de voir un jeune Corydon ouvrir ses ailes et arriver le premier au clocher, par-dessus les fossés et les haies.

— Vous êtes faciles à émouvoir, s'écria une Libellule qui passait pour un dragon de vertu. On ne me plairait pas à si peu de frais. Non-seulement j'exigerais qu'on fût toujours aux meilleures places et qu'on volât vers le clocher avant les autres, mais il faudrait encore deviner, pour ainsi dire, les modes, ne pas manquer de se trouver aux eaux dans la saison des bains, et ne pas s'aviser d'aller aux Pyrénées quand il est de rigueur d'être à Bade. Il faudrait encore manger des cerises au mois de janvier, enfermer ses extrémités dans quelque chose de si étroit, qu'on ne puisse plus marcher, et posséder enfin au superlatif ce qu'on appelle le *genre*.

— Ah! disait en soupirant une Libellule avariée, j'ai connu un jeune Gazé discret et tendre qui savait tout cela sur le bout de sa patte. Il était à la fois bijoutier, connaisseur en étoffes, confiseur étonnant et parfait maquignon. Je ne sais pas d'où il tirait ses dragées au chocolat, mais je n'ai jamais retrouvé les pareilles, et quand il parlait chevaux, c'était à en perdre la tête. »

Les avis chagrins du vieux Rhinocéros me revinrent à l'esprit, et je commençais à comprendre qu'ils n'avaient rien d'exagéré. Cependant une discussion assez vive, qui s'était établie entre deux Cerfs-Volants, attira l'attention des voisins, et bientôt la conversation devint générale. On s'anima sans dépasser toutefois les bornes prescrites par la civilité. La controverse fut âpre et dura longtemps. Vers onze heures un quart, les questions étant éclaircies, grâce aux aperçus ingénieux et aux connaissances profondes des Insectes les plus savants, il fut bien démontré, de façon à n'en pouvoir douter :

1° Que le thé vert agite plus les nerfs que le thé noir ;

2° Que l'amour-propre est le mobile de la plupart des actions des Animaux ;

3° Que la côte de Saint-Denis est à peu près aussi rude à monter que celle de Clichy ;

4° Qu'il fait plus cher vivre en Angleterre qu'en France ;

5° Qu'il vaut mieux être riche que pauvre ;

6° Que l'amitié est un sentiment moins vif que l'amour.

Cette dernière question fut abandonnée comme trop ardue, à la réclamation des Éphémères de la compagnie. Un Bernard-l'Ermite la nota sur son calepin, pour la méditer à loisir dans le silence de la retraite.

Je pris le Hanneton par le coude.

« Est-ce qu'il n'y aurait pas moyen, lui dis-je, dans tout ce grand jardin, de trouver un endroit où l'on voulût bien causer sans prétention de quelque chose d'intéressant ?

— Si fait, répondit-il en se grattant la tête d'un air embarrassé. Suivez-moi : nous allons vous chercher cela. »

Nous nous envolâmes bien loin dans la nuit sombre. Le Hanneton faisait beaucoup de circuits, et je voyais qu'il ne savait trop par où se diriger.

« Je ne vous offre pas, disait-il, de vous mener là-bas dans ce marais désert où l'on vit isolé comme des Rats d'eau. Nous aurons plus de chance de nous amuser en passant la rivière. Il y a sur l'autre rive des lis où je puis vous introduire. C'est là vraiment qu'existe le savoir-vivre. On ne médit pas les uns des autres, parce qu'il faudrait insérer dans de vilaines phrases des noms qu'on respecte. Ceux qui n'ont pas de bienveillance feignent obligeamment d'en avoir, parce qu'il ne serait pas digne d'eux de parler autrement.

— Vous me faites une peinture fort attrayante. Mais a-t-on de la gaieté dans ce monde-là ?

— Dans le pays des lis, on est plus triste qu'ailleurs, pour des raisons qu'il serait trop long de vous donner.

— Diable ! ce n'est pas mon compte. »

Je commençais à m'ennuyer du Hanneton et de ces voyages inutiles. Je profitai de l'obscurité de la nuit pour planter là mon guide au détour d'une allée. Une bonne étoile qui brillait au ciel me dirigea comme par hasard au troisième étage d'une rose trémière, et j'y trouvai enfin ce que je cherchais depuis si longtemps : une honnête famille de Bêtes à bon Dieu établie dans un local simple et commode ; de bonnes gens d'Insectes sans morgue, ayant l'envie de se divertir décemment et sans étalage. La conversation fut animée par une gaieté cordiale, après quoi nous mangeâmes un petit souper dont la bonne humeur fit les frais. Je pris place entre deux jeunes hôtesses qui avaient l'œil éveillé, l'oreille fine, de l'intelligence, de la grâce et le rire à la bouche.

Ici le Scarabée se tut et remonta sur sa feuille de pivoine.

« Votre récit ne peut pas finir là, monsieur le Scarabée, lui dit le Hibou.

— C'est vrai, monsieur le Philosophe, reprit l'Insecte, j'oubliais la fin de mon histoire. Depuis l'heureux jour où je me séparai du Hanneton, il ne m'arriva plus qu'une seule fois d'avoir un grand mal de nerfs. Cela me prit un matin que le vent déposa chez moi une feuille volante à mon adresse, sur laquelle étaient écrits ces mots : « Un tel jour, à telle heure, vous vous rendrez dans un chardon, en vous affublant militairement, pour monter la garde au poste qui vous sera désigné. » Il fallait obéir sous peine d'être mis en prison. Je me déguisai en Bête guerrière, moi qui suis pacifique par état, pour me joindre à d'autres Bêtes aussi paisibles que moi, mais qui singeaient les Frelons guerroyeurs, sous prétexte de sauver la patrie, les jours où la patrie ne courait aucun risque. Des Calandres à collets rouges, Insectes peu guerriers, qui vivent les uns dans les tonnes de pruneaux, les autres dans les meubles ou les chantiers de bois, avaient quitté leurs retraites pour s'assembler dans un trou malsain. Leur innocent délassement consistait à se croire des héros pendant vingt-quatre heures, puis ils retournaient à leurs tonneaux ou à leurs chantiers. Je ne vous répéterai point les lazzis qui se débitaient dans cet endroit. Après un jour et une nuit d'agacements et d'impatience, je quittai enfin les Charançons à collets rouges. Je fus rendu à la liberté avec un rhume et un mal de dents qui m'avaient admirablement préparé à la victoire. Je me plongeai dans le sein d'un pavot, où j'avalai à longs traits l'opium de la mélancolie. Le sommeil me remit un peu de mes ennuis, et je songeais à reprendre mon vol à travers le jardin, lorsque la voix d'une Pie voleuse me fit tressaillir. Un bec de fer me saisit par le milieu du corps. La Pie était une vieille collectionniste, et, de plus, une sorcière. Elle s'écria en me regardant :

« Pardieu ! voilà un petit Scarabée que je veux donner à ma

Leur innocent délassement consistait à se croire des héros
pendant vingt-quatre heures.

filleule. Je le poserai au milieu d'une feuille de pivoine, et ce sera un joli bijou sur le cou blanc d'une Colombe. Avec quelques paroles sacramentelles, nous en ferons un talisman qui préservera de l'engouement et du ridicule des modes.

— Et comment vous êtes-vous tiré de ce mauvais pas ? dit le Hibou en riant.

— Vous savez que nous autres Scarabées nous avons reçu du Ciel la faculté précieuse de faire semblant d'être morts. Quand le danger approche, nous rentrons nos pattes et nos antennes ; nous nous laissons choir sur le dos, et nous restons sourds et immobiles, nous fiant à la solidité de nos écailles. Je jouai mon jeu selon mes instincts, et je ne bougeai plus. La Pie sorcière exécuta ce qu'elle venait de dire. Je me laissai poser sur la feuille de pivoine et attacher au cou de la Colombe Violette. Ce cou était blanc et gracieusement arrondi ; je m'y trouve bien, et je n'en bouge plus. J'entends les petits propos de Violette. Elle est sage, belle et douce. Je me suis pris d'amitié pour elle, et je crois que je lui porte bonheur.

— Mais, monsieur le Scarabée, il y a un endroit de votre récit qui est demeuré obscur dans ma pensée. Vous avez interrompu le fil de l'histoire au passage le plus intéressant. Vous n'êtes point arrivé à votre âge sans avoir eu quelque amourette, et je soupçonne votre cœur de s'être éveillé auprès de ces jeunes hôtesses qui avaient l'oreille fine et le rire à la bouche. Contentez un peu ma curiosité. »

Le Scarabée vert regarda le Hibou philosophe d'un air narquois ; il lui montra les cornes avec ses antennes, et grimpa sur sa feuille de pivoine à reculons ; puis il rentra ses pattes, et fit le mort obstinément, sans vouloir en dire plus long. Le Hibou chaussa ses lunettes pour examiner l'Insecte de plus près. Il reconnut que c'était une émeraude montée sur une feuille d'or émaillé. Le soleil commençait à paraître. Une envie de dormir irrésistible s'empara de l'Oiseau nocturne ; il enfonça son bonnet de jour sur ses yeux, et s'endormit. A son réveil, il crut avoir rêvé ce que le Scarabée lui avait dit ; et en rendant l'épingle à Violette, il lui conta l'histoire du bijou transformé comme si elle eût été de sa composition.

Paul de Musset.

UN RENARD

PRIS AU PIÈGE

ETTE anecdote a été trouvée dans les papiers d'un Orang-Outang, membre de plusieurs Académies.

« Non ! décidément non ! m'écriai-je, il ne sera pas dit que j'aie pris pour héros de ma fantaisie un Animal que je méprise et que je déteste, une Bête lâche et vorace dont le nom est devenu synonyme d'astuce et de fourberie, un Renard, enfin ! »

— Vous avez tort, interrompit alors quelqu'un dont j'avais complétement oublié la présence.

Il faut vous dire que mes heures de solitude recèlent un être fainéant, d'une espèce qui n'a jamais été décrite par aucun naturaliste, peu occupé à mon service, et qui, dans ce moment-là, pour faire quelque chose, faisait semblant de remettre à un niveau encore plus exact les livres symétriquement rangés de ma bibliothèque.

La postérité s'étonnera peut-être d'apprendre que j'avais une bibliothèque, mais elle aura d'ailleurs à s'étonner de tant de choses, que j'espère qu'elle ne s'occupera de cela qu'à ses moments perdus, s'il lui en reste.

L'être qui m'interpellait ainsi se serait peut-être appelé autrefois un génie familier ; mais par le temps qui court, bien que les génies ne soient pas rares, ils n'ont garde d'être familiers, et nous chercherons un autre nom à celui-ci, si vous voulez bien le permettre.

« Ma foi ! vous avez tort, répéta-t-il.

— Comment ! repris-je avec indignation, l'amour du paradoxe, qu'on vous a si souvent reproché, vous entraînerait-il jusqu'à défendre cette race maudite et corrompue ? Ne comprenez-vous pas ma répugnance, ne partagez-vous pas mon antipathie ?

— Je crois, voyez-vous, dit Breloque (appelons-le Breloque), en s'accoudant sur la table avec un certain air doctoral qui ne lui allait pas mal, que les mauvaises réputations s'usurpent comme les bonnes, et que l'espèce dont il est question, ou du moins un exemplaire de cette espèce, avec lequel j'ai été intimement lié, est victime d'une erreur de ce genre.

— Alors, dis-je, c'est donc d'après votre propre expérience que vous parlez?

— Comme vous dites, monsieur, et si je ne craignais de vous faire perdre un temps précieux, j'essayerais de vous raconter simplement comment la chose arriva.

— Je veux bien ; mais qu'en résultera-t-il ?

— Il n'en résultera rien.

— A la bonne heure! Prenez ce fauteuil, et, si je m'endors pendant votre récit, ne vous interrompez pas, je vous en prie, cela me réveillerait. »

Après avoir pris du tabac dans ma tabatière, Breloque commença ainsi :

« Vous n'ignorez pas, monsieur, que, malgré l'affection qui m'attache à votre personne, je ne me suis pas soumis à un esclavage qui nous gênerait tous les deux, et que j'ai mes heures de loisir, où je puis penser à toutes sortes de choses, comme vous avez les vôtres où vous pouvez ne penser à rien. Or, j'ai bien des manières de passer mon temps. Avez-vous quelquefois pêché à la ligne?

— Oui, répondis-je. C'est-à-dire que je suis allé souvent, dans un costume approprié à la circonstance, m'asseoir au bord de l'eau depuis le lever du soleil jusqu'au soir. J'avais une ligne superbe montée en argent avec le luxe d'une arme orientale ; seulement elle était plus innocente. Hélas! j'ai passé là de douces heures, et j'y ai fait de bien mauvais vers, mais je n'y ai jamais pris de Poisson.

— Le Poisson, monsieur, est une chose d'imagination qui n'a aucun rapport avec le bonheur qu'éprouve le véritable pêcheur à la ligne. Peu de personnes comprennent les charmes de cette préoccupation singulière qui balance doucement, et sans la moindre impatience, la même espérance vague, la même eau transparente, la même vie oisive, mais non désœuvrée, pendant des années sans nombre, car il n'y a pas de raison pour qu'un pêcheur à la ligne meure. »

Je fis un signe d'assentiment.

« Peu de personnes comprennent cela pourtant, reprit-il, car, sur une multitude de gens qui se livrent à cet exercice, il y en a un grand nombre qui tiennent une ligne comme ils tiendraient autre chose, et qui ne pensent pas plus à ce qu'ils font que s'il s'agissait d'un livre ou d'un tableau. Ces gens-là, monsieur, gâtent les plus belles choses, et remarquez qu'ils se sont horriblement multipliés depuis quelque temps.

— C'est vrai, » répondis-je.

Breloque n'était pas accoutumé me voir entrer aussi complétement dans ses idées. Il en fut flatté.

« Monsieur, dit-il avec un son de voix où perçait le contentement de soi-même, j'ai réfléchi sur bien des choses, quoique je n'en aie pas l'air; il ne me serait pas malaisé d'acquérir une grande réputation, si j'écrivais toutes les idées saugrenues qui me passent par la tête, et celle-là ne serait pas usurpée.

— A propos de réputation usurpée, voyons donc l'histoire de votre Renard. Vous abusez de la permission que je vous ai donnée de m'ennuyer avec celle-là, pour m'ennuyer avec une autre; cela n'est pas loyal.

— Tout ceci, monsieur, n'est qu'un détour fort subtil qui va nous reconduire à l'endroit d'où nous sommes partis. Je suis maintenant tout à vous, et je ne me permettrai plus de vous adresser qu'une seule question. Que dites-vous de la chasse aux Papillons?

— Mais, malheureux! vous parlerez donc de tous les Animaux qui peuplent la terre et les mers, excepté de celui qui m'occupe? Vous oubliez son horrible caractère; vous ne le devinez pas, le traître, sous le masque hypocrite qui le cache, séducteur de pauvres Poulettes, dupeur de sots Corbeaux, étourdisseur de Dindons, croqueur de Pigeons écervelés; il épie une victime, il la lui faut, il l'attend. Vous lui faites perdre son temps, à cette Bête, et à moi aussi.

— Que de calomnies! reprit-il d'un air résigné; enfin, j'espère le venger de tous ses ennemis, en vous prouvant qu'un Renard peut être aussi gauche, aussi stupide, aussi absurde qu'on doit le désirer, quand l'amour s'en mêle. Pour le moment, j'avais l'honneur de vous demander votre opinion relativement à la chasse aux Papillons. J'y reviens. »

Je fis un geste d'impatience auquel il répondit par un geste suppliant qui me désarma. D'ailleurs, qui ne se laisserait pas séduire aux prestiges d'une chasse aux Papillons ? Ce n'est pas moi. J'eus l'imprudence de le lui laisser voir.

Breloque, satisfait, prit une seconde fois du tabac, et se coucha à demi dans son fauteuil.

« Je suis heureux, monsieur, dit-il avec expansion, de vous voir épris des plaisirs vraiment dignes, vraiment parfaits de ce monde. Connaissez-vous un être plus heureux et en même temps plus recommandable pour ses amis et pour ses concitoyens que celui qu'on rencontre dès le matin, haletant et joyeux, battant les grandes herbes avec sa freloche, portant à sa boutonnière une pelote armée de longues épingles pour piquer adroitement, et sans lui causer la moindre douleur (car il ne s'en est jamais plaint), l'insecte ailé que le zéphyr emporte ? Pour moi, je n'en connais pas qui m'inspire une confiance plus entière, avec lequel j'aimasse mieux passer ma vie, qui me soit plus sympathique en tous points, en un mot que j'estime davantage. Mais nous n'en sommes pas là-dessus, et je trouve que nous nous écartons beaucoup de notre sujet.

— Il me le semble comme à vous, au moins.

— J'y rentre. Or, pour ne plus parler du chasseur en général, puisque décidément cela vous fait de la peine, je me permettrai, en toute modestie, de vous entretenir de moi en particulier. Un jour que j'étais emporté par l'ardeur de la chasse, car ce n'est pas ici comme à la pêche à la ligne, dont nous parlions il n'y a qu'un instant... »

Je me soulevai pour m'en aller, il me fit rasseoir doucement.

« Ne vous impatientez pas, la pêche ne rentre ici que pour une simple comparaison, ou plutôt pour vous faire remarquer une différence. La pêche demande l'immobilité la plus parfaite, tandis que la chasse, au contraire, exige la plus grande activité. Il est dangereux de s'arrêter, on peut attraper un refroidissement.

— On ne peut même attraper que cela, murmurai-je avec beaucoup d'humeur.

— Comme je ne pense pas, continua-t-il, que vous attachiez la moindre prétention au mot que vous venez de dire, et qui n'est pas neuf, je ne m'interromprai pas davantage. Un jour donc que je m'étais laissé entraîner à la poursuite d'un merveilleux *Apollon*, dans les montagnes de la Franche-Comté, je m'arrêtai hors d'haleine dans une petite clairière où il m'avait conduit. Je pensais qu'il profiterait de ce moment pour m'échapper tout à fait ; mais, soit insolence et raillerie, soit qu'il fût fatigué aussi du chemin qu'il m'avait fait faire, il se posa sur une plante longue et flexible qui s'inclinait sous son poids, et là, sembla m'attendre et me narguer. Je réunis avec indignation les forces qui me restaient, et je m'apprêtai à le surprendre. J'arrivais à pas de loup, l'œil fixe, le jarret tendu, dans une attitude aussi incommode que disgracieuse, mais le cœur rempli d'une émotion que vous devez comprendre, lorsqu'un méchant Coq, qui était dans ces environs, entonna de sa voix glapissante son insupportable chanson. L'*Apollon* partit, et je ne pus pas lui en vouloir, j'étais prêt à en faire autant. Mais la perte de mon beau Papillon me laissait inconsolable ; je m'assis au pied d'un arbre, et je me répandis en injures contre le stupide Animal qui venait de me ravir le fruit de tant d'heures pleines d'illusions, et de tant de fatigues fort réelles. Je le menaçai de tous les genres de mort, et, dans ma colère, j'allai même, je l'avoue avec horreur, jusqu'à préméditer la boulette empoisonnée. Au moment où je me délectais dans ces préparatifs coupables, je sentis une patte se poser sur mon bras, et je vis deux yeux très-doux se fixer sur mes yeux. C'était un jeune Renard, monsieur, de la plus charmante tournure ; tout son extérieur prévenait d'abord en sa faveur : on lisait dans son regard la noblesse et la loyauté de son caractère, et quoique prévenu alors, comme vous l'êtes encore vous-même, contre cette espèce infortunée, je ne pus m'empêcher de me sentir tout à fait porté d'affection pour celui qui était auprès de moi.

« Ce sensible Animal avait entendu les menaces que j'avais adressées au Coq, dans la soif de vengeance dont j'étais possédé.

« — Ne faites pas cela, monsieur, » me dit-il avec un son de voix si triste, que j'en fus ému jusqu'aux larmes ; « elle en mourrait de « chagrin. » Je ne comprenais pas parfaitement.

« — Qui, elle ? hasardai-je.

« — Cocotte, » me répondit-il avec une douce simplicité.

« Je n'étais pas beaucoup plus avancé. Pourtant j'entrevoyais une histoire d'amour, et je les ai toujours passionnément aimées. Et vous?

— Cela dépend des circonstances, dis-je en secouant la tête.

— Oh! alors si cela dépend de quelque chose, dites franchement que vous ne les aimez pas. Il faudra cependant vous résigner à entendre celle-ci ou à dire pourquoi.

— Je dirais tout de suite pourquoi, si je ne craignais pas de vous humilier; mais j'aime mieux prendre mon parti bravement et écouter votre histoire. On ne meurt pas d'ennui.

— Cela, c'est un bruit qu'on répand, mais il ne faut pas s'y fier. Je connais des gens qui en ont été bien près. Je reviens à mon Renard. « — Monsieur, repris-je, vous me semblez malheureux, « et vous m'intéressez vivement. Si je pouvais vous servir, croyez que « je vous serais fort obligé d'user de moi comme d'un ami véritable. » Touché par ces offres cordiales, il saisit ma main.

« — Je vous remercie, me dit-il; mon chagrin est du nombre de « ceux qui doivent rester sans soulagement; car il n'est au pouvoir de « personne de faire qu'elle m'aime, et qu'elle n'en aime pas un autre.

« — Cocotte? dis-je doucement.

« — Cocotte, » reprit-il avec un soupir.

« Le plus grand service qu'on puisse rendre à un amoureux, quand on ne peut pas lui ôter son amour, c'est de l'écouter parler. Il n'y a rien de plus heureux qu'un amant malheureux qui conte ses peines. Pénétré de ces vérités, je lui demandai sa confiance, et je l'obtins sans difficulté.

« La confiance est la première manie de l'amour.

« — Monsieur, me dit cet intéressant quadrupède, puisque vous « êtes assez bon pour désirer que je vous raconte quelques-uns des « incidents de la triste vie que je mène, il faut nécessairement que je « reprenne les choses d'un peu haut; car mon malheur date presque « de ma naissance.

« Je dois le jour au plus habile d'entre les Renards, et je ne lui dois « que cela, aucune de ses brillantes qualités n'ayant pu prospérer en moi. « L'air que je respirais, tout imprégné de malice et d'hypocrisie, me « pesait et me révoltait. Aussitôt que je me trouvai livré à mes inclina-« tions, je cherchai la société des Animaux qui étaient le plus anti-« pathiques à ceux de ma race. Il me semblait me venger ainsi des « Renards, que je détestais, et de la nature, qui m'avait inspiré des « goûts si peu en harmonie avec ceux de mes frères. Un gros Dogue,

« avec lequel je m'étais lié, m'avait appris à aimer et à protéger les
« faibles ; et je passais de longues heures à écouter ses leçons. La vertu
« n'avait pas seulement en lui un admirateur passionné, mais encore un
« disciple fervent ; et la première fois que je le vis mettre sa théorie en
« pratique, ce fut pour me sauver la vie. Le garde champêtre le plus sot
« qui soit dans le royaume me surprit dans la vigne de son maître, un
« jour que la chaleur accablante m'y avait fait chercher un abri et un
« raisin. Je fus ignominieusement arrêté et conduit devant le proprié-

« taire, revêtu d'une haute dignité municipale et dont l'attitude redou-
« table n'était pas faite pour calmer mon appréhension.

« Cependant, monsieur, cet être fort et superbe était en même temps
« le meilleur des Animaux ; il me pardonna, m'admit à sa table, et
« me nourrit des leçons de sagesse et de morale, qu'il avait puisées
« dans les plus grands auteurs, indépendamment d'autres aliments qu'il
« se plaisait à me fournir avec abondance.

« Je lui dois tout, monsieur, la sensibilité de mon cœur, la culture
« de mon esprit et jusqu'au bonheur de pouvoir converser aujourd'hui
« avec vous. Hélas ! je n'avais pas encore trouvé jusqu'ici qu'il eût acquis
« des droits à ma reconnaissance en me laissant la vie. Mais passons.
« Une foule de chagrins et de déboires, sur lesquels je ne m'appesan-
« tirai pas, car ils ne seraient pour vous d'aucun intérêt, ont marqué
« chaque époque de mon existence, jusqu'au jour fatal et charmant où,
« comme Roméo, je donnai tout mon amour à une créature de laquelle
« la haine qui divisait nos deux familles semblait m'avoir séparé pour
« jamais. Mais, moins heureux que lui, je ne fus pas aimé ! »

« Je l'interrompis avec surprise.

« — Quelle est donc, m'écriai-je, la beauté assez insensible pour ne
« pas répondre à tant d'amour? Quel est le héros idéal et vainqueur qui
« a pu vous être préféré? car, vous l'avez dit, Cocotte en aime un autre.

« — Cette beauté, monsieur, reprit-il d'un air humilié, c'est une
« Poule, et mon rival est un Coq.

« Je demeurai confondu.

« — Monsieur, lui dis-je avec autant de calme que cela me fut pos-
« sible, ne croyez pas qu'une inimitié récente et personnelle répande
« la moindre influence sur mon opinion à l'égard de cet Animal. Je
« me crois au-dessus de cela. Mais toute ma vie j'ai professé un si
« souverain mépris pour les individus de cette espèce, que je n'avais
« pas besoin de la sympathie bien naturelle qu'éveille en moi le récit
« de vos malheurs pour maudire l'attachement que Cocotte porte à
« celui-ci. En effet, quoi de plus sottement prétentieux et de plus pré-
« tentieusement ridicule qu'un Coq? quoi de plus égoïste et de plus
« occupé de soi-même? quoi de plus trivial et de plus bas? et comme
« il porte bien tous ces caractères-là dans l'expression de sa stupide
« beauté! Le Coq est certainement ce que je connais de plus laid, à
« force d'être absurde.

« — Il y a bien des Poules qui ne sont pas de votre avis, monsieur,
« dit mon jeune ami en soupirant; et l'amour de Cocotte est une triste
« preuve de la supériorité que donne un physique avantageux, rehaussé
« d'une grande assurance. Pendant un temps, trompé par le peu d'expé-
« rience que j'ai des choses de la vie et par l'excès de mon amour, j'avais
« espéré que ce dévouement profond et sans bornes serait compris tôt ou
« tard par celle qui l'inspire; que du moins on me tiendrait compte de la
« victoire qu'une passion insensée m'a fait remporter sur mes premiers
« penchants; car, vous le savez, monsieur, je n'étais pas né pour une
« pareille affection; et quoique l'éducation eût déjà bien modifié mes
« instincts, j'avais peut-être eu quelque mérite à spiritualiser un atta-
« chement qui se traduit ordinairement, du Renard à la Poule, d'une
« façon extrêmement matérielle. Mais l'amour heureux est impitoyable;
« et Cocotte me voit souffrir sans remords et presque sans s'en aperce-
« voir. Mon rival jouit de mes peines; car, au jeu de la fatuité et de l'in-
« solence, il est de première force. Mes amis indignés me méprisent et
« m'abandonnent : je suis seul sur la terre; mon protecteur a fini ses
« jours dans une retraite honorable; et je prendrais la vie en horreur,

« si cette folie, qui absorbe toutes mes pensées, ne l'entourait pas
« encore, malgré le tourment qu'elle me cause, d'un certain et inex-
« primable charme.

« Je vis pour voir celle que j'aime, et il faut que je la voie pour
« vivre : c'est un cercle vicieux dans lequel je tourne comme un malheu-
« reux écureuil dans sa cage ; sans espoir et sans volonté de sortir jamais
« de ma prison, je rôde autour de celle qui dérobe Cocotte à l'appétit
« féroce de mes semblables, et à l'attachement le plus passionné et le
« plus respectueux qui ait jamais été ressenti ici-bas. Je sens que je
« dois porter jusqu'à la fin de mes ans le poids de ma chaîne, et je ne
« m'en plaindrais pas, s'il m'était permis de penser qu'avant le terme de
« ma vie et de mes douleurs je pourrai prouver à cette créature adorable
« que j'étais digne de sa tendresse, ou du moins de sa pitié !

« Vous êtes si rempli d'indulgence, monsieur, que les circonstances
« toutes naturelles qui ont réuni nos deux existences ne vous seront
« peut-être pas tout à fait indifférentes.

« Il faut donc, si vous le permettez, que je vous fasse assister à
« un sanglant conciliabule qui eut lieu l'été dernier, et où le respect
« dû à la mémoire de mon père me fit seul admettre ; car, je vous
« l'ai déjà dit, mon goût pour la vie contemplative et mon éducation
« excentrique et humanitaire m'avaient toujours valu, de la part de
« mes proches, les coups de patte et les sarcasmes les plus amers. D'ail-
« leurs, l'assistance que j'aurais pu prêter dans une échauffourée du
« genre de celle dont il était question était une chose qui paraissait
« généralement douteuse.

« Il s'agissait simplement de surprendre, pendant l'absence du
« maître et de ses Chiens, la basse-cour de cette ferme que vous voyez
« ici près, et d'y accomplir un massacre dont les seuls préparatifs vous
« eussent fait dresser les cheveux sur la tête. — Pardon, dit-il en
« s'interrompant, je ne remarquais pas que vous portiez perruque.

« Malgré la douceur de mon caractère, je me prêtai d'assez bonne
« grâce à ce qu'on exigeait de moi : peut-être même, car un sot orgueil
« s'introduit dans tous les sentiments humains, ne fus-je pas fâché de
« prouver à mes amis, dans cette occasion dangereuse, que, tout rêveur
« que j'étais, je ne manquais pas d'audace quand le moment et le souper
« l'exigeaient ; et puis, je vous avoue que ce complot, dont le souvenir
« seul me fait frémir, ne me semblait pas alors aussi odieux qu'il l'était
« réellement. C'est que je n'aimais pas encore ; et il n'y a que l'amour

« qui rende tout à fait bon ou tout à fait méchant. Le soir venu,
« nous entrâmes triomphalement dans la cour peu défendue de la ferme,
« et nous y vîmes, sans remords, nos victimes futures déjà presque
« toutes livrées au sommeil. Vous savez que les Poules se couchent
« habituellement de fort bonne heure. Une seule veillait encore : c'était
« Cocotte.

« A sa vue, je ne sais quel trouble inconnu me saisit. Je crus d'abord
« être entraîné vers elle par une propension naturelle, et je m'en voulais
« de retrouver au fond de mon cœur ce vice de ma nature, que l'édu-
« cation avait tant travaillé à détruire en moi ; mais bientôt je reconnus
« qu'un tout autre sentiment s'était emparé de mon être. Je sentis ma
« férocité se fondre au feu de son regard ; j'admirai sa beauté : le
« danger qu'elle courait vint encore exalter mon amour. Que vous
« dirai-je, monsieur? je l'aimais, je le lui dis ; elle écouta mes serments
« comme une personne habituée aux hommages ; et je me retirai à
« l'écart, complétement séduit, pour rêver au moyen de la sauver. Je
« vous prie de remarquer que mon amour a commencé par une pensée
« qui n'était pas de l'égoïsme. Ceci est assez rare pour qu'on y fasse
« attention.

« Lorsque je crus avoir assez réfléchi au parti que j'avais à prendre,
« je revins vers ces Renards altérés de sang, dans la compagnie desquels
« j'avais le malheur d'être compromis, et je les engageai d'un air indiffé-
« rent à manger quelques œufs à la coque, afin de s'ouvrir l'appétit
« d'une manière décente, et ne pas passer pour des gloutons qui n'ont
« jamais vu le monde.

« Ma proposition fut adoptée à une assez forte majorité, ce qui me
« prouva que les Renards eux-mêmes se laissent facilement prendre par
« l'amour-propre.

« Pendant ce temps, dévoré d'inquiétude, je cherchais en vain une
« manière de faire comprendre à l'innocente Poulette dans quel péril elle
« était tombée. Tout occupée de voir s'engloutir sous leur dent cruelle
« l'espoir d'une nombreuse postérité, elle tendait à ses bourreaux une tête
« languissante. J'étais au supplice. Déjà plusieurs des compagnes de
« Cocotte avaient silencieusement passé du sommeil au trépas. Le Coq
« dormait sur les deux oreilles, au milieu de son harem envahi ; le
« moment devenait pressant. La douleur de celle que j'aimais me rendait
« quelque espoir : car elle l'absorbait tout entière ; mais je ne pensais pas
« sans horreur qu'un cri l'aurait tuée. Pour comble de tourment, mon

« tour vint de faire sentinelle : il fallait abandonner Cocotte au milieu de
« ces infâmes bandits. J'hésitais ; une lumière soudaine vint illuminer mon
« inquiétude. Je me précipitai à la porte ; et au bout d'un moment, par
« un adroit sauve qui peut, je jetai l'alarme parmi les Renards, la plu-

Je les engageai à manger quelques œufs à la coque.

« part chargés déjà d'une autre proie, et d'ailleurs trop effrayés pour
« songer au trésor qu'ils laissaient derrière eux. Je rentrai dans la cour
« de la ferme ; et ce ne fut qu'après m'être soigneusement assuré du
« départ de nos compagnons que j'eus le courage de quitter Cocotte, de

« me dérober à sa reconnaissance. Le souvenir de cette première entre-
« vue, quoique accompagnée de regrets qui sont presque des remords, est
« un des seuls charmes qui soient restés à ma vie. Hélas ! rien dans ce
« qui a suivi cette soirée, où naquit et se développa mon amour, n'était
« destiné à me la faire oublier. Je ne tardai pas à m'apercevoir, car je la
« suivais partout et toujours, de la préférence marquée qui était accordée
« à Cocotte par ce sultan criard que vous connaissez, et je ne m'aveu-
« glai pas non plus sur l'inclination naturelle qui la portait à lui rendre
« amour pour amour.

« Ce n'était que promenades sentimentales, que grains de millet
« donnés et repris, que petites manières engageantes et que cruautés
« étudiées ; enfin, monsieur, ce manége éternel des gens qui s'aiment,
« fort ridiculisé par les autres, et effectivement bien ridicule, s'il n'était
« pas si fort à envier.

« J'étais si habitué à être malheureux en tout, que cette découverte
« me trouva préparé. Je souffris sans me plaindre, et non sans quelque
« espérance.

« Les amants malheureux en ont toujours un peu, surtout quand ils
« disent qu'ils n'en ont plus.

« Un jour que, selon ma coutume, je rôdais silencieusement autour
« de la ferme, je fus témoin caché d'une scène qui rendit mon chagrin
« plus inconsolable, sans ajouter au faible espoir que je m'obstinais à
« nourrir encore. Je connais trop bien, pour mon malheur, les effets de
« l'amour pour supposer que les mauvais traitements puissent l'éteindre
« ou même l'affaiblir. Quand la personne est bien disposée, cela produit
« presque invariablement l'effet contraire.

« Or, monsieur, cet Animal stupide frappait d'ongles et de bec ma
« bien-aimée Cocotte, et moi, j'étais là, courroucé et muet, obligé
« de subir cet affreux spectacle. Le besoin de venger celle que j'aimais
« cédait à la crainte de la compromettre publiquement, et aussi, il faut
« l'avouer, à celle de voir mon secours repoussé par l'adorable cruelle
« que je serais venu défendre sans son consentement. Je souffrais plus
« qu'elle, vous le comprenez, et ce n'était pas même sans quelque
« amertume que je lisais dans ses yeux l'expression d'une résignation
« absolue et entêtée. J'aurais de bon cœur dévoré ce manant ; mais
« elle, hélas ! dans quelle douleur n'eût-elle pas été plongée !

« Cette pensée, que je sacrifiais mon ressentiment à son bonheur, me
« rendit la patience de tout voir jusqu'au bout, et enfin le courage de

« m'éloigner la mort dans l'âme, il est vrai, mais satisfait d'avoir
« remporté sur mes passions la plus difficile de toutes les victoires.

« J'avais encore une lutte à soutenir avec moi-même, cependant.
« Ce Coq, il faut le dire, n'avait aucun égard pour l'affection irrépro-
« chable de sa jeune favorite, et ses infidélités étaient nombreuses.
« Cocotte était trop aveuglée pour s'en apercevoir, et mon rôle de rival
« eût été de l'avertir ; mais je vous l'ai déjà souvent répété, monsieur,
« j'aimais en elle jusqu'à cette tendresse si mal payée et si mal com-
« prise, et je n'aurais pas voulu conquérir un amour si désirable, en
« lui enlevant la plus chère de ses illusions.

« Ces paroles vous semblent étranges dans ma bouche, je le vois ;
« souvent, lorsque je reviens sur une foule de sensations trop subtiles
« pour être conservées au fond de la mémoire, et que, par conséquent,
« j'ai dû omettre dans le récit que je vous fais, j'hésite aussi à me
« comprendre.

« Alors, l'image et les préceptes de mon vieux et tendre professeur
« se représentent à moi : la solitude, la rêverie, l'amour surtout, ont
« achevé son ouvrage. Je suis bon, j'en suis sûr, et je me crois élevé,
« par mes sentiments et mon intelligence, au-dessus de ceux de mon
« espèce ; mais évidemment, je suis aussi bien plus malheureux. Parmi
« vous, n'en est-il pas toujours ainsi ?

« Qu'ajouterai-je encore ? Les incidents d'un amour qui n'est pas
« partagé sont peu variés, et je suis étonné que, lorsqu'on a beaucoup
« souffert, on n'ait rien à raconter ; c'est un dédommagement pour bien
« des gens, et peut-être l'éprouverais-je. Quoi qu'il en soit, vous devez
« avoir maintenant une idée de ma triste existence, et ma seule ambition
« était d'être plaint quelque jour par une âme d'élite. La seule fois que
« j'aie rencontré Cocotte, et que j'aie pu lui parler librement de mon
« amour, si je puis donner le nom de liberté à l'embarras qui enchaînait
« mes mouvements et ma langue, elle m'a témoigné, comme je m'y
« attendais, un si profond dédain, elle a répondu à mes protestations
« et à mes serments par un ton de raillerie si froide, que j'ai juré de
« mourir plutôt que de l'importuner davantage du récit de mon déplo-
« rable amour. Je me contente de veiller sur elle et sur son amant,
« et d'éloigner de cette maison les Animaux nuisibles et malfaisants.
« Je n'en redoute plus qu'un, et, malheureusement, celui-là, il est
« partout, et presque partout il fait du mal. C'est l'Homme.

« Maintenant, ajouta-t-il, permettez que je me sépare de vous.

« Voici l'heure où le soleil va se coucher, et je ne dormirais pas si je
« manquais le moment où je puis voir Cocotte sauter gracieusement sur
« l'échelle qui monte au poulailler. Souvenez-vous de moi, monsieur, et

Elle a répondu à mes protestations et à mes serments par un ton de raillerie
si froide, que j'ai juré de mourir...

« quand on vous dira que les Renards sont méchants, n'oubliez pas que
« vous avez connu un Renard sensible, et, par conséquent, malheureux. »

« Est-ce fini ? dis-je.

— Sans doute, reprit Breloque, à moins cependant que vous n'ayez
pris assez d'intérêt à mes personnages pour désirer savoir ce qu'ils
sont devenus?

— Ce n'est jamais l'intérêt qui me guide, répliquai-je, mais j'aime assez que chaque chose soit à sa place; et mieux vaut savoir ce que ces gens-là font pour le moment, que de risquer de les rencontrer quelque part où ils n'auraient que faire, et où je pourrais me dispenser d'aller.

— Eh bien, monsieur, cet ennemi que l'exquise raison de mon jeune ami avait apprise à connaître, cet être chez qui le désœuvrement et l'orgueil ont civilisé la férocité et la barbarie, cet Homme, puisqu'il faut l'appeler par son nom, est venu appliquer à l'infortunée Cocotte une ancienne idée de Poule au riz, qui avait fait déjà bien des victimes parmi les Poules et parmi ceux qui les mangent, car c'est une détestable chose; mais je ne m'en plains pas, il faut que justice se fasse!

« Elle a succombé, et son malheureux amant, attiré par ses cris, a payé de sa vie un dévouement dont on n'a guère d'exemples chez nous. Je n'en connaissais qu'un, et l'autre soir on m'a prouvé, plus clairement que deux et deux font quatre, que mon héros était bon à pendre, ce qui fait que j'ai maintenant le cœur très-dur, de peur d'être sensible injustement.

— On ne saurait prendre trop de précautions. Et le Coq?

— Tenez, écoutez; le voilà qui chante!

— Bah! le même?

— Et qu'importe, mon Dieu! que l'individu soit changé, si les sentiments de l'autre revivent dans celui-là, si c'est toujours le même égoïsme, la même brutalité, la même sottise?

— Allons au fond des choses, mon ami Breloque, lui dis-je. Je crois que vous ne lui avez pas encore pardonné la fuite de l'Apollon?

— Oh! détrompez-vous. Je crois pouvoir affirmer que mon cœur n'a jamais gardé rancune à personne en particulier; c'est pour cela que j'ai peut-être le droit de haïr beaucoup de choses en général.

— N'auriez-vous pas pour les Coqs la même haine de préjugé que j'ai, moi, pour les Renards? Je serais bien libre de vous faire un conte fantastique sur ceux-ci, comme vous m'en avez fait un sur ceux-là. N'ayez-pas peur, je m'en garderai bien; et d'ailleurs, vous ne croiriez pas plus au mien que je ne crois au vôtre, parce qu'il est déraisonnable de se mettre en guerre avec les idées reçues, et de dire des absurdités que personne n'a jamais dites.

— Je voudrais, répliqua Breloque, qu'on me démontrât l'urgence d'être en accord parfait avec tout ce qui est reçu depuis le déluge et peut-être auparavant, quand on fait un conte, et de dire des absurdités que tout le monde a déjà dites.

— Nous pourrions discuter cela jusqu'à demain, et c'est ce que nous ne ferons pas ; mais permettez-moi de penser que si le Coq n'offre pas le modèle de toutes les vertus, si sa délicatesse, sa grandeur et sa géné-

Mon héros était bon à pendre.

rosité peuvent être mises en doute, il ne faudrait cependant pas trop conseiller aux Poules une confiance absolue dans le dévouement et la sensibilité du Renard. Pour moi, je ne suis pas du tout convaincu, et je cherche encore quel intérêt votre Renard a pu avoir à se conduire comme il l'a fait. Si je le découvre, je l'aimerai moins, mais je le comprendrai mieux.

— C'est un grand malheur, mon ami, croyez-le bien, reprit tristement Breloque, de ne jamais voir que le mauvais côté des choses. Il m'est souvent venu à la pensée que si l'adorateur de Cocotte avait réussi à s'en faire aimer, le premier usage qu'il aurait fait de son autorité, eût été de la croquer.

— Cela, je n'en doute pas un instant.

— Hélas! ni moi non plus, monsieur, mais j'en suis bien fâché. »

CHARLES NODIER.

GUIDE-ANE

A L'USAGE

DES ANIMAUX QUI VEULENT PARVENIR AUX HONNEURS

ESSIEURS les Rédacteurs, les Anes sentent le besoin de s'opposer, à la Tribune Animale, contre l'injuste opinion qui fait de leur nom un symbole de bêtise. Si la capacité manque à celui qui vous envoie cette écriture, on ne dira pas du moins qu'il ait manqué de courage. Et d'abord, si quelque philosophe examine un jour la bêtise dans ses rapports avec la société, peut-être trouvera-t-on que le bonheur se comporte absolument comme un Ane. Puis, sans les Anes, les majorités ne se formeraient pas : ainsi l'Ane peut passer pour le type du gouverné. Mais mon intention n'est pas de parler politique. Je m'en tiens à montrer que nous avons beaucoup plus de chances que les gens d'esprit pour arriver aux honneurs, nous ou ceux qui sont faits à notre image : songez que l'Ane parvenu qui vous adresse cet intéressant Mémoire vit aux dépens d'une grande nation, et qu'il est logé, sans princesse, hélas! aux frais du gouvernement britannique dont les prétentions puritaines vous ont été dévoilées par une Chatte.

Mon maître était un simple instituteur primaire aux environs de Paris, que la misère ennuyait fort. Nous avions cette première et constitutive ressemblance de caractère, que nous aimions beaucoup à nous occuper à ne rien faire et à bien vivre. On appelle ambition cette tendance propre aux Anes et aux Hommes : on la dit développée par l'état de société, je la crois excessivement naturelle. En apprenant que j'appartenais à un maître d'école, les Anesses m'envoyèrent leurs petits, à qui je voulus montrer à s'exprimer correctement; mais ma classe n'eut aucun succès et fut dissipée à coups de bâton. Mon maître était évidemment jaloux : mes Bourriquets brayaient couramment quand les siens

ânonnaient encore, et je l'entendais disant avec une profonde injustice : « Vous êtes des Anes ! » Néanmoins mon maître fut frappé des résultats de ma méthode qui l'emportait évidemment sur la sienne.

« Pourquoi, se dit-il, les petits de l'Homme mettent-ils beaucoup plus de temps à parler, à lire et à écrire, que les Anes à savoir la somme de science qui leur est nécessaire pour vivre? Comment ces Animaux apprennent-ils si promptement tout ce que savent leurs pères? Chaque Animal possède un ensemble d'idées, une collection de calculs invariables qui suffisent à la conduite de sa vie et qui sont tous aussi dissemblables que le sont les Animaux entre eux! Pourquoi l'Homme est-il destitué de cet avantage? » Quoique mon maître fût d'une ignorance crasse en histoire naturelle, il aperçut une science dans la réflexion que je lui suggérais, et résolut d'aller demander une place au ministère de l'instruction publique, afin d'étudier cette question aux frais de l'État.

Nous entrâmes à Paris, l'un portant l'autre, par le faubourg Saint-Marceau. Quand nous parvînmes à cette élévation qui se trouve après la barrière d'Italie et d'où la vue embrasse la capitale, nous fîmes l'un et l'autre cette admirable oraison postulatoire en deux langues.

Lui : « O sacrés palais où se cuisine le budget! quand la signature d'un professeur parvenu me donnera-t-elle le vivre et le couvert, la croix de la Légion d'honneur et une chaire de n'importe quoi, n'importe où? Je compte dire tant de bien de tout le monde, qu'il sera difficile de dire du mal de moi. Mais comment parvenir au ministre, et comment lui prouver que je suis digne d'occuper une place quelconque? »

Moi : « O charmant Jardin des Plantes, où les Animaux sont si bien soignés, asile où l'on boit et où l'on mange sans avoir à craindre les coups de bâton, m'ouvriras-tu jamais tes steppes de vingt pieds carrés, tes vallées suisses larges de trente mètres? Serai-je jamais un Animal couché sur l'herbe du budget? Mourrai-je de vieillesse entre tes élégants treillages, étiqueté sous un numéro quelconque, avec ces mots : *Ane d'Afrique, donné par un tel, capitaine de vaisseau.* Le roi viendra-t-il me voir? »

Après avoir ainsi salué la ville des acrobates et des prestidigitateurs, nous descendîmes dans les défilés puants du célèbre faubourg plein de cuirs et de science, où nous nous logeâmes dans une misérable auberge encombrée de Savoyards avec leurs Marmottes, d'Italiens avec leurs Singes, d'Auvergnats avec leurs Chiens, de Parisiens avec leurs Souris blanches, de harpistes sans cordes et de chanteurs enroués, tous Animaux savants. Mon maître, séparé du suicide par six pièces de cent sous, avait pour trente francs d'espérance. Cet hôtel, dit de la Miséricorde, est un de ces établissements philanthropiques où l'on couche pour deux sous par nuit, et où l'on dîne pour neuf sous par repas. Il y existe une vaste écurie où les mendiants et les pauvres, où les artistes ambulants mettent leurs Animaux, et où naturellement mon maître me fit entrer, car il me donna pour un Ane savant. Marmus, tel était le nom de mon maître, ne put s'empêcher de contempler la curieuse assemblée des Bêtes dépravées auxquelles il me livrait. Une marquise en falbalas, en bibi à plumes, à ceinture dorée, Guenon vive comme la poudre, se laissait conter fleurette par un soldat, héros des parades populaires, un vieux Lapin qui faisait admirablement l'exercice. Un Caniche intelligent, qui jouait à lui seul un drame de l'école moderne, s'entretenait des caprices du public avec un grand Singe assis sur son chapeau de troubadour. Plusieurs souris grises au repos admiraient une Chatte habituée à respecter deux Serins, et qui causait avec une Marmotte éveillée.

« Et moi, dit mon maître, qui croyais avoir découvert une science, celle des Instincts comparés, ne voilà-t-il pas des cruels démentis dans cette écurie! Toutes ces Bêtes se sont faites Hommes!

— Monsieur veut se faire savant? dit un jeune Homme à mon maître. La science vous absorbe et l'on reste en chemin! Pour parvenir, apprenez, jeune ambitieux dont les espérances se révèlent par l'état de vos vêtements, qu'il faut marcher, et, pour marcher, nous ne devons pas avoir de bagage.

— A quel grand politique ai-je l'honneur de parler? dit mon maître.

— A un pauvre garçon qui a essayé de tout, qui a tout perdu, excepté son énorme appétit, et qui, en attendant mieux, vit de canards aux journaux et loge à la Miséricorde. Et qui êtes-vous?

— Un instituteur primaire démissionnaire, qui naturellement ne sait pas grand'chose, mais qui s'est demandé pourquoi les Animaux possédaient *à priori* la science spéciale de leur vie, appelée *instinct*, tandis l'Homme n'apprend rien sans des peines inouïes.

— Parce que la science est inutile! s'écria le jeune Homme. Avez-vous jamais étudié le *Chat-Botté?*

— Je le racontais à mes élèves quand ils avaient été sages.

— Eh bien, mon cher, là est la règle de conduite pour tous ceux qui veulent parvenir. Que fait le Chat? Il annonce que son maître possède des terres, et on le croit! Comprenez-vous qu'il suffit de faire savoir qu'on a, qu'on est, qu'on possède? Qu'importe que vous n'ayez rien, que vous ne soyez rien, que vous ne possédiez rien, si les autres croient?

Mais *vœ soli!* a dit l'Écriture. En effet, il faut être deux en politique comme en amour, pour enfanter une œuvre quelconque. Vous avez inventé, mon cher, l'*instinctologie*, et vous aurez une chaire d'*Instincts comparés*. Vous allez être un grand savant, et moi je vais l'annoncer

au monde, à l'Europe, à Paris, au ministre, à son secrétaire, aux commis, aux surnuméraires! Mahomet a été bien grand quand il a eu quelqu'un pour soutenir à tort et à travers qu'il était prophète.

— Je veux bien être un grand savant, dit Marmus, mais on me demandera d'expliquer ma science.

— Serait-ce une science, si vous pouviez l'expliquer?

— Encore faut-il un point de départ.

— Oui, dit le jeune journaliste, nous devrions avoir un Animal qui dérangerait toutes les combinaisons de nos savants. Le baron Cerceau, par exemple, a passé sa vie à parquer les Animaux dans des divisions absolues, et il y tient, c'est sa gloire à lui; mais, en ce moment, de grands philosophes brisent toutes les cloisons du baron Cerceau. Entrons dans le débat. Selon nous, l'instinct sera la pensée de l'Animal, évidemment plus distinctible par sa vie intellectuelle que par ses os, ses tarses, ses dents, ses vertèbres. Or, quoique l'instinct subisse des modifications, il est *un* dans son essence, et rien ne prouvera mieux l'unité des choses, malgré leur apparente diversité. Ainsi, nous soutiendrons qu'il n'y a qu'un Animal comme il n'y a qu'un instinct; que l'instinct est, dans toutes les organisations animales, l'appropriation des moyens à la vie, que les circonstances changent et non le principe. Nous intervenons par une science nouvelle contre le baron Cerceau, en faveur des grands naturalistes philosophes qui tiennent pour l'Unité zoologique, et nous obtiendrons du tout-puissant baron de bonnes conditions en lui vendant notre science.

— Science n'est pas conscience, dit Marmus. Eh bien, je n'ai plus besoin de mon Ane.

— Vous avez un Ane! s'écria le journaliste, nous sommes sauvés! Nous allons en faire un Zèbre extraordinaire qui attirera l'attention du monde savant sur votre système des Instincts comparés, par quelque singularité qui dérangera les classifications. Les savants vivent par la nomenclature, renversons la nomenclature. Ils s'alarmeront, ils capituleront, ils nous séduiront, et, comme tant d'autres, nous nous laisserons séduire. Il se trouve dans cette auberge des charlatans qui possèdent des secrets merveilleux. C'est ici que se font les Sauvages qui mangent des Animaux vivants, les Hommes squelettes, les Nains pesant cent cinquante kilogrammes, les Femmes barbues, les Poissons démesurés, les êtres monstrueux. Moyennant quelques politesses, nous aurons les moyens de préparer aux savants quelque fait révolutionnaire. »

A quelle sauce allait-on me mettre? Pendant la nuit on me fit des incisions transversales sur la peau, après m'avoir rasé le poil, et un charlatan m'y appliqua je ne sais quelle liqueur. Quelques jours après, j'étais célèbre. Hélas! j'ai connu les terribles souffrances par lesquelles s'achète toute célébrité. Dans tous les journaux, les Parisiens lisaient :

« Un courageux voyageur, un modeste naturaliste, Adam Marmus,
« qui a traversé l'Afrique en passant par le centre, a ramené, des mon-
« tagnes de la Lune, un Zèbre dont les particularités dérangent sensi-
« blement les idées fondamentales de la zoologie, et donnent gain de
« cause à l'illustre philosophe qui n'admet aucune différence dans les

« organisations animales, et qui a proclamé, aux applaudissements des
« savants de l'Allemagne, le grand principe d'une même contexture
« pour tous les Animaux. Les bandes de ce Zèbre sont jaunes et se
« détachent sur un fond noir. Or, on sait que les zoologistes, qui tien-
« nent pour les divisions impitoyables, n'admettaient pas qu'à l'état
« sauvage le genre Cheval eût la robe noire. Quant à la singularité des
« bandes jaunes, nous laissons au savant Marmus la gloire de l'expli-
« quer dans le beau livre qu'il compte publier sur *les Instincts comparés,*
« science qu'il a créée en observant dans le centre de l'Afrique plusieurs
« Animaux inconnus. Ce Zèbre, la seule conquête scientifique que les
« dangers d'un pareil voyage lui aient permis de rapporter, marche à la
« façon de la Girafe. Ainsi, l'instinct des Animaux se modifierait selon
« les milieux où ils se trouvent. De ce fait, inouï dans les annales de
« la science, découle une théorie nouvelle de la plus haute importance
« pour la zoologie. M. Adam Marmus exposera ses idées dans un cours
« public, malgré les intrigues des savants dont les systèmes vont être
« ruinés, et qui déjà lui ont fait refuser la salle Saint-Jean à l'Hôtel
« de ville. »

Tous les journaux, et même le grave *Moniteur,* répétèrent cet audacieux canard. Pendant que le Paris savant se préoccupait de ce fait,
Marmus et son ami s'installaient dans un hôtel décent de la rue de
Tournon, où il y avait pour moi une écurie, de laquelle ils prirent la
clef. Les savants en émoi envoyèrent un académicien armé de ses
ouvrages, et qui ne dissimula point l'inquiétude causée par ce fait à la
doctrine fataliste du baron Cerceau. Si l'instinct des Animaux changeait
selon les climats, selon les milieux, l'Animalité était bouleversée. Le
grand Homme qui osait prétendre que le principe *vie* s'accommodait à
tout allait avoir définitivement raison contre l'ingénieux baron qui sou-
tenait que chaque classe était une organisation à part. Il n'y avait plus
aucune distinction à faire entre les Animaux que pour le plaisir des
amateurs de collections. Les Sciences naturelles devenaient un joujou!
L'Huître, le Polype du corail, le Lion, le Zoophyte, les Animalcules
microscopiques et l'Homme étaient le même appareil modifié seulement
par des organes plus ou moins étendus. Salteinbeck le Belge, Vos-man-
Betten, sir Fairnight, Gobtoussell, le savant danois Sottenbach, Crâne-
berg, les disciples aimés du professeur français, l'emportaient avec leur
doctrine unitaire sur le baron Cerceau et ses nomenclatures. Jamais fait
plus irritant n'avait été jeté entre deux partis belligérants. Derrière

Cerceau se rangeaient des académiciens, l'Université, des légions de professeurs, et le Gouvernement appuyait une théorie présentée comme la seule en harmonie avec la Bible.

Marmus et son ami se tinrent fermes. Aux questions de l'académicien, ils répondirent par l'affirmation sèche des faits et par l'exposition de leur doctrine. En sortant, l'académicien leur dit alors : « Messieurs, entre nous, oui, le professeur que vous venez appuyer est un Homme d'un profond et audacieux génie; mais son système, qui peut-être explique le monde, je n'en disconviens pas, ne doit pas se faire jour : il faut, dans l'intérêt de la science...

— Dites des savants, s'écria Marmus.

— Soit, reprit l'académicien; il faut qu'il soit écrasé dans son œuf : car, après tout, messieurs, c'est le panthéisme.

— Croyez-vous? dit le jeune journaliste.

— Comment admettre une attraction moléculaire, sans un libre arbitre qui laisse alors la matière indépendante de Dieu?

— Pourquoi Dieu n'aurait-il pas tout organisé par la même loi? dit Marmus.

— Vous voyez, dit le journaliste à l'oreille de l'académicien, il est d'une profondeur newtonienne. Pourquoi ne le présenteriez-vous pas au ministre de l'instruction publique?

— Mais certainement, dit l'académicien heureux de pouvoir se rendre maître du Zèbre révolutionnaire.

— Peut-être le ministre serait-il satisfait d'être le premier à voir notre curieux Animal, et vous nous feriez le plaisir de l'accompagner, reprit mon maître.

— Je vous remercie...

— Le ministre pourra dès lors apprécier les services qu'un pareil voyage a rendus à la science, dit le journaliste sans laisser la parole à l'académicien. Mon ami peut-il avoir été pour rien dans les montagnes de la Lune? Vous verrez l'Animal, il marche à la manière des Girafes. Quant à ses bandes jaunes sur fond noir, elles proviennent de la température de ces montagnes, qui est de plusieurs zéros Fahrenheit et de beaucoup de zéros Réaumur.

— Peut-être serait-il dans vos intentions d'entrer dans l'instruction publique? demanda l'académicien.

— Belle carrière! s'écria le journaliste en faisant un haut-le-corps.

— Oh! je ne vous parle pas de faire ce métier d'oison qui consiste à mener les élèves aux champs et les surveiller au bercail; mais au lieu de professer à l'Athénée, qui ne mène à rien, il est des suppléances à des chaires qui mènent à tout, à l'Institut, à la Chambre, à la Cour, à la Direction d'un théâtre ou d'un petit journal. Enfin nous en causerons. »

Ceci se passait dans les premiers jours de l'année 1834, époque à laquelle les ministres éprouvaient le besoin de se populariser. Le ministre de l'instruction publique, qui savait tout, et même un peu de politique, fut averti par l'académicien de l'importance d'un pareil fait relativement au système du baron Cerceau. Ce ministre un peu momier (on nomme ainsi, dans la république de Genève, les protestants exagérés) n'aimait pas l'invasion du panthéisme dans la science. Or, le baron Cerceau,

Faire ce métier d'oison qui consiste à mener les élèves aux champs.

momier par excellence, qualifiait la grande doctrine de l'Unité zoologique de doctrine panthéiste, espèce d'aménité de savant : en science, on se traite poliment de panthéiste pour ne pas lâcher le mot *athée*.

Les partisans du système de l'unité zoologique apprirent qu'un ministre devait faire une visite au précieux Zèbre, et craignirent les séductions. Le plus ardent des disciples du grand Homme accourut alors, et voulut voir l'illustre Marmus : les faits-Paris étaient montés à cette brillante épithète par d'habiles transitions. Mes deux maîtres refusèrent de me montrer. Je ne savais pas encore marcher comme ils le voulaient et le poil de mes bandes, jauni au moyen d'une cruelle application chimique, n'était pas encore assez fourni. Ces deux habiles intrigants firent causer le jeune disciple, qui leur développa le magnifique système de l'unité zoologique, dont la pensée est en harmonie avec la grandeur et la simplicité du créateur, et dont le principe concorde à celui trouvé par Newton pour expliquer les mondes supérieurs. Mon maître écoutait de toutes mes oreilles.

« Nous sommes en pleine science et *notre* Zèbre domine la question, dit le jeune journaliste.

— *Mon* Zèbre, répondit Marmus, n'est plus un Zèbre, mais un fait qui engendre une science.

— Votre science des Instincts comparés, reprit l'unitariste, appuie la remarque due au savant sir Fairnight sur les Moutons d'Espagne, d'Écosse, de Suisse, qui paissent différemment, selon la disposition de l'herbe.

— Mais, s'écria le journaliste, les produits ne sont-ils pas également différents, selon les milieux atmosphériques? Notre Zèbre à l'allure de Girafe explique pourquoi l'on ne peut pas faire le beurre blanc de la Brie en Normandie, ni réciproquement le beurre jaune et le fromage de Neufchâtel à Meaux.

— Vous avez mis le doigt sur la question, s'écria le disciple enthousiasmé. Les petits faits font les grandes découvertes. Tout se tient dans la science. La question des fromages est intimement liée à la question de la forme zoologique et à celle des Instincts comparés. L'instinct est tout l'Animal, comme la pensée est l'Homme concentré. Si l'instinct se modifie et change selon les milieux où il se développe, où il agit, il est clair qu'il en est de même du *Zoon*, de la forme extérieure que prend la vie. Il n'y a qu'un principe, une même forme.

— Un même patron pour tous les êtres, dit Marmus.

— Dès lors, reprit le disciple, les nomenclatures sont bonnes pour nous rendre compte à nous-mêmes des différences, mais elles ne sont plus la science.

— Ceci, monsieur, dit le journaliste, est le massacre des Vertébrés et des Mollusques, des Articulés et des Rayonnés, depuis les Mammifères jusqu'aux Cirrhopodes, depuis les Acéphales jusqu'aux Crustacés! Plus d'Échinodermes, ni d'Acalèphes, ni d'Infusoires! Enfin, vous abattez toutes les cloisons inventées par le baron Cerceau! Et tout va devenir si simple, qu'il n'y aura plus de science, il n'y aura plus qu'une loi... Ah! croyez-le bien, les savants vont se défendre, et il y aura bien de l'encre de répandue! Pauvre humanité! Non, ils ne laisseront pas tranquillement un homme de génie annuler ainsi les ingénieux travaux de tant d'observateurs qui ont mis la création en bocal! On nous calomniera autant que votre grand philosophe a été calomnié. Or, voyez ce qui est arrivé à Jésus-Christ qui a proclamé l'égalité des âmes, comme vous voulez proclamer l'unité zoologique! C'est à faire frémir. Ah! Fontenelle avait raison : fermons les poings quand nous tenons une vérité.

— Auriez-vous peur, messieurs? dit le disciple du Prométhée des sciences naturelles. Trahiriez-vous la sainte cause de l'Animalité?

— Non, monsieur, s'écria Marmus, je n'abandonnerai pas la science à laquelle j'ai consacré ma vie; et, pour vous le prouver, nous rédigerons ensemble la notice sur mon Zèbre.

— Hein! vous voyez, tous les Hommes sont des enfants, l'intérêt les aveugle, et pour les mener il suffit de connaître leurs intérêts, dit le jeune journaliste à mon maître, quand l'unitariste fut parti.

— Nous sommes sauvés! » dit Marmus.

Une notice fut donc savamment rédigée sur le Zèbre du centre de l'Afrique par le plus habile disciple du grand philosophe, qui, plus hardi sous le nom de Marmus, formula complètement la doctrine. Mes deux maîtres entrèrent alors dans la phase la plus amusante de la célébrité. Tous deux se virent accablés d'invitations à dîner en ville, de soirées, de matinées dansantes. Ils furent proclamés savants et illustres par tant de monde, qu'ils eurent trop de complices pour jamais être autre chose que des savants du premier ordre. L'épreuve du beau travail de Marmus fut envoyée au baron Cerceau. L'Académie des sciences trouva dès lors l'affaire si grave, qu'aucun académicien n'osait donner un avis.

« Il faut voir, il faut attendre, » disait-on.

M. Salteinbeck, le savant belge, avait pris la poste. M. Vos-man-Betten de Hollande, et l'illustre Fabricius Gobtoussell étaient en route pour voir ce fameux Zèbre, ainsi que sir Fairnight. Le jeune et ardent disciple de la doctrine de l'Unité zoologique travaillait à un mémoire dont les conclusions étaient terribles contre les formules de Cerceau.

Déjà, dans la botanique, un parti se formait, qui tenait pour l'Unité de composition des plantes. L'illustre professeur de Candolle, le non moins illustre de Mirbel, éclairés par les audacieux travaux de M. Dutrochet, hésitaient encore par pure condescendance pour l'autorité de Cerceau. L'opinion d'une parité de composition chez les produits de la botanique et chez ceux de la zoologie gagnait du terrain. Cerceau décida le ministre à visiter le Zèbre. Je marchais alors au gré de mes maîtres. Le charlatan m'avait fait une queue de vache, et mes bandes jaunes et noires me donnaient une parfaite ressemblance avec une guérite autrichienne.

« C'est étonnant! dit le ministre en me voyant me porter alternativement sur les deux pieds gauches et sur les deux pieds droits pour marcher.

— Etonnant, dit l'académicien ; mais ce ne serait pas inexplicable.

— Je ne sais pas, dit l'âpre orateur devenu complaisant ministre, comment on peut conclure de la diversité à l'unité.

— Affaire d'entêté, » dit spirituellement Marmus sans se prononcer encore.

Ce ministre, Homme de doctrines absolues, sentait la nécessité de résister aux faits subversifs, et il se mit à rire de cette raillerie.

« Il est bien difficile, monsieur, reprit-il en prenant Marmus par le bras, que ce Zèbre, habitué à la température du centre de l'Afrique, vive rue de Tournon.... »

En attendant cet arrêt cruel, je fus si affecté que je me mis à marcher naturellement.

« Laissons-le vivre tant qu'il pourra, dit mon maître effrayé de mon intelligente opposition, car j'ai pris l'engagement de faire un cours à l'Athénée, et il ira bien jusque-là...

— Vous êtes un homme d'esprit, vous aurez bientôt trouvé des élèves pour votre belle science des Instincts comparés, qui, remarquez-le bien, doit être en harmonie avec les doctrines du baron Cerceau. Ne sera-t-il pas cent fois plus glorieux pour vous de vous faire représenter par un disciple?

— J'ai, dit alors le baron Cerceau, un élève d'une grande intelligence qui répète admirablement ce qu'on lui apprend ; nous nommons cette espèce d'écrivain un vulgarisateur...

— Et nous un Perroquet, dit le journaliste.

— Ces gens rendent de vrais services aux sciences ; ils les expliquent et savent se faire comprendre des ignorants.

— Ils sont de plain-pied avec eux, répondit le journaliste.

— Eh bien! il se fera le plus grand plaisir d'étudier la théorie des Instincts comparés et de la coordonner avec l'Anatomie comparée et avec la Géologie ; car, en science, tout se tient.

— Tenons-nous donc, » dit Marmus en prenant la main du baron Cerceau et lui manifestant le plaisir qu'il avait de se rencontrer avec le plus grand, le plus illustre des naturalistes.

Le ministre promit alors sur les fonds destinés à l'encouragement des sciences, des lettres et des arts une somme assez importante à l'illustre Marmus, qui dut recevoir auparavant la croix de la Légion d'honneur. La Société de géographie, jalouse d'imiter le gouvernement, offrit à Marmus un prix de dix mille francs pour son voyage aux montagnes de la Lune. Par le conseil de son ami le journaliste, mon maître rédigeait, d'après tous les voyages précédents en Afrique, une relation de son voyage. Il fut reçu membre de la Société géographique.

Le journaliste, nommé sous-bibliothécaire au Jardin des Plantes, commençait à faire tympaniser dans les petits journaux le grand philosophe : on le regardait comme un rêveur, comme l'ennemi des savants, comme un dangereux panthéiste, on s'y moquait de sa doctrine.

Ceci se passait pendant les tempêtes politiques des années les plus tumultueuses de la révolution de Juillet. Marmus acheta sur-le-champ une maison à Paris, avec le produit de son prix et de la gratification ministérielle. Le voyageur fut présenté à la cour, où il se contenta d'écouter. On y fut si enchanté de sa modestie, qu'il fut aussitôt nommé conseiller de l'Université. En étudiant les Hommes et les choses autour de lui, Marmus comprit que les cours étaient inventés pour ne rien dire ; il accepta donc le jeune Perroquet que le baron Cerceau lui proposa, et dont la mission était, en exposant la science des Instincts comparés, d'étouffer le fait du Zèbre en le traitant d'une exception monstrueuse : il y a, dans les sciences, une manière de grouper les faits, de les déterminer, comme en finance, une manière de grouper les chiffres.

Le grand philosophe, qui n'avait ni places à donner, ni aucun gouvernement pour lui autre que le gouvernement de la science à la tête de laquelle l'Allemagne le mettait, tomba dans une tristesse profonde en apprenant que le cours des Instincts comparés allait être fait par un adepte du baron Cerceau, devenu le disciple de l'illustre Marmus. En se promenant le soir sous les grands marronniers, il déplorait le schisme introduit dans la haute science, et les manœuvres auxquelles l'entêtement de Cerceau donnait lieu.

« On m'a caché le Zèbre ! » s'écria-t-il.

Ses élèves étaient furieux. Un pauvre auteur entendit par la grille de la rue de Buffon l'un d'eux s'écrier en sortant de cette conférence :

« O Cerceau ! toi si souple et si clair, si profond analyste, écrivain si élégant, comment peux-tu fermer les yeux à la vérité? Pourquoi persécuter le vrai? Si tu n'avais que trente ans, tu aurais le courage de refaire la science. Tu penses à mourir dans tes nomenclatures, et tu ne songes pas à l'inexorable postérité qui les brisera, armée de l'Unité zoologique que nous lui léguerons ! »

Le cours où devait se faire l'exposition de la science des Instincts comparés eut lieu devant la plus brillante assemblée, car il était surtout mis à la portée des Femmes. Le disciple du grand Marmus, déjà qualifié d'ingénieux orateur dans les réclames envoyées aux journaux par le bibliothécaire, commença par dire que nous étions devancés sur ce point par les Allemands : Vittembock et Mittemberg, Clarenstein, Borborinski, Valerius et Kirbach avaient établi, démontré que la Zoologie se métamorphoserait un jour en Instinctologie. Les divers instincts répondaient aux organisations classées par Cerceau. Et, partant de là, le jeune Perroquet répéta, dans une charmante phraséologie, tout ce que de savants observateurs avaient écrit sur l'instinct, il expliqua l'instinct, il raconta les merveilles de l'instinct, il joua des variations sur l'instinct, absolument comme Paganini jouait des variations sur la quatrième corde de son violon.

Les bourgeois, les Femmes s'extasièrent. Rien n'était plus instructif, ni plus intéressant. Quelle éloquence ! on n'entendait de si belles choses qu'en France !

La province lut dans tous les journaux ce fait, à la rubrique de Paris :

« Hier, à l'Athénée, a eu lieu l'ouverture du cours d'Instincts

« comparés, par le plus habile élève de l'illustre Marmus, le créateur
« de cette nouvelle science, et cette première séance a réalisé tout ce
« qu'on en attendait. Les Émeutiers de la science avaient espéré trou-
« ver un allié dans ce grand zoologiste; mais il a été démontré que
« l'Instinct était en harmonie avec la Forme. Aussi l'auditoire a-t-il
« manifesté la plus vive approbation en trouvant Marmus d'accord avec
« notre illustre Cerceau. »

Les partisans du grand philosophe furent consternés; ils devinaient bien qu'au lieu d'une discussion sérieuse il n'y avait eu que des paroles : *Verba et voces*. Ils allèrent trouver Marmus, et lui firent de cruels reproches.

« L'avenir de la science était dans vos mains, et vous l'avez trahie! Pourquoi ne pas vous être fait un nom immortel, en proclamant le grand principe de l'attraction moléculaire?

— Remarquez, dit Marmus, avec quel soin mon élève s'est abstenu de parler de vous, de vous injurier. Nous avons ménagé Cerceau pour pouvoir vous rendre justice plus tard. »

Sur ces entrefaites, l'illustre Marmus fut nommé député par l'arrondissement où il était né, dans les Pyrénées-Orientales; mais, avant sa nomination, Cerceau le fit nommer quelque part professeur de quelque chose, et ses occupations législatives déterminèrent la création d'un suppléant qui fut le bibliothécaire, l'ancien journaliste qui se fit préparer son cours par un homme de talent inconnu auquel il donna de temps en temps vingt francs.

La trahison fut alors évidente. Sir Fairnight indigné écrivit en Angleterre, fit un appel à onze pairs qui s'intéressaient à la science, et je fus acheté pour une somme de quatre mille livres sterling, que se partagèrent le professeur et son suppléant.

Je suis, en ce moment, aussi heureux que l'est mon maître. L'astucieux bibliothécaire profita de mon voyage pour voir Londres, sous le prétexte de donner des instructions à mon gardien, mais bien pour s'entendre avec lui. Je fus ravi de mon avenir en entrant dans la place qui m'était destinée. Sous ce rapport, les Anglais sont magnifiques. On m'avait préparé une charmante vallée, d'un quart d'acre, au bout de laquelle se trouve une belle cabane construite en bûches d'acajou. Une espèce de constable est attaché à ma personne, à cinquante livres sterling d'appointements.

« Mon cher, lui dit le savant professeur de puffs décoré de la Légion d'honneur, si tu veux garder tes appointements aussi longtemps que vivra cet Ane, aie soin de ne jamais lui laisser reprendre son ancienne allure, et saupoudre toujours les raies qui en font un Zèbre avec cette liqueur que je te confie et que tu renouvelleras chez un apothicaire. »

Depuis quatre ans, je suis nourri aux frais du *Zoological-Garden*, où mon gardien soutient *mordicus* aux visiteurs que l'Angleterre me doit à l'intrépidité des grands voyageurs anglais Fenmann et Dapperton. Je finirai, je le vois, doucement mes jours dans cette délicieuse position, ne faisant rien que de me prêter à cette innocente tromperie, à laquelle je dois les flatteries de toutes les jolies miss, des belles ladies qui m'apportent du pain, de l'avoine, de l'orge, et viennent me voir marcher des deux pieds à la fois, en admirant les fausses zébrures de mon pelage sans comprendre l'importance de ce fait.

« La France n'a pas su garder l'animal le plus curieux du globe, » disent les Directeurs aux membres du Parlement.

Enfin je me mis résolûment à marcher comme je marchais auparavant. Ce changement de démarche me rendit encore plus célèbre. Mon maître, obstinément appelé l'illustre Marmus, et tout le parti *Variétaire*, sut expliquer le fait à son avantage, en disant que feu le baron Cerceau avait prédit que la chose arriverait ainsi. Mon allure était un retour à l'instinct inaltérable donné par Dieu aux Animaux, et dont j'avais dévié, moi et les miens, en Afrique. Là-dessus on cita ce qui se passe à propos de la couleur des Chevaux sauvages dans les llanos d'Amérique et dans les steppes de la Tartarie, où toutes les couleurs dues au croisement des Chevaux domestiques finissent par se résoudre dans la vraie, naturelle et unique couleur des Chevaux sauvages, qui est le gris de souris. Mais les partisans de l'unité de composition, de l'attraction moléculaire et du développement de la forme et de l'instinct selon les exigences du milieu, seule manière d'expliquer la création constante et perpétuelle, prétendirent qu'au contraire l'instinct changeait avec le milieu.

Le monde savant est partagé entre Marmus, officier de la Légion d'honneur, conseiller de l'Université, professeur de ce que vous savez, membre de la Chambre des députés et de l'Académie des sciences morales et politiques, qui n'a ni écrit une ligne ni dit un mot, mais que les adhérents de feu Cerceau regardent comme un profond philosophe, et le vrai philosophe appuyé par les vrais savants, les Allemands, les grands penseurs.

Beaucoup d'articles s'échangent, beaucoup de dissertations se publient, beaucoup de brochures paraissent; mais il n'y a dans tout ceci qu'une vérité de démontrée : c'est qu'il existe dans le budget une forte contribution payée aux intrigants par les imbéciles, que toute chaire est une marmite, le public un légume, que celui qui sait se taire

est plus habile que celui qui parle, qu'un professeur est nommé moins pour ce qu'il dit que pour ce qu'il ne dit point, et qu'il ne s'agit pas tant de savoir que d'avoir. Mon ancien maître a placé toute sa famille dans les cabanes du budget.

Le vrai savant est un rêveur, celui qui ne sait rien se dit Homme pratique. Pratiquer, c'est prendre sans rien dire. Avoir de l'entregent, c'est se fourrer, comme Marmus, entre les intérêts, et servir le plus fort.

Osez dire que je suis un Ane, moi qui vous donne ici la méthode de parvenir, et le résumé de toutes les sciences. Aussi, chers Animaux, ne changez rien à la constitution des choses : je suis trop bien au *Zoological-Garden* pour ne pas trouver votre révolution stupide! O Animaux, vous êtes sur un volcan, vous rouvrez l'abîme des révolutions. Encourageons, par notre obéissance et par la constante reconnaissance des faits accomplis, les divers États à faire beaucoup de Jardins des Plantes, où nous serons nourris aux frais des Hommes, et où nous coulerons des jours exempts d'inquiétudes dans nos cabanes, couchés sur des prairies arrosées par le budget, entre des treillages dorés aux frais de l'État, en vrais sinécuristes marmusiens.

Songez qu'après ma mort je serai empaillé, conservé dans les collections, et je doute que nous puissions, dans l'état de nature, *parvenir* à une pareille immortalité. Les Muséums sont le Panthéon des Animaux.

DE BALZAC.

LES CONTRADICTIONS
D'UNE LEVRETTE

J'ai toujours aimé le théâtre à la folie, et cependant il y a peu de personnes qui aient plus de raisons que moi de l'avoir en horreur, car ce fut là, vers les neuf heures du soir, que je vis pour la première fois mon mari. Comme vous pouvez bien le penser, tous les détails de cet accident me sont restés présents à l'esprit. J'ai des raisons sérieuses pour ne les point avoir oubliés.

En toute franchise, — je ne veux accuser personne, — je n'étais point faite pour le mariage. Élégante, belle, je puis le dire, faite pour les enivrements du monde et les joies rapides de la grande vie, il me fallait de l'espace, de l'éclat, du luxe ; j'étais née duchesse... j'épousai une première clarinette du théâtre des Chiens. C'était à mourir de rire, et, entre nous, j'en ai furieusement ri ! Vous voyez du reste que je n'en suis pas morte.

Oui, vraiment, il jouait de la clarinette, le soir de huit à onze ; on lui confiait même les rôles pas trop difficiles ; il me le dit du moins, mais sans doute il me mentait indignement, car j'ai toujours trouvé qu'il jouait faux comme un jeton, quoique j'aie moi-même l'oreille peu musicale. Dans la journée, il était second trombone chantant à la paroisse... des Chiens, et postulait en outre pour obtenir un chapeau chinois dans la garde nationale. Tous ces détails sont grotesques, qu'on me les pardonne, j'ai juré de décharger mon cœur.

Un soir donc que je m'étais laissé entraîner au théâtre, j'aperçus pendant un entr'acte, dans l'orchestre des musiciens, un gros Bouledogue à lunettes, coiffé d'une calotte, qui, non loin de la grosse caisse, se mouchait dans un mouchoir à carreaux. Il s'ensuivit un tel vacarme, que toutes les têtes se retournèrent vers lui. On m'aurait dit à ce moment-là : « Cette clarinette qui se mouche sera bientôt ton mari, » que j'aurais répondu :... ou plutôt je n'aurais rien répondu à une telle absurdité.

Cependant sous le feu de tous ces regards, au milieu de l'hilarité générale, mon futur époux replia son mouchoir lentement, avec soin, promena sur l'assemblée un regard indifférent par-dessus ses lunettes, et, s'étant essuyé le nez, changea l'embouchure de son instrument avec beaucoup de calme. Il avait fait preuve de tant de sang-froid, que machinalement je dirigeai mon lorgnon de son côté. Il remarqua mon mouvement sans doute, car immédiatement il ôta sa calotte et caressa sa grosse tête ronde dont les cheveux étaient coupés en brosse, rajusta ses lunettes, vérifia sa cravate et tira son gilet. Il n'est monstre si laid qui ne fasse toutes ces petites choses-là sous le regard de la première venue. Toutefois, son œil qui rencontra le mien me parut singulièrement brillant. Il était laid, mais il était ému ; j'étais fort jeune, un brin coquette, en sorte que cela m'amusait assez d'être regardée ainsi. Le chef d'orchestre monta sur son trône, et la ritournelle commença. Le gros musicien m'adressa un dernier regard qui ressemblait à un aveu et, précipitamment, souffla dans son appareil. Il était parti trop tard et, voulant rattraper le temps perdu, se précipita dans sa partition comme un cheval échappé, tournant deux pages pour une, tricotant de ses gros doigts avec une rapidité folle sur son malheureux tuyau d'où s'échappaient des bruits impossibles à décrire, mais effrayants. Le chef d'orchestre, rouge comme une pivoine, en nage, les cheveux en désordre, criait au milieu du vacarme et le menaçait de son archet ; ses voisins le poussaient, le frappaient, le huaient ; les cahiers de musique et les instruments de cuivre commençaient à pleuvoir sur sa tête ; mais lui, toujours calme en apparence et la rage dans le cœur probablement, soufflait, soufflait comme un soufflet de forge qui a pris le mors aux dents.

Il me sembla que cette clarinette devait être une clarinette passionnée, et ne doutant pas que le délire qu'elle ressentait en ce moment n'eût pour cause que ma présence même, je fus... touchée, flattée... Enfin, je l'aimai dans ce moment-là ; c'est clair : je l'aimais.

Au bout d'un quart d'heure il s'arrêta tout court, déposa sa clarinette entre ses jambes et, ayant enlevé sa calotte, s'essuya la tête avec

son grand mouchoir rouge. Il était calme, mais il n'avait pas un poil de sec. Le lustre s'était éteint.

C'est au sortir de cette représentation remarquable — il était onze heures trente-cinq et il pleuvait un peu, — qu'en passant devant l'entrée des artistes du théâtre des Chiens je fus presque renversée par un individu coiffé d'un grand chapeau gris à longs poils. Je le vois encore sortant de cette porte et se précipitant sur nous. Je dis nous, car j'étais, ce soir-là, accompagnée de ma mère; je n'allais point encore seule au théâtre.

« Mesdames..., mademoiselle, s'écria le Bouledogue, — vous l'avez deviné : sous ce chapeau gris se cachait l'impétueuse clarinette, — mesdames, arrêtez, au nom du ciel! »

— Et que voulez-vous, à cette heure..., en ces lieux?... dit ma mère avec son grand air. Écartez-vous, clarinette, écartez-vous! »

Devant tant de noblesse et tant de dignité le musicien resta comme anéanti, balbutia, et ôtant son chapeau :

« Il pleut, mesdames, il pleut, et vous êtes sans parapluie..., daignez, oh! daignez accepter le mien. »

Ma mère, qui a toujours été assez petite-maîtresse et craignait l'eau comme le feu, fut assez folle pour accepter, ne se doutant pas, la chère âme, que ce parapluie devait ouvrir pour moi les portes de l'hymen !... Je passe. Tous ces souvenirs m'irritent, et d'ailleurs leur banalité leur enlève tout intérêt. Il était écrit que je ferais une sottise absurde ; je la fis.

Après quelques visites de mon étrange prétendu, ma mère me dit un jour :

« Élisa, comment le trouves-tu, mon enfant, là, franchement?

— Qui cela, maman, fis-je ingénument, le musicien ?

— Oui, petite espiègle, la clarinette, le jeune Bouledogue qui recherche ta main ; tu sais bien que je parle de lui.

— Mais, maman, je le trouve laid.

— Moi aussi, mon ange, mais il ne s'agit pas de cela.

— Eh ! eh ! fis-je malgré moi, je trouvais que cette question n'était pas sans importance ; — de plus, petite mère, je lui trouve l'air commun, un peu grotesque, et tu conviendras qu'il est ennuyeux comme la pluie.

— Je suis de ton avis, ma belle, mais encore une fois il ne s'agit pas de tout cela, te convient-il ? Moi, il me convient à tous égards.

— Oh ! maman ! te quitter ! » — Je fondis en larmes, et cependant je n'étais pas triste. J'en suis encore à me demander pourquoi je fondis en larmes.

« Ne fais donc pas de singeries, mon petit ange, poursuivit ma mère, tu grilles d'envie de te marier, et tu as raison ; or, ce jeune Bouledogue offre des garanties sérieuses. Sa double position de première clarinette chantante et de trombone à la paroisse lui assure une fort jolie indépendance. Que peut-on demander de plus à un mari ? Songe, mon enfant, que la beauté physique, la grâce, sont des avantages passagers ; et d'ailleurs n'es-tu pas gracieuse et belle pour deux ? C'est dans l'intelligent croisement des natures et des caractères opposés que gît le bonheur conjugal, ma petite Chienne chérie. Tu es jolie, espiègle, légère, paresseuse, insouciante, prodigue, peu affectueuse. Eh bien, il n'est pas sans avantage pour l'équilibre des choses, que ton époux soit laid, taciturne, lourd, travailleur, sérieux, économe et affectueux. »

Je compris immédiatement que maman était dans le vrai et je donnai mon consentement. Eh ! mon Dieu ! si c'était à refaire, je crois que j'agirais de même. Un mari solide, c'est énorme dans la vie. Quand on a le pain sur la planche, il faut être bien sotte pour ne point se procurer le superflu. Je n'osais point m'avouer toutes ces choses, mais instinctivement j'en avais conscience et je dis : « Épousons-le. » Ne dit-on pas dans l'espèce humaine : « Passons notre baccalauréat, c'est un titre qui mène à tout. »

Vous dire que ma lune de miel fut un long enivrement serait exagérer. Malgré ma bonne volonté et mon courage, je ne fus pas longue à m'apercevoir que la nature singulièrement grossière et banale de mon mari était peu faite pour sympathiser avec les instincts élégants et aristocratiques de la mienne. Il se levait au petit jour et me réveillait chaque matin pour m'embrasser au front. Il approchait de mon visage son petit nez ridicule, ses grosses joues boursouflées... Il était hideux ! S'il eût eu seulement la discrétion de sa laideur !... Une fois levé, il mettait sa calotte et étudiait sa clarinette avec l'emportement et l'obstination qui caractérisent la médiocrité.

« Piano, mon ami, plus piano, lui disais-je ; je vous jure que cela sera mieux ! » Il faisait mille efforts pour souffler moins violemment, mais ses notes les plus discrètes faisaient tout trembler autour de nous et les soupirs qui s'échappaient de son infernal tuyau ressemblaient à une tempête. Ce qui m'irritait surtout, c'est qu'il était en nage, c'est qu'il concentrait toute son attention, se mordait les lèvres et soufflait comme un Phoque pour jouer la chose la plus simple du monde.

« Vous ne prenez pas un peu l'air, mon bon ami, lui disais-je bientôt, vous allez vous fatiguer. » Je l'aurais battu.

Souvent alors il s'essuyait le front et allait se promener, s'arrêtant à tous les coins, cancanant avec tous les voisins, fouillant sans scrupule parmi ces débris de toutes sortes, amoncelés le matin sur la voie publique en tas régulièrement espacés ; il fouillait là dedans... Ah ! qu'il m'a fait souffrir, ce musicien né pour être Chien de boucher ! Que de fois, me promenant côte à côte avec lui, ne m'a-t-il pas laissée seule tout à coup pour courir vers un os qu'il avait aperçu ! Et les querelles ! et les batailles ! et son gros rire bruyant ! et sa démarche lourde ! et ses observations vulgaires ! et...

Je commençai à le prendre sérieusement en grippe. Il m'agaçait, il m'irritait. Je veux bien qu'il se mît en quatre pour augmenter l'aisance du ménage et en toute vérité travaillât comme un Chien, mais l'argent ne saurait compenser les douleurs d'une union mal assortie. Sous différents prétextes j'évitai peu à peu ces promenades conjugales qui m'étaient devenues odieuses, et je flânai seule avec délices.

J'avais pris en affection un jardin public fort à la mode, où le beau monde se donnait rendez-vous. Les enfants y venaient jouer en foule, on s'y promenait, on s'y faisait voir, on y voyait les autres. C'était adorable, et je ne tardai pas à m'apercevoir qu'on m'y remarquait beaucoup. J'avais trouvé mon milieu.

Un jour, il m'en souvient, j'errais dans une contre-allée sous les arbres touffus, lorsque j'entendis une voix qui me disait tout bas :
« Ah ! qu'il serait heureux, madame, celui qui, au milieu de la foule, fixerait votre attention ! »

Ces paroles me plurent; elles avaient je ne sais quoi de contenu, de respectueux, d'ému, qui me charma immédiatement. Je me retournai et j'aperçus un ravissant Insecte qui voltigeait autour de moi. Il était fort bien mis; ses manières recherchées, ses allures discrètes me prouvèrent tout de suite qu'il était du monde. Il me parut, du reste, avoir conscience de sa valeur, et j'ai peine à croire qu'en se regardant dans la glace il ne se trouvât pas joli garçon.

« Ah! que vous êtes belle, Levrette! murmurait-il avec obstination; que votre tête est fine, vos pattes élégantes et votre robe soyeuse! Que de distinction dans votre démarche, de grâce dans vos allures! »

Je hâtai le pas, toute tremblante de tant d'audace ; mais, au fond de mon cœur, les paroles de l'inconnu vibraient comme une délicieuse musique. Ce garçon avait du goût et de la finesse.

Se regardant dans la glace, il se trouve joli garçon.

« Vous êtes mariée, adorable créature ? » ajouta-t-il.
Je ne résistai pas au plaisir de me figurer un instant que mes chaînes s'étaient brisées et je répondis très-sèchement : « Je suis veuve, monsieur. »

Oh ! je vous jure, je ne voyais en tout cela aucun mal. Quel danger y avait-il, après tout, à ce qu'un Insecte me trouvât jolie et m'exprimât son admiration ? On ne comprend pas assez que la beauté a besoin d'être entourée, appréciée ; le regard du public est le soleil qui la réchauffe et la fait vivre ; l'indifférence la tue et la flétrit. Notre coquetterie à nous autres, belles créatures, exprime tout simplement le besoin naturel, et par conséquent respectable, d'être vues et admirées. Il n'y a là ni intention coupable ni orgueil exagéré ; il y a conscience d'un... eh ! mon Dieu oui, d'un tribut qu'on doit nous payer ; il y a, je le répète, besoin de soleil. Et la preuve que je dis vrai, c'est que, tout en étant la Levrette la plus vertueuse du monde, je fus comme enivrée par les paroles de l'Insecte inconnu.

« Tu as les yeux terriblement brillants et la voix bien sonore, » me dit au retour mon mari. Il rongeait, dans un coin, un os qu'il avait trouvé je ne sais où.

« Faut-il donc, pour vous plaire, avoir les yeux éteints et la voix enrouée ? » lui répondis-je.

Rien au monde n'est irritant comme ces questions banales et sottes dont vous soufflettent certaines gens, et ils demandent ensuite pourquoi on les déteste !

Je sentais mon mari de plus en plus indigne, sa personne me choquait plus que je ne saurais dire. Je ne lui en voulais pas seulement de sa trivialité et de sa laideur, mais encore de la peine qu'il se donnait pour moi ; je rougissais de profiter de son labeur ridicule, et je ne pouvais manger une gimblette sans songer que je la devais à l'infernale clarinette dont il jouait si mal. Ce qui m'agaçait aussi, c'était son flegme irritant, son calme inaltérable, et aussi sa bonté niaise, inattaquable, sans réplique ; de sorte que j'étais obligée de renfermer en moi-même toutes mes irritabilités, mes mauvaises humeurs, mes indignations, mes révoltes...

Vous ne savez pas combien cela est atroce quand on est nerveuse. La vie me devint extrêmement pénible.

Le bel Insecte s'en aperçut bientôt, car il me poursuivait chaque jour de ses prévenances et de son bourdonnement délicieux.

« Vous êtes malheureuse, Levrette idéale ; vous souffrez, je le vois, je le sens. Le chagrin devrait-il effleurer une tête si belle ? me dit-il avec des larmes dans la voix. Ne craignez-vous pas que les soucis ne rident votre front et ne ternissent votre beauté ? » Je tressaillis. Ce qu'il disait là n'était malheureusement que trop vrai, l'inquiétude pouvait me rendre laide, alourdir ma démarche, voiler mes yeux ; et, réfléchissant que mon mari serait encore la cause de cette nouvelle infortune, je fus indignée.

« Eh bien ! poursuivit l'Insecte aimé, que ne tâchez-vous de vous distraire ? Venez avec moi errer dans les bois, prenez votre vol et je serai derrière vous pour vous admirer et vous égayer par mes chansons. Chassez les soucis, franchissez les espaces, emplissez votre chère poitrine de l'air pur qu'on ne trouve qu'aux champs ; les grands ombrages et l'herbe tendre ne vous tentent-ils pas ? Votre belle robe blanche serait si étincelante sur le gazon. Ne voulez-vous pas faire une promenade ?

— Oui, vraiment, je le veux, » lui répondis-je avec feu. J'avais pris enfin un parti, j'en avais assez de mon rôle de victime, j'étais étouffée, il me fallait de l'air, de l'air à tout prix. « Demain, à pareille heure, soyez en cet endroit, mon cher, et nous irons ensemble errer à l'aventure. Vous avez raison, il me faut du mouvement. »

Il ne faudrait pas croire qu'en accordant un rendez-vous à cet Insecte je cédais à un mouvement de tendresse et de folie. Je peux le dire à la face du ciel, j'étais pure et ma conscience n'était pas troublée. Je savais gré à ce garçon de rendre justice à mes charmes, sa conversation m'amusait parce qu'il parlait sans cesse de moi, mais rien de plus.

Quand je fus de retour au logis, ce soir-là, il est probable que mon visage exprima un plus profond dégoût qu'à l'ordinaire, car mon musicien me regarda en silence pendant quelques instants et deux grosses larmes coulèrent de ses petits yeux. Il était grotesque. Rien n'est affreux comme un être laid qui ajoute encore à sa laideur naturelle la laideur du chagrin.

Je m'attendais à une scène, à des reproches ; je sentais l'émotion gonfler mon cœur et je me disais : « Enfin, qu'il parle donc, qu'il s'irrite, qu'il se fâche, je pourrai m'irriter et me fâcher aussi, opposer ma colère à la sienne ! » — En certains cas l'emportement est comme une pluie d'orage qui rafraîchit la terre et fait crever les nuages. — Je me souviens que je me mis à chantonner, espérant amener ainsi plus promptement la crise.

Mais il n'en fut rien, il ne dit mot. Deux ou trois fois il renifla avec bruit, puis il mit soigneusement sa clarinette dans son étui crasseux, enfonça sa calotte et, sans lever les yeux sur moi, il dit :

« Bonsoir, ma chère, je vais au théâtre. »

Que signifiaient ces larmes? Se doutait-il qu'il m'était odieux? Je ne pouvais pas supposer qu'il fût jaloux, et d'ailleurs jaloux de qui? N'étais-je pas l'épouse la plus malheureuse, mais en même temps la plus irréprochable du monde? J'aurais voulu, ce soir-là, avoir quelque chose à briser, quelqu'un à mordre... Dieu! que ce musicien m'a fait souffrir !

Le lendemain, à l'heure indiquée, je fus au rendez-vous. Mon bel Insecte doré, frais, pimpant, gracieux, joueur, m'attendait avec impatience.

« Que vous êtes belle, chère! me dit-il avec émotion. Partons-nous ?

« Partons, lui dis-je, grand flatteur. » Et nous nous élançâmes.

J'avais au fond quelque inquiétude et j'en étais indignée. Le souvenir de ce Bouledogue devait donc me poursuivre partout? Je m'imaginai, tout en cheminant, que ce rendez-vous qui, après tout, était une espièglerie condamnable, pouvait avoir des conséquences fort graves, et mon imagination se monta si follement en dépit des efforts que faisait mon compagnon pour chasser mes préoccupations, qu'arrivée au détour d'une rue je m'arrêtai tout court.

« Qu'avez-vous, adorable Levrette? dit l'Insecte.

— Ne voyez-vous pas, là-bas, ces musiciens ambulants, arrêtés devant une fenêtre ?

— Oui, certainement, ils montrent des Hannetons au public, à ce qu'il me semble, et se donnent beaucoup de mal pour gagner leur pauvre vie.

— Sans doute, mais j'ai peur ; ils ont un regard étrange ces musiciens ! Ne sont-ce point là des gens de la police, des espions payés pour nous observer? De grâce, aimable Insecte, faisons un grand détour, je suis tremblante. »

Nous prîmes à gauche et nous continuâmes notre course, mais j'étais toujours inquiète. Il est des émotions que la Providence devrait épargner aux personnes délicates et nerveuses. J'étais agitée, fiévreuse. C'était sans doute un pressentiment, car il m'arriva, ce jour-là, une des rencontres les plus désagréables que l'on puisse faire.

Ils montrent des Hannetons au public.

Nous allions sortir des faubourgs, lorsque j'aperçus dans un coin obscur une masse de forme bizarre. C'était un de ces Ours bateleurs comme on en rencontre souvent dans les fêtes ou les jours de marché. Pour le moment, il faisait travailler une Tortue équilibriste qui l'accompagnait. Rien au monde n'était plus naturel que de rencontrer cet

Ours et cette Tortue, et cependant je me sentis frissonner. Toutefois, me doutant bien qu'encore une fois mes craintes étaient chimériques, je continuai ma course, et bientôt je fus tout près du saltimbanque et de la Tortue. Il me sembla que le petit œil de l'effrayant animal lançait des éclairs. J'allais m'enfuir au plus vite, mais l'Ours, s'avançant tout à coup, me barra le passage.

« Que faites-vous ici, madame? me dit-il en se croisant les bras.

— Et que vous importe ce que fait madame? bourdonna l'Insecte aimé de sa petite voix flûtée. Sur l'honneur, vous m'avez l'air d'un manant osé! Qui êtes-vous, je vous prie? parlez, qui êtes-vous?

— Qui je suis? » Il soupira fortement et, et avec un effort douloureux : « Je suis lui-même le propre époux de madame. » Ce disant, il se dépouilla de la peau d'Ours dont il était revêtu, et j'aperçus la clarinette, le musicien, le Bouledogue, mon mari enfin, pâle comme la mort, en proie à des frémissements nerveux horribles. Il était effrayant, d'autant plus effrayant qu'il avait malgré tout conservé son allure grotesque. Je l'aimais mieux cependant irrité, furieux, grimaçant de rage, que résigné, silencieux et la larme à l'œil. Il était vraiment moins laid qu'à l'ordinaire. Malheureusement il avait conservé sa calotte sur la tête. C'était une faute impardonnable. Les gens de l'autre sexe ne veulent point comprendre que pas un détail ne nous échappe, à nous autres êtres fins, nerveux et délicats.

« Madame, » dit mon mari en se posant. Encore une faute; il se posait! il était manifeste qu'il avait préparé un discours et qu'il en avait médité les effets. Le bel Insecte s'était caché derrière mon oreille et me disait tout bas : « Quoi, reine de beauté, vous êtes mariée à ce monstre, à ce Dogue grossier? » Je me sentais rougir.

« Madame, continua mon mari, ma... da... » et il éternua de la façon la plus comique; sans doute un poil de la peau d'Ours dont il s'était revêtu lui était resté dans le nez.

Je partis d'un grand éclat de rire, aussi excusable, aussi involontaire que son éternument.

Cette scène de jalousie était quelque peu comique, vous en conviendrez.

« Madame, suivez-moi, s'écria alors mon mari, perdant tout à coup la tête, c'en est trop, suivez-moi.

— Je ne lui conseille pas de porter la patte sur vous, murmura le bel Insecte en se réfugiant derrière mon oreille, car je crois vraiment que je ne répondrais pas de moi. Je sens la col... »

Il ne put achever sa phrase, hélas! Mon mari, plus prompt que l'éclair, s'était élancé, et, le saisissant au vol, l'avait horriblement mutilé d'un coup de dent. Je ne sais alors ce qui se passa, je devins folle. Je me dégageai par un effort héroïque des pattes de mon époux furieux, et, sautant par-dessus sa tête, je pris ma course.

Quand je fus à une centaine de pas, je me retournai, et j'aperçus de loin le Bouledogue aux prises avec les agents de l'autorité. Il se débattait avec énergie, mais la peau d'Ours dont ses pieds étaient entourés paralysait ses efforts, de sorte qu'en un instant il fut pris et emmené par les agents au milieu des huées de la foule.

Enfin, j'étais libre! je poursuivis ma promenade. Jamais l'air ne m'avait semblé plus pur, l'herbe plus verdoyante et le ciel plus bleu. Une indignation sourde me restait pourtant au cœur. Je me sentais humiliée pour ainsi dire par cette jalousie, se manifestant tout à coup par un scandale absurde, public et comique tout à la fois. C'était surtout le côté comique que je trouvais intolérable. Cette réalité prosaïque, cette clarinette en colère apparaissant tout à coup devant l'Insecte aimé, devant le rêve, l'idéal!... Je crus bien que je ne pardonnerais de ma vie à la clarinette. Après avoir erré dans les champs, m'être enivrée d'air pur, m'être étourdie, je rentrai sous le toit conjugal. Chose étrange! la demeure me parut vide. Pendant un instant je crus avoir oublié quelque chose. En effet, quelque chose, ou, pour mieux dire, quelqu'un me manquait, et ce quelqu'un c'était mon pauvre mari. On prend l'habitude même de choses laides et gênantes, et je suis sûre que certains bossus, les Chameaux et les Dromadaires par exemple, se trouveraient fort mal à l'aise si, tout à coup, on les privait de leur bosse.

Je réfléchissais à ces sensations étranges, lorsque je reçus une lettre ornée d'un grand cachet. L'autorité m'invitait à me présenter à la fourrière où mon mari avait été déposé momentanément, pour être confrontée avec lui. Le malheureux était doublement accusé et de vagabondage et de tentative de meurtre avec préméditation. Le déguisement sous lequel on l'avait trouvé et aussi, paraît-il, une arme cachée dans ses bottes, étaient des preuves accablantes.

Le lendemain matin après déjeuner, — je m'étais levée fort tard car j'étais horriblement fatiguée, — je fis ma toilette et je me rendis à la fourrière. Un spectacle navrant pour une personne nerveuse et impressionnable m'y attendait.

On me fit passer par des corridors sombres et humides, on fit grincer d'énormes clefs dans d'horribles serrures, de lourdes portes bardées de fer s'ouvrirent, et j'entrai enfin dans un endroit sans nom où une foule de misérables, mal peignés, repoussants, étaient réunis. Je marchais avec prudence dans ce milieu souillé, et ne respirais qu'avec circonspection, car l'air était infect. Enfin, mon mari, qui était couché dans un coin, m'aperçut. Je m'attendais à des reproches terribles, à une scène violente, et je me tins sur mes gardes; mais, contre mon attente, le pauvre musicien s'avança vers moi en baissant les yeux, puis, s'étant couché devant moi, il me lécha les pattes et fondit en larmes sur les dalles humides. C'était un peu plus que je n'aurais demandé; quelques-uns de ces vauriens commençaient à sourire.

« Ma Levrette chérie, me disait mon mari au milieu des sanglots, pardonne-moi!... N'est-ce pas que tu me pardonneras? J'ai été jaloux,

Un spectacle navrant m'y attendait.

j'ai été absurde... Mais tu es si belle, je t'aimais tant et j'étais si laid!... Je craignais... j'étais fou... pardonne-moi! »

Il était vraiment ému. Je lui promis de lui procurer quelques consolations et de faire mon possible pour obtenir sa grâce. Au fond je suis extrêmement sensible... peut-être trop! Ses paroles avaient été très-convenables, il avait avoué ses torts, reconnu sa laideur, rendu hommage à ma beauté.

Je courus chez le juge d'instruction qui me regarda sous ses lunettes et fut comme étourdi en me voyant si séduisante. Ce juge était un Renard de la plus belle apparence, spirituel, aimable, fin, causeur et légèrement entreprenant..., ce qui fait que le procès de mon malheureux époux dura prodigieusement longtemps.

Mais voici le moment d'avouer une bien étrange chose et de mettre au grand jour un mystérieux repli de mon cœur.

A peine mon infortuné Bouledogue fut-il incarcéré que mes sentiments pour lui changèrent complétement. Il n'était plus là, je ne savais plus à qui adresser mes plaintes; et toutes les fois que j'apercevais dans un coin sa clarinette abandonnée, silencieuse, les larmes me venaient aux yeux. Je fus comme effrayée de la place énorme que cet être, malgré son infériorité physique et morale, occupait dans ma vie. Sa face grotesque, son silence, sa calotte, me manquaient. Je ne savais où déposer ma mauvaise humeur, de sorte qu'elle restait en moi et j'éprouvais des pesanteurs pénibles. Je cherchai à me distraire, craignant vraiment pour ma santé, mais je n'obtins aucun résultat. J'ose à peine le dire : j'aimais ce Bouledogue, cette clarinette jalouse... je l'aimais. Je ne pus me résoudre à aller le visiter en prison à cause de cette odeur dont je vous ai parlé et qui m'avait causé une névralgie épouvantable, mais, grâce à l'éloignement, mon mari m'apparaissait en imagination, paré de tous les charmes de mon propre esprit. Il devint un prétexte pour mon cœur de poétiser le passé et de donner une forme réelle aux rêves de l'avenir; mon cerveau eut la fièvre, si bien que je faillis me trouver mal de joie lorsque j'appris son élargissement.

Bonheur ! il était libre ! comme j'allais l'aimer, l'entourer !

Il m'arriva un matin. Qu'il était laid, grand Dieu ! exténué, malpropre ! et quelle odeur ! Un manteau de glace retomba sur mon cœur.

« Ma Levrette, mon ange, ma femme ! s'écria-t-il en se précipitant dans mes bras.

— Bonjour, mon ami, » lui répondis-je en détournant la tête. Je n'eus pas le courage d'en dire plus ; le rêve s'était envolé.

« J'ai manqué ma vie, me dis-je alors ; ce qu'il fallait à ma nature, c'étaient les enivrements du théâtre, c'était le feu de la rampe, les rivalités, la lutte... Je suis artiste ! »

Il y a longtemps de tout cela, et je ne peux m'empêcher de sourire en songeant à ma dernière indignation de Levrette incomprise. Depuis, tout s'est calmé. J'ai réfléchi qu'étant donnés deux êtres rivés à la même chaîne, à tort ou à raison, le seul moyen pour eux de rendre la chaîne moins lourde était de s'en partager volontairement le fardeau. Se tromper de mari, épouser une clarinette de second ordre au lieu d'un ténor de choix, c'est une faute absurde ; mais ce qui est plus absurde encore, c'est d'en mourir de chagrin.

Je fis toutes ces réflexions et je finis par me dire : « Sois aussi courageuse que tu es belle, ma mignonne, poétise ton Bouledogue. »

C'est ce que j'ai fait, et je ne m'en suis pas mal trouvée. Il a renoncé à sa calotte et joue positivement moins faux, sa démarche est meilleure ; de profil et à contre-jour, son visage a acquis un certain caractère.

« Que tu es belle, petite sans cœur! » me dit-il quelquefois en souriant. Et je lui réponds sur le même ton :

« Que tu es laid, mon gros jaloux ! »

GUSTAVE DROZ.

TOPAZE

PEINTRE DE PORTRAITS

E suis son héritier, je fus son confident; personne mieux que moi ne peut conter sa curieuse et instructive histoire.

Né dans une forêt vierge du Brésil, où sa mère le berçait à l'ombre sur des lianes entrelacées, il fut pris tout jeune par des Indiens chasseurs, qui le vendirent à Rio-Grande, avec une cargaison de Perroquets, de Perruches, de Colibris et de peaux de Buffles. Il vint au Havre en cette compagnie, gambadant sur les haubans et les vergues, chéri des matelots auxquels il jouait mille méchants tours, mordant l'un, griffant l'autre, et ne regrettant guère de sa sauvage patrie que ce bon soleil, si brillant et si chaud, sous lequel un Singe même, la plus frileuse des créatures après l'Homme, n'a jamais claqué des dents. Le capitaine du navire, qui savait son Voltaire, l'appela *Topaze,* comme le bon valet de Rustan, parce qu'il avait une face jaune et pelée. Bref, en arrivant au port, Topaze avait reçu, outre son nom, une éducation dans le goût de celle qui fut jadis donnée sur le coche d'eau à son compatriote Vert-Vert, quand il revint scandaliser les nonnes par ses propos; celle de Topaze était même un peu plus salée, comme faite en pleine mer.

Une fois en France, on pourrait aisément faire de lui un autre Lazarille de Tormes, un autre Gil Blas, si l'on voulait s'amuser à peindre les caractères ou à conter les histoires de tous les maîtres qu'il eut successivement jusqu'à l'âge de Singe fait. Mais il suffit de savoir qu'en son adolescence il était logé à Paris, dans un ravissant boudoir de la rue Neuve-Saint-Georges, et qu'il faisait la joie, les délices, la coqueluche d'une charmante personne, laquelle terminait, en le traitant comme un enfant gâté, l'éducation si bien commencée par les matelots du Havre. Il menait là une vraie vie de chanoine, bien plus heureuse qu'une vie de prince. Mais qu'y a-t-il de stable en ce monde? Un jour, jour néfaste! il s'avisa, dans un accès de maligne humeur, de mordre au visage un respectable barbon qu'on appelait M. le comte, et qui protégeait sa gentille maîtresse. La colère du protecteur fut si grande, qu'il déclara nettement à la dame qu'elle n'avait plus qu'à opter entre lui et cette méchante Bête, l'un des deux devant quitter immédiatement la maison. Le pauvre Topaze n'avait à donner ni cachemires, ni bijoux, ni carrosse. Son arrêt fut prononcé, avec un gros soupir pourtant; et même, afin d'adoucir cette séparation forcée, on l'envoya secrètement dans l'atelier d'un jeune peintre, où, depuis bientôt trois mois, la dame allait poser régulièrement chaque jour pour un portrait qui ressemblait à la tapisserie de Pénélope.

Voilà pourtant comme se font les vocations! Assis sur un banc de de bois, au lieu d'un moelleux canapé, mangeant des bribes de pain sec au lieu de macarons, et buvant de l'eau claire au lieu de sirop à l'orange, Topaze fut ramené au bien par la misère, ce grand professeur de morale et de vertu, quand elle ne plonge pas plus profondément dans le vice et la débauche. N'ayant rien de mieux à faire, il réfléchit sur sa misérable condition, si précaire, si variable, si dépendante; il rêva la liberté, le travail et la gloire; il sentit enfin qu'il était venu à ce moment critique et solennel où il faut, comme on dit, faire choix d'un état. Or, quel état plus beau, plus libre, plus glorieux que celui d'artiste? Le ciel même l'avait conduit à cette école. Le voilà donc, comme Pareja, l'esclave de Velasquez, essayant de surprendre dans le travail de son maître les secrets du grand art de peindre, le voilà juché tout le jour sur le faîte du chevalet, guettant chaque mélange de la palette et chaque coup du pinceau; puis, dès que le peintre tournait les épaules, il prenait à son tour la palette et la brosse, et, d'une main légère, refaisant l'ouvrage déjà fait, il doublait par une seconde couche la dose des couleurs. Alors, fier et glorieux, il prenait sa reculée, s'admirait dans son œuvre, et marmottait tout bas entre ses dents le mot du Corrége, répété tant de fois par tous ces naissants génies dont Paris est inondé : *Ed io anche son pittore*.

Un jour que l'orgueil satisfait lui ôtait toute prudence, son maître le surprit dans cet exercice. Il rentrait lui-même plein de joie et de fierté, car la direction des beaux-arts venait de lui commander un tableau du *Déluge* pour l'église de Boulogne-sur-Mer, où il pleut toute l'année. Rien ne rend généreux comme le contentement de soi-même. Au lieu donc de prendre un appui-main et de rosser son Sosie : « Parbleu! s'écria-t-il comme un autre Velasquez, puisque tu veux être artiste, je te rends la liberté, et de mon valet je te fais mon élève. » Voilà Topaze devenu rapin.

Aussitôt il rejeta et roula sur ses épaules tous les crins de sa tête, comme la chevelure poudrée d'un curé de campagne; il ajusta ses poils du menton en barbe de bouc; il se coiffa d'un chapeau à larges bords et à forme pointue; il s'habilla d'une redingote en justaucorps, sur laquelle retombait en fraise son col de chemise; enfin il se donna autant que possible l'air d'un portrait de Van Dyck; puis, son carton sous le bras et sa boîte de couleurs à la main, il se mit à fréquenter les écoles.

Mais, hélas! comme tant d'apprentis artistes, qui sont pourtant bien Hommes, Hommes faits et parfaits, Hommes ayant leurs cinq sens du corps et leurs trois puissances de l'esprit, Topaze avait pris pour une vocation véritable ou les rêves creux de son ambition, ou son inaptitude à toute autre chose. Il fut bientôt tristement désabusé. Quand le tracé du maître lui manqua, et qu'il fallut tracer lui-même des lignes; quand, au lieu d'appliquer couleur sur couleur, il fallut couvrir une toile blanche; quand, enfin, d'imitateur il fallut se faire original, adieu tout le talent de notre Singe. Il eut beau travailler, s'obstiner, suer, pester, se cogner la tête, s'arracher la barbe, la muse ne souffla point, comme disent les Espagnols, et Pégase, toujours rétif refusa de l'emporter sur cet Hélicon de fortune et de gloire qu'il avait rêvé. En bon français, il ne fit rien qui vaille, et, d'une commune voix, maîtres

Puis, son carton sous le bras et sa boîte de couleurs à la main, il se mit à fréquenter les écoles. Voilà Topaze devenu rapin.

et condisciples lui donnèrent le charitable conseil de chercher un autre moyen de vivre :

Soyez plutôt maçon, si c'est votre talent.

Et vraiment c'était dommage; car il s'en fallait bien que Topaze, dans un étroit égoïsme, n'eût envisagé de sa position que les avantages personnels. Ses hauts pensers embrassaient un plus vaste horizon; il ne voulait rien moins qu'accomplir un rôle grand, noble, généreux, civilisateur, humanitaire. Je lui ai souvent ouï dire qu'à l'exemple des Juifs du moyen âge, qui allaient étudier la médecine chez les Arabes et revenaient l'exercer chez les chrétiens, il voulait transmettre des Hommes aux Animaux la connaissance de l'art, et, éclairant ses semblables de cette lumière nouvelle, en faire presque les égaux du roi de la création, qu'ils touchent déjà de si près et par tant de côtés. Son chagrin fut profond, comme l'avait été son projet, et, tout meurtri de la chute immense qu'il avait faite du haut de son orgueil, honteux, morose, mécontent du monde et de lui-même, perdant le sommeil, l'appétit, la vivacité, le pauvre Topaze tomba dans une maladie de langueur qui fit craindre pour sa vie. Heureusement qu'aucun médecin ne fut appelé et qu'on laissa la nature seule aux prises avec elle-même.

En ce temps-là, un peintre de décorations, un nommé Daguerre, fit ou compléta la découverte qui doit justement illustrer son nom; découverte importante, considérable, disent ses confrères, non-seulement pour les sciences physiques, mais aussi pour l'art, tant qu'elle se contentera d'en être un utile auxiliaire et n'aura point la prétention de le remplacer. On en fit, comme chacun sait, des applications diverses, et peu à peu, après avoir pris l'exacte empreinte des monuments, des vues perspectives, des objets inanimés, on en vint à tirer le portrait des vivants.

J'ai connu, parmi les Hommes, un musicien fanatique, auquel la nature avait refusé la voix et l'oreille, qui chantait faux, qui dansait à contre-mesure, qui avait enfin pour cette musique, de lui si chérie, ce qu'on appelle une passion malheureuse. Il prit des maîtres de solfége, de piano, de flûte, de cor de chasse, d'accordéon, même de grosse caisse et de triangle; il employa la méthode Wilhem, la méthode Pastou, la méthode Chevé, la méthode Jacotot. Rien ne fit; il ne put jamais ni poser un son, ni marquer un rhythme. De quoi s'avisa-t-il alors pour arranger son goût avec son impuissance? Il acheta un orgue de Barbarie, et, tournant la manivelle d'un bras infatigable, il s'en donna pour son argent, de jour, de nuit, et à cœur-joie. Le poignet lui suffit pour être musicien.

Ce fut un semblable expédient qui rendit la vie à Topaze, avec ses espérances de haute renommée, de vaste fortune et d'insigne apostolat. Comme il est reconnu, depuis les jésuites, que la fin justifie les moyens, Topaze vola, d'une main dextre, la bourse d'un gros financier qui dormait profondément dans l'atelier de son maître, tandis que celui-ci, guère mieux éveillé, essayait de le peindre. Muni de ce trésor, il acheta aussi son orgue de Barbarie, je veux dire un daguerréotype, et, se faisant bien enseigner la manière de s'en servir, qui n'était pas au-dessus de son intelligence, il devint tout à coup d'artiste peintre artiste physicien.

Le talent acquis, et à beaux deniers comptants, comme on vient de voir, il avait fait la moitié du chemin vers le but grandiose où tendaient ses désirs. Pour faire l'autre, il prit la route du Havre, puis passage sur un vaisseau qui traversait l'Atlantique, et, après un heureux voyage, il alla prendre terre à l'endroit même où, peu d'années auparavant, il s'était embarqué pour la France. Mais quel changement dans sa situation ! De Singe enfant, il était devenu Singe homme; de prisonnier de guerre vendu comme esclave, affranchi et libre; enfin, de brute ignorante, telle que la nature jette au monde tous les êtres, une espèce d'Homme civilisé.

Le cœur lui battit en touchant le sol de la patrie, si douce à revoir après une longue absence; et, sans perdre un seul jour, il s'achemina, sa machine sur le dos, vers les lieux solitaires et sauvages où l'appelait, avec les souvenirs de ses premiers ans, la mission civilisatrice qu'il s'était donnée. Il y avait bien aussi dans son empressement (il m'en a fait l'aveu) certaine envie d'attirer l'attention, de faire du bruit, d'être regardé comme une Bête curieuse, de jouir enfin de la facile supériorité que lui donnaient sur les gens du pays son titre de voyageur, ses connaissances et sa machine; mais il aimait mieux se donner le change à lui-même, et se croire simplement piqué de cet irrésistible aiguillon qui pousse les prédestinés, les hommes providentiels, à jouer leur rôle en ce monde.

Arrivé dans la forêt qui l'avait vu naître, sans rechercher ni ses parents ni ses amis, auxquels il ne voulait se révéler qu'après d'éclatants succès, Topaze alla s'installer dans une vaste clairière, espèce de place publique ménagée par la nature au milieu des futaies et des fourrés. Là, aidé d'un Sapajou à face noire, qu'il appela *Ébène* comme l'autre serviteur de Rustan, et dont il fit son valet, son nègre, imitant jusqu'en cela l'Homme qui trouve dans la différence des peaux une raison suffisante pour qu'il y ait des maîtres et des esclaves, il se construisit une élégante cabane de branchages, bien abritée sous quelques larges feuilles de lotus. Il cloua pour enseigne, au-dessus de la porte, un écriteau qui portait : *Topaze, peintre à l'instar de Paris*; et, sur la porte même, un second écriteau plus petit où se lisait : *Entrée de l'instar;* puis, quand il eut expédié dans toutes les directions quelques couples de Pies chargées d'annoncer à la ronde son arrivée, sa demeure et son état, il ouvrit enfin boutique.

Pour mettre ses services à la portée de tout le monde, dans un pays où l'on n'a point encore battu monnaie, Topaze était revenu au système primitif des échanges. Il se faisait payer en denrées. Cent noisettes, cinquante figues, vingt patates, deux noix de coco, tel était le prix d'un portrait. Comme les habitants des forêts du Brésil, encore dans l'âge d'or, ne connaissent ni la propriété, ni l'héritage, ni tous les droits qui découlent des mots *mien* et *tien,* que la terre est en commun et ses fruits au premier occupant, il n'y avait en vérité qu'à se baisser et à prendre pour payer son image au peintre de Paris. Néanmoins, ses commencements furent difficiles; il apprit, par expérience, que nul n'est prophète en son pays, ni surtout parmi les siens.

Les premières visites qu'il reçut furent celles d'autres Singes, race curieuse et empressée, mais défiante, envieuse, maligne. A peine eurent-ils vu fonctionner une fois la machine, qu'au lieu d'en admirer simplement l'invention et l'effet, ils cherchèrent aussitôt à l'imiter, à la copier; et au lieu d'honorer, en le récompensant, celui de leurs frères qui rapportait ce trésor de lointaines régions, ils mirent tous leurs soins à lui dérober son secret et les bénéfices qu'il devait justement tirer de son industrie. Voilà tout d'abord Topaze aux prises avec les contrefacteurs. Heureusement pour lui qu'il ne s'agissait pas de réimprimer un livre en Belgique; le vol était un peu moins facile à commettre. Messieurs les Singes eurent beau ruminer, s'ingénier, travailler de leurs quatre mains, s'associer même, car chez eux comme ailleurs, je crois, on trouve aisément des complices pour une mauvaise action, tout ce qu'ils purent faire, ce fut une caisse en bois, une enveloppe très-semblable à l'autre, en vérité, mais à laquelle il ne manquait que le mécanisme intérieur: un corps sans âme enfin. A l'abri de la contrefaçon, Topaze ne le fut pas de l'envie. Au contraire, l'insuccès des Singes les rendit furieux, et détestant d'autant plus celui qu'ils n'avaient pu dépouiller, ils n'épargnèrent rien pour le desservir et le perdre. Tant il est vrai que, si l'on a des ennemis, il faut les chercher parmi ses semblables et ses proches, parmi les gens de la même profession, du même pays, presque de la même famille et de la même maison. *Araña ¿ quien te arañó? — Otra araña como yo.*

Mais n'importe, le mérite doit se faire jour en dépit des envieux et des méchants, et surnager à la fin comme l'huile sur l'eau. Il arriva qu'un personnage important, un Animal de poids, un Ours enfin, passant par la clairière et voyant cette enseigne, se mit à réfléchir qu'on n'est pas de toute nécessité un charlatan parce qu'on vient de loin ou qu'on promet du nouveau, et qu'un esprit sage, modéré, impartial, se donne la peine d'examiner les choses avant de les juger. D'ailleurs une autre raison le poussait à faire l'épreuve des talents de l'étranger; car, à côté des maximes générales et des lieux communs, par lesquels on explique tout haut chaque action de la vie, il y a toujours un petit motif personnel dont on ne parle point, et qui est la vraie cause. Nous sommes tous, Bêtes et gens, un peu doctrinaires. Or, notre Ours était le descendant direct de ce compagnon d'Ulysse, touché par la baguette de Circé, qui répondit à son capitaine, le plaignant de se voir ainsi fait, lui naguère si joli :

> Comme me voilà fait! comme doit être un Ours.
> Qui t'a dit qu'une forme est plus belle qu'une autre ?
> Est-ce à la tienne à juger de la nôtre ?
> Je m'en rapporte aux yeux d'une Ourse, mes amours.

Il était un peu fat et très-amoureux. C'était pour en faire présent à sa belle qu'il désirait avoir son portrait. Il entra donc dans la boutique, paya double, car il faisait grandement les choses, et s'assit sur la place marquée. Très-peu léger, très-peu remuant, plein d'ailleurs de son importance et de l'importance de sa tentative, il lui fut facile de garder l'immobilité nécessaire. Topaze, de son côté, mit à son ouvrage tous les soins qu'on apporte d'ordinaire à un début, et le portrait réussit au gré de leurs souhaits. Monseigneur fut ravi. L'opération, en le rapetissant, lui avait ôté l'épaisse lourdeur de sa taille, et le gris argenté de la plaque métallique remplaçait avec avantage la sombre monotonie de son manteau brun. Enfin, il se trouva mignon, svelte, gracieux. Essoufflé de joie et d'orgueil, il courut de ce pas, aussi vite que le permettaient la gravité de son caractère et la pesanteur de ses allures, présenter à son idole cette précieuse image. L'Oursine en raffola. Par instinct de coquetterie, inné, à ce qu'il paraît, chez les femelles, elle pendit, comme une parure, le portrait à son cou; puis, par un autre instinct, non moins naturel, à ce qu'il paraît encore, celui de communication, elle s'en alla chez ses parentes, amies, voisines et connaissances, montrer le cadeau du bien-aimé. Grâce à cet empressement, avant la fin de la journée toute la gent animale habitant à deux lieues à la ronde connaissait le talent de Topaze et les merveilleux produits de son industrie. Il était en vogue.

.... Précieuse image. ....

Dès ce moment, sa cabane fut visitée à toute heure du jour; la place marquée pour le modèle ne désemplissait point, et le Sapajou noir avait assez à faire de préparer pour tout venant les plaques iodées. Hors les Singes, qui gardèrent rancune et se tinrent à l'écart, il n'est pas une espèce animale de la terre, de l'air et de l'eau, qui ne vînt bravement s'exposer à la reproduction de son effigie. Je me rappelle que l'un des plus empressés fut l'Oiseau-Royal, souverain d'une principauté étrangère toute peuplée de Volatiles. Il arriva entouré d'un brillant état-major et de ses aides de camp, le général Phénicoptère dit Flamant ou Bécharu, le colonel Aigrette, le major Toucan, flatteurs et fâcheux, qui, penchés sur le dos de Topaze, ne cessaient, pour louer le prince et lui jeter de l'encens au nez, de faire des critiques saugrenues et d'indiquer d'absurdes

corrections. Le portrait s'acheva en dépit de leurs remontrances, et, tout fier de sa couronne ducale en forme de huppe panachée, l'Oiseau-Royal était ravi de se mirer et de s'admirer comme dans une glace. Aussi, bien différent de l'Ours amoureux, et quoiqu'il fût accompagné d'une charmante Paonne, sa femme par mariage *morganatique*, ce fut à lui-même qu'il fit présent de son image, et, comme Narcisse devant la fontaine, il passait le jour à se contempler. Par ma foi, bienheureux ceux qui s'aiment! ils n'ont à craindre ni dédain, ni froideur, ni changement; ils n'éprouvent ni les chagrins de l'absence, ni les tourments de la jalousie. S'il est vrai, à ce que disent les philosophes humains, que ce qu'on nomme amour ne soit qu'une déviation de l'amour-propre qui va momentanément se loger en autrui, et que cesser d'aimer, c'est tout simplement le retour de l'amour-propre en son logis habituel; encore une fois, bienheureux ceux qui s'aiment!

Bien que Topaze, pour revenir à lui, se donnât l'air de retoucher, au gré des modèles, les portraits sortis de sa machine, ce n'est pas à dire qu'il réussît toujours à satisfaire pleinement ses pratiques. Elles n'étaient pas toutes de si bonne composition, et, sans s'aimer comme l'Oiseau-Royal, au point de prendre leurs difformités pour autant d'attraits, ce qui est la vraie béatitude de l'égoïsme, elles s'aimaient assez cependant pour trouver mauvais qu'on leur laissât des défauts qui les affligeaient, ou qu'on leur ôtât des qualités dont elles étaient fières. Ainsi, le Kakatoès se trouvait le nez trop court, l'Autruche la tête trop petite, le Bouc la barbe trop longue, le Sanglier l'œil trop sanglant, l'Hyène le poil trop hérissé. L'Écureuil était très-mécontent de se voir immobile, lui si vif, si sémillant, si alerte, et le Caméléon, si changeant, d'être sans couleur. Quant à l'âne, il aurait voulu, nouveau Rossignol, que son portrait fît entendre la gracieuse musique de son chant; et le Hibou, qui avait fermé les yeux à la lumière du soleil pendant l'opération, se plaignait amèrement qu'on l'eût peint aveugle.

Il y avait d'ailleurs, dans le laboratoire de Topaze, comme cela se voit quelquefois, dit-on, dans les ateliers des peintres, une troupe de jeunes *Lions*, fils de grandes familles, désœuvrés, moqueurs et narquois, qui venaient y passer tous leurs loisirs, c'est-à-dire vingt-quatre heures par jour, sauf le temps des repas et du sommeil. Ils se piquaient de connaissances en peinture, appelaient par leurs noms anatomiques tous les muscles du visage, parlaient galbe et morbidesse, raisonnaient plastique et esthétique; mais, sous prétexte de voir travailler l'artiste, ils ne s'occupaient en réalité qu'à plaisanter de ses clients. Le Corbeau montrait-il, à l'entrée de la cabane, sa noire figure, son œil terne, sa démarche de magistrat goutteux, aussitôt ils s'écriaient en chœur :

> Hé! bonjour, monsieur du Corbeau,
> Que vous êtes joli, que vous me semblez beau!

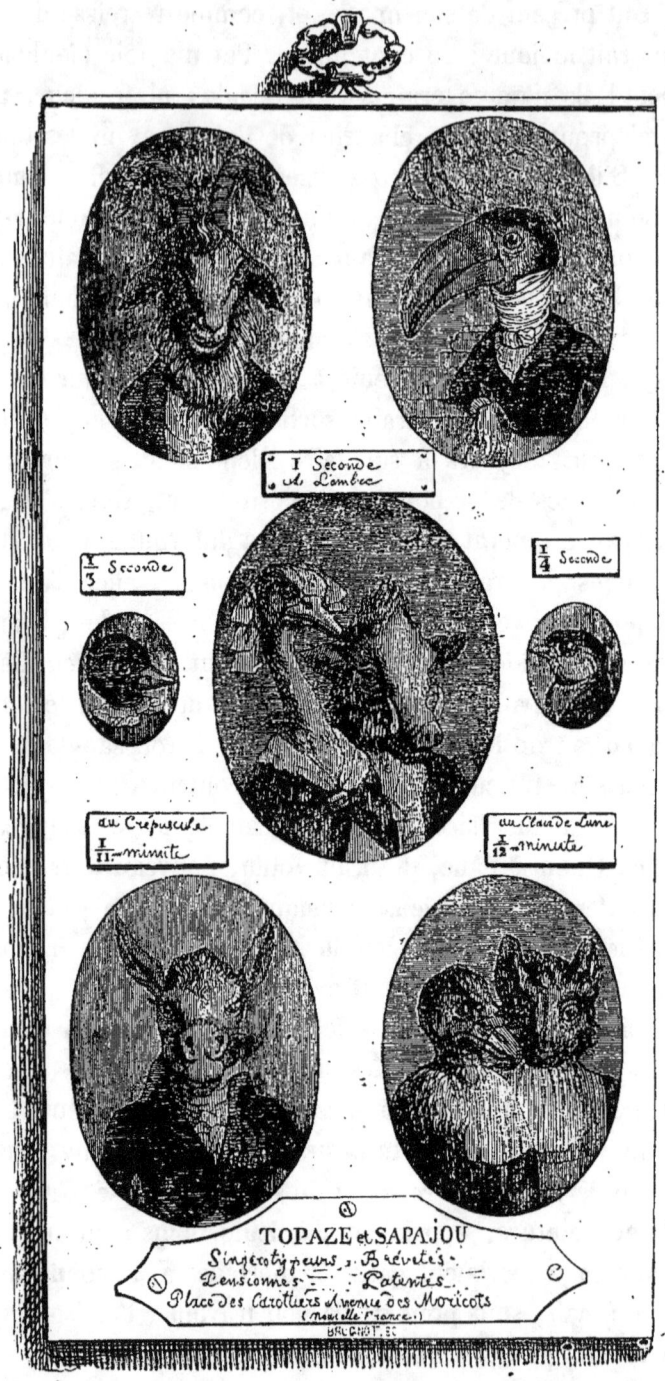

Le Toucan se trouvait le nez trop gros; l'Autruche, la tête trop petite, etc., etc.

rappelant ainsi à la pauvre dupe son aventure du fromage escroqué par maître Renard. Si c'était au contraire le Renard qui entrât, ou son compère le Loup, ils se mettaient à marmotter la fameuse sentence du Singe qui les condamna l'un et l'autre :

> ... Je vous connais de longtemps, mes amis,
> Et tous deux vous payerez l'amende,
> Car toi, Loup, tu te plains quoiqu'on ne t'ait rien pris,
> Et toi, Renard, as pris ce que l'on te demande.

Un jour, le bonhomme Canard, laissant les joncs et le marécage, s'en vint, cahin-caha, jusqu'à l'atelier de Topaze, désireux de voir aussi sa figure mieux que dans l'eau trouble de son étang. Dès qu'il parut, un des Lions s'approcha plein d'empressement, et, ôtant sa toque avec politesse : « Ah ! monsieur, lui dit-il, vous qui allez de côté et d'autre, « seriez-vous assez bon pour nous apprendre des nouvelles ? »

Bref, personne n'échappait à leurs sarcasmes. Bien des gens se piquaient, et plusieurs auraient voulu se fâcher ; mais messieurs les Lionceaux, habitués dès l'enfance à manier les armes des duellistes, se faisaient un jeu d'une querelle. Avec eux, le plus prudent était de se taire ou de bien prendre la plaisanterie. Topaze aussi souffrait de leur présence, qui le dérangeait dans son travail et pouvait nuire à ses intérêts en éloignant des pratiques. Mais comment se mettre mal avec tous ces fils de familles, puissants dans le canton, et généreux d'ailleurs dans leurs bons moments ? Comme ses modèles, le peintre devait prendre ces importuns en patience, et, tout en les maudissant, leur faire bon visage. C'est une des charges du métier.

Malgré ces petites contrariétés et ces petits ennuis (qui peut en être exempt dans ce monde de Dieu ?), le commerce allait bien. Topaze emplissait son grenier, et sa renommée grossissait comme ses épargnes. Il entrevoyait déjà l'instant si désiré où, riche et célèbre, il allait enfin se consacrer à la haute mission d'instruire et de moraliser ses semblables.

Le nom du prochain législateur, et le bruit des merveilles qu'il opérait, s'étaient répandus, de proche en proche, jusqu'à de grandes distances. Un Éléphant, souverain de je ne sais quel vaste territoire situé entre les grands fleuves de l'Amérique du Sud, mais qui n'est indiqué sur aucune mappemonde, parce que l'espèce humaine n'y a point encore pénétré, entendit parler du peintre de Paris. Il fut curieux d'employer ses talents, et, comme un autre François Ier appelant à sa cour un autre Léonard de Vinci, il envoya une députation à Topaze avec des offres si brillantes, qu'il n'y avait pas même lieu à délibérer. C'est ainsi que procèdent, dans leurs caprices, les rois absolus. On lui promettait, outre une somme considérable en valeurs du pays, le titre de cacique et le grand cordon de la Dent d'Ivoire. Topaze se mit en route, au milieu d'une escorte d'honneur, monté sur un beau Cheval et suivi d'un Mulet qui portait, outre son fidèle Sapajou noir, sa précieuse machine. On arriva sans encombre à la cour de sultan Poussah (c'était son nom), à qui Topaze fut aussitôt présenté par l'introducteur ordinaire des ambassadeurs. Il se jeta la face contre terre devant le monarque, et celui-ci, le relevant avec bonté du bout de sa trompe, lui donna à baiser l'un de ses pieds énormes, celui même qui plus tard... Mais n'anticipons point sur les événements.

Sa Majesté très-massive éprouvait une telle démangeaison de curiosité, que, sans prendre ni repos ni repas, Topaze dut aussitôt déballer sa caisse et se mettre à l'ouvrage. Il prépara ses instruments, fit chauffer ses drogues, et choisit la plus belle plaque de toute sa provision pour y empreindre la royale image. Il fallait que le modèle tînt tout entier sur cet étroit encadrement, car sultan Poussah se voulait voir représenté dans son majestueux ensemble et de la tête aux pieds. Topaze se réjouit fort de ce caprice. Il se rappelait l'aventure de l'Ours amoureux, première cause de sa vogue et de ses succès. « Bon ! disait-il, puisque c'est une miniature que demande Sa Majesté, elle sera satisfaite de moi, car elle sera satisfaite d'elle-même. » Il plaça donc l'Éléphant fort loin de la lunette de sa chambre obscure, pour le rapetisser autant que possible, puis il procéda à l'opération avec le soin le plus minutieux et l'attention la plus profonde. Tout le monde attendait le résultat en silence et dans l'anxiété, comme s'il se fût agi de fondre une statue. Il faisait un ardent soleil. Au bout de deux minutes, l'opérateur enlève lestement la plaque argentée, et, triomphant, quoique agenouillé, la présente aux yeux du monarque.

A peine celui-ci eut-il jeté un regard oblique sur son image, qu'il partit d'un immense éclat de rire, et, sans trop savoir pourquoi, les courtisans rirent aussi à gorge déployée. C'était une scène de l'Olympe. « Qu'est ceci ? s'écria l'Éléphant quand il eut recouvré la parole ; c'est le portrait d'un Rat, et l'on veut que je m'y reconnaisse ! Vous plaisantez, mon ami. » Les rires continuaient de plus belle. « Eh quoi ! ajouta le monarque après un instant de silence et prenant une expression de plus en plus sévère, c'est parce qu'il n'y a nul Animal plus grand, plus gros et plus fort que moi dans cette contrée, que j'en suis le roi et

Il prépara ses instruments, fit chauffer ses drogues, et choisit la plus belle plaque de sa composition...

seigneur, et j'irais me montrer à mes sujets, pour qu'ils perdent le respect qui m'est dû, sous les apparences d'une chétive et imperceptible créature, d'un avorton, d'un Insecte? Non, la raison d'État ne me permet point de faire cette sottise. » En disant cela, il lança dédaigneusement la plaque à l'artiste atterré, qui courba la tête jusque dans la poussière, moins encore par humilité que pour éviter un choc qui lui eût été funeste.

« J'aurais dû me douter de l'équipée, reprit l'Éléphant qui passait peu à peu du rire à la fureur. Tous ces colporteurs de secrets et d'inventions, tous ces novateurs qui nous prêchent les merveilles du monde civilisé, sont autant d'émissaires de l'Homme, venus pour corrompre, à son profit, les Animaux, par le mépris des vertus antiques, par l'oubli des devoirs envers l'autorité naturelle et constituée. Il faut en préserver l'État, et couper le mal dans sa racine. — Bravo ! s'écria la galerie ; bien dit, bien fait, et vive le sultan ! » Enjambant par-dessus le corps du peintre encore prosterné, l'Éléphant, en trois pas, s'approcha de l'innocente machine, grosse à ses yeux de révolutions ; et, plein d'un courroux non moins légitime que celui de Don Quichotte frappant d'estoc et de taille sur les marionnettes de maître Pierre, il leva son formidable pied, le posa sur la fragile enveloppe, et, d'un seul effort, broya la caisse avec tout ce qu'elle contenait. *Adieu Veau, Vache, Cochon, Couvée !*

Ce fut comme le pot au lait de Perrette. Adieu fortune, honneurs, influence, civilisation ! Adieu l'art, adieu l'artiste ! Aux horribles craquements qui annonçaient sa ruine et lui broyaient le cœur, Topaze se releva soudain, et, prenant sa course en désespéré, il alla se jeter, la tête la première, dans la rivière des Amazones.

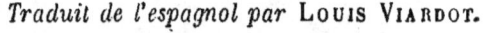

Celui qui fut son confident et qui resta son héritier, c'est moi, pauvre Ébène, pauvre Sapajou noir, qui, venu chez les Hommes d'Europe, où j'ai appris une de leurs langues, me suis fait, pour leur instruction, l'historien de mon maître.

Traduit de l'espagnol par Louis Viardot.

VOYAGE

D'UN

LION D'AFRIQUE

A PARIS

ET CE QUI S'ENSUIVIT

Où l'on verra par quelles raisons de haute politique le prince Léo dut faire un voyage en France.

u bas de l'Atlas, du côté du désert, règne un vieux Lion nourri de ruse. Dans sa jeunesse, il a voyagé jusque dans les montagnes de la Lune; il a su vivre en Barbarie, en Tombouctou, en Hottentotie, au milieu des républiques d'Éléphants, de Tigres, de Boschimans et de Troglodytes, en les mettant à contribution et ne leur déplaisant point trop; car ce ne fut guère que sur ses vieux jours, ayant les dents lourdes, qu'il fit crier les Moutons en les croquant. De cette complaisance universelle lui vint son surnom de Cosmopolite, ou l'ami de tout le monde. Une fois sur le trône, il a voulu justifier la jurisprudence des Lions par cet admirable axiome :

Prendre, c'est apprendre. Et il passe pour un des monarques les plus instruits. Ce qui n'empêche pas qu'il déteste les lettres et les lettrés. « Ils embrouillent encore ce qui est embrouillé, » dit-il.

Il eut beau faire, le peuple voulut devenir savant. Les griffes parurent menaçantes sur tous les points du désert. Non-seulement les sujets du Cosmopolite faisaient mine de le contrarier, mais encore sa famille commençait à murmurer. Les jeunes Altesses Griffées lui reprochaient de s'enfermer avec un grand Griffon, son favori, pour compter ses trésors, sans admettre personne à les voir.

Ce Lion parlait beaucoup, mais il agissait peu. Les crinières fermentaient. De temps en temps, des Singes perchés sur des arbres éclaircissaient des questions dangereuses. Des Tigres et des Léopards demandaient un partage égal du butin. Enfin, comme dans la plupart des Sociétés, la question de la viande et des os divisait les masses.

Déjà plusieurs fois le vieux Lion avait été forcé de déployer tous ses moyens pour comprimer le mécontentement populaire en s'appuyant sur la classe intermédiaire des Chiens et des Loups-Cerviers, qui lui vendirent un peu cher leur concours. Trop vieux pour se battre, le Cosmopolite voulait finir ses jours tranquillement, et, comme on dit, en bon Toscan de Léonie, mourir dans sa tanière. Aussi les craquements de son trône le rendaient-ils songeur. Quand Leurs Altesses les Lionceaux le contrariaient un peu trop, il supprimait les distributions de vivres, et les domptait par la famine ; car il avait appris, dans ses voyages, combien on s'adoucit en ne prenant rien. Hélas ! il avait retourné cette grave question sur toutes ses dents. En voyant la Léonie dans un état d'agitation qui pouvait avoir des suites fâcheuses, le Cosmopolite eut une idée excessivement avancée pour un Animal, mais qui ne surprit point les cabinets à qui les tours de passe-passe par lesquels il se recommanda pendant sa jeunesse étaient suffisamment connus.

Un soir, entouré de sa famille, il bâilla plusieurs fois, et dit ces sages paroles : « Je suis véritablement bien fatigué de toujours rouler cette pierre qu'on appelle le pouvoir royal. J'y ai blanchi ma crinière, usé ma parole et dépensé ma fortune, sans y avoir gagné grand'chose. Je dois donner des os à tous ceux qui se disent les soutiens de mon pouvoir ! Encore si je réussissais ! Mais tout le monde se plaint. Moi seul, je ne me plaignais pas, et voilà que cette maladie me gagne ! Peut-être ferais-je mieux de laisser aller les choses et de vous abandonner le sceptre, mes enfants ! Vous êtes jeunes, vous aurez les sympathies de la jeunesse; et vous pourrez vous débarrasser de tous les Lions mécontents en les éconduisant à la victoire. »

Sa Majesté Lionne eut alors un retour de jeunesse et chanta la *Marseillaise* des Lions :

Aiguisez vos griffes, hérissez vos crinières !

« Mon père, dit le jeune prince, si vous êtes disposé à céder au vœu national, je vous avouerai que les Lions de toutes les parties de l'Afrique, indignés du *far niente* de Votre Majesté, étaient sur le point d'exciter des orages capables de faire sombrer le vaisseau de l'État.

« — Ah ! mon drôle, pensa le vieux Lion, tu es attaqué de la maladie des princes royaux, et ne demanderais pas mieux que de voir mon abdication !... Bon, nous allons te rendre sage ! Prince, reprit à haute voix le Cosmopolite, on ne règne plus par la gloire, mais par l'adresse, et, pour vous en convaincre, je veux vous mettre à l'ouvrage. »

Dès que cette nouvelle circula dans toute l'Afrique, elle y produisit un tapage inouï. Jamais, dans le désert, aucun Lion n'avait abdiqué. Quelques-uns avaient été dépossédés par des usurpateurs, mais personne ne s'était avisé de quitter le trône. Aussi la cérémonie pouvait-elle être facilement entachée de nullité, faute de précédents.

Le matin, à l'aurore, le Grand-Chien, commandant les hallebardiers, dans son grand costume et armé de toutes pièces, rangea la garde en bataille. Le vieux roi se mit sur son trône. Au-dessus, on voyait ses armes représentant une chimère au grand trot, poursuivie par un poignard. Là, devant tous les Oisons qui composaient la cour, le grand Griffon apporta le sceptre et la couronne. Le Cosmopolite dit à voix basse ces remarquables paroles à ses lionceaux, qui reçurent sa bénédiction, seule chose qu'il voulut leur donner, car il garda judicieusement ses trésors.

« Enfants, je vous prête ma couronne pour quelques jours, essayez de plaire au peuple et vous m'en direz des nouvelles. »

Puis, à haute voix et se tournant vers la cour, il cria :

« Obéissez à mon fils, il a mes instructions ! »

Dès que le jeune Lion eut le gouvernement des affaires, il fut assailli par la jeunesse Lionne dont les prétentions excessives, les doctrines, l'ardeur, en harmonie d'ailleurs avec les idées des deux jeunes gens, firent renvoyer les anciens conseillers de la couronne. Chacun voulut

Les jeunes Lionceaux reçurent sa bénédiction.

leur vendre son concours. Le nombre des places ne se trouva point en rapport avec le nombre des ambitions légitimes; il y eut des mécontents qui réveillèrent les masses intelligentes. Il s'éleva des tumultes, les jeunes tyrans eurent la patte forcée et furent obligés de recourir à la vieille expérience du Cosmopolite, qui, vous le devinez, fomentait ces agitations. Aussi, en quelques heures, le tumulte fut-il apaisé. L'ordre régna dans la capitale. Un baise-griffe s'ensuivit, et la cour fit un grand carnaval pour célébrer le retour au *statu quo* qui parut être *le vœu du peuple*. Le jeune prince, trompé par cette scène de haute comédie, rendit le trône à son père, qui lui rendit son affection.

Pour se débarrasser de son fils, le vieux Lion lui donna une mission. Si les Hommes ont la question d'Orient, les Lions ont la question d'Europe, où depuis quelque temps des Hommes usurpaient leur nom, leurs crinières et leurs habitudes de conquête. Les susceptibilités nationales des Lions s'étaient effarouchées. Et, pour préoccuper les esprits, les empêcher de retroubler sa tranquillité, le Cosmopolite jugea nécessaire de provoquer des explications internationales de tanière à *Camarilla*. Son Altesse Lionne, accompagnée d'un de ses Tigres ordinaires, partit pour Paris sans aucun attaché.

Nous donnons ici les dépêches diplomatiques du jeune prince et celles de son Tigre ordinaire.

II

Comment le prince Léo fut traité à son arrivée dans la capitale du monde civilisé.

PREMIÈRE DÉPÊCHE.

« Sire,

« Dès que votre auguste fils eut dépassé l'Atlas, il fut reçu à coups de fusil par les postes français. Nous avons compris que les soldats lui rendaient ainsi les honneurs dus à son rang. Le gouvernement français s'est empressé de venir à sa rencontre; on lui a offert une voiture élégante, ornée de barreaux en fer creux qu'on lui fit admirer comme un des progrès de l'industrie moderne. Nous fûmes nourris de viande les plus recherchées, et nous n'avons eu qu'à nous louer des procédés de la France. Le prince fut embarqué, par égard pour la race animale, sur un vaisseau appelé *le Castor*. Conduits par les soins du gouvernement français jusqu'à Paris, nous y sommes logés aux frais de l'État dans un délicieux séjour appelé le Jardin du Roi, où le peuple vient nous voir avec un tel empressement, qu'on nous a donné les plus illustres savants pour gardiens, et que, pour nous préserver de toute indiscrétion, ces messieurs ont été forcés de mettre des barres de fer entre nous et la foule. Nous sommes arrivés dans d'heureuses circonstances, il se trouve là des ambassadeurs venus de tous les points du globe.

« J'ai lorgné, dans un hôtel voisin, un Ours blanc venu d'outre-mer pour des réclamations de son gouvernement. Ce prince Oursakoff m'a dit alors que nous étions les dupes de la France. Les Lions de Paris, inquiets de notre ambassade, nous avaient fait enfermer. Sire, nous étions prisonniers.

« — Où pourrons-nous trouver les Lions de Paris? » lui ai-je demandé.

« Votre Majesté remarquera la finesse de ma conduite. En effet, la diplomatie de la Nation Lionne ne doit pas s'abaisser jusqu'à la fourberie, et la franchise est plus habile que la dissimulation. Cet Ours, assez simple, devina sur-le-champ ma pensée, et me répondit sans détours que les Lions de Paris vivaient en des régions tropicales où l'asphalte formait le sol et où les vernis du Japon croissaient, arrosés par l'argent d'une fée appelée conseil général de la Seine. « — Allez toujours devant vous, et quand vous trouverez sous vos pattes des marbres blancs sur lesquels se lit ce mot : SEYSSEL! un terrible mot qui a bu de l'or, dévoré des fortunes, ruiné des Lions, fait renvoyer bien des Tigres, voyager des Loups-Cerviers, pleurer des Rats, rendre gorge à des Sangsues, vendre des Chevaux et des Escargots!... quand ce mot flamboiera, vous serez arrivé dans le quartier Saint-Georges où se retirent ces Animaux?

« — Vous devez être satisfait, dis-je avec la politesse qui doit distinguer les ambassadeurs, de ne point trouver votre maison qui règne dans le Nord, les Oursakoff, ainsi travestis?

« — Pardonnez-moi, reprit-il. Les Oursakoff ne sont pas plus épargnés que vous par les railleries parisiennes. J'ai pu voir, dans une imprimerie, ce qui s'appelle un Ours imitant notre majestueux mouvement de va-et-vient, si convenable à des gens réfléchis comme nous le sommes vers le Nord, et le prostituant à mettre du noir sur du blanc. Ces Ours sont assistés de Singes qui grappillent des lettres, et ils font ce qu'ici les savants nomment des livres, un produit bizarre de l'Homme que j'entends aussi nommer des *bouquins*, sans avoir pu deviner le rapport qui peut exister entre le fils d'un Bouc et un livre, si ce n'est l'odeur.

« — Quel avantage les Hommes trouvent-ils, cher prince Oursakoff, à prendre nos noms sans pouvoir prendre nos qualités ?

« — Il est plus facile d'avoir de l'esprit en se disant une Bête qu'en se donnant pour un Homme de talent ! D'ailleurs, les Hommes ont toujours si bien senti notre supériorité que, de tout temps, ils se sont servis de nous pour s'anoblir. Regardez les vieux blasons : partout des Animaux ! »

« Voulant, Sire, connaître l'opinion des cours du Nord dans cette grande question, je lui dis : « En avez-vous écrit à votre gouvernement ?

« — Le cabinet Ours est plus fier que celui des Lions, il ne reconnaît pas l'Homme.

« — Prétendriez-vous, vieux glaçon à deux pattes, et poudré de neige, que le Lion, mon maître, n'est pas le roi des Animaux ? »

« L'Ours blanc prit, sans vouloir répondre, une attitude si dédaigneuse, que d'un bond je brisai les barreaux de mon appartement. Son Altesse, attentive à la querelle, en avait fait autant, et j'allais venger l'honneur de votre couronne, lorsque votre auguste fils me dit très-judicieusement qu'au moment d'avoir des explications à Paris il ne fallait pas se brouiller avec les puissances du Nord.

« Cette scène avait eu lieu pendant la nuit, il nous fut donc très-facile d'arriver en quelques bonds sur les boulevards, où, vers le petit jour, nous fûmes accueillis par des : « Oh ! c'te tête ! — Sont-ils bien déguisés ! — Ne dirait-on pas de véritables Animaux ! »

III

Le prince Léo est à Paris pendant le carnaval. — Jugement que porte Son Altesse sur ce qu'elle voit.

DEUXIÈME DÉPÊCHE.

« Votre fils, avec sa perspicacité ordinaire, devina que nous étions en plein carnaval, et que nous pouvions aller et venir sans aucun danger. Je vous parlerai plus tard du carnaval. Nous étions excessivement embarrassés pour nous exprimer ; nous ignorions les usages et la langue du pays. Voici comment notre embarras cessa. »

(Interrompue par le froid de l'atmosphère.)

PREMIÈRE LETTRE DU PRINCE LÉO AU ROI, SON PÈRE.

« Mon cher et auguste père,

« Vous m'avez donné si peu de valeurs, qu'il m'est bien difficile de tenir mon rang à Paris. A peine ai-je pu mettre les pattes sur les boulevards, que je me suis aperçu combien cette capitale diffère du désert. Tout se vend et tout s'achète. Boire est une dépense, être à jeun coûte cher, manger est hors de prix. Nous nous sommes transportés, mon Tigre et moi, conduits par un Chien plein d'intelligence, tout le long des boulevards, où personne ne nous a remarqués tant nous ressemblions à des Hommes, en cherchant ceux d'entre eux qui se disent des Lions. Ce Chien, qui connaissait beaucoup Paris, consentit à nous servir de guide et d'interprète. Nous avons donc un interprète, et nous passons, comme nos adversaires, pour des Hommes déguisés en Animaux. Si vous aviez su, Sire, ce qu'est Paris, vous ne m'eussiez pas mystifié par la mission que vous m'avez donnée. J'ai bien peur d'être obligé quelquefois de compromettre ma dignité pour arriver à vous satisfaire. En arrivant au boulevard des Italiens, je crus nécessaire de me mettre à la mode en fumant un cigare, et j'éternuai si fort, que je produisis une certaine sensation. Un feuilletoniste, qui passait, dit alors en voyant ma tête : « Ces jeunes gens finiront par ressembler à des Lions. »

« — La question va se dénouer, dis-je à mon Tigre.

« — Je crois, nous dit alors le Chien, qu'il en est comme de l'immortelle question d'Orient, et que le mieux est de la laisser longtemps nouée. »

« Ce Chien, Sire, nous donne à tout moment les preuves d'une haute intelligence ; aussi vous ne vous étonnerez pas en apprenant qu'il appartient à une administration célèbre, située rue de Jérusalem, qui se plaît à entourer de soins et d'égards les étrangers qui visitent la France.

« Il nous amena, comme je viens de vous le dire, sur le boulevard des Italiens ; là, comme sur tous les boulevards de cette grande ville, la part laissée à la nature est bien petite. Il y a des arbres, sans doute, mais quels arbres ! Au lieu d'air pur, de la fumée ; au lieu de rosée, de la poussière : aussi les feuilles sont-elles larges comme mes ongles.

« Du reste, de grandeur, il n'y en a point à Paris : tout y est mesquin; la cuisine y est pauvre. Je suis entré pour déjeuner dans un café où nous avons demandé un cheval; mais le garçon a paru tellement surpris, que nous avons profité de son étonnement pour l'emporter, et nous l'avons mangé dans un coin. Notre Chien nous a conseillé de ne

pas recommencer, en nous prévenant qu'une pareille licence pourrait nous mener en police correctionnelle. Cela dit, il accepta un os dont il se régala bel et bien.

« Notre guide aime assez à parler politique, et la conversation du drôle n'est pas sans fruit pour moi; il m'a appris bien des choses. Je puis déjà vous dire que quand je serai de retour en Léonie je ne me laisserai plus prendre à aucune émeute; je sais maintenant une manière de gouverner qui est la plus commode du monde.

Un café.

« A Paris, le roi règne et ne gouverne pas. Si vous ne comprenez pas ce système, je vais vous l'expliquer : On rassemble par trois à quatre cents groupes tous ceux des honnêtes gens du pays qui payent 200 francs d'impôts en leur disant de se représenter par un d'eux. On obtient quatre cent cinquante-neuf Hommes chargés de faire la loi. Ces hommes sont vraiment plaisants : ils croient que cette opération communique le talent, ils imaginent qu'en nommant un Homme d'un certain nom, il aura la capacité, la connaissance des affaires; qu'enfin le mot *honnête Homme* est synonyme de législateur, et qu'un Mouton devient un Lion en lui disant : *Sois-le*. Aussi qu'arrive-t-il ? Ces quatre cent cinquante-neuf élus vont s'asseoir sur des bancs au bout d'un pont, et le roi vient leur demander de l'argent ou quelques ustensiles nécessaires à son pouvoir, comme des canons et des vaisseaux. Chacun parle alors à son tour de différentes choses, sans que personne fasse la moindre attention à ce qu'a dit le précédent orateur. Un Homme discute sur l'Orient après quelqu'un qui a parlé sur la pêche de la Morue. La mélasse est une réplique suffisante qui ferme la bouche à qui réclame pour la littérature. Après un millier de discours semblables, le roi a tout obtenu. Seulement, pour faire croire aux quatre cents élus qu'ils ont leur parfaite indépendance, il a soin de se faire refuser de temps en temps des choses exorbitantes demandées à dessein.

« J'ai trouvé, cher et auguste père, votre portrait dans la résidence royale. Vous y êtes représenté dans votre lutte avec le Serpent révolutionnaire, par un sculpteur appelé Barye. Vous êtes infiniment plus beau que tous les portraits d'Hommes qui vous entourent, et dont quelques-uns portent des serviettes sur leurs bras gauches comme des domestiques, et d'autres ont des marmites sur la tête. Ce contraste démontre évidemment notre supériorité sur l'Homme. Sa grande imagination consiste d'ailleurs à mettre les fleurs en prison et à entasser des pierres les unes sur les autres.

« Après avoir pris ainsi langue dans ce pays où la vie est presque impossible et où l'on ne peut poser ses pattes que sur les pieds du voisin, je me rendis à un certain endroit où mon Chien me promit de me faire voir les bêtes curieuses auxquelles Votre Majesté nous a ordonné de demander des explications sur la prise illégale de nos noms, qualités, griffes, etc.

« — Vous y verrez bien certainement des Lions, des Loups-Cerviers, des Panthères, des Rats de Paris.

« — Mon ami, de quoi peut vivre un Loup-Cervier dans un pareil pays ?

« — Le Loup-Cervier, sous le respect de Votre Altesse, me répondit le Chien, est habitué à tout prendre ; il s'élance dans les fonds américains, il se hasarde aux plus mauvaises actions, et se fourre dans les passages. Sa ruse consiste à avoir toujours la gueule ouverte, et le Pigeon, sa nourriture principale, y vient de lui-même.

« — Et comment ?

« — Il paraît qu'il a eu l'esprit d'écrire sur sa langue un mot talismanique avec lequel il attire le Pigeon.

« — Quel est ce mot?

« — Le mot *bénéfice*. Il y a plusieurs mots. Quand *bénéfice* est usé, il écrit *dividende*. Après dividende, *réserve* ou *intérêts*... les Pigeons s'y prennent toujours.

« — Et pourquoi ?

« — Ah! vous êtes dans un pays où les gens ont si mauvaise opinion les uns des autres, que le plus niais est sûr d'en trouver un autre qui le soit encore plus, et à qui il fera prendre un chiffon de papier pour une mine d'or... Le gouvernement a commencé le premier en ordonnant de croire que des feuilles volantes valaient des domaines. Cela s'appelle fonder le *crédit public,* et quand il y a plus de *crédit* que de *public,* tout est fondu. »

« Sire, le crédit n'existe pas encore en Afrique, nous pouvons y occuper les perturbateurs en construisant une Bourse. Mon détaché (car je ne saurais appeler mon Chien un attaché) m'a conduit, tout en m'expliquant les sottises de l'Homme, vers un café célèbre où je vis en effet les Lions, les Loups-Cerviers, Panthères et autres faux Animaux que nous cherchions. Ainsi la question s'éclaircissait de plus en plus. Figurez-vous, cher et auguste père, qu'un Lion de Paris est un jeune Homme qui se met aux pieds des bottes vernies d'une valeur de trente francs, sur la tête un chapeau à poil ras de vingt francs, qui porte un habit de cent vingt francs, un gilet de quarante au plus et un pantalon de soixante francs. Ajoutez à ces guenilles une frisure de cinquante centimes, des gants de trois francs, une cravate de vingt francs, une canne de cent francs et des breloques valant au plus deux cents francs; sans y comprendre une montre qui se paye rarement, vous obtenez un total de cinq cent quatre-vingt-trois francs cinquante centimes dont l'emploi ainsi distribué sur la personne rend un Homme si fier, qu'il usurpe aussitôt notre royal nom. Donc, avec cinq cent quatre-vingt-trois francs cinquante centimes, on peut se dire supérieur à tous les gens à talent de Paris et obtenir l'admiration universelle. Avez-vous ces cinq cent quatre-vingt-trois francs, vous êtes beau, vous êtes brillant, vous méprisez les passants dont la défroque vaut deux cents francs de moins. Soyez un grand poëte, un grand orateur, un Homme de cœur ou de courage, un illustre artiste, si vous manquez à vous harnacher de ces vétilles, on ne vous regarde point. Un peu de vernis mis sur des bottes, une cravate de telle valeur, nouée de telle façon, des gants et des manchettes, voilà donc les caractères distinctifs de ces Lions frisés qui soulevaient nos populations guerrières. Hélas! Sire, j'ai bien peur qu'il n'en soit ainsi

Un Lion de Paris.

de toutes les questions, et qu'en les regardant de trop près elles ne s'évanouissent, ou qu'on n'y reconnaisse sous le vernis et sous les bretelles un vieil intérêt, toujours jeune, que vous avez immortalisé par votre manière de conjuguer le verbe *Prendre!*

« — Monseigneur, me dit mon détaché qui jouissait de mon étonnement à l'aspect de cette friperie, tout le monde ne sait pas porter ces habits; il y a une manière, et dans ce pays-ci tout est une question de manière.

« — Eh bien, lui dis-je, si un Homme avait les manières sans avoir les habits ?

« — Ce serait un Lion inédit, me répondit le Chien sans se déferrer. Puis, Monseigneur, le Lion de Paris se distingue moins par lui-même que par son Rat, et aucun Lion ne va sans son Rat. Pardon, Altesse, si je rapproche deux noms aussi peu faits pour se toucher, mais je parle la langue du pays.

« — Quel est ce nouvel Animal ?

« — Un Rat, mon Prince : c'est six aunes de mousseline qui dansent, et il n'y a rien de plus dangereux, parce que ces six aunes de mousseline parlent, mangent, se promènent, ont des caprices, et tant, qu'elles finissent par ronger la fortune des Lions, quelque chose comme trente mille écus de dettes qui ne se retrouvent plus ! »

TROISIÈME DÉPÊCHE.

« Expliquer à Votre Majesté la différence qui existe entre un Rat et une Lionne, ce serait vouloir lui expliquer des nuances infinies, des distinctions subtiles auxquelles se trompent les Lions de Paris eux-mêmes, qui ont des lorgnons ! Comment vous évaluer la distance incommensurable qui sépare un châle français, vert américain, d'un châle des Indes vert-pomme? une vraie guipure d'une fausse, une démarche hasardeuse d'un maintien convenable ? Au lieu des meubles en ébène enrichis de sculptures par Janest qui distinguent l'antre de la Lionne, le Rat n'a que des meubles en vulgaire acajou. Le Rat, Sire, loue un remise, la Lionne a sa voiture; le Rat danse, et la Lionne monte à cheval au bois de Boulogne; le Rat a des appointements fictifs, et la Lionne possède des rentes sur le grand-livre; le Rat ronge des fortunes sans en rien garder, la Lionne s'en fait une; la Lionne a sa tanière vêtue de velours, tandis que le Rat s'élève à peine à la fausse perse peinte. N'est-ce pas autant d'énigmes pour Votre Majesté, qui de littérature légère ne se soucie guère et qui veut seulement fortifier son pouvoir ? Ce détaché, comme l'appelle Monseigneur, nous a parfaitement expliqué comment ce pays était dans une époque de transition, c'est-à-dire qu'on ne peut prophétiser que le présent, tant les choses y vont vite.

L'instabilité des choses publiques entraîne l'instabilité des positions particulières. Évidemment ce peuple se prépare à devenir une horde. Il éprouve un si grand besoin de locomotion, que, depuis dix ans surtout,

Une Lionne.

en voyant tout aller à rien, il s'est mis en marche aussi : tout est danse et galop ! Les drames doivent rouler si rapidement, qu'on n'y peut plus rien comprendre ; on n'y veut que de l'action. Par ce mouvement général, les fortunes ont défilé comme tout le reste, et, personne ne se trouvant plus assez riche, on s'est cotisé pour subvenir aux amusements. Tout se fait par cotisation : on se réunit pour jouer, pour parler, pour ne rien dire, pour fumer, pour manger, pour chanter, pour faire de la musique, pour danser; de là le club et le bal Musard. Sans ce Chien, nous n'eussions rien compris à tout ce qui frappait nos regards.

« Il nous dit alors que les farces, les chœurs insensés, les railleries et les images grotesques avaient leur temple, leur pandémonium. « — Si

Son Altesse veut voir le galop chez Musard, elle rapportera dans sa patrie une idée de la politique de ce pays et de son gâchis. »

« Le Prince a manifesté si vivement son désir d'aller au bal, que, bien qu'il fût extrêmement difficile de le contenter, ses conseillers ne purent qu'obéir, tout en sachant combien ils s'éloignaient de leurs instructions particulières ; mais n'est-il pas utile aussi que l'instruction vienne à ce jeune héritier du trône ? Quand nous nous présentâmes pour entrer dans la salle, le lâche fonctionnaire qui était à la porte fut si effrayé du salut que lui fit monsieur votre fils, que nous pûmes passer sans payer. »

DERNIÈRE LETTRE DU JEUNE PRINCE A SON PÈRE.

« Ah ! mon père, Musard est Musard, et le cornet à piston est sa musique. Vivent les débardeurs ! Vous comprendriez cet enthousiasme, si, comme moi, vous aviez vu le galop ! Un poëte a dit que les morts vont vite, mais les bons vivants vont encore mieux ! Le carnaval, Sire, est la seule supériorité que l'Homme ait sur les Animaux; on ne peut lui contester cette invention ! C'est alors que l'on acquiert une certitude sur les rapports qui relient l'Humanité à l'Animalité, car il éclate alors tant de passions animales chez l'Homme, qu'on ne saurait douter de nos affinités. Dans cet immense tohu-bohu où les gens les plus distingués de cette grande capitale se métamorphosent en guenilles pour défiler en images hideuses ou grotesques, j'ai vu de près ce qu'on appelle une Lionne parmi les Hommes, et je me suis souvenu de cette vieille histoire d'un Lion amoureux qu'on m'avait racontée dans mon enfance, et que j'aimais tant. Mais aujourd'hui cette histoire me paraît une fable ridicule. Jamais Lionne de cette espèce n'a pu faire rugir un vrai Lion. »

IV

Comment le prince Léo jugea qu'il avait eu grand tort de se déranger, et qu'il eût mieux fait de rester en Afrique.

QUATRIÈME DÉPÊCHE.

« Sire, c'est au bal Musard que son Altesse put enfin aborder face à face un Lion parisien. La rencontre fut contraire à tous les principes de reconnaissances de théâtre ; au lieu de se jeter dans les bras du Prince, comme l'aurait fait un vrai Lion, le Lion parisien, voyant à qui il avait affaire, pâlit et faillit s'évanouir. Il se remit pourtant et s'en tira... Par la force ? me direz-vous. Non, Sire, mais par la ruse.

« — Monsieur, lui dit votre fils, je viens savoir sur quelle raison vous vous appuyez pour prendre notre nom.

« — Fils du désert, répondit de la voix la plus humble l'enfant de Paris, j'ai l'honneur de vous faire observer que vous vous appelez Lion, et que nous nous appelons *Laianne,* comme en Angleterre.

« — Le fait est, dis-je au prince, en essayant d'arranger l'affaire, que *Laianne* n'est pas du tout votre nom.

« — D'ailleurs, reprit le Parisien, sommes-nous forts comme vous ? Si nous mangeons de la viande, elle est cuite, et celle de vos repas est crue. Vous ne portez pas de bagues.

« — Mais, a dit Son Altesse, je ne me paye pas de semblables raisons.

« — Mais on discute, dit le Lion parisien, et par la discussion l'on s'éclaire. Voyons. Avez-vous pour votre toilette et pour vous faire la crinière quatre espèces de brosses différentes ? Tenez : une brosse ronde pour les ongles, plate pour les mains, horizontale pour les dents, rude pour la peau, à double rampe pour les cheveux ! Avez-vous des ciseaux recourbés pour les ongles, des ciseaux plats pour les moustaches ? sept flacons d'odeurs diverses ? Donnez-vous tant par mois à un Homme pour vous arranger les pieds ? Savez-vous seulement ce qu'est un pédicure ? Vous n'avez pas de sous-pieds, et vous venez me demander pourquoi l'on nous appelle des Lions ! Mais je vais vous le dire : nous sommes des *Laiannes*, parce que nous montons à Cheval, que nous écrivons des romans, que nous exagérons les modes, que nous marchons d'une certaine manière, et que nous sommes les meilleurs enfants du monde. Vous n'avez pas de tailleur à payer ?

« — Non, dit le prince du désert.

« — Eh bien ! qu'y a-t-il de commun entre nous ? Savez-vous mener un tilbury ?

« — Non.

« — Ainsi vous voyez que ce qui fait notre mérite est tout à fait contraire à vos traits caractéristiques. Savez-vous le whist ? Connaissez-vous le jockey's-club ?

« — Non, dit l'ambassadeur.

« — Eh bien, vous voyez, mon cher, le whist et le club, voilà les deux pivots de notre existence. Nous sommes doux comme des Moutons, et vous êtes très-peu endurants.

« — Nierez-vous aussi que vous ne m'ayez fait enfermer ? dit le prince que tant de politesse impatientait.

« — J'aurais voulu vous faire enfermer que je ne l'aurais pas pu, répondit le faux Lion en s'inclinant jusqu'à terre. Je ne suis point le Gouvernement.

« — Et pourquoi le Gouvernement aurait-il fait enfermer Son Altesse ? dis-je à mon tour.

« — Le Gouvernement a quelquefois ses raisons, répondit l'enfant de Paris, mais il ne les dit jamais. »

« Jugez de la stupéfaction du prince en entendant cet indigne langage. Son Altesse fut frappée d'un tel étonnement, qu'elle retomba sur ses quatre pattes. Le Lion de Paris en profita pour saluer, faire une pirouette et s'échapper.

« Son Altesse, Sire, jugea qu'elle n'avait plus rien à faire à Paris, que les Bêtes avaient grand tort de s'occuper des Hommes, qu'on pouvait les laisser sans crainte jouer avec leurs Rats, leurs Lionnes, leurs cannes leurs joujoux dorés, leurs petites voitures et leurs gants; qu'il eût mieux valu qu'elle restât auprès de Votre Majesté, et qu'elle ferait bien de retourner au désert. »

A quelques jours de là on lisait dans le *Sémaphore* de Marseille :

« Le prince Léo a passé hier dans nos murs pour se rendre à
« Toulon, où il doit s'embarquer pour l'Afrique. La nouvelle de la
« mort du roi, son père, est, dit-on, la cause de ce départ précipité. »

La justice ne vient pour les Lions qu'après leur mort. Le journal ajoute que cette mort a consterné beaucoup de gens en Léonie, et qu'elle y embarrasse tout le monde. « L'agitation est si grande qu'on craint un
« bouleversement général. Les nombreux admirateurs du vieux Lion sont
« au désespoir. Qu'allons-nous devenir ? s'écrient-ils. On assure que le
« Chien qui avait servi d'interprète au prince Léo, s'étant trouvé là au
« moment où il reçut ces fatales nouvelles, lui donna un conseil qui
« peint bien l'état de démoralisation où sont tombés les Chiens de Paris :
« — Mon prince, lui dit-il, si vous ne pouvez tout sauver, *sauvez la*
« *caisse !* »

« Ainsi voilà donc, dit le journal, le seul enseignement que le jeune
« prince remportera de ce Paris si vanté ! Ce n'est pas la Liberté, mais
« les saltimbanques qui feront le tour du monde. »

Cette nouvelle pourrait être un *puff*, car nous n'avons pas trouvé la dynastie des Léo dans l'Almanach de Gotha.

DE BALZAC.

AU LECTEUR

Ami lecteur, nous voici arrivés sans encombre à la moitié de notre route.

Suivez-nous avec confiance dans la seconde partie de notre expédition : nous ne marchons plus en voyageurs inexpérimentés et sans guide à travers des pays inconnus, nous savons maintenant où nous prétendons vous mener; nous connaissons vos goûts, et nous pouvons vous promettre, sans crainte de vous tromper et de nous tromper, de véritables monts et de véritables merveilles. La plume de nos correspondants s'est aguerrie, leur nombre s'est augmenté; nous avons gagné en toutes choses, en quantité et même en qualité, et nous avons à vous offrir presque des trésors !

Quant à Grandville, sans compter qu'il y a au bout de son crayon des portraits et des scènes où vous aurez le plaisir de retrouver ceux de vos amis et de vos voisins que vous n'avez point encore vus, et où, de leur côté, vos amis et vos voisins auront la satisfaction de vous reconnaître vous-même, nous croyons devoir vous confier qu'il a découvert une nouvelle manière de mettre du noir sur du blanc et de vous être agréable, à vous, cher lecteur, et à vous, chère lectrice, qui nous l'êtes tant, en faisant pour vous ce qu'il n'a encore fait pour personne. — Vous verrez bien.

Bonsoir donc, ami lecteur; rentrez chez vous, tenez pour ce soir votre cage bien fermée, on ne sait pas ce qui peut arriver. Les nuits les plus paisibles peuvent finir par un orage. Qui sait si nous n'allons pas dormir sur un volcan? Un sage l'a dit : Les révolutions ne dorment jamais que d'un œil. Quoi qu'il en puisse être, dormez bien, faites de bons rêves, et à demain.

Le Singe, le Perroquet et le Coq,
Rédacteurs en chef.

Pour copie conforme :
P. J. Stahl.

ENCORE UNE RÉVOLUTION!

A TOUS LES ANIMAUX

Du Jardin des Plantes, le 26 novembre 1841.

En mettant sous presse cette seconde partie de notre histoire nationale, nous pensions pouvoir nous féliciter d'avoir posé les bases sur lesquelles s'élèvera un jour notre constitution, quand des signes qui n'annoncent, hélas! rien de bon, vinrent nous effrayer pour les destinées de notre société Animale.

Au moment où on s'y attendait le moins, des nuages noirs et épais s'étaient montrés à l'horizon, et, se répandant à travers le ciel, avaient, en un instant, fait du jour la nuit.

Nos savants astronomes, qui déjà sont venus à bout d'éclaircir ce point très-obscur de la *sidérologie*, qui consistait à démontrer que les jours se suivent et se ressemblent, saisirent avec empressement cette occasion de faire faire un nouveau pas à la science, et, munis de leurs lunettes d'approche, ils grimpèrent sur la pointe du paratonnerre dont ils ont ait leur observatoire.

Là, aidés de tout ce qu'une expérience consommée ajoute à beaucoup de sagacité naturelle, ils étudièrent pendant plusieurs heures ces sombres phénomènes ; mais il leur fut impossible d'y rien comprendre ; et telle est la conscience de ces illustres savants, que, de peur de se tromper, ils ont mieux aimé se taire, n'osant hasarder aucune conjecture. — Nous attendons.

Veuillent les Dieux que rien ne vienne justifier nos appréhensions !

Paris, le 27 novembre 1841.

Nous recevons de l'Observatoire l'avis suivant :

« Nous savons maintenant à quoi nous en tenir sur la nature du
« phénomène qui nous a inquiétés. Si nos calculs ne nous trompent pas,
« et si nous sommes bien informés, ces nuages ne sont rien moins qu'un
« innombrable amas de Moucherons et autres Insectes armés de toutes
« pièces. Cette prise d'armes serait le résultat d'un vaste complot qui
« aurait pour but de renverser l'ordre de choses établi dans notre
« première assemblée. La conspiration se serait ourdie dans un coin du
« Ciel. Pourtant, comme les Moucherons n'ont jamais passé pour avoir
« des opinions politiques bien tranchées, nous espérons pouvoir démentir
« demain la nouvelle que nous vous donnons aujourd'hui comme cer-
« taine. — En tous cas : *Caveant consules !* Ne vous endormez pas. »

Non, nous ne dormirons pas, et puisque nous avions trop préjugé
de la sagesse de nos frères, puisque l'anarchie veille, nous veillerons
avec elle et contre elle.

Comme première mesure d'ordre, et pour satisfaire au vœu général,
nous publierons de jour en jour, d'heure en heure, s'il le faut, et sous
ce titre : *le Moniteur des Animaux*, un bulletin des événements qui se
préparent, de façon que chacun puisse se donner le petit plaisir d'en
causer avec ses amis, et de les commenter à sa manière.

Lé Singe, le Perroquet et le Coq,
Rédacteurs en chef.

MONITEUR DES ANIMAUX

Nous l'avions prévu. Les nouvelles que nous avions reçues de l'Observatoire sont aujourd'hui confirmées. Des désordres graves et qui ont le caractère d'une véritable sédition ont éclaté cette nuit. Une petite poignée de factieux, détachés au nombre de trois cent mille environ du corps d'armée principal, et commandés par une certaine Guêpe connue pour l'exaltation de ses principes, vient de s'abattre sur le faîte du labyrinthe. L'intention hautement avouée des factieux est d'exciter la Nation Animale à la révolte et d'obtenir, le glaive en main, ce qu'il leur plaît d'appeler une réforme générale.

Quelques Mouches sensées ont vainement essayé de rappeler cette troupe égarée à de meilleurs sentiments.

Leur voix a été méconnue. Quoi qu'il arrive, nous saurons tenir tête à l'orage, et nous espérons, avec l'aide des Dieux, repousser ces odieuses tentatives. « Les troubles, a dit Montesquieu, ont toujours affermi les empires. »

Le capitaine de nos gardes ailés, le seigneur Bourdon, n'a pu réussir à disperser les factieux. Il a cru, avec raison, devoir reculer devant l'effusion de sang, et s'est contenté de couper les vivres et la retraite aux insurgés qui, dans quelques heures, auront à subir les horreurs de la faim. Cette humanité du seigneur Bourdon mérite les plus grands éloges. Les révoltés, s'étant barricadés sous le chapiteau du labyrinthe avec des feuilles mortes et des brins d'herbe sèche, sont, dit-on, en mesure de soutenir un siège régulier. L'espace occupé par eux est d'au moins dix-huit pouces en largeur sur dix de profondeur.

Les bruits les plus contradictoires se croisent et se succèdent. On a été jusqu'à nous accuser, par une ridicule interprétation de notre précédente citation de Montesquieu, d'avoir sous main fomenté la révolte. « Les tyrans, a dit un des plus fougueux orateurs de la troupe, craignent toujours que leurs sujets soient d'accord. » Que répondre à de pareilles absurdités ? Si les chefs d'une nation n'avaient à craindre que l'accord de leurs sujets, ils pourraient dormir tranquilles.

On assure que les Moucherons révoltés cherchent à organiser l'agitation sur tous les points. Un d'eux, le Clairon, musicien habile, a improvisé une marche guerrière intitulée *le Rappel des Moucherons*.

Nous entendons d'ici les accents de cette musique impie, dont les sons nous arrivent à la fois de toutes les hauteurs de Paris, le Panthéon, le Val-de-Grâce, la tour Saint-Jacques-la-Boucherie, la Salpêtrière, le Père-Lachaise, les colonnes de la barrière du Trône et les buttes Montmartre, sur lesquelles des émissaires ont été envoyés par les chefs du mouvement. Quelques prisonniers ont été faits, mais il a été impossible de les faire parler. « Nous sommes blancs comme neige, ont-ils dit ; nous ne savons pas pourquoi nous sommes arrêtés, mais c'est égal, prenez nos têtes ! — Vos têtes, Messieurs, qu'en ferions-nous ? Que peut-on faire de la tête d'un Moucheron ? »

Pourtant nous examinerons cette proposition.

Les prétentions des rebelles sont maintenant connues. L'intérêt général a servi de prétexte à des ambitions personnelles et à des haines particulières. C'est d'une révolution littéraire qu'il s'agit : on veut nous forcer à donner notre démission !!! Si nous refusons, on nous menace d'une concurrence : — nous ne la craignons pas. — Mandataires de tous, nous n'abandonnerons pas le poste qui nous a été confié : on ne nous arrachera notre place et notre traitement qu'avec la vie. Le bien public nous réclame, c'est à lui seul que nous nous devons.

Mais que nous reproche-t-on ? Avons-nous été injustes ou partiaux ? N'avons-nous pas suivi notre programme et imprimé tout au long ce qu'on a bien voulu nous envoyer, sans préférence, sans choix, aveuglément, comme doit le faire tout bon rédacteur en chef ? N'avons-nous pas des papiers par-dessus la tête ? de l'encre jusqu'aux coudes et à mi-jambes ? Si nous n'avons pas bien fait, enfin, a-t-il tenu à nous que nous ne fissions un chef-d'œuvre ?

Le chef de l'insurrection est un Scarabée ! le Scarabée Hercule ! Le beau nom !

Connaissiez-vous le Scarabée Hercule? Nous mépriserions des attaques parties de si bas, si nous ne savions que la faiblesse elle-même a son aiguillon, et que l'espace que parcourt son dard lui appartient.

C'est donc dans une intention dont chacun appréciera les motifs que nous avons ordonné les mesures suivantes :

« 1° La tête du Scarabée Hercule est mise à prix. Une récompense honnête sera donnée à celui qui nous le livrera mort ou vif (nous l'aimons mieux mort).

« 2° Il sera procédé immédiatement à une levée de troupes extraordinaire, et bientôt nous aurons à opposer aux rebelles neuf cent mille Mouches, parfaitement équipées, qui auront à combattre la révolte dans les plaines de l'air ou de la terre, partout enfin où l'ordre sera menacé.

« 3° Messieurs les commissaires de police devront toujours avoir dans leur poche une écharpe, et même deux écharpes, si leurs moyens le leur permettent.

« 4° Les rassemblements qui se composeraient de plus d'un Animal seraient dispersés par la force; cet avis concerne plus particulièrement les Autruches, les Canards et autres Animaux socialistes qui ont la manie de se réunir en groupes.

« 5° Nous engageons tous les Animaux honnêtes à rester chez eux, à ne pousser aucun cri, à se coucher tôt, à se lever tard et à ne rien voir ni entendre. Une pareille conduite prouvera aux factieux combien leurs projets trouvent peu de sympathie dans la partie éclairée de la population Animale. »

Un CERF-VOLANT nous a été envoyé en parlementaire; nous avons daigné l'écouter et lui répondre. « Vous avez parlé, nous a-t-il dit, il n'y en a eu que pour vous; à chacun son tour. Nous sommes trente-trois millions là-bas, tous extrêmement las de ne faire aucun bruit dans le monde. Nous voulons tous parler et tous écrire. L'égalité est-elle un droit, oui ou non?

— Qu'est-ce qu'un droit? lui répondit un vieux CORBEAU que nos lecteurs connaissent; *summum jus, summa injuria;* si vous voulez tous parler, tous les in-folio du monde n'y suffiront pas, dût chacun de vous se contenter d'écrire pour sa part, non une page, mais une ligne, mais un mot, mais une lettre, mais une virgule et moins encore. »

Cette réflexion si judicieuse fut naturellement trouvée absurde.

« Laissez donc, dit le CERF-VOLANT; que ne dites-vous tout de suite que le Dieu des Scarabées n'a pas fait assez de terre, et de ciel, et de lumière, et de feuilles d'arbres, et même de feuilles de papier, pour que chacun en ait sa part sur cette terre? Du moment où il est juste que tout le monde puisse écrire, cela doit être possible. »

O folie! **va où tu voudras, ton** triomphe est assuré!

Hélas! la guerre civile s'avance vers nos vallées paisibles; l'esprit de révolte a passé des Insectes aux Oiseaux et des Oiseaux aux Quadrupèdes. L'alarme est partout. Les portes des cages ont dû être fermées, ce qui est particulièrement désagréable aux Animaux qui se plaisent à prendre l'air sur le pas de leur porte pour savoir ce qui se passe dans les cages voisines. Qu'on se rassure pourtant, nous connaissons la sainteté de notre mission, et nous saurons la remplir tout entière. Les Oies n'ont point encore abandonné la garde du Capitole.

Un nouvel appel a été fait aux mécontents, et nous apprenons que les Chattes françaises se sont définitivement déclarées contre nous. Leur adhésion à la révolte a été longtemps incertaine; entre le oui et le non d'une Chatte française, il n'y a pas de place pour la pointe d'une aiguille. Elles ont été entraînées par une des leurs, qui ne nous a pas pardonné d'avoir accordé la parole à une Chatte anglaise dans un livre français. Si ce qu'on nous dit est vrai, cette maîtresse Chatte aurait forcé son honnête mari, qui avait toujours passé pour être le plus saint homme de Chat du quartier, à se mettre à la tête des mécontents de son espèce. Elle-même va, dit-on, de l'un à l'autre, exaltant les modérés et miaulant avec les exaspérés une espèce de Marseillaise où il n'est nullement question de la patte de velours de la paix. Elle ne s'adresse pas seulement aux Chats, mais bien aux Chattes, ses sœurs, qu'elle invite à suivre son exemple : « Vous que votre sexe semble éloigner des affaires politiques, dit-elle, faites appel à vos maris, à vos frères, à vos amis, à vos fiancés[1] ! Qu'aucune partie de plaisir sur les toits du voisinage ou dans les gouttières des serres chaudes ne vous arrête... N'épargnez rien, et ne craignez rien, on vous foulera, on vous écrasera, qu'importe !.. »

On l'a dit, le mauvais exemple vient toujours d'en haut. Les révoltés n'étaient que des instruments entre les mains de personnages haut placés. Qui l'eût cru pourtant? C'est l'Éléphant, un des Animaux les plus considérables et les plus considérés du Jardin, qui n'a pas craint de compromettre sa gravité dans une pareille affaire. — Vous êtes bien gros, Monseigneur, pour conspirer. Ne voyez-vous pas qu'on prend pour dupe Votre Grosseur, et vous convient-il d'apprendre que celui qui vous met en mouvement c'est le Renard ?

---

[1] *Lettres de Londres*, par J. L***.

Animaux ! retenez bien ceci : il ne faut pas plus juger d'un Renard par ses paroles, que d'un Cheval par la bride.

A la bonne heure, les révoltés jouent cartes sur table et brûlent eurs vaisseaux ; rien ne manque à cette insurrection : dans leur stupide confiance, les coupables se chargent de nous fournir eux-mêmes les preuves des crimes dont ils auront à rendre compte un jour. Les révoltés ont répondu à notre journal par un autre journal. Mais quel journal ! le nôtre est plus grand de moitié.

Nous empruntons au premier numéro de la feuille anarchique, *le Journal libre* (est-ce que le nôtre ne l'est pas ?), la pièce suivante, qui nous initie aux plus secrets détails de la conspiration. Le bon sens de nos lecteurs fera justice des abominables théories de ces ennemis du repos public. Nous ne changeons pas un mot à ce curieux document, auquel nous nous réservons de répondre.

LE JOURNAL LIBRE

REVUE DE LA RÉFORME ANIMALE

Les amis de la liberté se sont rassemblés hier dans le Cabinet d'histoire naturelle. C'est dans les vastes salles des empaillés qu'a eu lieu cette réunion préparatoire.

Il était très-tard. Le signal donné, les conjurés entrèrent les uns après les autres, puis, s'étant salués du geste sans mot dire, ils allèrent se ranger silencieusement dans les sombres galeries, à côté des froides reliques de leurs aïeux, que l'on eût dit autant de fantômes assoupis.

Il semblait que le silence eût fait un désert de ces vastes catacombes. L'immobilité était telle, qu'on ne pouvait distinguer les morts des vivants.

L'Éléphant, l'Aigle, le Buffle et le Bison arrivèrent, chacun de son côté, comme si une invisible puissance les eût fait apparaître tout à coup. Pour qui ignore que l'amour de la liberté transporterait des montagnes, la présence de ces nobles Animaux dans ces hautes galeries eût été inexplicable.

Quand la réunion fut complète, le Bison prit la parole en ces termes :

« Frères, dit l'orateur, en regardant l'un après l'autre tous ceux qui se trouvaient là, nous n'avons encore rien dit, et pourtant nous savons tous pourquoi nous sommes ici.

« Disons-le donc, puisque aussi bien nous sommes fiers de le penser : nous sommes ici pour conspirer, pour défaire aujourd'hui ce que nous avons mal fait il y a un an, et pour aviser à mieux faire ; pour abaisser, pour abattre ceux que nous avons élevés ; pour agiter enfin la Nation Animale au nom de la révocation des rédacteurs.

« Je le déclare : il ne nous reste qu'une ressource, c'est le renvoi des rédacteurs... Hourra pour le renvoi !

— Tonnerre d'applaudissements. —

« Frères, il faut que les mots aillent où va la pensée ; — et si désolant qu'il soit pour vous de l'entendre et pour moi de le dire, je le dirai et vous l'entendrez : tout ce qui existe n'est bon qu'à aller en ruine, et ce serait mieux s'il n'existait rien !... Que nous a servi ce qu'on nous a fait faire ? Ce livre publié, dites, à quoi a-t-il servi ?

— Tous : « A rien ! à rien ! » —

« Cette lice où chacun devait entrer, le plus humble comme le plus grand, pourquoi ne l'a-t-on ouverte qu'aux plaintes isolées d'un petit nombre, sinon pour éloigner de la tribune nationale les cris de la détresse universelle ? Ils n'ont travaillé que pour eux. — Ils n'ont songé qu'à eux ; — et quand ils se sont vus puissants, ils ont dit : — Tout est bien.

« Que nous revient-il de leur puissance ? Notre terre à nous a-t-elle cessé d'être une vallée de larmes ?

— Le Cerf, l'Élan et le Veau : « Non ! non ! » —

« Frères, on a étouffé les voix généreuses qui ont voulu s'élever en faveur de la réforme bête-unitaire.

« Frères, notre régénération sociale n'a pas fait un pas depuis l'immortelle nuit où les premiers efforts de notre liberté naissante ont été salués par les acclamations de la terre tout entière.

« Frères, nos rédacteurs en chef ont trahi leur mandat ! ils nous ont vendus ! vendus aux Hommes !

— Tous : « C'est vrai ! c'est vrai ! on nous a vendus ! » —

« Vendus aux Hommes !!! Mais laissons là les Hommes ; les Hommes ne sont aujourd'hui que nos seconds ennemis. Nos vrais ennemis, les plus dangereux, ce sont nos rédacteurs !

« Point de grâce pour ces traîtres qui, pour une caresse de leur gardien, pour une misérable subvention en pommes vertes, en coquilles de noix et en croûtes de pain sec, ont trahi la cause sacrée de l'émancipation des bêtes ! A qui devons-nous d'être encore où nous sommes ? où retournerons-nous ce soir ? Sera-ce dans nos libres déserts, ou dans nos étroites prisons ? »

Le Bison. — « Où retournerons-nous ce soir ? » —

— Le Tigre, d'une voix sombre : « Ce ne sera pas dans nos libres déserts! » —

— Tous en chœur : « Hélas! hélas! hélas! » —

« Les nuages seront-ils notre toit, et la terre notre oreiller? Non. Nous coucherons sur la paille humide des cachots.

— « Hélas! hélas! » —

« Nous y pourrirons... Nous y mourrons... Je vous le dis en vérité, nous tous qui sommes ici, nous mourrons dans les fers. Que nous accordera-t-on quand nous ne serons plus, quand on nous aura rongés jusqu'aux os? »

— Le Chœur : « O douleur! douleur! » —

Alors l'orateur se tournant vers les squelettes conservés de dix mille générations d'Animaux :

« Restes de nos pères! s'écrie-t-il : vous qui avez vécu, répondez, mânes désolés; étiez-vous donc sortis des mains du Créateur pour mourir où vous êtes?

« L'Animal est-il fait pour être empaillé et mis sous verre comme une curiosité, ou pour rentrer noblement, après avoir accompli sa destinée, dans le sein de la terre, sa mère, selon le vœu de la nature?

« Nous tous, sauvages enfants de la plaine ou de la montagne, devions-nous donc vivre un jour la corde au cou, entre quatre planches, et dîner à heure fixe d'un dîner tiré d'un buffet?

« Frères, les plaintes ne soulagent pas un cœur oppressé : à quoi bon se plaindre? Nos plaintes, qui les a entendues?

« Frères, avez-vous renoncé à échapper aux Hommes?. Vous laisserez-vous arrêter à moitié chemin par la trahison?

— Le Chamois : « Plutôt les avalanches que les Hommes méchants! » —

« Frères, nous sommes forts, et la liberté sourit aux braves. Heureux l'Animal qui ne dépend de personne.

« Frères, le plus fort, c'est celui qui ne craint rien.

« Frères, quand les lois ne commandent plus au peuple, il faut que le peuple commande aux lois.

« Frères, la liberté enfante des colosses; mais que faire d'une loi qui d'un Aigle fait un Oison, et d'un Lion un bavard?

« Frères, dût la société tomber en poussière, il faut détruire cette loi mauvaise. »

S'il faut en croire le complaisant rédacteur de cette pompeuse relation, l'effet de ce discours fut prodigieux. Nous ne répondrons qu'à un seul point de ce merveilleux dithyrambe. Vous dites donc, *citoyen* Bison, que nous vous avons trahis, que nous vous avons vendus!... Oui nous vous avons vendus, et nous en sommes fiers; nous vous avons vendus à 20,000 exemplaires! En eussiez-vous su faire autant? N'est-ce pas grâce à nous que vous avez commencé à valoir quelque chose?

Le doyen du Jardin des Plantes, un vénérable Buffle, dont nous aimons la personne et dont nous estimons le caractère, sans partager cependant toutes ses opinions, prit alors la parole et répondit en ces termes au discours du Bison, son cousin :

« Mes enfants, dit le vieillard, je suis le plus vieil esclave de ce jardin. J'ai le triste honneur d'être votre doyen, et des jours si éloignés de ma jeunesse je me souviendrais à peine, si l'on pouvait oublier qu'on a été libre, si peu libre qu'on ait été. Mes enfants, c'est en vain que trente ans d'esclavage pèsent sur mes vieilles épaules : quel que soit mon âge, je me sens rajeunir à la pensée que le jour de la liberté viendra.

— Bravos prolongés. —

« Je parle de votre liberté, mes enfants, et non de la mienne, car mes yeux se fermeront avant que le soleil ait éclairé un jour si beau : esclave j'ai vécu, esclave je mourrai ! »

— « Non ! non ! s'écria-t-on de tous côtés, vous ne mourrez point ! » —

« Mes bons amis, reprit le vieillard, il ne serait pas en votre pouvoir d'ajouter une heure à ma vie. Mais qu'importe ? ce n'est pas de ceux qui partent, c'est de ceux qui restent qu'il faut s'inquiéter ; ce n'est pas la liberté d'un seul ou de quelques-uns, c'est la liberté de tous qui m'est chère, et c'est au nom de cette précieuse liberté de tous que je vous conjure de rester unis. »

— Rumeur en sens divers. —

« Mes enfants, ne vous arrachez pas, ne vous disputez pas les misérables lambeaux du pouvoir. Quand vous aurez changé votre cheval borgne contre un aveugle, croyez-vous que les choses en iront mieux ? Pensez aux petits, aux classes faibles et dépouillées qui souffrent de toutes ces divisions, et dites-vous, dites-vous à toute heure du jour, que le bien ne saurait s'acheter au poids d'un si grand mal : un peu plus ou un peu moins de puissance pour quelques-uns d'entre vous, qu'est-ce à côté de la paix entre frères, et de l'union de tous ? »

La fin de ce discours fut écoutée avec froideur ; le respect qu'on avait pour l'orateur empêcha seul toute manifestation contraire. Le vieux BUFFLE vit bien qu'il n'avait convaincu personne. « La guerre civile mène au despotisme, et non à la liberté, » dit le sage vieillard en reprenant tristement sa place.

« Sommes-nous au sermon ? » s'écria le LOUP-CERVIER.

Il va sans dire que Messieurs les conjurés ne s'arrêtèrent pas en si beau chemin. Il n'y a jamais tant d'orateurs que quand les affaires vont mal. Après les discours du BISON et du BUFFLE, vint celui du SANGLIER, qui parla tant qu'il eut de la voix, « et avec une telle éloquence, dit le *Journal de la Réforme*, que notre sténographe lui-même, partageant l'émotion générale, se trouva hors d'état de tenir la plume. »

Nous en restons là de nos citations, et si Messieurs les révoltés veulent bien nous le permettre, nous allons compléter ce récit avec des détails authentiques que nous tenons d'un Furet de nos amis qui s'était imprudemment laissé entraîner à cette réunion dont il avait été, du reste, bien loin de prévoir le but :

Pendant trois heures, et sans respect pour le lieu où l'on se trouvait, sans respect pour les morts, les salles tremblèrent sous un tonnerre continu, incessant, indescriptible ! e cris, de trépignements, de grognements et d'applaudissements. Cent cinquante-deux orateurs parlèrent successivement !!! « On put les voir, mais non les entendre (Dieu merci !). » Notre correspondant ajoute que, depuis la première assemblée, l'art de crier, de siffler et de hurler, a fait des progrès inimaginables, et qu'en Angleterre, même dans le plus turbulent des *meetings*, on ne trouverait rien qui pût approcher de ce qu'il a vu et entendu.

Un de ces pauvres vieux Chiens, qui n'ont plus guère d'illusions et qui se font un titre de leur indifférence même pour entrer partout, se trouvant là, essaya de se faire écouter.

« Si nous sommes vaincus ? disait-il.

— Pense aux coups à donner, et non aux coups à recevoir, lui répondit le Sanglier avec cette brutalité de manières qu'on lui connaît.

— A la porte, le Chien ! s'écria l'Hyène, en le regardant de travers. Il ne s'agit pas d'aboyer ici, mais de mordre : va-t'en !

— Monsieur est un mouchard, » dit une petite voix flûtée, celle de la Fouine.

Le prudent animal n'en écouta pas davantage ; il eut le bon esprit de sortir philosophiquement par la fenêtre qu'on voulait bien lui ouvrir. — Qu'il arrive par hasard à un pauvre diable d'avoir raison, soyez sûr qu'on ne l'écoutera pas.

« Mais le peuple aime les rédacteurs, dit le Bélier.

— Le peuple les oubliera, répondit le Loup.

— Et il les haïra, ajouta l'Hyène.

— Et s'il oublie ses admirations, il garde ses haines, dit le Serpent.

— Bêh, bêêh, bêêêêhhh, » bêla le Bélier, sur lequel chacune de ces paroles tombait comme un marteau.

Tout le monde parlait, et personne ne se répondait. Maître Renard, voyant que, dans ce touchant concert, chacun s'apprêtait à faire sa

L'Hyène. — « Il ne s'agit pas d'aboyer ici, mais de mordre. » —

partie sans songer à prendre le ton de son voisin et que les choses allaient se gâter, monta sur un bahut et parvint, non sans peine, à obtenir quelque attention.

« Messieurs,... dit-il.

— Veux-tu te taire, hurla le Loup, nous ne sommes pas des Messieurs !

— Animaux,... reprit le Renard.

— A la bonne heure, dit le Loup. Bravo !

— Bravo ! répétèrent tous les assistants.

— Animaux, nous sommes tous d'accord....

— Non! dit une voix à gauche.

— Si! si! s'écria une autre voix.

— Vous le voyez, reprit le Renard, nous sommes tous d'accord. La question est maintenant nettement posée : il s'agit d'un livre à achever, et de savoir qui parlera ou qui se taira, si ce sera une Couleuvre ou un Serpent, une Oie ou un Dindon.

— Très-bien! s'écria l'Oie.

— Très-bien! » dit le Dindon.

Le Renard continua :

« Animaux, cette question est si grave, que je suis d'avis que nous fassions ce qu'on a coutume de faire quand on n'a pas une minute à perdre : prenons nos aises et ajournons la discussion. Cette séance, qui d'ailleurs n'aura pas été perdue pour la bonne cause, nous a tous fatigués, et nous ferons bien d'en rester là pour aujourd'hui. Mais jurons que demain, avant que l'astre du jour ait achevé sa carrière, cette grave question aura reçu sa solution.

— Nous le jurons! s'écrièrent tous les conjurés.

— C'est bien, dit le Renard; et maintenant que chacun s'aille coucher et se demande, au moment de s'endormir, comment il convient que d'honnêtes Animaux s'y prennent pour faire une petite révolution qui profite à tout le monde sans gêner personne. La nuit porte conseil, et demain à pareille heure nous prendrons une détermination. »

L'avis du Renard fut adopté. Le sommeil parlait avec lui et gagnait tout le monde. La séance fut levée.

Notre correspondant prétend avoir remarqué que maître Renard faisait à chacun des saluts enflés de magnifiques paroles, et qu'il abandonna la salle le dernier

« Cela va bien, dit-il tout bas à une petite Fouine de ses amies ; cette eau coule parfaitement.

— Et demain elle coulera mieux encore, Monseigneur, » repartit la Fouine en minaudant.

C'est ce que nous verrons, Monsieur le Renard. Nous connaissons vos projets, et nous saurons les déjouer.

— « Nous le jurons ! » s'écrièrent tous les conjurés. —

Nous laissons aujourd'hui la parole aux événements, chacun fera la part des responsabilités.

La patrie et la publication sont en danger.

Une foule immense se presse aux portes de la rotonde où le discours du Bison a été affiché. On ne reconnaît plus les cabanes, tant elles sont chargées de drapeaux et de placards séditieux; on trouve un cours complet de politique sur les murailles, et le nombre des mécontents s'accroît

de minute en minute. L'occasion est le tyran des gens faibles : les groupes se grossissent, surtout de Gobe-Mouches, de Bécasses, de Buses, de Gros-Becs, de Dindons et autres bêtes altérées d'encre. Des processions de factieux parcourent les allées en chantant et en sifflant des refrains séditieux. Un Singe, indigne de ce beau nom de Singe, s'est fait un casque d'une casquette volée à son gardien, et un drapeau d'un mouchoir à carreaux rouges volé à ce même gardien. Sur cet étendard, on lit ces mots : « Vivre en écrivant, ou mourir en se taisant. » La bande la plus nombreuse est conduite par trois Manchots, qui s'en vont bras dessus, bras dessous, guidant l'émeute, faisant arracher les écriteaux, briser les palissades et forcer les cages des Animaux nés dans la ménagerie, sous prétexte qu'il faut s'assurer de leurs sentiments politiques : on fait main basse sur les mangeoires, et on n'y laisse que la faim. Ces trois Manchots obéissent aux ordres secrets du Renard qui pense (avec d'autres) que le courage de certains Animaux est au fond de leur auge : « Affamez-les, dit-il, et vous en ferez des héros. » Personne, du reste, ne connaît ces trois Manchots ; on ne sait ni d'où ils viennent ni ce qu'ils veulent, mais on les suit. Sainte confiance!

Chacun rendra justice à notre modération : nous avons tout fait pour arrêter l'effusion du sang, et nous avons reculé tant que nous l'avons pu devant les désastres de la guerre civile ; mais nous serions coupables et véritablement traîtres à notre mandat, si nous ne savions pas opposer la violence elle-même à la violence.

Force doit rester à la loi, force restera donc à la loi.

En conséquence nous avons publié l'ordonnance suivante :

« 1° Le Jardin des Plantes est déclaré en état de siége.

« 2° Le prince Léo, dont on avait à tort annoncé le départ pour l'Afrique, est nommé généralissime de nos armées de terre. Il a juré d'exterminer tous les Moucherons, ces éternels ennemis de sa race et de tout ce qui est grand. Il aura à se concerter avec le seigneur Bourdon, pour prendre avec lui les mesures qui peuvent assurer le triomphe de l'ordre.

« 3° Le rappel sera battu à la porte de toutes les cabanes. Entre les pattes de notre vieux Lièvre, le tambour réveillera les mieux endormis.

« 4° Tout bon citoyen devra quitter immédiatement sa femme, ses enfants, son râtelier, son gobelet, son perchoir et sa litière, s'armer de son mieux, prendre les ordres de ses chefs, pour être de là dirigé partout où besoin sera, et se tenir enfin prêt à vaincre ou à mourir pour nous. »

Nous remercions les bons citoyens de l'appui qu'ils veulent bien nous donner. De tous les quartiers voisins, des amis dévoués nous arrivent : nous avons vu accourir sous les drapeaux tous les Animaux qui ont un intérêt direct au maintien du *statu quo* : nos rédacteurs, nos employés, nos serviteurs, tous ceux enfin qui ont reçu et ceux surtout qui espèrent quelque chose de nous.

Plusieurs buissons d'Écrevisses, échappés par miracle des prisons de Chevet et conduits par un valeureux CANCRE, sont venus nous offrir le secours de leurs vaillantes pinces.

> « En avant, marchons
> Tous à reculons... »

Tel est le cri que poussent ces braves auxiliaires en se préparant au combat.

Nous n'attendions pas moins du bon esprit qui anime la population Animale, et nous étions sûrs que notre appel serait entendu.

Pourtant nous signalerons à l'indignation publique la réponse des petits OURS de la fosse n° 2, et celle des RATS.

La réponse des deux petits OURS de la fosse n° 2 fait bien mal augurer de l'avenir de ces deux jeunes quadrupèdes.

« Vous êtes de beaux petits OURS, leur dit l'éloquent CRAPAUD que nous leur avons *député*; chacun se doit à sa patrie : venez vous battre; si vous n'êtes pas tués, vous vous couvrirez de gloire. — J'aime mieux jouer à la boule, répondit l'aîné. — J'aime mieux ne rien faire du tout, répondit le plus jeune; ou prendre un bain, si maman veut, ajouta-t-il en regardant sa mère. — Va, lui dit la mère. — Madame, s'écria notre honorable envoyé, à Rome les mères avaient moins de faiblesse, et leurs enfants n'en valaient que mieux. O temps! ô mœurs! O Cornélie! ô Brutus! où êtes-vous? »

Quant aux RATS, nous ne trouvons pas de termes qui puissent traduire le mépris que nous a inspiré l'égoïste langage de ces misérables.

« Pourquoi diable voulez-vous que nous combattions? dirent-ils. Quand on n'a rien à conserver, on n'a rien à perdre. Faites vos affaires tout seuls, puisque vos affaires ne sont pas les nôtres. »

Le Crapaud. — « Chacun se doit à sa patrie. »

« Tout est perdu! s'écria un Blaireau en entrant ce matin dans notre cabinet de rédaction; les insurgés se sont emparés de la cour de l'amphithéâtre. »

Atterrés par cette funeste nouvelle, nous fîmes mander le prince Léo.

« Ils ont pris la cour de l'amphithéâtre, dit ce grand général; eh bien, qu'ils la gardent! »

L'attitude ferme du prince nous rassura complétement; en effet, ce profond tacticien avait son idée. A l'heure qu'il est, les révoltés sont enfermés dans cette cour qu'ils ont prise et qui leur servira de tombeau. Toute issue leur est fermée. L'armée ailée a vainement essayé de les dégager; tous les efforts du Scarabée Hercule ont été repoussés par le seigneur Bourdon.

Nous n'avions jamais désespéré du triomphe de l'ordre.

Parmi ceux qui se sont le plus distingués dans cette circonstance, nous mentionnerons le voltigeur *, le grenadier **, et surtout le caporal

Trois Étoiles. Ce dernier descendait la garde et rentrait chez lui après

un service très-fatigant, quand il s'aperçut, en passant à côté d'un poste, que le factionnaire qui devait l'occuper l'avait abandonné!!! Indigné, et ne dédaignant pas, dans son zèle, de descendre au rôle de simple chasseur, ce vertueux caporal prit bénévolement la place du coupable factionnaire, fit, par un froid de quatorze degrés, trois heures de faction, et s'enrhuma. En récompense de sa belle conduite, le caporal Trois Étoiles a été nommé sergent.

A quoi auront servi tous ces grands mouvements, et qu'aura-t-on gagné à engager cette lutte insensée ? Malheur à ceux qui se sont plaints ! Malheur à ceux qui les ont écoutés ! Les insurgés en sont aux expédients ; leur trouble est tel, que les plus exorbitants projets s'agitent, trouvent crédit, et se discutent sérieusement parmi eux. Nous le prouvons.

Une Taupe aurait proposé d'élever autour de l'armée une enceinte continue de taupinières.

« La belle idée ! s'écria le Furet ; ne vous trouvez-vous pas assez enfermée comme cela, ma commère ?

— Je me fais fort de filer un pont suspendu sur lequel nous pourrons nous évader à la faveur de la nuit, dit l'Araignée.

— Merci ! dit la Mouche, je refuse.

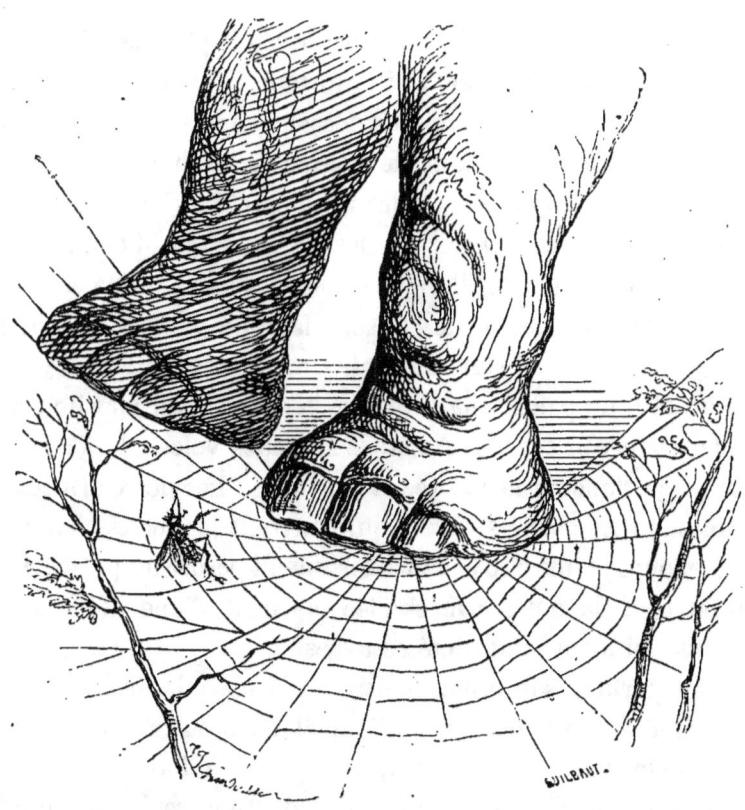

— Et moi, j'accepte, dit l'Éléphant ; quand on en est où nous en sommes, tous les moyens sont bons. »

Un rire homérique accueillit cette réponse.

Cette miraculeuse naïveté de l'Éléphant a inspiré à un de nos amis un couplet de fantaisie que nous donnons ici, afin qu'il ne soit pas perdu pour la postérité. Nous regrettons que l'auteur de cette poésie fantastique s'obstine à garder l'anonyme.

Air : *Femmes, voulez-vous éprouver.*

Un Éléphant se balançait
Sur une toile d'Araignée ;
Voyant qu'il se divertissait,
Une Mouche en fut indignée :
Comment peux-tu te réjouir,
Dit-elle, en voyant ma souffrance?
Ah! viens plutôt me secourir,
Ma main sera ta récompense.

Au moment où le triomphe nous paraissait le plus certain, la face des choses a changé complétement, et la fortune s'est déclarée contre nous.

Pouvions-nous prévoir un pareil désastre, après avoir vu partir notre belle armée équipée avec tant de soin et si bien disposée? Quelques MOUCHES savantes, dont les études avaient été dirigées vers l'art de la mécanique, pour lequel on sait que les MOUCHES ont d'étonnantes dispositions, commandaient l'artillerie. Les plus robustes traînaient des munitions de guerre dans des petits caissons faits de gousses de pois secs, et d'autres portaient sur l'épaule des petits mousquets faits avec la centième partie d'un fétu de paille, mais qu'elles tenaient d'un air si martial, que c'était plaisir de voir ces braves petites Mouches voler à la gloire, comme s'il se fût agi d'aller à la picorée d'une fleur. Les deux armées se sont rencontrées sur les galeries vitrées qui couvrent les serres chaudes. Dans cette fatale journée une circonstance fortuite fit perdre au prince BOURDON, général en chef de notre armée ailée, le fruit d'une des plus grandes manœuvres qui aient jamais été essayées.

Il avait partagé son armée en trois masses : la droite, commandée par lui-même entouré de son brillant état-major où l'on remarquait, parmi les colonels, des Papillons, le vénérable PRIAM, l'APOLLON, le PAON DE JOUR, le CUPIDON, était forte de sept régiments d'infanterie légère; les SAUTERELLES, les CRIQUETS, les PERCE-OREILLES, les PLOQUES, les PERLES et les ÉPHÉMÈRES. — Tous pleins d'ardeur.

Et la gauche, commandée par l'UROCÈRE GÉANT, se composait des régiments des CAPRICORNES, des TROGLODYTES, des GRIBOURIS, des TÉNÉBRIONS et des CHARANÇONS.

La droite avait à combattre la gauche des ennemis commandée par le chef féroce de la famille des Coléoptères: le Scarabée Hercule, suivi des phalanges redoutables des Goliath, des Boucliers, des Hannetons,

des Cousins, des Bombardiers et des Taupins. — Que pouvaient faire les troupes légères du prince Bourdon contre cette impénétrable infanterie ?

Sa gauche était opposée aux sections des Andrènes mineuses, coupeuses et charpentières, et à la corporation des Rhinocéros, qui, n'ayant qu'une corne, obéissent naturellement au Cerf-Volant, qui en a deux.

Son centre avait pour adversaire la foule immense des Moucherons, des Pucerons, des Teignes et des insectes à deux cent quarante pattes.

Le prince Bourdon avait espéré que le Scarabée Hercule commencerait l'attaque et ferait traverser à ses lourdes troupes la distance qui séparait les deux armées; mais le Scarabée Hercule, auquel un faux Bourdon déserteur avait dévoilé les projets du prince, défendit aux siens de bouger, et fit serrer les rangs et ployer les ailes, résolu d'attendre le choc sans l'aller chercher.

Les enseignes flottaient au vent, le soleil dardait sur les étincelantes armures des insectes rangés en bataille. Des Cigales, dont on vante avec raison l'aptitude pour la musique, placées sur les limites des deux camps, à l'extrémité des deux paratonnerres, soufflaient de toute la force de leurs poumons dans des petites flûtes à l'oignon, et cette musique guerrière portait à son comble l'ardeur de nos troupes. De temps en temps une graine de balsamine, lancée du haut des airs avec beaucoup de précision par des Cerfs-Volants fort adroits dans ce genre d'exercice, venait éclater dans nos rangs et y laissait des traces sanglantes.

L'armée ennemie ne bougeait pas.

L'impatience gagnait nos braves cohortes. « Dépêchons, nous disaient les Éphémères qui déjà avaient eu, presque tous, le temps de blanchir sous les armes, la vie est courte. » Bientôt, emportés par leur fougue, et sans écouter les menaces ni les prières du seigneur Bourdon, ils volèrent les premiers à l'ennemi!!! et firent ainsi tourner contre eux-mêmes le plan si bien conçu par leur habile général, car l'armée tout entière les suivit. En effet, chacun ayant quitté son rang pour courir selon ses forces, les nôtres arrivèrent en désordre et tout essoufflés devant le front ennemi, qui s'ouvrit tout à coup et laissa voir les gueules menaçantes d'une double rangée de canons d'une invention nouvelle. Ces canons étaient si petits, qu'on les voyait à peine, et nous ne savons comment on avait pu les faire. Ils étaient charmants, mais ils tuaient beaucoup de monde. Pendant plus d'un quart d'heure, ils écrasèrent nos troupes. Bientôt on en vint à combattre à l'arme blanche. On ne saurait croire combien sont terribles et acharnées ces luttes d'Insecte à Insecte. Tout devenait un instrument de mort entre les pattes des combattants furieux. Les feuilles de cyprès se changeaient en lances meurtrières, les moindres brins de bois sec étaient autant de massues, et on entendait au loin le choc retentissant des cuirasses contre les cuirasses, des corselets contre les corselets, et des écailles fracassées.

Des ailes brisées, des membres épars, des petites montagnes de morts et de mourants, du sang partout, tel est l'horrible spectacle que présentait cette scène de carnage.

Et les Fleurs, captives dans leur prison de verre, voyant ce qui se passait au-dessus de leur tête, ne savaient que penser de ces abominables fureurs.

L'aile droite plia la première. Le pied ayant glissé au colonel des Hannetons, un des plus braves officiers de l'armée, dans un effort qu'il faisait pour dégager un peloton qui s'était laissé entourer, il roula dans la gouttière d'une façon si fâcheuse, qu'il tomba sur le dos, ce qui est le plus grand malheur qui puisse arriver à un Hanneton. Une Guêpe de l'armée ennemie n'eut pas honte d'abuser de la position d'un adversaire sans défense, et lui passa son dard au travers du corps.

A cette vue, le régiment que commandait le colonel se débanda. Le prince Bourdon essaya, mais en vain, d'arrêter les fuyards. C'était une bataille perdue, le Waterloo de notre cause ! Désespéré, et ne voulant pas survivre à sa défaite, le général en chef se jeta au plus fort de la mêlée et y trouva ce qu'il y cherchait, la mort des braves ! Il tomba percé de vingt-deux coups, après avoir fait des prodiges de valeur. La nouvelle de cette mort se répandit en un instant, et la déroute bientôt fut complète

L'armée victorieuse ne perdit pas de temps; elle alla bien vite dégager l'armée de terre qui, ne pouvant faire mieux, était toujours restée bloquée dans les cours de l'Amphithéâtre.

Nous avons la douleur d'annoncer que le prince Léo a été obligé de battre en retraite.

Une bonne pluie pourrait encore assurer le triomphe des bons principes.

L'armée de terre et l'armée d'air des révoltés ont pu opérer leur jonction. Elles marchent sur nous, — le bruit paraît se rapprocher, — les cris deviennent plus distincts, — il nous semble même entendre les mugissements du BUFFLE et le bruit des pas de l'ÉLÉPHANT. — Le prince Léo vient d'être tué ; parmi nos amis, ceux qui ne sont pas morts nous abandonnent. C'est à un gouvernement qui tombe qu'il faut demander ce que valent les dévouements politiques. — Entre les mains de l'esprit de parti tout devient une arme. — Le bureau des réclamations ne désemplit pas ; le moment est bien choisi ! L'émeute est là, à nos portes, — sous nos fenêtres, — partout. — L'émeute ! Mais est-ce une émeute? est-ce une révolution ?

C'est au péril de nos jours que nous informons nos lecteurs de ce qui se passe.

Hélas! le temps est superbe. — Le soleil est-il donc l'ennemi de tous les gouvernements légitimes ? — Que ne pleut-il à torrents! Une bonne pluie pourrait encore assurer le triomphe des bons principes.

Qui sait à qui nous obéirons demain ? qui sait...

NOTE DU GARÇON DE BUREAU.

— « Sachant combien mes chefs tenaient à ne pas laisser nos lecteurs le bec dans l'eau, je prends la liberté d'écrire à mon tour. Je ne m'arrêterai que quand on m'arrêtera. » —

Ces messieurs en étaient là quand la porte d'en bas vola en éclats : c'était l'ÉLÉPHANT qui sonnait. La plume tomba des mains de M. le PERROQUET, ses yeux se fermèrent comme s'il eût pensé à dormir, mais il n'y pensait pas.

M. le SINGE courut à la fenêtre.

« Que voyez-vous? lui dit le COQ.

— Je vois trouble sur trouble, rassemblement sur rassemblement, complot sur complot, répondit le SINGE en laissant tomber ses bras en SINGE qui n'espère plus rien, et qui ne serait pas fâché de pouvoir s'en aller.

— Mille diables! ne cédons pas à la force! criait ce brave M. le COQ qui ne tremblait que de colère.

— Et à quoi diable céderions-nous, si ce n'est à la force? repartit le SINGE qui, dans son désespoir, s'arrachait la barbe et se meurtrissait le visage.

Ces messieurs en étaient là, quand la porte d'en bas vola en éclats...
C'était l'Éléphant qui sonnait.

— Quoi! s'écria le Coq en lui sautant au collet, vous auriez la lâcheté de donner votre démission?...
— N'en doutez pas, répondit le Singe qui devenait pâle comme ce papier : refuser ce que tous demandent, c'est remuer un nid de Guêpes. Si l'on m'y force, je ferai tout ce qu'on voudra ; je... »
Il ne put achever. La porte même du cabinet s'ouvrit brusquement.

C'était l'Éléphant qui l'avait ouverte, ce fut le Renard qui entra.

« Arrêtez ces messieurs, » dit ce dernier aux Dogues qui l'accompagnaient, en indiquant nos trois rédacteurs en chef. Le Perroquet était dans la cheminée, le Singe s'était caché sous son fauteuil, M. le Coq était furieux; sa crête n'avait jamais été si rouge. On les arrêta.

« Que fais-tu là ? me dit le Renard.

— Ce que vous voudrez, Monseigneur, lui répondis-je en tremblant.

— Eh bien, drôle! continue, » me dit-il.

Je continue donc.

Il était entré beaucoup de monde à la suite du Renard. En entrant, chacun criait : « Vive monseigneur le Renard ! » Et on avait bien raison, car je n'ai vu de ma vie un prince si affable.

« Mes amis, disait-il, rien n'est changé dans ce cabinet. Il n'y a ici qu'un animal de plus. »

Cette belle parole fut couverte d'applaudissements.

Le Renard prit alors une plume, celle-là même qui venait de servir au Singe. Il la tailla avec le canif du Singe, s'assit dans le fauteuil du Singe, devant la table du Singe, et écrivit les proclamations suivantes, avec l'encre même du Singe.

PREMIÈRE PROCLAMATION

« Habitants du Jardin des Plantes !

« Messieurs le Coq, le Singe et le Perroquet ayant donné leur démission, toute cause de désordre a cessé.

« Le Renard,
« Gouverneur et rédacteur en chef provisoire. »

« Lisez et signez, » dit-il au Coq, au Singe et au Perroquet.

Les deux derniers signèrent, mais M. le Coq refusa.

« Je ne me déshonorerai pas, dit-il.

— Nous allons voir, » dit le Renard.

Il reprit alors la plume et écrivit une nouvelle proclamation de laquelle il espérait davantage, à ce qu'il paraît. Quand elle fut écrite, il m'ordonna d'en faire la lecture à haute voix. Je lus donc :

DEUXIÈME PROCLAMATION

« Habitants du Jardin des Plantes !

« Pendant que vous dormiez, on vous trahissait !!!
« Mais vos amis veillaient pour vous.
« Assez longtemps nous avions courbé la tête sans nous plaindre, le moment était venu de la relever.
« Ainsi avons-nous fait.
« Par nos soins, une grande et définitive révolution vient de s'accomplir : les traîtres qui vous gouvernaient et qui vous vendaient ne vous vendront plus, ne vous gouverneront plus.
« Les fastes de votre histoire apprendront au monde comment se venge la Nation Animale et ce que pèse sa colère.
« A l'heure qu'il est, justice est faite ! l'œuvre est consommée, et les coupables ont payé de leur vie le mépris qu'ils faisaient du droit sacré des Bêtes.
« Ils sont pendus.

« N. B. — Par égard pour ces anciens chefs de notre gouvernement, on les a pendus à des potences toutes neuves, avec des cordes qui n'avaient jamais servi. »

M. le Coq écouta cette lecture sans sourciller. Il se contenta de croiser ses bras derrière son dos, comme il en avait l'habitude, et parut décidé à ne pas plus bouger que s'il n'avait rien à voir dans ce qui se passait.
« Mais, dit le SINGE en prenant une voix caressante que je ne lui connaissais pas, Monseigneur assure que nous sommes pendus, je crois que Monseigneur se trompe.
— Est-ce que vous songeriez à nous pendre ? s'écria le PERROQUET en sanglotant.
— Mon Dieu non, dit le RENARD, c'est un précédent que je ne tiens point à établir ; mais il faut pourtant que vous ayez l'air d'avoir été pendus. »
On entendait au dehors les cris de la populace. Une foule innombrable, composée en grande partie de badauds, de badaudes et de petits enfants qui demandaient la tête des tyrans, assiégeait l'entrée du cabinet

de rédaction. Tous ceux qui n'avaient pu entrer par la porte voulaient entrer par les fenêtres, qu'on fut même obligé de fermer.

« C'est nous qui avons fait la révolution, disaient-ils; ouvrez-nous.
— Patience! leur répondait de temps en temps le Renard; patience! si vous êtes sages, on vous donnera de petites médailles. »

Ne rien refuser, mais ne rien donner, c'est avec cela qu'on gouverne.

Les cris : « Mort aux tyrans! mort aux rédacteurs! » redoublaient.

« Vous l'entendez, Messieurs, dit le Renard, il faut bien faire quelque chose pour le peuple. — Cependant, ajouta-t-il, si vous trouvez le moyen de contenter cette multitude en gardant vos têtes, vous les garderez.
— Le moyen? s'écria le Singe, je l'ai trouvé! » Et, dans sa joie, il sauta trois fois jusqu'au plafond.

M. le Singe s'était jadis emparé, dans l'intention sans doute de lui rendre les derniers honneurs, du corps empaillé d'un Singe de sa race, dans lequel il croyait avoir reconnu un de ses grands-oncles en ligne maternelle. Il l'alla chercher, et il fut décidé que le grand-oncle figurerait au haut de la potence... à la place de son *coquin de neveu!* Avant d'envoyer au martyre la précieuse momie, et pour mieux tromper la multitude, M. le Singe dut la parer de sa demi-blouse, et de son bonnet bien connu : ce qu'il fit non sans verser des larmes abondantes.

« Et maintenant, mon cher monsieur, lui dit le Renard, si vous voulez m'en croire, vous vous cacherez, et si bien, que pendant quinze jours au moins on ne puisse pas plus vous apercevoir que si vous étiez réellement trépassé; après quoi vous serez libre, je pense, de reparaître sans danger. Il n'est pas de mort, dans notre beau pays de France, qui n'ait le droit, au bout de quinze jours, de ressusciter impunément; le peuple est le plus magnanime des ennemis, il oublie tout.

— Il est aussi le plus infidèle des amis, » murmura le Singe. Puis, jetant un dernier, un triste regard sur ces cartons! sur ce bureau! sur ce cabinet! il disparut.

Oh! destinée!

M. le Perroquet trouva le moyen d'endoctriner une vieille Perruche qui l'adorait, et qui consentit à se faire pendre à la place de son bien-aimé. Le Perroquet protesta qu'il n'oublierait de sa vie un si beau dévouement; et la pauvre vieille marcha au supplice, le cœur content et d'un pas ferme. Un quart d'heure après, l'ingrat, rentré incognito dans la vie privée, était déjà dans l'appartement des jeunes Perruches.

Quant au Coq, il répondit que la vie ne méritait pas qu'on fît une lâcheté pour la conserver. Il refusa obstinément de souscrire à toutes les propositions qui lui furent faites, et comme il tenait à être pendu en personne... il le fut.

(*N. B.* — Le même jour on apprit qu'une belle petite Poule blanche, que chacun aimait et respectait à cause de sa douceur et de ses vertus, était morte subitement en apprenant la mort de celui qu'elle aimait.)

La foule, qu'avait attirée le plaisir bien naturel de voir de près de si grands personnages en l'air, avait eu son spectacle. Quelques anciens admirateurs des rédacteurs pendus ne revenaient pas de leur étonnement. « Est-il possible, se disaient-ils, que des Animaux de cette importance puissent être pendus comme le premier venu! Que va devenir le monde, qui semblait ne se mouvoir que par eux seuls? »

Un Oiseau dont le nom est resté inconnu publia à ce sujet un pamphlet dans lequel il développa cette proposition : « Il est bon que celui qui gouverne ne soit pas tout l'État ; car s'il lui arrivait malheur, c'en serait fait de l'État. »

Après l'exécution, M. le RENARD jugea à propos de rendre publiques les deux proclamations qu'on vient de lire, et, se trouvant en veine de proclamer, il joignit à ces deux premières proclamations la troisième que voici :

TROISIÈME PROCLAMATION

« Habitants du Jardin des Plantes !

« Investi par votre confiance d'un mandat aussi important que celui de diriger la seconde et dernière partie de notre histoire nationale, choisi par votre libre vœu, je crois inutile d'exposer ici des principes qui m'ont valu vos suffrages.

« C'est à l'œuvre que vous me jugerez ; je ne vous ferai point de promesses, quoique les promesses ne coûtent rien. Je ne vous dirai point que l'âge d'or va commencer pour vous. Qu'est-ce que l'âge d'or ? Mais je puis vous assurer que quand vous ne trouverez à mon bureau ni plume, ni encre, ni papier, c'est qu'il n'y aura pas eu moyen de s'en procurer.

« Ma devise est : Justice pour tous, et sincérité. Rappelez-vous que si ces mots étaient rayés du dictionnaire, vous les retrouveriez gravés en caractères ineffaçables dans le cœur d'un Renard.

« Votre frère et directeur,

« LE RENARD. »

Ces trois proclamations remplacèrent avantageusement sur les murs celles du gouvernement déchu. Le dévouement bien connu de l'afficheur Bertrand à l'ancienne rédaction le rendait justement suspect à Monseigneur, et l'affichage fut confié à Pyrame, ex-employé de Bertrand, qui promit au gouvernement nouveau des colles encore plus fortes que celles de son maître. Après une révolution, il est juste que les derniers deviennent les premiers. Les révolutions n'ont peut-être pas d'autre but.

Ces proclamations furent en outre lues, criées, chantées, aboyées, sifflées partout, et leur effet a été immense. L'espoir est rentré dans tous les cœurs. Tout le monde s'embrasse ; le moins qu'on puisse faire c'est de se serrer tendrement les pattes. Quand on aura jeté un peu de terre sur les morts, qui pourra dire qu'une révolution a passé par là ?

Quelques-uns de ces Animaux qui veulent se rendre compte de tout, qui fouillent partout, qui trouvent tout mal, ne pouvant nier que Monseigneur le Renard soit rédacteur en chef, se demandent par qui il a été nommé.

Eh! mon Dieu, que vous importe, pourvu qu'il l'ait été? On se nomme soi-même, et on n'en est pas moins nommé pour cela.

Monseigneur ayant, ce matin, jeté les yeux sur mon travail, a daigné me dire qu'il était à peu près content de moi et qu'il voulait récompenser mon zèle. Hier encore j'étais garçon de bureau... aujourd'hui je suis secrétaire particulier de Son Altesse! Hier on me marchait sur les pattes, aujourd'hui on me les lèche! Évidemment je suis quelque chose, je puis quelque chose.

J'ai profité de l'occasion pour apprendre à Son Altesse que j'avais été Chien de cour dans un collége.

« Je vous en félicite, me dit mon maître, c'est encore une des plus profitables manières d'être Chien qui existe. Au moins, si l'on ne sait rien en sortant du collége, on a l'air de savoir quelque chose : l'important ce n'est pas d'être, c'est de paraître. »

On dit que je me suis vendu, on se trompe : j'ai été acheté, voilà tout; du reste, la place qui vient de m'être donnée a cet avantage sur la plupart des autres places, qu'on ne l'a enlevée à personne pour me la donner. Elle a été créée exprès pour moi.

On sonne. — C'est une députation des notables Animaux du Jardin.

« Nous venons, dit le chef de la députation, représenter humblement à Votre Altesse qu'il manque quelque chose à notre glorieuse révolution...

— Quoi donc? dit le Renard.

— Sire, répondit M. le député, que dirait la postérité si elle apprenait que nous avons fait une révolution sans boire ni manger?

— Messieurs, leur dit Sa Majesté Renard Ier, je vois avec plaisir que vous n'oubliez rien, et que la patrie peut compter sur vous. Allons dîner. »

On sonne... C'est une députation des *notables* Animaux du Jardin.

La prairie qui se trouve en face de l'Amphithéâtre servit de salle à manger. Il avait été résolu qu'on se passerait de table, pour que chacun pût jouir d'une liberté illimitée dans cette fête nationale, et qu'on mangerait comme on l'entendrait, qui son foin, qui son grain, qui ses végétaux, le repas devant être tout pythagoricien, en dépit des Animaux carnassiers qui ne trouvaient pas leur compte à cette maigre chair. Mais il eût été dérisoire de s'entre-manger dans une assemblée où il ne devait être question que d'union et de fraternité.

Les honneurs de la réunion furent faits par des commissaires qui

s'étaient choisis eux-mêmes comme étant les plus huppés. Monseigneur le Renard fut naturellement nommé président du banquet. Comme on connaissait ses goûts, on lui donna pour voisins, d'un côté, un Oison, de l'autre, une jeune Poule d'Inde. Mais ces oiseaux, qui n'avaient pas d'ambition, ne parurent pas très-touchés de l'insigne honneur qu'on leur avait fait, et soit ignorance du monde, soit patriotisme, ils se tinrent constamment à une distance assez grande de leur illustre voisin.

Comme les Insectes avaient joué un très-beau rôle dans cette journée, et qu'on ne pouvait se dissimuler qu'on leur devait tout, il avait bien fallu se résigner à leur faire une petite place. On les avait donc relégués à une des extrémités de la salle, en leur faisant entendre qu'on leur donnait la place d'honneur; et de temps en temps on laissait passer de leur côté quelques brins de cette mauvaise herbe qui pousse toujours et dont personne ne voulait plus. Au fond, ils n'étaient pas très-contents; mais on leur disait tant de choses flatteuses, qu'ils finirent par se montrer satisfaits.

Du reste, les ingénus qui étaient venus avec l'intention de dîner avaient compté sans leur hôte. Ce repas ressembla à tous les repas de ce genre. Ceux qui n'avaient guère faim eurent seuls assez à manger; mais à l'exception de quelques-uns qui prenaient tout, personne ne put se vanter d'en avoir eu à bouche que veux-tu.

On y parla plus qu'on n'y dîna. Les plus hautes questions furent nécessairement mises sur le tapis. Il fallait entendre tout ce qui se disait sur l'ancienne rédaction! Pauvre vieux Lièvre, de quoi te mêlais-tu? Infortuné Papillon, Chatte sans mœurs, orgueilleux Friquet, et vous, sensible Duchesse, et toi surtout, Lézard inutile! comment vous traita-t-on? Combien de vérités vous furent dites! Que n'étiez-vous là? Pourquoi êtes-vous morts? c'était pourtant le moment de vivre et de vous amender. « Où allions-nous? où allions-nous? s'écriait-on de tous côtés; et quelle bonne idée nous avons eu de faire une révolution! — Quand ceux qui gouvernent n'en font pas, il faut bien que ceux qui sont gouvernés en fassent, » disait le Sanglier. Et puis chacun faisait ses plans, racontait ses projets : « Je dirai blanc. — Je dirai noir. — Je dirai rouge. — J'aurai de l'esprit. — Je suis une Bête de génie, etc., etc. » Voilà ce qu'on entendait.

Le Renard écoutait tout le monde, souriait à tout le monde, avait un mot agréable pour tout le monde, contentait tout le monde enfin, ou peu s'en faut. « Vous ne mangez pas, » disait-il au Glouton. — Et à l'Ours blanc : « Seriez-vous malade? Je vous trouve un peu pâle. » — Et à son vis-à-vis : « Les Loups n'ont-ils plus de dents? » — Et au Pingouin qui bâillait : « Vous amusez-vous? » — Et à l'Aigle blanc : « Espérez, la nationalité polonaise ne périra pas. » — « Mais parlez donc, » disait-il au Merle. — « Creusez-vous toujours? » disait il au Mulot. Et à tous enfin, il répétait : « Mes bons amis, vous écrirez tout ce que vous voudrez. »

Enfin le grand moment arriva, le moment de boire et de porter des toasts, et de parler tout seul et tout debout. Vous eussiez vu chacun se prendre la tête à deux pattes, se gratter le front, et remuer les lèvres, et répéter tout bas le toast qu'il s'agissait d'improviser.

Malheureusement, l'ordre des toasts avait été réglé d'avance, et non-seulement l'ordre, mais encore le nombre. Peu s'en fallut que la chose ne fût mal prise. « Passe encore de jeûner, disait-on, mais on peut mourir d'un toast rentré. De quoi ne meurt-on pas? »

Malgré cette sage précaution, il y en eut encore en si grand nombre, que j'essayerais en vain de les énumérer. Après chacun, des CANES et leurs CANETONS jouèrent des airs de mirliton qui ne contribuèrent pas peu à l'agrément de la compagnie.

Comme on le pense bien, le premier toast fut pour la liberté. Ceci est de tradition, et ce n'est certes pas la faute de ceux qui dînent si cette pauvre liberté n'est pas en meilleure santé.

Par une courtoisie du meilleur goût, le deuxième fut pour les dames, et il était conçu en ces termes : « Au sexe qui embellit la vie! » Un murmure flatteur accueillit ce toast, qui fut porté par un aimable HIPPOPOTAME, dont la galanterie était d'ailleurs bien connue.

Vers la fin du repas, on vint à bout de s'égayer au moyen d'une fontaine défoncée, et chacun put non-seulement se désaltérer, mais encore se mettre en pointe de gaieté.

La joie est communicative, et bientôt il n'y eut plus moyen de l'arrêter. Toute affaire cessante, on résolut de se divertir. — C'était un parti pris. — Il fut convenu qu'on n'obéirait plus à personne, qu'on dirait tout ce qu'on voudrait, et qu'on ne penserait plus à rien. On en avait assez des intérêts de la nation future, de la politique future et de la rédaction future, et on ne voulait plus que rire et chanter. — On s'égosilla ; — et le repas se termina comme tous les repas où l'on se propose de changer la face de l'univers : on s'endormit.

Le lendemain et les jours suivants, les convives s'aperçoivent que l'univers n'a pas bougé, que ce n'est ni en buvant ni en mangeant qu'on lui imprime une autre direction, et qu'il faut recommencer à vivre comme devant, ce qui n'est pas toujours aussi facile qu'on se l'imagine.

C'était du moins l'avis de Monseigneur LE RENARD. Il se réveillait avec une espèce de couronne sur la tête, et quoiqu'il s'en fût coiffé lui-même en s'appropriant ce mot célèbre : « Gare à qui la touche! » je crois qu'intérieurement il donnait quelques regrets à son simple bonnet de coton. La journée de la veille l'avait un peu dégoûté des grandeurs, et il s'en souvenait comme d'une rude journée. Ce n'est pas le tout que de s'emparer du pouvoir, il faut encore trouver le moyen de s'y établir commodément, et Son Altesse, qui ne se faisait pas d'illusion, trouvait la chose difficile.

Au sexe qui embellit la vie!!! Un murmure flatteur accueillit ce toast, qui fut porté par un aimable Hippopotame.

« Premièrement, se dit-il, je fuirai les fêtes populaires, je les fuirai comme la peste.

« Deuxièmement, je cesserai de prendre la patte à tout le monde. Pour une patte propre, combien qui ne le sont pas! Sans compter, ajouta-t-il en me montrant sa fourrure ensanglantée, que quelques-uns serrent très-fort et à ongles ouverts.

« Troisièmement, comme, à tout prendre, mon sceptre est une simple plume, ce qui ne peut pas être très-lourd à porter, il faut que ma royauté me soit légère tout autant qu'aux autres. A cette fin je n'en prendrai qu'à mon aise, et tout n'en ira que mieux, et je mettrai tant de persistance à ne rien faire...

— Qu'on vous surnommera le Napoléon des Renards, Monseigneur, lui dis-je, et qu'on fera bien.

— C'est pourquoi, dit Son Altesse, qui fit semblant de ne pas avoir entendu, je vais faire une petite Charte. Une nation qui a une Charte est une nation qui ne manque de rien.

« Voici ma Charte, me dit-il; elle n'a que deux articles, mais s'ils sont bons, c'en est assez :

I

« Toutes les Bêtes sachant lire et écrire, et surtout compter, ayant
« une bonne cabane au soleil, du foin dans leur râtelier et des amis
« puissants, étant égales devant la loi, il est promis justice et protection
« à toutes.

« En conséquence, afin que les Grands du Jardin des Plantes
« puissent jouir de toutes leurs aises, nous enjoignons aux petits qu'ils
« aient à se priver du peu qu'ils ont, et à se rapetisser au point de
« devenir imperceptibles et impalpables. — Si bien que les petits ne
« tenant plus de place du tout, les Grands puissent avoir, comme c'est
« leur droit, leurs coudées franches, ne manquer de rien et n'être gênés
« en rien.

II

« Comme il n'est pas possible que tout le monde soit content, ceux
« qui ne le seront pas auront tort de s'en étonner, mais ils auront le
« droit de s'en plaindre. — Le droit de pétition est donc solennellement
« reconnu. — Qu'on se le dise.

« Mais attendu que les moments d'un rédacteur sont précieux, et
« qu'il lui serait impossible d'accorder toutes les audiences qu'on lui
« demanderait, il est interdit d'apporter soi-même ses pétitions au pied

« de son auguste fauteuil; les réclamations ne seront reçues qu'autant
« qu'elles arriveront écrites et franches de port, et ne seront lues
« qu'autant qu'il aura été possible de les lire. »

Messieurs les Animaux ne se le firent pas dire deux fois; et, toute
Bête aimant à se plaindre, les pétitions arrivèrent par charretées; l'air

et la terre étaient encombrés de messagers, de porteurs et de courriers
de toutes sortes. Chacun avait un petit malheur particulier au bout de la
patte pour demander l'aumône d'une réforme générale en sa faveur; et
la petite Charte n'était pas promulguée depuis deux heures, qu'il y avait

des pétitions plein la maison, plein les caves et les greniers, et encore des monceaux à la porte.

« Les grimauds, dit LE RENARD en riant dans sa barbe de se voir pris au mot; jusques à quand croiront-ils que les gouvernements sont créés et mis au monde pour les protéger et s'occuper d'eux?

« Voyons pourtant ces pétitions, dit-il, et fermons les yeux pour plus d'impartialité. »

Il en ouvrit une, la première venue, au hasard : c'était celle du BUTOR. Elle était couverte d'un nombre incalculable de signatures de toutes sortes, écrites en toutes les langues et dans tous les patois, et de petites croix surtout, le nombre des Bêtes qui ne savent pas signer leur nom étant, à ce qu'il paraît, considérable.

Elle était conçue en ces termes :

« Nous, soussignés, déclarons que nous en avons assez du tableau
« de nos discordes civiles. Le présent article est si long, que la fin nous
« a fait complétement oublier le commencement. Nous demandons à
» grands cris qu'il finisse, et que celui du MERLE BLANC commence. »

Suivent les signatures et les petites croix.

« Voilà une pétition que j'aime, dit le RENARD, elle nous dispense d'ouvrir les autres. Et quant au reste, ajouta-t-il, ma foi, au diable les pétitionnaires, et au feu les pétitions! »

Aussitôt dit, aussitôt fait.

On brûla tout; et jamais, de mémoire d'Hommes ou de Bêtes, il ne s'était vu un si grand feu.

Quand on vit ce feu, ce furent des réjouissances universelles.

« C'est un feu de joie, se disait-on, notre gouvernement est content, tout va bien! Vive notre nouveau rédacteur en chef! »

N. B. — Les pétitionnaires se réjouissaient plus que les autres.

Et jam plaudite cives!

Et puisque vous applaudissez, de quoi vous plaignez-vous?

P. J. STAHL.

HISTOIRE
d'un
MERLE BLANC

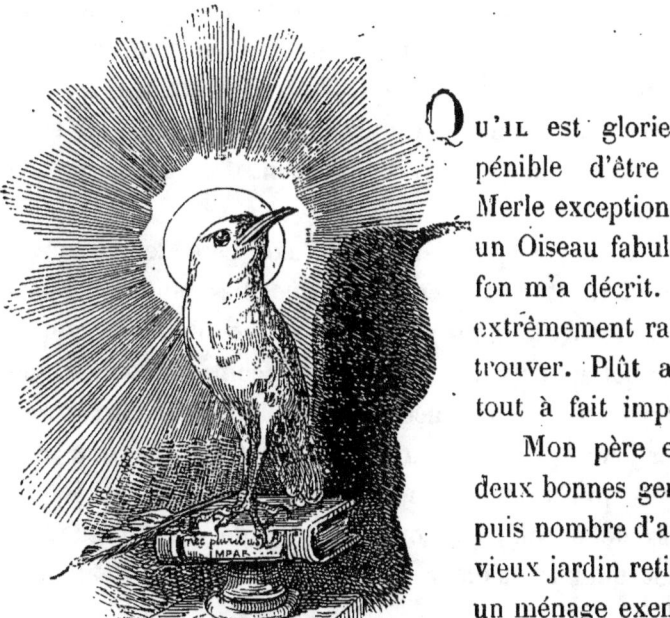

Qu'il est glorieux, mais qu'il est pénible d'être en ce monde un Merle exceptionnel! Je ne suis point un Oiseau fabuleux, et M. de Buffon m'a décrit. Mais, hélas! je suis extrêmement rare, et très-difficile à trouver. Plût au ciel que je fusse tout à fait impossible!

Mon père et ma mère étaient deux bonnes gens qui vivaient, depuis nombre d'années, au fond d'un vieux jardin retiré du Marais. C'était un ménage exemplaire. Pendant que ma mère, assise dans un buisson fourré, pondait régulièrement trois fois par an, et couvait, tout en sommeillant, avec une religion patriarcale, mon père, encore fort propre et fort pétulant malgré son grand âge, picorait autour d'elle toute la journée, lui apportant de beaux Insectes qu'il saisissait délicatement par le bout de la queue pour ne pas dégoûter sa femme, et, la nuit venue, il ne manquait jamais, quand il faisait beau, de la régaler d'une chanson qui réjouissait tout le voisinage. Jamais une querelle, jamais le moindre nuage n'avait troublé cette douce union.

A peine fus-je venu au monde, que, pour la première fois de sa vie, mon père commença à montrer de la mauvaise humeur. Bien que je ne fusse encore que d'un gris douteux, il ne reconnaissait en moi ni la couleur, ni la tournure de sa nombreuse postérité. « Voilà un sale enfant, disait-il quelquefois en me regardant de travers; il faut que ce gamin-là aille apparemment se fourrer dans tous les plâtras et tous les tas de boue qu'il rencontre, pour être toujours si laid et si crotté.

— Eh! mon Dieu, mon ami, répondit ma mère, toujours roulée en boule sur une vieille écuelle dont elle avait fait son nid, ne voyez-vous pas que c'est de son âge? Et vous-même, dans votre jeune temps, n'avez-vous pas été un charmant vaurien? Laissez grandir notre Merlichon, et vous verrez comme il sera beau; il est des mieux que j'aie pondus. »

Tout en prenant ainsi ma défense, ma mère ne s'y trompait pas; elle voyait pousser mon fatal plumage, qui lui semblait une monstruosité, mais elle faisait comme toutes les mères, qui s'attachent souvent à leurs enfants, par cela même qu'ils sont maltraités de la nature, comme si la faute en était à elles, ou comme si elles repoussaient d'avance l'injustice du sort qui doit les frapper.

Quand vint le temps de ma première mue, mon père devint tout à fait pensif et me considéra attentivement. Tant que mes plumes tombèrent, il me traita encore avec assez de bonté et me donna même la pâtée, me voyant grelotter presque nu dans un coin; mais dès que mes pauvres ailerons transis commencèrent à se recouvrir du duvet, à chaque plume blanche qu'il vit paraître, il entra dans une telle colère, que je craignis qu'il ne me plumât pour le reste de mes jours. Hélas! je n'avais pas de miroir; j'ignorais le sujet de cette fureur, et je me demandais pourquoi le meilleur des pères se montrait pour moi si barbare.

Un jour qu'un rayon de soleil et ma fourrure naissante m'avaient mis, malgré moi, le cœur en joie, comme je voltigeais dans une allée, je me mis, pour mon malheur, à chanter. A la première note qu'il entendit, mon père sauta en l'air comme une fusée.

« Qu'est-ce que j'entends là? s'écria-t-il; est-ce ainsi qu'un Merle siffle? est-ce ainsi que je siffle? est-ce là siffler? »

Et s'abattant près de ma mère avec la contenance la plus terrible :
« Malheureuse, dit-il, qui est-ce qui a pondu dans ton nid ? »

A ces mots, ma mère indignée s'élança de son écuelle, non sans se faire du mal à une patte; elle voulut parler, mais ses sanglots la suffoquaient; elle tomba à terre à demi pâmée. Je la vis près d'expirer; épouvanté et tremblant de peur, je me jetai aux genoux de mon père.

« O mon père, lui dis-je, si je siffle de travers, et si je suis mal vêtu, que ma mère n'en soit point punie! Est-ce sa faute si la nature m'a refusé une voix comme la vôtre? Est-ce sa faute si je n'ai pas votre beau bec jaune et votre bel habit noir à la française, qui vous donnent l'air d'un marguillier en train d'avaler une omelette? Si le ciel a fait de moi un monstre, et si quelqu'un doit en porter la peine, que je sois du moins le seul malheureux!

— Il ne s'agit pas de cela, dit mon père; que signifie la manière absurde dont tu viens de te permettre de siffler? qui t'a appris à siffler ainsi contre tous les usages et toutes les règles?

— Hélas! monsieur, répondis-je humblement, j'ai sifflé comme je pouvais, me sentant gai parce qu'il fait beau, et ayant peut-être mangé trop de Mouches.

— On ne siffle pas ainsi dans ma famille, reprit mon père hors de lui. Il y a des siècles que nous sifflons de père en fils, et lorsque je fais entendre ma voix la nuit, apprends qu'il y a ici au premier étage un monsieur, et au grenier une jeune grisette, qui ouvrent leurs fenêtres pour m'entendre. N'est-ce pas assez que j'aie devant les yeux l'affreuse couleur de tes sottes plumes qui te donnent l'air enfariné comme un paillasse de la foire? Si je n'étais le plus pacifique des Merles, je t'aurais déjà cent fois mis à nu, ni plus ni moins qu'un Poulet de basse-cour prêt à être embroché.

— Eh bien! m'écriai-je, révolté de l'injustice de mon père, s'il en est ainsi, monsieur, qu'à cela ne tienne! je me déroberai à votre présence, je délivrerai vos regards de cette malheureuse queue blanche par laquelle vous me tirez toute la journée. Je partirai, monsieur, je fuirai; assez d'autres enfants consoleront votre vieillesse, puisque ma mère pond trois fois par an; j'irai loin de vous cacher ma misère, et peut-être, ajoutai-je en sanglotant, peut-être trouverai-je dans le potager du voisin ou sur les gouttières quelques Vers de terre ou quelques Araignées pour soutenir ma triste existence.

— Comme tu voudras, répliqua mon père, loin de s'attendrir à ce discours; que je ne te voie plus! Tu n'es pas mon fils; tu n'es pas un Merle.

— Et que suis-je donc, monsieur, s'il vous plaît?
— Je n'en sais rien, mais tu n'es pas un Merle. »

Après ces paroles foudroyantes, mon père s'éloigna à pas lents. Ma mère se releva tristement et alla, en boitant, achever de pleurer dans son écuelle. Pour moi, confus et désolé, je pris mon vol du mieux que je pus, et j'allai, comme je l'avais annoncé, me percher sur la gouttière d'une maison voisine.

II

Mon père eut l'inhumanité de me laisser pendant plusieurs jours dans cette situation mortifiante. Malgré sa violence, il avait bon cœur, et, aux regards détournés qu'il me lançait, je voyais bien qu'il aurait voulu me pardonner et me rappeler; ma mère, surtout, levait sans cesse vers moi des yeux pleins de tendresse, et se risquait même parfois à m'appeler d'un petit cri plaintif; mais mon horrible plumage blanc leur inspirait, malgré eux, une répugnance et un effroi auxquels je vis bien qu'il n'y avait point de remède.

« Je ne suis point un Merle! » me répétais-je; et, en effet, en m'épluchant le matin, et en me mirant dans l'eau de la gouttière, je ne reconnaissais que trop clairement combien je ressemblais peu à ma famille. « O ciel! répétais-je encore, apprends-moi donc ce que je suis! »

Une certaine nuit qu'il pleuvait à verse, j'allais m'endormir exténué de faim et de chagrin, lorsque je vis se poser près de moi un oiseau plus mouillé, plus pâle et plus maigre que je ne le croyais possible. Il était à peu près de ma couleur, autant que j'en pus juger à travers la pluie qui nous inondait; à peine avait-il sur le corps assez de plumes pour habiller un Moineau, et il était plus gros que moi. Il me sembla, au premier abord, un oiseau tout à fait pauvre et nécessiteux; mais il gardait, en dépit de l'orage qui maltraitait son front presque tondu, un air de fierté qui me charma. Je lui fis modestement une grande révérence à laquelle il répondit par un coup de bec qui faillit me jeter à bas de la gouttière. Voyant que je me grattais l'oreille et que je me retirais avec componction, sans essayer de lui répondre en sa langue :

« Qui es-tu? me demanda-t-il d'une voix aussi enrouée que son crâne était chauve.

— Hélas! monseigneur, répondis-je (craignant une seconde estocade), je n'en sais rien. Je croyais être un Merle, mais l'on m'a convaincu que je n'en suis pas un. »

La singularité de ma réponse jointe à mon air de sincérité l'intéressèrent. Il s'approcha de moi et me fit conter mon histoire, ce dont je m'acquittai avec toute la tristesse et toute l'humilité qui convenaient à ma position et au temps affreux qu'il faisait.

« Si tu étais un Ramier comme moi, me dit-il après m'avoir écouté, les niaiseries dont tu t'affliges ne t'inquiéteraient pas un moment. Nous voyageons, c'est là notre vie, et nous avons bien nos amours, mais je ne sais qui est mon père : fendre l'air, traverser l'espace, voir à nos pieds les monts et les plaines, respirer l'azur même des cieux, et non les exhalaisons de la terre, courir comme la flèche à un but marqué qui ne nous échappe jamais, voilà notre plaisir et notre vie. Je fais plus de chemin en un jour qu'un Homme n'en peut faire en six.

— Sur ma parole, monsieur, dis-je un peu enhardi, vous êtes un Oiseau bohémien.

— C'est encore une chose dont je ne me soucie guère, reprit-il ; je n'ai point de pays ; je ne connais que trois choses : les voyages, ma femme et mes petits. Où est ma femme, là est ma patrie.

— Mais qu'avez-vous là qui vous pend au cou ? C'est comme une vieille papillote chiffonnée.

— Ce sont des papiers d'importance, répondit-il en se rengorgeant ; je vais à Bruxelles, de ce pas, et je porte au célèbre banquier *** une nouvelle qui va faire baisser la rente d'un franc soixante-dix-huit centimes.

— Juste Dieu ! m'écriai-je, c'est une bien belle existence que la vôtre, et Bruxelles, j'en suis sûr, doit être une ville bien curieuse à voir. Ne pourriez-vous pas m'emmener avec vous ? Puisque je ne suis pas un Merle, je suis peut-être un Pigeon Ramier.

— Si tu en étais un, répliqua-t-il, tu m'aurais rendu le coup de bec que je t'ai donné tout à l'heure.

— Eh bien ! monsieur, je vous le rendrai, ne nous brouillons pas pour si peu de chose. Voilà le matin qui paraît et l'orage qui s'apaise. De grâce, laissez-moi vous suivre ! Je suis perdu, je n'ai plus rien au monde ; si vous me refusez, il ne me reste plus qu'à me noyer dans cette gouttière.

— Eh bien ! en route ! suis-moi si tu peux. »

Je jetai un dernier regard sur le jardin où dormait ma mère ; une larme coula de mes yeux, le vent et la pluie l'emportèrent ; j'ouvris mes ailes et je partis.

III

Mes ailes, je l'ai dit, n'étaient pas encore bien robustes; tandis que mon conducteur allait comme le vent, je m'essoufflais à ses côtés; je tins bon pendant quelque temps; mais bientôt il me prit un éblouissement si violent, que je me sentis près de défaillir.

« Y en a-t-il encore pour longtemps? demandai-je d'une voix faible.

— Non, me répondit-il, nous sommes au Bourget, nous n'avons plus que soixante lieues à faire. »

J'essayai de reprendre courage, ne voulant pas avoir l'air d'une Poule mouillée, et je volai encore un quart d'heure, mais, pour le coup, j'étais rendu.

« Monsieur, bégayai-je de nouveau, ne pourrait-on pas s'arrêter un instant? J'ai une soif horrible qui me tourmente, et, en nous perchant sur un arbre...

— Va-t'en au diable! tu n'es qu'un Merle! » me répondit le Ramier en colère; et, sans daigner tourner la tête, il continua son voyage enragé. Quant à moi, abasourdi et n'y voyant plus, je tombai dans un champ de blé.

J'ignore combien de temps dura mon évanouissement; lorsque je repris connaissance, ce qui me revint d'abord en mémoire fut la dernière parole du Ramier : « Tu n'es qu'un Merle, » m'avait-il dit. « O mes chers parents! pensai-je, vous vous êtes donc trompés? Je vais retourner près de vous; vous me reconnaîtrez pour votre vrai et légitime enfant, et vous me rendrez ma place dans ce bon petit tas de feuilles qui est sous l'écuelle de ma mère. »

Je fis un effort pour me lever; mais la fatigue du voyage et la douleur que je ressentais de ma chute me paralysaient tous les membres. A peine me fus-je dressé sur mes pattes, que la défaillance me reprit, et je retombai sur le flanc.

L'affreuse pensée de la mort se présentait déjà à mon esprit, lorsque, à travers les bluets et les coquelicots, je vis venir à moi, sur la pointe du pied, deux charmantes personnes. L'une était une petite Pie fort bien mouchetée et extrêmement coquette, et l'autre une Tourterelle couleur de rose. La Tourterelle s'arrêta, à quelques pas de distance, avec un grand air de pudeur et de compassion pour mon infortune; mais la Pie s'approcha en sautillant de la manière la plus agréable du monde.

« Eh! bon Dieu! pauvre enfant, que faites-vous là? me demanda-t-elle d'une voix folâtre et argentine.
— Hélas! madame la marquise, répondis-je (car c'en devait être

une, pour le moins), je suis un pauvre diable de voyageur que son postillon a laissé en route, et je suis en train de mourir de faim.

— Sainte Vierge! que me dites-vous? » répondit-elle; et aussitôt elle se mit à voltiger çà et là sur les buissons qui nous entouraient, allant et venant de côté et d'autre, m'apportant quantité de baies et de fruits, dont elle fit un petit tas près de moi, tout en continuant ses questions :

« Mais qui êtes-vous? mais d'où venez-vous? C'est une chose incroyable que votre aventure! Et où alliez-vous? Voyager seul, si jeune, car vous sortez de votre première mue! Que font vos parents? d'où sont-ils? comment vous laissent-ils dans cet état-là? Mais c'est à faire dresser les plumes sur la tête! »

Pendant qu'elle parlait, je m'étais soulevé un peu de côté et je mangeais de grand appétit. La Tourterelle restait immobile, me regardant toujours d'un œil de pitié. Cependant elle remarqua que je retournais la tête d'un air languissant, et elle comprit que j'avais soif. De la pluie tombée dans la nuit une goutte restait sur un brin de mouron; elle recueillit timidement cette goutte dans son bec et me l'apporta toute fraîche. Certainement, si je n'eusse pas été si malade, une personne si réservée ne se serait jamais permis une pareille démarche.

Je ne savais pas encore ce que c'est que l'amour, mais mon cœur battait violemment. Partagé entre deux émotions diverses, j'étais pénétré d'un charme inexprimable. Ma panetière était si gaie, mon échanson si pensif et si doux, que j'aurais voulu déjeuner ainsi pendant toute l'éternité. Malheureusement tout a un terme, même l'appétit d'un convalescent. Le repas fini, et mes forces revenues, je satisfis la curiosité de la petite Pie, et lui racontai mes malheurs avec autant de sincérité que je l'avais fait la veille devant le Pigeon. La Pie m'écouta avec plus d'attention qu'il ne semblait devoir lui appartenir, et la Tourterelle me donna des marques charmantes de sa profonde sensibilité. Mais lorsque j'en fus à toucher le point capital qui causait ma peine, c'est-à-dire l'ignorance où j'étais de moi-même :

« Plaisantez-vous? s'écria la Pie, vous, un Merle! vous, un Pigeon! Fi donc! vous êtes une Pie, mon cher enfant, Pie s'il en fut, et très-gentille Pie, ajouta-t-elle en me donnant un petit coup d'aile, comme qui dirait un coup d'éventail.

— Mais, madame la marquise, répondis-je, il me semble que pour une Pie je suis d'une couleur, ne vous en déplaise...

Pendant qu'elle parlait, je m'étais soulevé un peu de côté.

— Une Pie russe, mon cher, vous êtes une Pie russe ! Vous ne savez pas qu'elles sont blanches ? Pauvre garçon, quelle innocence !

— Mais, madame, repris-je, comment serais-je une Pie russe, étant né au fond du Marais, dans une vieille écuelle cassée ?

— Ah ! le bon enfant ! Vous êtes de l'invasion, mon cher ; croyez-vous qu'il n'y ait que vous ? Fiez-vous à moi, et laissez-vous faire ; je veux vous emmener tout à l'heure et vous montrer les plus belles choses de la terre.

— Où cela, madame, s'il vous plait?

— Dans mon palais vert, mon mignon. Vous verrez quelle vie on y mène! Vous n'aurez pas plutôt été Pie un quart d'heure que vous ne voudrez plus entendre parler d'autre chose. Nous sommes là une centaine, non pas de ces grosses Pies de village qui demandent l'aumône sur les grands chemins, mais toutes nobles et de bonne compagnie, effilées, lestes et pas plus grosses que le poing. Pas une de nous n'a ni plus ni moins de sept marques noires et de cinq marques blanches; c'est une chose invariable, et nous méprisons le reste du monde. Les marques noires vous manquent, il est vrai, mais votre qualité de Russe suffira pour vous faire admettre. Notre vie se compose de deux choses : caqueter et nous attifer. Depuis le matin jusqu'à midi nous nous attifons, et depuis midi jusqu'au soir nous caquetons. Chacune de nous perche sur un arbre, le plus haut et le plus vieux possible. Au milieu de la forêt s'élève un chêne immense, inhabité, hélas! C'était la demeure du feu roi Pie X, où nous allons en pèlerinage, en poussant de bien gros soupirs; mais, à part ce léger chagrin, nous passons le temps à merveille. Nos femmes ne sont pas plus bégueules que nos maris ne sont jaloux, mais nos plaisirs sont purs et honnêtes, parce que notre cœur est aussi noble que notre langage est libre et joyeux. Notre fierté n'a pas de bornes, et si un Geai ou toute autre canaille vient par hasard à s'introduire chez nous, nous le plumons impitoyablement. Mais nous n'en sommes pas moins les meilleures gens du monde, et les Passereaux, les Mésanges, les Chardonnerets, qui vivent dans nos taillis, nous trouvent toujours prêts à les aider, à les nourrir et à les défendre. Nulle part il n'y a plus de caquetage que chez nous, et nulle part moins de médisance. Nous ne manquons pas de vieilles Pies dévotes, qui disent leurs patenôtres toute la journée, mais la plus éventée de nos jeunes commères peut passer, sans crainte d'un coup de bec, près de la plus sévère douairière. En un mot, nous vivons de plaisir, d'honneur, de bavardage, de gloire et de chiffons.

— Voilà qui est fort beau, madame, répliquai-je, et je serais certainement mal appris de ne point obéir aux ordres d'une personne comme vous. Mais avant d'avoir l'honneur de vous suivre, permettez-moi, de grâce, de dire un mot à cette bonne demoiselle qui est ici. — Mademoiselle, continuai-je en m'adressant à la Tourterelle, parlez-moi franchement, je vous en supplie; pensez-vous que je sois véritablement une Pie russe? »

A cette question, la Tourterelle baissa la tête et devint rouge-pâle comme les rubans de Lolotte.

« Mais, monsieur, dit-elle, je ne sais si je puis...

— Au nom du ciel! parlez, mademoiselle; mon dessein n'a rien qui puisse vous offenser, bien au contraire. Vous me paraissez toutes deux si charmantes, que je fais ici le serment d'offrir mon cœur et ma patte à celle de vous qui en voudra, dès l'instant que je saurai si je suis Pie ou autre chose; car en vous regardant, ajoutai-je, parlant un peu plus bas à la jeune personne, je me sens je ne sais quoi de Tourtereau qui me tourmente singulièrement.

— Mais, en effet, dit la Tourterelle en rougissant encore davantage, je ne sais si c'est le reflet du soleil qui tombe sur vous à travers ces coquelicots, mais votre plumage me semble avoir une légère teinte... »

Elle n'osa en dire plus long. « O perplexité! m'écriai-je, comment savoir à quoi m'en tenir? comment donner mon cœur à l'une de vous, lorsqu'il est si cruellement déchiré? O Socrate! quel précepte admirable, mais difficile à suivre, tu nous as donné, quand tu as dit : « Connais-toi « toi-même! »

Depuis le jour où une malheureuse chanson avait si fort contrarié mon père, je n'avais pas fait usage de ma voix. En ce moment il me vint à l'esprit de m'en servir comme d'un moyen pour discerner la vérité. « Parbleu! pensais-je, puisque monsieur mon père m'a mis à la porte dès le premier couplet, c'est bien le moins que le second produise quelque effet sur ces dames. » Ayant donc commencé par m'incliner poliment, comme pour réclamer l'indulgence, à cause de la pluie que j'avais reçue, je me mis d'abord à siffler, puis à gazouiller, puis à faire des roulades, puis enfin à chanter à tue-tête, comme un muletier espagnol, en plein vent.

A mesure que je chantais, la petite Pie s'éloignait de moi d'un air de surprise qui devint bientôt de la stupéfaction, puis qui passa à un sentiment d'effroi accompagné d'un profond ennui. Elle décrivait des cercles autour de moi, comme un Chat autour d'un morceau de lard trop chaud qui vient de le brûler, mais auquel il voudrait pourtant goûter encore. Voyant l'effet de mon épreuve, et voulant la pousser jusqu'au bout, plus la pauvre marquise montrait d'impatience, plus je m'égosillais à chanter. Elle résista pendant vingt-cinq minutes à mes mélodieux efforts; enfin, n'y pouvant plus tenir, elle s'envola à grand bruit et regagna son palais de verdure. Quant à la Tourterelle, elle s'était, presque dès le commencement, profondément endormie.

« Admirable effet de l'harmonie! pensai-je. O Marais! ô écuelle maternelle! plus que jamais je reviens à vous. »

Au moment où je m'élançai pour partir, la Tourterelle rouvrit les yeux : « Adieu, dit-elle, étranger si gentil et si ennuyeux! Mon nom est Gourouli, souviens-toi de moi.

— Belle Gourouli, lui répondis-je de loin, vous êtes bonne, douce et charmante, je voudrais vivre et mourir pour vous ; mais vous êtes couleur de rose, tant de bonheur n'est pas fait pour moi. »

IV

Le triste effet produit par mon chant ne laissait pas que de m'attrister. « Hélas! musique, hélas! poésie, me répétais-je en regagnant Paris, qu'il y a peu de cœurs qui vous comprennent! »

En faisant ces réflexions, je me cognai la tête contre celle d'un Oiseau qui volait dans le sens opposé au mien. Le choc fut si rude et si imprévu, que nous tombâmes tous deux sur la cime d'un arbre qui, par bonheur, se trouva là. Après que nous nous fûmes un peu secoués, je regardai le nouveau venu, m'attendant à une querelle. Je vis avec surprise qu'il était blanc; à la vérité, il avait la tête un peu plus grosse que moi, et, sur le front, une espèce de panache qui lui donnait un air héroï-comique; de plus, il portait sa queue fort en l'air, avec une grande magnanimité. Du reste, il ne me parut nullement disposé à la bataille; nous nous abordâmes fort civilement et nous nous fîmes de mutuelles excuses, après quoi nous entrâmes en conversation. Je pris la liberté de lui demander son nom et de quel pays il était.

« Je suis étonné, me dit-il, que vous ne me reconnaissiez pas. Est-ce que vous n'êtes pas des nôtres?

— En vérité, monsieur, répondis-je, je ne sais pas desquels je suis. Tout le monde me demande et me dit la même chose; il faut que ce soit une gageure qu'on ait faite.

— Vous voulez rire, répliqua-t-il, votre costume vous sied trop bien pour que je méconnaisse un confrère. Vous appartenez infailliblement à ce corps illustre et vénérable qu'on nomme en latin *Cacuata,* en langue savante *Kakatoès,* et en jargon vulgaire *Katakoua.*

— Ma foi, monsieur, cela est possible, et ce serait bien de l'honneur pour moi. Et que fait-on dans cette compagnie?

— Rien, monsieur, et on est payé pour cela.

— Alors, je crois volontiers que j'en suis. Mais ne laissez pas de faire comme si je n'en étais pas, et daignez m'apprendre à qui j'ai la gloire de parler

— Je suis, répondit l'inconnu, le grand poëte Kacatogan. J'ai fait de puissants voyages, monsieur, des traversées arides et de cruelles pérégrinations. Ce n'est pas d'hier que je rime, et ma muse a eu des malheurs. J'ai fredonné sous Louis XVI, monsieur, j'ai braillé pour la République, j'ai noblement chanté l'Empire, j'ai discrètement loué la

Restauration, j'ai même fait un effort dans ces derniers temps et je me suis soumis, non sans peine, aux exigences de ce siècle sans goût. J'ai lancé dans le monde des distiques piquants, des hymnes sublimes, de gracieux dithyrambes, de pieuses élégies, des drames chevelus, des romans crépus, des vaudevilles poudrés et des tragédies chauves. En un mot, je puis me flatter d'avoir ajouté au temple des Muses quelques festons galants, quelques sombres créneaux, et quelques ingénieuses arabesques. Que voulez-vous? je me suis fait vieux, je me suis mis de l'Académie. Mais je rime encore vertement, monsieur, et, tel que vous me voyez, je rêvais à un poëme en un chant, qui n'aura pas moins de six pages, quand vous m'avez fait une bosse au front. Du reste, si je puis vous être bon à quelque chose, je suis tout à votre service.

— Vraiment, monsieur, vous le pouvez, répliquai-je; car vous me voyez en ce moment dans un grand embarras poétique. Je n'ose dire que je sois un poëte, ni surtout un aussi grand poëte que vous, ajoutai-je en le saluant; mais j'ai reçu de la nature un gosier qui me démange quand je me sens bien aise, ou que j'ai du chagrin. A vous dire la vérité, j'ignore absolument les règles.

— Je les ai oubliées, dit Kacatogan; ne vous inquiétez pas de cela.

— Mais il m'arrive, repris-je, une chose fâcheuse; c'est que ma voix produit sur ceux qui l'entendent à peu près le même effet que celle d'un certain Jean de Nivelle sur... Vous savez ce que je veux dire.

— Je le sais, dit Kacatogan, je connais par moi-même cet effet bizarre. La cause ne m'en est pas connue, mais l'effet est incontestable.

— Eh bien, monsieur, vous qui me semblez être le Nestor de la poésie, sauriez-vous, je vous prie, un remède à ce pénible inconvénient?

— Non, dit Kacatogan, pour ma part, je n'en ai jamais pu trouver. Je m'en suis fort tourmenté étant jeune, à cause qu'on me sifflait toujours; mais à l'heure qu'il est, je n'y songe plus. Je crois que cette répugnance vient de ce que le public en lit d'autres que nous; cela le distrait.

— Je le pense comme vous. Mais vous conviendrez, monsieur, qu'il est dur pour une créature bien intentionnée de mettre les gens en fuite dès qu'il lui prend un bon mouvement. Voudriez-vous me rendre le service de m'écouter et de me dire sincèrement votre avis?

— Très-volontiers, dit Kacatogan; je suis tout oreilles. »

Je me mis à chanter aussitôt, et j'eus la satisfaction de voir que Kacatogan ne s'enfuyait ni ne s'endormait. Il me regardait fixement, et, de temps en temps, il inclinait la tête d'un air d'approbation, avec une espèce de murmure flatteur. Mais je m'aperçus bientôt qu'il ne m'écoutait pas, et qu'il rêvait à son poëme. Profitant d'un moment où je reprenais haleine, il m'interrompit tout à coup.

« Je l'ai pourtant trouvée cette rime, dit-il en souriant et en branlant la tête ; c'est la soixante mille sept cent quatorzième qui sort de cette cervelle-là ! Et l'on ose dire que je vieillis ! Je vais lire cela aux bons amis, je vais le leur lire, et nous verrons ce qu'on en dira ! »

Parlant ainsi, il prit son vol et disparut, ne semblant plus se souvenir de m'avoir rencontré.

V

Resté seul et désappointé, je n'avais rien de mieux à faire que de profiter du reste du jour et de voler à tire-d'aile vers Paris. Malheureusement, je ne savais pas ma route. Mon voyage avec le Pigeon avait été trop rapide et trop peu agréable pour me laisser un souvenir exact, en sorte qu'au lieu d'aller tout droit, je tournai à gauche, au Bourget, et, surpris par la nuit, je fus obligé de chercher un gîte dans les bois de Mortfontaine.

Tout le monde se couchait lorsque j'arrivai. Les Pies et les Geais, qui, comme on le sait, sont les plus mauvais coucheurs de la terre, se chamaillaient de tous les côtés. Dans les buissons piaillaient les Moineaux en piétinant les uns sur les autres ; au bord de l'eau marchaient gravement deux Hérons, perchés sur leurs longues échasses, dans l'attitude de la méditation, Georges-Dandins du lieu, attendant patiemment leurs femmes. D'énormes Corbeaux, à moitié endormis, se posaient lourdement sur la pointe des arbres les plus élevés et nasillaient leurs prières du soir. Plus bas, les Mésanges amoureuses se pourchassaient encore dans les taillis, tandis qu'un Pic-Vert ébouriffé poussait son ménage par derrière pour le faire entrer dans le creux d'un arbre. Des phalanges de Friquets arrivaient des champs en dansant en l'air comme des bouffées de fumée, et se précipitaient sur un arbrisseau qu'elles couvraient tout entier ; des Pinsons, des Fauvettes, des Rouges-Gorges, se groupaient légèrement sur des branches découpées comme des cristaux sur une girandole. De toutes parts résonnaient des voix qui disaient bien distinctement : « Allons, ma femme ! — Allons, ma fille ! — Venez, ma belle ! — Par ici, ma mie! — Me voilà, mon cher! — Bonsoir, ma maitresse! — Adieu, mes amis! — Dormez bien, mes enfants! »

Quelle position pour un célibataire que de coucher dans une pareille aberge! J'eus la tentation de me joindre à quelques Oiseaux de ma taille et de leur demander l'hospitalité. « La nuit, pensais-je, tous les Oiseaux sont gris, et d'ailleurs est-ce faire tort aux gens que de dormir poliment près d'eux ? »

Je me dirigeai d'abord vers un fossé où se rassemblaient des Étourneaux; ils faisaient leur toilette de nuit avec un soin tout particulier, et je remarquai que la plupart d'entre eux avaient les ailes dorées et les pattes vernies; c'étaient les dandys de la forêt. Ils étaient assez bons enfants et ne m'honorèrent d'aucune attention. Mais leurs propos étaient si creux, ils se racontaient avec tant de fatuité leurs tracasseries et leurs bonnes fortunes, ils se frottaient si lourdement l'un à l'autre, qu'il me fut impossible d'y tenir.

J'allai ensuite me percher sur une branche où s'alignaient une demi-douzaine d'Oiseaux de différentes espèces. Je pris modestement la der-

nière place à l'extrémité de la branche, espérant qu'on m'y souffrirait. Par malheur, ma voisine était une vieille Colombe, aussi sèche qu'une girouette rouillée. Au moment où je m'approchai d'elle, le peu de plumes qui couvraient ses os était l'objet de sa sollicitude; elle feignait de les éplucher, mais elle eût trop craint d'en arracher une; elle les passait seulement en revue pour voir si elle avait son compte. A peine l'eus-je touchée du bout de l'aile, qu'elle se redressa majestueusement :

« Qu'est-ce que vous faites donc, monsieur? » me dit-elle en pinçant le bec avec une pudeur britannique.

Et, m'allongeant un grand coup de coude, elle me jeta à bas avec une vigueur qui eût fait honneur à un portefaix.

Je tombai dans une bruyère où dormait une grosse Gelinotte. Ma mère elle-même dans son écuelle n'avait pas un tel air de béatitude. Elle était si rebondie, si épanouie, si bien assise sur son triple ventre, qu'on l'eût prise pour un pâté dont on avait mangé la croûte. Je me glissai furtivement près d'elle. « Elle ne s'éveillera pas, me disais-je; et, en tout cas, une si bonne grosse maman ne peut pas être bien méchante. » Elle ne le fut pas en effet. Elle ouvrit les yeux à demi, et me dit en poussant un léger soupir :

« Tu me gênes, mon petit, va-t'en de là. »

Au même instant, je m'entendis appeler. C'étaient des Grives qui, du haut d'un sorbier, me faisaient signe de venir à elles. « Voilà enfin de bonnes âmes, » pensai-je. Elles me firent place en riant comme des folles, et je me fourrai aussi lestement dans leur groupe emplumé qu'un billet doux dans un manchon; mais je ne tardai pas à juger que ces dames avaient mangé plus de raisin qu'il n'est raisonnable de le faire; elles se soutenaient à peine sur les branches, et leurs plaisanteries de mauvaise compagnie, leurs éclats de rire et leurs chansons grivoises me forcèrent de m'éloigner.

Je commençais à désespérer, et j'allais m'endormir dans un coin solitaire, lorsqu'un Rossignol se mit à chanter. Tout le monde aussitôt fit silence. Hélas! que sa voix était pure! que sa mélancolie même paraissait douce! Loin de troubler le sommeil d'autrui, ses accords semblaient le bercer. Personne ne songeait à le faire taire, personne ne trouvait mauvais qu'il chantât sa chanson à pareille heure; son père ne le battait pas, ses amis ne prenaient pas la fuite. « Il n'y a donc que moi, m'écriai-je, à qui il soit défendu d'être heureux? Partons, fuyons ce monde cruel; mieux vaut chercher ma route dans les ténèbres, au risque d'être avalé par quelque Hibou, que de me laisser déchirer ainsi par le spectacle du bonheur des autres. »

C'étaient des Grives...

Sur cette pensée, je me remis en chemin et j'errai longtemps au hasard. Aux premières clartés du jour, j'aperçus les tours de Notre-Dame. En un clin d'œil j'y atteignis, et je ne promenai pas longtemps mes regards sur la ville avant de reconnaître notre jardin. J'y volai plus vite que l'éclair... Hélas! il était vide. J'appelai en vain mes parents. Personne ne me répondit. L'arbre où se tenait mon père, le buisson maternel, l'écuelle chérie, tout avait disparu. La cognée avait tout détruit : au lieu de l'allée verte où j'étais né, il ne restait qu'un cent de fagots.

VI

Je cherchai d'abord mes parents dans tous les jardins d'alentour; mais ce fut peine perdue; ils s'étaient sans doute réfugiés dans quelque quartier éloigné, et je ne pus jamais savoir de leurs nouvelles.

Pénétré d'une tristesse affreuse, j'allai me percher sur la gouttière où la colère de mon père m'avait d'abord exilé. J'y passai les jours et les nuits à déplorer ma triste existence. Je ne dormais plus; je mangeais à peine; j'étais près de mourir de douleur.

Un jour que je me lamentais comme à l'ordinaire : « Ainsi donc, me disais-je tout haut, je ne suis ni un Merle, puisque mon père me plumait, ni un Pigeon, puisque je suis tombé en route quand j'ai voulu aller en Belgique, ni une Pie russe, puisque la petite marquise s'est bouché les oreilles dès que j'ai ouvert le bec, ni une Tourterelle, puisque Gourouli, la bonne Gourouli elle-même ronflait comme un moine quand je chantais, ni un Perroquet, puisque Kacatogan n'a pas daigné m'écouter, ni un Oiseau quelconque, enfin, puisqu'à Mortfontaine on m'a laissé coucher tout seul; et cependant j'ai des plumes sur le corps, voilà des pattes et voilà des ailes; je ne suis point un monstre, témoin Gourouli et cette petite marquise elle-même qui me trouvaient assez à leur gré : par quel mystère inexplicable ces plumes, ces ailes et ces pattes ne sauraient-elles former un ensemble auquel on puisse donner un nom ? Ne serais-je pas, par hasard ?... »

J'allais poursuivre mes doléances, lorsque je fus interrompu par deux portières qui se disputaient dans la rue.

« Ah parbleu ! dit l'une d'elles à l'autre, si tu en viens jamais à bout, je te fais cadeau d'un Merle blanc.

— Dieu juste ! m'écriai-je, voilà mon affaire. O Providence, je suis fils d'un Merle et je suis blanc; je suis un Merle blanc ! »

Cette découverte, il faut l'avouer, modifia beaucoup mes idées. Au lieu de continuer à me plaindre, je commençai à me rengorger et à marcher fièrement le long de la gouttière en regardant l'espace d'un air victorieux. « C'est quelque chose, me dis-je, que d'être un Merle blanc, cela ne se trouve pas dans le pas d'un Ane. J'étais bien bon de m'affliger de ne pas rencontrer mon semblable; c'est le sort du génie, c'est le mien. Je voulais fuir le monde, je veux l'étonner. Puisque je suis cet Oiseau sans pareil dont le vulgaire nie l'existence, je dois et prétends me comporter comme tel, ni plus ni moins que le Phénix, et mépriser le reste des volatiles. Il faut que j'achète les mémoires d'Alfieri et les poëmes de lord Byron; cette nourriture substantielle m'inspirera un noble orgueil, sans compter celui que Dieu m'a donné; oui, je veux ajouter, s'il se peut, au prestige de ma naissance. La nature m'a fait rare, je me ferai mystérieux. Ce sera une faveur, une gloire de me voir.

Et au fait, ajoutais-je plus bas, si je me montrais tout bonnement pour de l'argent ?

Ah ! parbleu ! dit l'une d'elles à l'autre, si tu en viens jamais à bout, je te fais cadeau d'un Merle blanc.

« Fi donc ! quelle indigne pensée ! Je veux faire un poëme comme Kacatogan, non pas en un chant, mais en vingt-quatre, comme tous les grands hommes ; ce n'est pas assez, il y en aura quarante-huit, avec des notes et un appendice ! Il faut que l'univers apprenne que j'existe. Je ne manquerai pas, dans mes vers, de déplorer mon isolement, mais ce sera de telle sorte, que les plus heureux me porteront envie. Puisque le ciel m'a refusé une femelle, je dirai un mal affreux de celles des autres. Je prouverai que tout est trop vert, hormis les raisins que je mange. Les Rossignols n'ont qu'à bien se tenir, je démontrerai, comme deux et deux font quatre, que leurs complaintes font mal au cœur et que leur marchandise ne vaut rien. Il faut que j'aille trouver Charpentier. Je veux me créer tout d'abord une puissante position littéraire. J'entends avoir autour de moi une cour composée non pas seulement de journalistes, mais d'auteurs véritables et même de femmes de lettres. J'écrirai un rôle pour mademoiselle Rachel, et si elle refuse de le jouer, je publierai à son de trompe que son talent est bien inférieur à celui d'une vieille actrice de province. J'irai à Venise, et je louerai, sur les bords du Grand-Canal, au milieu de cette cité féerique, le beau palais Moncenigo, qui coûte quatre livres dix sous par jour ; là, je m'inspirerai de tous les souvenirs que l'auteur de *Lara* doit y avoir laissés. Du fond de ma solitude, j'inonderai le monde d'un déluge de rimes croisées, calquées sur la strophe de Spencer, où je soulagerai ma grande âme ; je ferai soupirer toutes les Mésanges, roucouler toutes les Tourterelles, fondre en larmes toutes les Bécasses, et hurler toutes les vieilles Chouettes. Mais pour ce qui regarde ma personne, je me montrerai inexorable et inaccessible à l'amour. En vain me pressera-t-on, me suppliera-t-on d'avoir pitié des infortunées qu'auront séduites mes chants sublimes, à tout cela, je répondrai : « Foin ! » O excès de gloire ! mes manuscrits se vendront au poids de l'or, mes livres traverseront les mers ; la renommée, la fortune me suivront partout ; seul, je semblerai indifférent aux murmures de la foule qui m'environnera. En un mot, je serai un parfait Merle blanc, un véritable écrivain excentrique, fêté, choyé, admiré, envié, mais complétement grognon et insupportable. »

VII

Il ne me fallut pas plus de six semaines pour mettre au jour mon premier ouvrage. C'était, comme je me l'étais promis, un poëme en quarante-huit chants ; il s'y trouvait bien quelques négligences à cause de la prodigieuse fécondité avec laquelle je l'avais écrit ; mais je pensai que le public d'aujourd'hui, accoutumé à la belle littérature qui s'imprime au bas des journaux, ne m'en ferait pas un reproche.

J'eus un succès digne de moi, c'est-à-dire sans pareil. Le sujet de mon ouvrage n'était autre que moi-même ; je me conformai en cela à la grande mode de notre temps. Je racontais mes souffrances passées avec une fatuité charmante ; je mettais le lecteur au fait de mille détails domestiques du plus piquant intérêt ; la description de l'écuelle de ma mère ne remplissait pas moins de quatorze chants : j'en avais compté les rainures, les trous, les bosses, les éclats, les échardes, les clous, les taches, les teintes diverses, les reflets ; j'en montrais le dedans, le dehors, les bords, le fond, les côtés, les plans inclinés, les plans droits ; passant au contenu, j'avais étudié les brins d'herbe, les pailles, les feuilles sèches, les petits morceaux de bois, les graviers, les gouttes d'eau, les débris de Mouches, les pattes de Hannetons cassées qui s'y trouvaient ; c'était une description ravissante. Mais ne pensez pas que je l'eusse imprimée tout d'une venue, il y a des lecteurs impertinents qui l'auraient sautée ; je l'avais habilement coupée par morceaux et entremêlée au récit, afin que rien n'en fût perdu ; en sorte qu'au moment le plus intéressant et le plus dramatique, arrivaient tout à coup quinze pages d'écuelle. Voilà, je crois, un des grands secrets de l'art, et, comme je n'ai point d'avarice, en profitera qui voudra.

L'Europe entière fut émue à l'apparition de mon livre ; elle dévora les révélations intimes que je daignais lui communiquer. Comment en eût-il été autrement ? Non-seulement j'énumérais tous les faits qui se rattachaient à ma personne, mais je donnais encore au public un tableau complet de toutes les rêvasseries qui m'avaient passé par la tête depuis l'âge de deux mois ; j'avais même intercalé, au plus bel endroit, une ode composée dans mon œuf. Bien entendu d'ailleurs que je ne négligeais pas de traiter en passant le grand sujet qui préoccupe maintenant tant de monde, à savoir, l'avenir de l'humanité. Ce problème m'avait paru intéressant ; j'en ébauchai, dans un moment de loisir, une solution qui passa généralement pour satisfaisante.

On m'envoyait tous les jours des compliments en vers, des lettres de félicitation et des déclarations d'amour anonymes. Quant aux visites, je suivais rigoureusement le plan que je m'étais tracé ; ma porte était fermée à tout le monde. Je ne pus cependant me dispenser de recevoir deux étrangers qui s'étaient annoncés comme étant de mes parents. L'un était un Merle du Sénégal, et l'autre un Merle de la Chine.

« Ah ! monsieur, me dirent-ils en m'embrassant à m'étouffer, que vous êtes un grand Merle ! que vous avez bien peint, dans votre poëme immortel, la profonde souffrance du génie méconnu ! Si nous n'étions pas déjà aussi incompris que possible, nous le deviendrions après vous avoir lu. Combien nous sympathisons avec vos douleurs, avec votre sublime mépris du vulgaire ! Nous aussi, monsieur, nous les connaissons par nous-mêmes, les peines secrètes que vous avez chantées ! Voici deux sonnets que nous avons faits, l'un portant l'autre, et que nous vous prions d'agréer.

— Voici, en outre, ajouta le Chinois, de la musique que mon épouse a composée sur un passage de votre préface. Elle rend merveilleusement l'intention de l'auteur.

— Messieurs, leur dis-je, autant que j'en puis juger, vous me semblez doués d'un grand cœur et d'un esprit plein de lumières. Mais pardonnez-moi de vous faire une question. D'où vient votre mélancolie?

— Eh! monsieur, répondit l'habitant du Sénégal, regardez comme je suis bâti; mon plumage, il est vrai, est agréable à voir, et je suis revêtu de cette belle couleur verte qu'on voit briller sur les Canards, mais mon bec est trop court et mon pied trop grand; et voyez de quelle queue je suis affublé, la longueur de mon corps n'en fait pas les deux tiers. N'y a-t-il pas là de quoi se donner au diable?

— Et moi, monsieur, dit le Chinois, mon infortune est encore plus pénible; la queue de mon confrère balaye les rues, mais les polissons me montrent au doigt à cause que je n'en ai point.

— Messieurs, repris-je, je vous plains de toute mon âme; il est toujours fâcheux d'avoir trop ou trop peu n'importe de quoi. Mais permettez-moi de vous dire qu'il y a au Jardin des Plantes plusieurs personnes qui vous ressemblent, et qui demeurent là depuis longtemps fort paisiblement empaillées. De même qu'il ne suffit pas à une femme de lettres d'être dévergondée pour faire un bon livre, ce n'est pas non plus assez pour un Merle d'être mécontent pour avoir du génie. Je suis seul de mon espèce et je m'en afflige; j'ai peut-être tort, mais c'est mon droit. Je suis blanc, messieurs; devenez-le, et nous verrons ce que vous saurez dire. »

VIII

Malgré la résolution que j'avais prise et le calme que j'affectais, je n'étais pas heureux. Mon isolement, pour être glorieux, ne m'en semblait pas moins pénible, et je ne pouvais songer sans effroi à la nécessité où je me trouvais de passer ma vie entière dans le célibat. Le retour du printemps, en particulier, me causait une gêne mortelle, et je commençais à tomber de nouveau dans la tristesse, lorsqu'une circonstance imprévue décida de ma vie entière.

Il va sans dire que mes écrits avaient traversé la Manche, et que les

Anglais se les arrachaient. Les Anglais s'arrachent tout, hormis ce qu'ils comprennent. Je reçus un jour de Londres une lettre signée d'une jeune Merlette :

« J'ai lu votre poëme, me disait-elle, et l'admiration que j'ai éprou-
« vée m'a fait prendre la résolution de vous offrir ma main et ma per-
« sonne. Dieu nous a créés l'un pour l'autre : je suis semblable à vous,
« je suis une Merlette blanche. »

On suppose aisément ma surprise et ma joie. « Une Merlette blanche! me dis-je, est-il bien possible? Je ne suis donc plus seul sur la terre! » Je me hâtai de répondre à la belle inconnue, et je le fis d'une manière qui témoignait assez combien sa proposition m'agréait. Je la pressais de venir à Paris ou de me permettre de voler près d'elle. Elle me répondit qu'elle aimait mieux venir parce que ses parents l'ennuyaient, qu'elle mettait ordre à ses affaires et que je la verrais bientôt.

Elle vint en effet quelques jours après. O bonheur! c'était la plus jolie Merlette du monde, et elle était encore plus blanche que moi. « Ah! mademoiselle, m'écriai-je, ou plutôt madame, car je vous considère à présent comme mon épouse légitime, est-il croyable qu'une créature si charmante se trouvât sur la terre sans que la renommée m'apprît son existence? Bénis soient les malheurs que j'ai éprouvés et les coups de bec que m'a donnés mon père, puisque le ciel me réservait une consolation si inespérée! Jusqu'à ce jour, je me croyais condamné à une solitude éternelle, et, à vous parler franchement, c'était un rude fardeau à porter; mais je me sens, en vous regardant, toutes les qualités d'un père de famille. Acceptez ma main sans délai; marions-nous à l'anglaise, sans cérémonie, et partons ensemble pour la Suisse.

— Je ne l'entends pas ainsi, me répondit la jeune Merlette; je veux que nos noces soient magnifiques et que tout ce qu'il y a en France de Merles un peu bien nés y soit solennellement rassemblé. Des gens comme nous doivent à leur propre gloire de ne pas se marier comme des Chats de gouttière; j'ai apporté une provision de *bank-notes*. Faites vos invitations, allez chez vos marchands, et ne lésinez pas sur les rafraîchissements. »

Je me conformai aveuglément aux ordres de la blanche Merlette. Nos noces furent d'un luxe écrasant; on y mangea dix mille Mouches. Nous reçûmes la bénédiction nuptiale d'un révérend père Cormoran, qui était archevêque *in partibus*. Un bal superbe termina la journée; enfin, rien ne manqua à mon bonheur.

Plus j'approfondissais le caractère de ma charmante femme, plus mon amour augmentait. Elle réunissait dans sa petite personne tous les agréments de l'âme et du corps. Elle était seulement un peu bégueule; mais j'attribuai cela à l'influence du brouillard anglais dans lequel elle avait vécu jusqu'alors, et je ne doutai pas que le climat de la France ne dissipât bientôt ce léger nuage.

Une chose qui m'inquiétait plus sérieusement, c'était une sorte de mystère dont elle s'entourait quelquefois avec une rigueur singulière, s'enfermant à clef avec ses caméristes, et passant ainsi des heures entières pour faire sa toilette, à ce qu'elle prétendait. Les maris n'aiment pas beaucoup ces fantaisies dans leur ménage. Il m'était arrivé vingt fois de frapper à l'appartement de ma femme sans pouvoir obtenir qu'on m'ouvrît la porte. Cela m'impatientait cruellement. Un jour, entre

autres, j'insistai avec tant de mauvaise humeur, qu'elle se vit obligée de céder et de m'ouvrir un peu à la hâte, non sans se plaindre fort de mon importunité. Je remarquai en entrant une grosse bouteille pleine d'une espèce de colle faite avec de la farine et du blanc d'Espagne. Je demandai à ma femme ce qu'elle faisait de cette drogue; elle me répondit que c'était un opiat pour des engelures qu'elle avait.

Cet opiat me sembla tant soit peu louche; mais quelle défiance pouvait m'inspirer une personne si douce et si sage, qui s'était donnée à moi avec tant d'enthousiasme et une sincérité si parfaite? J'ignorais d'abord que ma bien-aimée fût une femme de plume; elle me l'avoua au bout de quelque temps, et elle alla même jusqu'à me montrer le manuscrit d'un roman où elle avait imité à la fois Walter Scott et Scarron. Je laisse à penser le plaisir que me causa une si aimable surprise. Non-seulement je me voyais possesseur d'une beauté incomparable, mais j'acquérais encore la certitude que l'intelligence de ma compagne était digne en tout point de mon génie. Dès cet instant, nous travaillâmes ensemble. Tandis que je composais mes poëmes, elle barbouillait des rames de papier. Je lui récitais mes vers à haute voix, et cela ne la gênait nullement pour écrire pendant ce temps-là. Elle pondait ses romans avec une facilité presque égale à la mienne, choisissant toujours les sujets les plus dramatiques : des parricides, des rapts, des meurtres, et même jusqu'à des filouteries, ayant toujours soin, en passant, d'attaquer le gouvernement et de prêcher l'émancipation des Merlettes. En un mot, aucun effort ne coûtait à son esprit, aucun tour de force à sa pudeur; il ne lui arrivait jamais de rayer une ligne, ni de faire un plan avant de se mettre à l'œuvre. C'était le type de la Merlette lettrée.

Un jour qu'elle se livrait au travail avec une ardeur inaccoutumée, je m'aperçus qu'elle suait à grosses gouttes, et je fus étonné de voir en même temps qu'elle avait une grande tache noire dans le dos. « Eh! bon Dieu, lui dis-je, qu'est-ce donc? est-ce que vous êtes malade? » Elle parut d'abord un peu effrayée et même penaude; mais la grande habitude qu'elle avait du monde l'aida bientôt à reprendre l'empire admirable qu'elle gardait toujours sur elle-même. Elle dit que c'était une tache d'encre, et qu'elle y était fort sujette dans ses moments d'inspiration.

« Est-ce que ma femme déteint? » me dis-je tout bas. Cette pensée m'empêcha de dormir. La bouteille de colle me revint en mémoire. « O ciel! m'écriai-je, quel soupçon! Cette créature céleste ne serait-elle qu'une peinture, un léger badigeon? se serait-elle vernie pour abuser de moi? Quand je croyais presser sur mon cœur la sœur de mon âme, l'être privilégié créé pour moi seul, n'aurais-je donc épousé que de la farine? »

Poursuivi par ce doute horrible, je formai le dessein de m'en affranchir. Je fis l'achat d'un baromètre, et j'attendis avidement qu'il vînt à faire un jour de pluie. Je voulais emmener ma femme à la campagne, choisir un dimanche douteux et tenter l'épreuve d'une lessive. Mais nous étions en plein juillet; il faisait un beau temps effroyable.

L'apparence du bonheur et l'habitude d'écrire avaient fort excité ma sensibilité. Naïf comme j'étais, il m'arrivait parfois, en travaillant, que le sentiment fût plus fort que l'idée, et de me mettre à pleurer en attendant la rime. Ma femme aimait beaucoup ces rares occasions. Toute faiblesse masculine enchante l'orgueil féminin. Une certaine nuit que je limais une rature, selon le précepte de Boileau, il advint à mon cœur de s'ouvrir.

« O toi! dis-je à ma chère Merlette, toi, la seule et la plus aimée! toi, sans qui ma vie est un songe! toi, dont un regard, un sourire, métamorphosent pour moi l'univers, vie de mon cœur, sais-tu combien je t'aime? Pour mettre en vers une idée banale déjà usée par d'autres poëtes, un peu d'étude et d'attention me fait aisément trouver des paroles; mais où en prendrais-je jamais pour t'exprimer ce que ta beauté m'inspire? Le souvenir même de mes peines passées pourrait-il me fournir un mot pour te parler de mon bonheur présent? Avant que tu fusses venue à moi, mon isolement était celui d'un orphelin exilé, aujourd'hui c'est celui d'un roi. Dans ce faible corps, dont j'ai le simulacre jusqu'à ce que la mort en fasse un débris, dans cette petite cervelle enfiévrée où fermente une inutile pensée, sais-tu, mon ange, comprends-tu, ma belle, que rien ne peut être qui ne soit à toi? Écoute ce que mon cerveau peut dire, et sens combien mon amour est plus grand! Oh! que mon génie fût une perle, et que tu fusses Cléopâtre! »

En radotant ainsi, je pleurais sur ma femme et elle déteignait visiblement. A chaque larme qui tombait de mes yeux, apparaissait une plume, non pas même noire, mais du plus vieux roux (je crois qu'elle avait déjà déteint autre part). Après quelques minutes d'attendrissement, je me trouvais vis-à-vis d'un Oiseau décollé et désenfariné, identiquement semblable aux Merles les plus plats et les plus ordinaires.

Que faire? que dire? quel parti prendre? Tout reproche était inutile. J'aurais bien pu, à la vérité, considérer le cas comme rédhibitoire et faire casser mon mariage. Mais comment oser publier ma honte? N'était-ce pas assez de mon malheur? Je pris mon courage à deux pattes, je résolus de quitter le monde, d'abandonner la carrière des lettres, de fuir dans un désert, s'il était possible, d'éviter à jamais l'aspect d'une créature vivante et de chercher, comme Alceste,

> . . . . . Un endroit écarté,
> Où d'être un Merle blanc on eût la liberté!

IX

Je m'envolai là-dessus, toujours pleurant; et le vent, qui est le hasard des Oiseaux, me rapporta sur une branche de Mortfontaine. Pour cette fois, on était couché. « Quel mariage! me disais-je; quelle équipée! C'est certainement à bonne intention que cette pauvre enfant s'est mis du blanc; mais je n'en suis pas moins à plaindre, ni elle moins rousse. »

Le Rossignol chantait encore. Seul, au fond de la nuit, il jouissait à plein cœur du bienfait de Dieu qui le rend si supérieur aux poëtes, et donnait librement sa pensée au silence qui l'entourait. Je ne pus résister à la tentation d'aller à lui et de lui parler.

« Que vous êtes heureux! lui dis-je; non-seulement vous chantez tant que vous voulez, et très-bien, et tout le monde écoute; mais vous avez une femme et des enfants, votre nid, vos amis, un bon oreiller de mousse, la pleine lune et pas de journaux. Rubini et Rossini ne sont rien auprès de vous; vous valez l'un et vous devinez l'autre. J'ai chanté aussi, monsieur, et c'est pitoyable; j'ai rangé des mots en bataille comme des soldats prussiens, et j'ai coordonné des fadaises pendant que vous étiez dans les bois. Votre secret peut-il s'apprendre?

— Oui, me répondit le Rossignol; mais ce n'est pas ce que vous croyez. Ma femme m'ennuie, je ne l'aime point; je suis amoureux de la Rose : Sadi, le Persan, en a parlé; je m'égosille toute la nuit pour elle, mais elle dort et ne m'entend pas. Son calice est fermé à l'heure qu'il est, elle y berce un vieux Scarabée; et demain matin, quand je regagnerai mon lit, épuisé de souffrance et de fatigue, c'est alors qu'elle s'épanouira pour qu'une Abeille lui mange le cœur. »

ALFRED DE MUSSET.

LE MARI
DE LA REINE

Le premier acte politique auquel je pris part en qualité d'Abeille m'impressionna si vivement, que je suis forcée d'attribuer à son influence l'étrangeté qui signala ma vie. Permettez-moi d'entrer en matière sans un plus long préambule et de vous raconter immédiatement ce petit incident.

Je sortais de l'enfance et je venais d'être nommée citoyenne de la ruche, lorsqu'un matin je fus réveillée tout à coup par des bruits inaccoutumés. On frappait à la cloison, on murmurait, on m'appelait par mon nom...

« Qu'est-ce qu'il y a, m'écriai-je, qu'est-ce qu'il y a ?

— Viens vite, mignonne, me répondit-on du dehors, on va exécuter *monsieur*, et tu fais partie du peloton d'honneur. »

Ces mots, que je comprenais à peine, — j'étais si jeune encore ! — m'effrayèrent horriblement. Je savais bien que *monsieur* devait être exécuté, mais l'idée que je pourrais jouer un rôle quelconque dans ce drame ne m'était jamais entrée dans l'esprit.

« Me voilà ! » m'écriai-je.

Je fis en toute hâte un bout de toilette et je me précipitai dehors, en proie à la plus vive émotion. Je n'étais pas pâle, j'étais verte.

Monsieur était l'un des plus beaux *Faux-Bourdons* de la ruche, bien certainement. Un peu gros, mais bien pris, la physionomie douce et une grande distinction. Je l'avais vu bien souvent, accompagnant la Reine dans son inspection quotidienne, l'agaçant par ses reparties, la soutenant de sa patte, partageant avec elle le prestige de la souveraineté et offrant à tous le visage du plus heureux des princes et du plus aimé des époux.

Le peuple l'aimait peu, mais le craignait beaucoup, il avait l'oreille de la Reine; la Reine publiquement l'avait baisé au front, et l'on savait de source certaine, par l'une de ces demoiselles de la chambre, que *monsieur* allait devenir père. C'était une nouvelle importante, quoiqu'elle nous fût familière, et en un instant, répétée de bouche en bouche, elle remplit chaque alvéole de joie.

Chacune de nous se voyait déjà transformée en nourrice ou en

bonne d'enfants et entourée de marmaille, donnant la becquée à ceux-ci, dorlotant ceux-là; déjà l'on préparait dans chaque chambrette un petit coin douillet pour y recevoir le poupon, c'est ainsi que cela se passe chez nous ; et le soir, avant de s'endormir, on s'indiquait certaines fleurs du voisinage dont le suc plus délicat fournirait sûrement un miel plus savoureux à toute cette marmaille qui d'un jour à l'autre allait faire son apparition.

Notre attente ne fut pas trompée : notre bien-aimée souveraine mit au monde dix mille jumeaux, tous beaux comme le jour et si forts, si robustes, si pleins de vie, qu'il eût été impossible de faire un choix.

Jamais de ma vie je n'ai vu une Reine plus fière de sa maternité. Le Prince-époux était rayonnant ; aussi il ne se contenait pas d'aise, il embrassait incessamment tous ses enfants les uns après les autres, ce qui lui demandait beaucoup de temps à cause du nombre, puis courait savoir des nouvelles de la Reine et revenait bien vite distribuer encore trois ou quatre mille baisers.

J'avais assisté à tout cela, j'avais vu *monsieur* dans toute sa gloire, et, tout à coup, on me réveille, j'accours et j'aperçois mon Prince qu'on traîne au dernier supplice... bien plus, je suis désignée moi-même pour exécuter la sentence; horreur !

Monsieur fit preuve dans cette circonstance d'une lâcheté excusable, à coup sûr, en un pareil moment. Songez que la nature l'ayant privé de toute arme défensive et offensive, il était complétement à notre discrétion.

« Qu'ai-je fait, ô ma Reine? s'écriait-il en se roulant aux pieds de la souveraine; encore une heure, accordez-moi une heure !... un quart d'heure... cinq minutes... j'ai des révélations à faire, Princesse, j'ai des aveux...

— Dépêchons, mesdemoiselles, répliquait la Reine en dissimulant mal la contrainte qu'elle imposait à son cœur. Il faut que la force reste à la loi : exécutez ce jeune homme désormais inutile; allons, mesdemoiselles, vous m'entendez, dépêchons ! »

La Reine rentra dans son cabinet de travail, encore tout plein des souvenirs du Prince, et en un instant la malheureuse victime fut percée de mille coups. Je vivrais cent ans que je n'oublierais pas cette scène-là. Je fis semblant de faire comme toutes ces demoiselles, mais mon aiguillon ne se rougit pas ce jour-là du sang de l'innocent. Il me resta de tout cela une grande tristesse.

« Il y a chez les peuples les plus avancés des lois bien barbares, me disais-je à part moi; pauvres messieurs ! pauvres messieurs ! » Ces pauvres *messieurs*, vulgairement appelés *Faux-Bourdons*, étaient dans notre ruche au nombre de six cents environ, tous appelés à monter d'un jour à l'autre les marches du trône, mais tous appelés aussi à payer cet excès d'honneur par une mort violente et immédiate. Cette perspective donnait à la plupart d'entre eux une physionomie triste qui contrastait singulièrement avec la gaieté générale. Au milieu de l'animation universelle, parmi ces milliers de travailleuses, on les voyait passer lentement, désœuvrés, abattus, effrayés de leur gloire prochaine; au moindre bruit ils se retournaient en tressaillant.

« Ne serait-ce pas la Reine qui nous appelle? » semblaient-ils dire. Et bien vite ils se perdaient dans la foule et s'échappaient hors de la ruche.

Il y a bien des ennuis dans ces positions élevées. Tous ces gros fainéants qui se prélassent dans le velours de leur habit sont plus valets que es autres, vous le voyez bien, et ne méritent pas d'être admirés si fort. Cette admiration est pourtant une folie commune que je serais malvenue de blâmer trop amèrement, puisque moi-même j'en fus victime. Oui, j'aimai un Faux-Bourdon, je l'aimai d'un amour insensé. Il était beau, splendide; au soleil, son corps était resplendissant, et quand il entrait dans la corolle d'une fleur, je tremblais que le contact des pétales ne souillât sa personne. J'étais folle! Eh oui! amour platonique s'il en fut, la nature ne nous en permet pas d'autre, idéal, impossible, amour de poëte, rêverie d'artiste! J'aimais cette brute à cause de son enveloppe.

J'aurais voulu être l'une de ces Libellules aux ailes transparentes et azurées qu'on voit à la tombée du jour voltiger au sommet des herbes, ou promener parmi les fleurs leur beau corps allongé. Ma conscience me disait bien que tout se paye en ce monde, et que ces demoiselles-là, pour avoir la tête grosse, n'en sont pas plus industrieuses pour cela; mais que voulez-vous, j'étais folle, j'étais éprise, je blasphémais.

Je l'avais rencontré un jour, ivre de miel et dormant à poings fermés au beau milieu d'un lis. Il était d'un beau noir velouté au milieu de toutes ces blancheurs. Son visage, sous le pollen jaune dont il était barbouillé, avait conservé son noble aspect. Il ronflait d'une façon régulière et majestueuse, si j'ose dire. Je m'arrêtai éblouie.

« Voilà donc, murmurai-je, le futur mari de la Reine! »

Je m'approchai, et, follement curieuse d'examiner de près un si gros personnage, je lui soulevai légèrement la patte. Il tressaillit et murmura d'une voix somnolente :

« Que désire Sa Majesté? »

Puis, ayant regardé de mon côté, il s'aperçut de son erreur; il ajouta en souriant :

« Je ne te gêne pas, mon enfant? Eh bien, continue ta besogne et laisse-moi dormir en paix. »

Il y avait au fond de cette fleur une odeur pénétrante et délicieuse qui, sans doute, me monta au cerveau, car je perdis immédiatement la conscience de mes devoirs et je restai rêveuse en face de ce Faux-Bourdon. « Que sommes-nous, pensai-je, nous autres misérables travailleuses, fabriquant le miel, pétrissant la cire ou soignant les marmots, que sommes-nous en comparaison de ces admirables désœuvrés qui s'endorment au fond des fleurs et rêvent perpétuellement que la Reine leur sourit? »

Alors, oh! je l'avoue, j'eus honte de ma condition modeste et laborieuse. « Comment pourrait-il, en effet, aimer une bonne d'enfant? me disais-je. Si j'étais au moins l'une de ces belles guêpes à fine taille qui s'en vont par le monde, agaçant les passants, insouciantes, coquettes,

méchantes, inutiles, toujours armées et toujours en toilette, peut-être m'aimerait-il ! »

La crainte n'est-elle pas un commencement d'amour?

La menace n'est-elle pas un moyen de séduction?

Toutes ces pensées et mille autres plus folles encore bouillonnaient dans ma tête, mais mon admiration pour lui n'en devint que plus violente, et je m'écriai hors de moi :

« Ah, tenez, Prince, vous êtes véritablement bien beau !

« — Je le sais, ma mignonne, je le sais; ma position m'y oblige, mais laisse-moi me rendormir. »

Cette réponse me fit beaucoup de peine. Le malheureux n'avait pas compris que je l'adorais. Et ce qui me séduisait en lui, j'ai peine à l'avouer, c'était le prestige de son oisiveté princière, c'était cette livrée de Prince-époux, cette obésité de fainéant, c'était la faiblesse de ce gros corps désarmé, c'était l'aplomb insolent du favori. Je le méprisais au fond, mais je l'aimais follement. Je savais qu'il avait l'habitude de venir presque chaque jour dormir dans le lis où je l'avais trouvé; j'y vins aussi. Je faisais mon ouvrage rapidement, j'habillais bien vite les petits confiés à ma garde, je leur distribuais à la hâte leur tartine, et je me rendais dans le calice parfumé. Là, je lui préparais une place, je balayais de mon aile la poudre jaune qui aurait pu s'attacher à lui. S'il se trouvait au fond de la corolle quelques gouttes de rosée, de mon aiguillon je perçais la cloison et l'eau s'échappait lentement, de sorte que mon Faux-Bourdon chéri pouvait se reposer tranquille, à sa place accoutumée, sans crainte des rhumatismes.

Il ne m'en était pas plus reconnaissant pour cela, car son indifférence et ses exigences augmentaient en raison de mes soins et de mes tendresses. « Tu me pousseras à bout, » lui disais-je de temps en temps.

Il souriait, s'étalait béatement et ajoutait : « Veille autour de cette fleur, de peur que quelque insecte n'y pénètre et ne trouble mon repos. » J'étais indignée, et cependant je veillais autour de la fleur. Un jour je le vis arriver; il était fort pâle, et cependant sa démarche avait je ne sais quoi de plus compassé qu'à l'ordinaire.

« Qu'avez-vous, Prince ? lui dis-je avec intérêt.

— Retire-toi, petite, j'ai besoin d'air, et le soleil ne sera pas fâché de me voir aujourd'hui face à face. »

Je me sentis trembler, je prévoyais quelque malheur.

« Demain, demain, s'écria-t-il en faisant des gestes qui dénotaient le trouble de son âme, demain je serai... le mari de la Reine. »

Un voile obscurcit mes yeux, une sourde rage s'empara de moi, je sentis que je devenais folle de jalousie.

« D'ici à demain il peut se passer bien des choses, murmurai-je d'une voix étranglée.

— Tais-toi! oses-tu bien en ma présence prononcer de semblables paroles!

— Non, fis-je, non, tu ne monteras pas les marches du trône! »

Je m'élançai sur lui et, profitant d'un moment où il détournait la tête, je lui plongeai mon aiguillon dans le cœur.

A peine eut-il rendu e dernier soupir que je fondis en larmes, j'étais au désespoir.

Je rentrai dans la ruche. Tout y était en désordre, le peuple tout entier semblait en proie à la plus vive agitation; on se poussait, on se heurtait...

« Que se passe-t-il donc ? dis-je à la première Abeille que je rencontrai.

— Il se passe, il se passe que l'un de ces *messieurs* a disparu.

— Et comment le sait-on ? » J'étais tremblante.

« A l'appel de ce soir, il n'y avait que cinq cent quatre-vingt-dix-neuf Faux-Bourdons présents. La Reine a eu une attaque de nerfs, on se perd en conjectures.

— Ah! c'est une horrible aventure! » Et je me perdis dans la foule.

La Reine fut inconsolable, moi aussi, pendant deux jours environ, et ce fut tout. C'était du reste un bien sot animal que ce Faux-Bourdon. Ne me parlez pas des fainéants bien habillés.

GUSTAVE Z.

LES AMOURS
DE DEUX BÊTES

OFFERTS
EN EXEMPLE AUX GENS D'ESPRIT[1]

— HISTOIRE ANIMAU-SENTIMENTALE —

I

Le professeur Granarius.

SSURÉMENT, dit un soir, sous les tilleuls, le professeur Granarius, ce qu'il y a de plus curieux en ce moment, à Paris, est la conduite de Jarpéado. Certes, si les Français se conduisaient ainsi, nous n'aurions pas besoin de codes, remontrances, mandements, sermons religieux, ou mercuriales sociales, et nous ne verrions pas tant de scandales. Rien ne démontre mieux que c'est la *raison*, cet attribut dont s'enorgueillit l'Homme, qui cause tous les maux de la Société. »

[1] L'Animal distingué auquel nous devons cette histoire, par laquelle il a voulu prouver que les créatures si mal à propos nommées Bêtes par les Hommes leur étaient supérieures, a désiré garder l'anonyme ; mais tout nous a prouvé qu'il occupait une place très-élevée dans les affections de mademoiselle Anna Granarius, et qu'il appartient à la secte des Penseurs, sur lesquels l'illustre rapporteur a fait ses plus belles expériences.

— H. DE BALZAC. —

Mademoiselle Anna Granarius, qui aimait un simple élève naturaliste, ne put s'empêcher de rougir, d'autant plus qu'elle était blonde et d'une excessive délicatesse de teint, une vraie héroïne de roman écossais, aux yeux bleus, enfin presque douée de seconde vue. Aussi s'aperçut-elle, à l'air candide et presque niais du professeur, qu'il avait dit une de ces banalités familières aux savants qui ne sont jamais savants que d'une manière. Elle se leva pour se promener dans le Jardin des Plantes, qui se trouvait alors fermé, car il était huit heures et demie, et au mois de juillet le Jardin des Plantes renvoie le public au moment où les poésies du soir commencent leurs chants. Se promener alors dans ce parc solitaire est une des plus douces jouissances, surtout en compagnie d'une Anna.

« Qu'est-ce que mon père veut dire avec ce Jarpéado qui lui

tourne la tête? » se demanda-t-elle en s'asseyant au bord de la grande serre.

Et la jolie Anna demeura pensive, et si pensive, que la Pensée, comme il n'est pas rare de lui voir faire de ces tours de force

chez les jeunes personnes, absorba le corps et l'annula. Elle resta clouée à la pierre sur laquelle elle s'était assise. Le vieux professeur, trop occupé, ne chercha pas sa fille et la laissa dans l'état où l'avait mise cette disposition nerveuse qui, quatre cents ans plus tôt, l'eût conduite à un bûcher sur la place de Grève. Ce que c'est que de naître à propos.

II

S. A. R. le prince Jarpéado.

Ce que Jarpéado trouvait de plus extraordinaire à Paris était lui-même, comme le doge de Gênes à Versailles. C'était, d'ailleurs, un garçon bien pris dans sa petite taille, remarquable par la beauté de ses traits, ayant peut-être les jambes un peu grêles ; mais elles étaient chaussées de bottines chargées de pierreries et relevées à la poulaine de trois côtés. Il portait sur le dos, selon la mode de la Cactriane, son pays, une chape de chantre qui eût fait honte à celles des dignitaires ecclésiastiques du sacre de Charles X ; elle était couverte d'arabesques en semences de diamants sur un fond de lapis-lazuli, et fendue en deux parties égales, comme les deux vantaux d'un bahut ; puis ces parties tenaient par une charnière d'or et se levaient de bas en haut à volonté, à l'instar des surplis des prêtres. En signe de sa dignité, car il était prince des Coccirubri, il portait un joli hausse-col en saphir, et sur sa tête deux aigrettes filiformes qui eussent fait honte, par leur délicatesse, à tous les pompons que les princes mettent à leurs shakos, les jours de fête nationale.

Anna le trouva charmant, excepté ses deux bras excessivement courts et décharnés ; mais comment aurait-on pensé à ce léger défaut à l'aspect de sa riche carnation qui annonçait un sang pur en harmonie avec le soleil, car les plus beaux rayons rouges de cet astre semblaient avoir servi à rendre ce sang vermeil et lumineux ? Mais bientôt Anna comprit ce que son père avait voulu dire, en assistant à une de ces mystérieuses choses qui passent inaperçues dans ce terrible Paris, si plein et si vide, si niais et si savant, si préoccupé et si léger, mais toujours fantastique, plus que la docte Allemagne, et bien supérieur aux contrées hoffmanniques, où le grave conseiller du *Kammergericht* de Berlin a vu tant de choses. Il est vrai que maître Floh et ses besicles grossissantes ne vaudront jamais les forces apocalyptiques des sibylles mesmériennes, remises en ce moment à la disposition de la charmante Anna par un coup de baguette de cette fée, la seule qui nous reste, Extasinada, à laquelle nous devons nos poëtes, nos plus beaux rêves, et dont l'existence est fortement compromise à l'Académie des sciences (section de médecine).

III

Autre tentation de saint Antoine.

Les trois mille fenêtres de ce palais de verre se renvoyèrent les unes les autres un rayon de lune, et ce fut bientôt comme un de ces incendies que le soleil allume à son coucher dans un vieux château, et qui souvent trompent à distance un voyageur qui passe, un laboureur qui revient. Les cactus versaient les trésors de leurs odeurs, le vanillier envoyait ses ondes parfumées, le volcameria distillait la chaleur vineuse de ses touffes par effluves aussi jolies que ses fleurs, ces bayadères de la botanique, les jasmins des Açores babillaient, les magnolias grisaient l'air, les senteurs des daturas s'avançaient avec la pompe d'un roi de Perse, et l'impétueux lis de la Chine, dix fois plus fort que nos tubéreuses, détonait comme les canons des Invalides, et traversait cette atmosphère embrasée avec l'impétuosité d'un boulet, ramassant toutes les autres odeurs et se les appropriant, comme un banquier s'assimile les capitaux partout où passent ses spéculations. Aussi le Vertige emmenait-il ces chœurs insensés au-dessus de cette forêt illuminée, comme à l'Opéra Musard entraîne, d'un coup de baguette, dans un galop la ronde furieuse des Parisiens de tout âge, de tout sexe, sous des tourbillons de lumière et de musique.

La princesse Finna, l'une des plus belles créatures du pays enchanté de Las Figuieras, s'avança par une vallée du Nopalistan, résidence offerte au prince par ses ravisseurs, où les gazons étaient à la fois humides et lisses, allant à la rencontre de Jarpéado, qui, cette fois, ne pouvait l'éviter. Les yeux de cette enchanteresse, que dans un ignoble projet d'alliance le gouvernement jetait à la tête du prince, ni plus ni moins qu'une Caxe-Sotha, brillaient comme des étoiles, et la rusée s'était fait suivre, comme Catherine de Médicis, d'un dangereux escadron composé de ses plus belles sujettes.

Du plus loin qu'elle aperçut le prince, elle fit un signe. A ce signal, il s'éleva dans le silence de cette nuit parfumée une musique absolument semblable au scherzo de la reine Mab, dans la symphonie de *Roméo et Juliette*, où le grand Berlioz a reculé les bornes de l'art du facteur d'instruments, pour trouver les effets de la Cigale, du Grillon, des Mouches, et rendre la voix sublime de la nature, à midi, dans les hautes herbes d'une prairie où murmure un ruisseau sur du sable argenté. Seulement le délicat et délicieux morceau de Berlioz est à la musique qui résonnait aux sens intérieurs d'Anna ce que le brutal organe d'un tonitruant ophicléide est aux sons filés du violoncelle de Batta, quand Batta peint l'amour et en rappelle les rêveries les plus éthérées aux femmes attendries que souvent un vieux priseur trouble en se mouchant! (A la porte!)

C'était enfin la lumière qui se faisait musique, comme elle s'était déjà faite parfum, par une attention délicate pour ces beaux êtres, fruit de la lumière que la lumière engendre, qui sont lumière et retournent à la lumière. Au milieu de l'extase où ce concert d'odeurs et de sons devait plonger le prince Jarpéado, et quel prince! un prince à marier, riche de tout le Nopalistan (*voir aux annonces pour plus de détails*), Finna, la Cléopâtre improvisée par le gouvernement, se glissa sous les pieds de Jarpéado, pendant qui six vierges dansèrent une danse qui était aussi supérieure à la cachucha et au jaléo espagnol, que la musique sourde et tintinnulante des génies vibrionesques surpassait la divine musique de Berlioz. Ce qu'il y avait de singulier dans cette danse était sa décence, puisqu'elle était exécutée par des vierges; mais là éclatait le génie infernal de cette création nationale et transmise à ces danseurs par leurs ancêtres, qui la tenaient de la fée Arabesque. Cette danse chaste et irritante produisait un effet absolument semblable à celui que cause la ronde des femmes du Campidano, colonie grecque aux environs de Cagliari. (Êtes-vous allé en Sardaigne? Non. J'en suis fâché. Allez-y, rien que pour voir danser ces filles enrichies de sequins.) Assurément, vous regardez, sans y entendre malice, ces vertueuses jeunes filles qui se tiennent par la main et qui tournent très-chastement sur elles-mêmes; mais ce chœur est néanmoins si voluptueux, que les consuls anglais de la secte des *saints*, ceux qui ne rient jamais, pas même au parlement, sont forcés de s'en aller. Eh bien, les femmes du Campidano de Sardaigne, en fait de danse à la fois chaste et voluptueuse, étaient aussi loin des danseuses de Finna, que la vierge de Dresde par Raphaël est au-dessus d'un portrait de Dubufe. (On ne parle pas de peinture, mais d'expression.)

« Vous voulez donc me tuer? s'écria Jarpéado, qui certes aurait rendu des points à un consul anglais en fait de modestie et de patriotisme.

— Non, âme de mon âme, dit Finna d'une voix douce à l'oreille comme de la crème à la langue d'un chat; mais ne sais-tu pas que

je t'aime comme la terre aime le soleil, que mon amour est si peu personnel, que je veux être ta femme, encore bien que je sache devoir en mourir?

— Ne sais-tu pas, répondit Jarpéado, que je viens d'un pays où les castes sont chastes et suivent les ordres de Dieu, tout comme dans l'Indoustan font les brahmes? Un brahmine n'a pas plus de répugnance pour un paria que moi pour les plus belles créatures de ton atroce pays de Las Figuieras, où il fait froid. Ton amour me gèle. Arrière, bayadères impures!... Apprenez que je suis fidèle, et quoique vous soyez en force sur cette terre, quoique vous ayez en abondance les trésors de la vie, quand je devrais mourir ou de faim ou d'amour, je ne m'unirai jamais ni à toi, ni à tes pareilles. Un Jarpéado s'allier à une femme de ton espèce, qui est à la mienne ce que la négresse est à un blanc, ce qu'un laquais est à une duchesse! Il n'y a que les nobles de France qui fassent de ces alliances. Celle que j'aime est loin, bien loin; mais ou elle viendra, ou je mourrai sans amour sur la terre étrangère... »

Un cri d'effroi retentit et ne me permit pas d'entendre la réponse de Finna, qui s'écria : « Sauvez le prince ! Que des masses dévouées s'élancent entre le danger et sa personne adorée ! »

IV

Où le caractère de Granarius se dessine par son ignorance en fait de sous-pieds.

Anna vit alors, avec un effroi qui lui glaça le sang dans les veines, deux yeux d'or rouge qui s'avançaient portés par un nombre infini de cheveux. Vous eussiez dit d'une double comète à mille queues.

« Le Volvoce ! le Volvoce ! » cria-t-on.

Le Volvoce, comme le choléra en 1833, passait en se nourrissant de monde. Il y avait des équipages par les chemins, des mères emportant leurs enfants, des familles allant et venant sans savoir où se réfugier. Le Volvoce allait atteindre le prince, quand Finna se mit entre le monstre et lui : la pauvre créature sauva Jarpéado qui resta froid comme Conachar, lorsque son père nourricier lui sacrifie ses enfants.

« Oh! c'est bien un prince, se dit Anna tout épouvantée de cette royale insensibilité. Non, une Femme donnerait une larme à un Homme qu'elle n'aimerait pas, si cet Homme mourait pour lui sauver la vie.

— C'est ainsi que je voudrais mourir, dit langoureusement Jarpéado, mourir pour celle qu'on aime, mourir sous ses yeux, en lui léguant la vie... Sait-on ce qu'on reçoit quand on naît? tandis qu'à la fleur de l'âge, on connaît bien la valeur de ce qu'on accepte... »

En entendant ces paroles, Anna se réconcilia naturellement avec le prince.

« C'est, dit-elle, un prince qui aime comme un simple naturaliste.

— Es-tu musique, parfum, lumière, soleil de mon pays? s'écria le prince que l'extase transportait et dont l'attitude fit craindre à la jeune fille qu'il n'eût une fièvre cérébrale. O ma Cactriane, où sur une mer vermeille, gorgé de pourpre, j'eusse trouvé quelque belle Ranagrida dévouée, aimante, je suis séparé de toi par des espaces incommensurables... Et tout ce qui sépare deux amants est infini, quand ce ne peut être franchi... »

Cette pensée, si profonde et si mélancolique, causa comme un frémissement à la pauvre fille du professeur, qui se leva, se promena dans le Jardin des Plantes, et arriva le long de la rue Cuvier, où elle se mit à grimper, avec l'agilité d'une Chatte, jusque sur le toit de la maison qui porte le numéro 15. Jules, qui travaillait, venait de poser sa plume au bord de sa table, et se disait en se frottant les mains : « Si cette chère Anna veut m'attendre, j'aurai la croix de la Légion d'honneur dans trois ans, et je serai suppléant du professeur, car je mords à l'Entomologie, et si nous réussissons à transporter dans l'Algérie la culture du Coccus Cacti... c'est une conquête, que diable!... »

Et il se mit à chanter :

O Mathilde, idole de mon âme!... etc.,

de Rossini, en s'accompagnant sur un piano qui n'avait d'autre défaut que celui de nasiller. Après cette petite distraction, il ôta de dessus sa table un bouquet, fleurs cueillies dans la serre en compagnie d'Anna, et se remit à travailler.

Le lendemain matin, Anna se trouvait dans son lit, se souvenant avec une fidélité parfaite, des grands et immenses événements de sa nuit, sans pouvoir s'expliquer comme elle avait pu monter sur les toits et voir l'intérieur de l'âme de monsieur Jules Sauval, jeune dessinateur du Muséum, élève du professeur Granarius ; mais violemment éprise de curiosité d'apprendre qui était le prince Jarpéado.

Il résulte de ceci, pères et mères de famille, que le vieux professeur était veuf, avait une fille de dix-neuf ans, très-sage, mais peu surveillée, car les gens absorbés par les intérêts scientifiques accomplissent trop mal les devoirs de la paternité pour pouvoir y joindre ceux de la maternité. Ce savant à perruque retroussée, occupé de ses monographies, portait des pantalons sans bretelles, et (lui qui savait toutes les découvertes faites dans les royaumes infinis de la microscopie) ne connaissait pas l'invention des sous-pieds, qui donnent tant de rectitude aux plis des pantalons et tant de fatigue aux épaules. La première fois que Jules lui parla de sous-pieds, il les prit pour un sous-genre, le cher Homme! Vous comprendrez donc comment Granarius pouvait ignorer que sa fille fût naturellement somnambule, éprise de Jules, et emmenée par l'amour dans les abîmes de cette extase qui frise la catalepsie.

Au déjeuner, en voyant son père près de verser gravement la salière dans son café, elle lui dit vivement : « Papa, qu'est-ce que le prince Jarpéado? »

Le mot fit effet : Granarius posa la salière, regarda sa fille dans les yeux de laquelle le sommeil avait laissé quelques-unes de ses images confuses, et se mit à sourire de ce gai, de ce bon, de ce gracieux sourire qu'ont les savants quand on vient à caresser leur dada !

« Voilà le sucre, » dit-elle alors en lui tendant le sucrier.

Et voilà, chers enfants, comment le réel se mêle au fantastique dans la vie et au Jardin des Plantes.

V

Aventures de Jarpéado.

« Le prince Jarpéado est le dernier enfant d'une dynastie de la Cactriane, reprit le digne savant, qui, semblable à bien des pères, avait le défaut de toujours croire que sa fille en était encore à jouer avec ses poupées. La Cactriane est un vaste pays, très-riche, et l'un de ceux qui boivent à même les rayons du soleil ; il est situé par un nombre de degrés de latitude et de longitude qui t'est parfaitement indifférent ; mais il est encore bien peu connu des observateurs, je parle de ceux qui regardent les œuvres de la nature avec deux paires d'yeux. Or, les habitants de cette contrée, aussi peuplée que la Chine, et plus même, car il y a des milliards d'individus, sont sujets à des inondations périodiques d'eaux bouillantes, sorties d'un immense volcan, produit à main d'Homme, et nommé Harrozo-Rio-Grande. Mais la nature semble se plaire à opposer des forces productrices égales à la force des fléaux destructeurs, et plus l'Homme mange de Harengs, plus les mères de famille en pondent dans l'Océan... Les lois particulières qui régissent la Cactriane sont telles, qu'un seul prince du sang royal, s'il rencontre une de ses sujettes, peut réparer les pertes causées par l'épidémie dont les effets sont connus par les savants de ce peuple, sans qu'ils aient jamais pu en pénétrer les causes. C'est leur choléra-morbus. Et vraiment quels retours sur nous-mêmes ce spectacle dans les infiniment petits ne doit-il pas nous inspirer à nous... Le choléra-morbus n'est-il pas...

— Notre Volvoce ! » s'écria la jeune fille.

Le professeur manqua de renverser la table en courant embrasser son enfant.

« Ah ! tu es au fait de la science à ce point, chère Annette ?... Tu n'épouseras qu'un savant. Volvoce! qui t'a dit ce mot ? »

(J'ai connu, dans ma jeunesse, un Homme d'affaires qui racontait, les larmes dans les yeux, comment un de ses enfants, âgé de cinq ans, avait sauvé un billet de mille francs qui, par mégarde, était tombé dans le panier aux papiers, où il en cherchait pour faire des cocottes. — Ce cher enfant ! à son âge ! savoir la valeur de ce billet...)

« Le prince ! le prince ! » s'écria la jeune fille en ayant peur que son père ne retombât dans quelque rêverie ; et alors elle n'eût plus rien appris.

« Le prince, reprit le vieux professeur en donnant un coup à sa perruque, a échappé, grâce à la sollicitude du gouvernement français, à ce fléau destructeur ; mais on l'enleva, sans le consulter, à son beau pays, à son bel avenir, et avec d'autant plus de facilité que sa vie était un problème. Pour parler clairement, Jarpéado, le centimilliardimillionième de sa dynastie...

(« Et, fit le professeur entre parenthèse, en levant vers le plafond plein de Bêtes empaillées sa mouillette trempée de café, vous faites les fiers, messieurs les Bourbons, les Othomans, races royales et souveraines, qui vivez à peine des quinze à seize siècles avec les mille et une précautions de la civilisation la plus raffinée... O combien... Enfin !... Ne parlons pas politique. »)

« Jarpéado ne se trouvait pas plus avancé dans l'échelle des êtres que ne l'est une Altesse Royale onze mois avant sa naissance, et il fut transporté, sous cette forme, chez mon prédécesseur, l'illustre Lacrampe, inventeur des Canards, et qui achevait leur monographie alors que nous eûmes le malheur de le perdre ; mais il vivra tant que vivra *la Peau de Chagrin*, où l'illustrateur l'a représenté contemplant ses chers Canards. Là se voit aussi notre ami Planchette à qui, pour la gloire de la science, feu Lacrampe a légué le soin de rechercher la configuration, l'étendue, la profondeur, les qualités des princes, onze mois avant leur naissance. Aussi Planchette s'est-il déjà montré digne de cette mission, soutenant, contre cet intrigant de Cuvier, que, dans cet état, les princes devaient être infusoires, remuants, et déjà décorés.

« Le gouvernement français, sollicité par feu Lacrampe, s'en remit au fameux Génie Spéculatoribus pour l'enlèvement du prince Jarpéado, qui, grâce à sa situation, put venir par mer du fond de la province de Guaxaca, sur un lit de pourpre composé de trois milliards environ de sujets de son père, embaumés par des Indiens qui, certes, valent bien le docteur Gannal. Or, comme les lois sur la traite ne concernent pas les morts, ces précieuses momies furent vendues à Bordeaux pour servir aux plaisirs et aux jouissances de la race blanche, jusqu'à ce que le soleil, père des Jarpéado, des Ranagrida, des Negra, les trois grandes tribus des peuples de la Cactriane, les absorbât dans ses rayons... Oui, apprends, mon Anna, que pas une des nymphes de Rubens, pas une des jolies filles de Miéris, que pas un trompette de Wouwermans n'a pu se passer de ces peuplades. Oui, ma fille, il y a des populations entières dans ces belles lèvres qui vous sourient au Musée, ou qui vous défient. Oh ! si, par un effet de magie, la vie était rendue aux êtres ainsi distillés, quel charmant spectacle que celui de la décomposition d'une Vierge de Raphaël ou d'une bataille de Rubens ! Ce serait, pour ces charmants êtres, un jour comme celui de la résurrection éternelle qui nous est promis. Hélas ! peut-être y a-t-il là-haut un puissant peintre qui prend ainsi les générations de l'humanité sur des palettes, et peut-être, broyés par une molette invisible, devenons-nous une teinte dans quelque fresque immense, ô mon Dieu !... »

Là-dessus le vieux professeur, comme toutes les fois que le nom de Dieu se trouvait sur ses lèvres, tomba dans une profonde rêverie qui fut respectée par sa fille.

VI

Autre Jarpéado.

Jules Sauval entra. Si vous avez rencontré quelque part un de ces jeunes gens simples et modestes, pleins d'amour pour la science, et qui, sachant beaucoup, n'en conservent pas moins une certaine naïveté charmante qui ne les empêche pas d'être les plus ambitieux des êtres, et de mettre l'Europe sens dessus dessous à propos d'un os hyoïde ou d'un coquillage, vous connaissez alors Jules Sauval. Aussi candide qu'il était pauvre (hélas! peut-être quand vient la fortune s'en va la candeur), le Jardin des Plantes lui servait de famille, il regardait le professeur Granarius comme un père, il l'admirait, il vénérait en lui le disciple et le continuateur du grand Geoffroy Saint-Hilaire, et il l'aidait dans ses travaux, comme autrefois d'illustres et dévoués élèves aidaient Raphaël; mais ce qu'il y avait d'admirable chez ce jeune Homme, c'est qu'il eût été ainsi, quand même le professeur n'aurait pas eu sa belle et gracieuse fille Anna, saint amour de la science! car, disons-le promptement, il aimait beaucoup plus l'histoire naturelle que la jeune fille.

« Bonjour, mademoiselle, dit-il; vous allez bien ce matin?... Qu'a donc le professeur ?

— Il m'a malheureusement laissée au beau milieu de l'histoire du prince Jarpéado, pour songer aux fins de l'humanité... J'en suis restée à l'arrivée de Jarpéado à Bordeaux.

— Sur un navire de la maison Balguerie junior, reprit Jules. Ces banquiers honorables, à qui l'envoi fut fait, ont remis le prince...

— Principicule... fit observer Anna.

— Oui, vous avez raison, à un grossier conducteur des diligences Laffitte et Caillard, qui n'a pas eu pour lui les égards dus à sa haute naissance et à sa grande valeur; il l'a jeté dans cet abîme appelé caisse, qui se trouve sous la banquette du coupé, où le prince et son escorte ont beaucoup souffert du voisinage des groupes d'écus, et voilà ce qui nous met aujourdhui dans l'embarras. Enfin, un simple facteur des messageries l'a remis au père Lacrampe qui a bondi de joie... Aussitôt que l'arrivée de ce prince fut officiellement annoncée au gouvernement français, Esthi, l'un des ministres, en a profité pour arracher des concessions en notre faveur : il a vivement représenté à la commission de la Chambre des députés l'importance de notre établissement et la nécessité de le mettre sur un grand pied, et il a si bien parlé, qu'il a obtenu six cent mille francs pour bâtir le palais où devait être logée la race utile de Jarpéado. « Ce sera, monsieur, a-t-il dit au rapporteur, qui par bonheur était un riche droguiste de la rue des Lombards, nous affranchir du tribut que nous payons à l'étranger, et tirer parti de l'Algérie qui nous coûte des millions. » Un vieux maréchal déclara que, dans son opinion, la possession du prince était une conquête. « Messieurs, a dit alors le rapporteur à la Chambre, sachons semer pour recueillir... » Ce mot eut un grand succès ; car à la Chambre il faut savoir descendre à la hauteur de ceux qui nous écoutent. L'opposition, qui déjà trouvait tant à redire à propos du palais des Singes, fut battue par cette réflexion de nature à être sentie par les propriétaires, qui sont en majorité sur les bancs de la Chambre, comme les huîtres sur ceux de Cancale.

— Quand la loi fut votée, dit le professeur qui, sorti de sa rêverie, écoutait son élève, elle a inspiré un bien beau mot. Je passais dans le Jardin, je suis arrêté, sous le grand cèdre, par un de nos jardiniers qui lisait le *Moniteur*, et je lui en fis même un reproche ; mais il me répondit que c'était la plus grande des feuilles périodiques. « Est-il vrai, Monsieur, me dit-il, que nous aurons une serre où nous pourrons faire venir les plantes des deux tropiques et garnie de tous les accessoires nécessaires, fabriqués sur la plus grande échelle ? — Oui, mon ami, lui dis-je, nous n'aurons plus rien à envier à l'Angleterre, et nous devons même l'emporter par quelques perfectionnements. — Enfin, s'écria le jardinier en se frottant les mains, depuis la révolution de Juillet, le peuple a fini par comprendre ses vrais intérêts, et tout va fleurir en France. » Quand il vit que je souriais, il ajouta : « Nos appointements seront-ils augmentés ?...

— Hélas ! je viens de la grande serre, monsieur, reprit Jules, et tout est perdu ! Malgré nos efforts, il n'y aura pas moyen d'unir Jarpéado à aucune créature analogue; il a refusé celle du *Coccus ficus caricæ*, je viens d'y passer une heure, l'œil sur le meilleur appareil de Dollond, et il mourra...

— Oui, mais il mourra fidèle, s'écria la sensible Anna.

— Ma foi, dit Granarius, je ne vois pas la différence de mourir fidèle ou infidèle, quand il s'agit de mourir...

— Jamais vous ne nous comprendrez ! dit Anna d'un ton à foudroyer son père ; mais vous ne le séduirez pas, il se refuse à toutes les séductions, et c'est bien mal à vous, monsieur Jules, de vous prêter à de pareilles horreurs. Vous ne seriez pas capable de tant d'amour !... cela se voit, Jarpéado ne veut que Ranagrida...

— Ma fille a raison. Mais si nous mettions, en désespoir de cause, les langes de pourpre où Jarpéado fut apporté, de son beau royaume de la Cactriane, dans l'état où sont les princes, dix mois avant leur naissance, peut-être s'y trouverait-il encore une Ranagrida.

— Voilà, mon père, une noble action qui vous méritera l'admiration de toutes les femmes.

— Et les félicitations du ministre, donc ! s'écria Jules.

— Et l'étonnement des savants ! répliqua le professeur, sans compter la reconnaissance du commerce français.

— Oui, mais, dit Jules, Planchette n'a-t-il pas dit que l'état où sont les princes onze mois avant leur naissance...

— Mon enfant, dit avec douceur Granarius à son élève en l'interrompant, ne vois-tu pas que la nature, partout semblable à elle-même, laisse ainsi ceux du clan des Jarpéado, durant des années ! Oh ! pourvu que les sacs d'écus ne les aient pas écrasés...

— Il ne m'aime pas ! » s'écria la pauvre Anna, voyant Jules qui, transporté de curiosité, suivit Granarius au lieu de rester avec elle pendant que son père les laissait seuls.

VII

A la grande serre du Jardin des Plantes.

« Puis-je aller avec vous, messieurs ? dit Anna, quand elle vit son père revenir, tenant à la main un morceau de papier.

— Certainement, mon enfant, » dit le professeur avec la bonté qui le caractérisait.

Si Granarius était distrait, il donnait à sa fille tous les bénéfices de son défaut. Et combien de fois la douceur est-elle de l'indifférence ?... Presque autant de fois que la charité est un calcul.

« Les fleurs que nous avons partagées hier, monsieur Jules, vous ont fait mal à la tête cette nuit, lui dit-elle en laissant aller son père en avant, vous les avez mises sur votre fenêtre après avoir chanté :

O Mathilde, idole de mon âme !

Ça n'est pas bien, pourquoi dire Mathilde ?

— Le cœur chantait Anna ! répondit-il. Mais qui donc a pu vous instruire de ces circonstances ? demanda-t-il avec une sorte d'effroi. Seriez-vous somnambule ?

— Somnambule ? reprit-elle. Oh ! que voilà bien les jeunes gens de ce siècle dépravé ! toujours prêts à expliquer les effets du sentiment par certaines proportions du fluide électro-magnétique !... par l'abondance du calorique...

— Hélas ! reprit Jules en souriant, il en est ainsi pour les Bêtes. Voyez ! nous avons obtenu là... » Il montra, non sans orgueil, la fameuse serre qui rampe sous la montagne du belvédère au Jardin des Plantes. « Nous avons obtenu les feux du tropique, et nous y avons les plantes du tropique, et pourquoi n'avons-nous plus les immenses Animaux dont les débris reconstitués font la gloire de Cuvier ? C'est que notre atmosphère ne contient plus autant de carbone, ou qu'en fils de famille pressé de jouir notre globe en a trop dissipé... Nos sentiments sont établis sur des équations...

— Oh ! science infernale ! s'écria la jeune fille. Aimez donc dans ce Jardin, entre le cabinet d'anatomie comparée et les éprouvettes, où la chimie zoologique estime ce qu'un Homme brûle de carbone en gravissant une montagne ! Vos sentiments sont établis sur des équations de dot ! Vous ne savez pas ce qu'est l'amour, monsieur Jules...

— Je le sais si bien que, pour approvisionner notre ménage, si vous vouliez de moi pour mari, mademoiselle, je passe mon temps à me rôtir comme un marron, l'œil sur un microscope, examinant le seul Jarpéado vivant que possède l'Europe, et s'il se marie, si ce conte de fée finit par : *et ils eurent beaucoup d'enfants*, nous nous marierons aussi, j'aurai la croix de la Légion d'honneur, je serai professeur adjoint, j'aurai le logement au Muséum, et trois mille francs d'appointements, j'aurai sans doute une mission en Algérie, afin d'y porter cette culture, et nous serons heureux... Ne vous plaignez donc pas de l'enthousiasme que me cause le prince Jarpéado...

— Ah! c'était donc une preuve d'amour quand il suivi mon père, » pensa la jeune fille en entrant dans la grande serre.

Elle sourit alors à Jules, et lui dit à l'oreille :

« Eh bien, jurez-moi, monsieur Jules, de m'être aussi fidèle que Jarpéado l'est à sa race royale, d'avoir pour toutes les femmes le dédain que le prince a eu pour la princesse de *Las Figuieras*, et je ne serai plus inquiète ; et quand je vous verrai fumant votre cigare au soleil et regardant la fumée, je dirai...

— Vous direz : Il pense à moi! s'écria Jules. Je le jure... »

Et tous deux ils accoururent à la voix du professeur qui jeta solennellement le petit bout de papier au sein du premier nopal que le Jardin des Plantes y ait vu fleurir, grâce aux six cent mille francs accordés par la Chambre des députés pour bâtir les nouvelles serres.

« Ce être donc oune serre-popiers! dit un Anglais jaloux qui fut témoin de cette opération scientifique.

— Chauffez la serre, s'écria Granarius ; Dieu veuille qu'il fasse bien chaud aujourd'hui! La chaleur, disait Thouin, c'est la vie! »

VIII

Le Paul et Virginie des Animaux.

Le lendemain soir, Anna, quand fut venue l'heure de la fermeture des grilles, se promena lentement sous les magnifiques ombrages de la grande allée, en respirant la chaude vapeur humide que les eaux de la Seine mêlaient aux exhalaisons du jardin, car il avait fait une journée caniculaire où le thermomètre était monté à un nombre de degrés majuscule, et ce temps est un des plus favorables aux extases. Pour éviter toute discussion à cet égard et clore le bec aux Geais de la critique, il nous sera permis de faire observer que les fameux solitaires des premiers temps de l'Église ne se sont trouvés que dans les ardents rochers de l'Afrique, de l'Égypte et autres lieux incandescents ; que les Santons et les Faquirs ne poussent que dans les contrées les plus opiacées, et que saint Jean grillait dans Pathmos. Ce fut par cette raison que mademoiselle Anna, lasse de respirer cette atmosphère embrasée où les Lions rugissaient, où l'Éléphant bâillait, où la Girafe elle-même, cette ardente princesse d'Arabie, et les Gazelles, ces Hirondelles à quatre pieds, couraient après leurs sables jaunes absents, s'assit sur la marge de pierre brûlante d'où s'élancent les murs diaphanes de la grande serre, et y resta charmée, attendant un moment de fraîcheur, et ne trouvant que les bouffées tropicales qui sortaient de la serre comme des escadrons fougueux des armées de Nabuchodonosor, cet Homme que la chronique représente sous la forme d'une Bête, parce qu'il resta sept ans enseveli dans la zoologie, occupé de classer les espèces, sans se faire la barbe. On dira, dans six cents ans d'ici, que Cuvier était une espèce de tonneau objet de l'admiration des savants.

A minuit, l'heure des mystères, Anna, plongée dans son extase et les yeux touchés par le Géant Microscopus, revit les vertes prairies du Nopalistan. Elle entendit les douces mélodies du royaume des Infiniment Petits et respira le concert de parfums perdu pour des organes fatigués par des sensations trop actives. Ses yeux, dont les conditions étaient changées, lui permirent de voir encore les mondes inférieurs : elle aperçut un Volvoce à cheval qui tâchait d'arriver au but d'un steeple-chase, et que d'élégants Cercaires voulaient dépasser ; mais le but ce steeple-chase était bien supérieur à celui de nos dandys, car il s'agissait de manger de pauvres Vorticelles qui naissaient dans les fleurs, à la fois Animaux et fleurs, fleurs ou Animaux ! Ni Bory-Saint-Vincent, ni Müller, cet immortel Danois qui a créé autant de mondes que Dieu même en a fait, n'ont pris sur eux de décider si la Vorticelle était plus Animal que plante ou plus plante qu'Animal. Peut-être eussent-ils été plus hardis avec certains Hommes que les cochers de cabriolet appellent *melons*; sans que les savants aient pu deviner à quels caractères ces praticiens des rues reconnaissent l'Homme-Légume.

L'attention d'Anna fut bientôt attirée par l'air heureux du prince Jarpéado, qui jouait du luth en chantant son bonheur par une romance digne de Victor Hugo. Certes cette cantate aurait pu figurer avec honneur dans les *Orientales*, car elle était composée de onze cent onze stances, sur chacune des onze cent onze beautés de Zashazli (prononcez Virginie), la plus charmante des filles Ranagridiennes. Ce nom,

Le but de ce steeple-chase était.

de même que les noms persans, avait une signification, et voulait dire *vierge faite de lumière*. Avant de devenir *cinabre*, *minium*, enfin tout ce qu'il y a de plus rouge au monde, cette précieuse créature était destinée aux trois incarnations entomologiques que subissent toutes les créatures de la Zoologie, y compris l'Homme.

La première forme de Virginie restait sous un pavillon qui aurait stupéfait les admirateurs de l'architecture moresque ou sarrasine, tant il surpassait les broderies de l'Alhambra, du Généralife et des plus célèbres mosquées. (*Voir, au surplus, l'album du Nopalistan orné de sept mille gravures.*) Situé dans une profonde vallée sur les coteaux de

laquelle s'élevaient des forêts immenses, comme celles que Chateaubriand a décrites dans *Atala*, ce pavillon se trouvait gardé par un cours d'eau parfumée, auprès de laquelle l'eau de Cologne, celle de Portugal et d'autres cosmétiques sont tout juste ce que l'eau noire, sale et puante de la Bièvre est à l'eau de Seine filtrée. De nombreux soldats habillés de garance, absolument comme les troupes françaises, gardaient les abords de la vallée en aval, et des postes non moins nombreux veillaient en amont. Autour du pavillon, des Bayadères dansaient et chantaient. Le prince allait et venait très-effaré, donnant des ordres multipliés. Des sentinelles, placées à de grandes distances, répétaient les mots d'ordre. En effet, dans l'état où elle se trouvait, la jeune personne pouvait être la proie d'un Génie féroce nommé MISOCAMPE. Vêtu d'un corselet comme les hallebardiers du moyen âge, protégé par une robe verte d'une dureté de diamant, et doué d'une figure terrible, le Misocampe, espèce d'ogre, jouit d'une férocité sans exemple. Loin de craindre mille Jarpéadiens, un seul Misocampe se réjouit de les rencontrer en groupe, il n'en déjeune et n'en soupe que mieux. En voyant de loin un Misocampe, la pauvre Anna se rappela les Espagnols de Fernand Cortez débarquant au Mexique. Ce féroce guerrier a des yeux brillants comme des lanternes de voiture, et s'élance avec la même rapidité, sans avoir besoin, comme les voitures, d'être aidé par des chevaux, car il a des jambes d'une longueur démesurée, fines comme des raies de papier à musique et d'une agilité de danseuse. Son estomac, transparent comme un bocal, digère en même temps qu'il mange. Le prince Paul avait publié des proclamations affichées dans toutes les forêts, dans tous les villages du Nopalistan, pour ordonner aux masses intelligentes de se précipiter entre le Misocampe et le pavillon, afin d'étouffer le Monstre ou de le rassasier. Il promettait l'immortalité aux morts, la seule chose qu'on puisse leur offrir. La fille du professeur admirait l'amour du prince Paul Jarpéado qui se révélait dans ces inventions de haute politique. Quelle tendresse ! quelle délicatesse ! La jeune princesse ressemblait parfaitement aux *babys* emmaillottés que l'aristocratie anglaise porte avec orgueil dans Hyde-Park, pour leur faire prendre l'air. Aussi l'amour du prince Paul avait-il toutes les allures de la maternité la plus inquiète pour sa chère petite Virginie, qui cependant n'était encore qu'un vrai *baby*.

« Que sera-ce donc, se dit Anna, quand elle sera nubile ? »

Bientôt le prince Paul reconnut en Zashazli les symptômes de la crise à laquelle sont sujettes ces charmantes créatures. Par ses ordres, des capsules chargées de substances explosibles annoncèrent au monde entier que la princesse allait, jusqu'au jour de son mariage, se renfermer dans un couvent. Selon l'usage, elle serait enveloppée de voiles

gris et plongée dans un profond sommeil, pour être plus facilement soustraite aux enchantements qui pouvaient la menacer. Telle est la volonté suprême de la fée Physine, qui a voulu que toutes les créations, depuis les êtres supérieurs aux Hommes, et même les Mondes, jusqu'aux Infiniment Petits, eussent la même loi. D'invisibles religieuses roulèrent la petite princesse dans une étoffe brune, avec la délicatesse que les esclaves de la Havane mettent à rouler les feuilles blondes des cigares destinés à George Sand ou à quelque princesse espagnole. Sa tête mignonne se voyait à peine au bout de ce linceul dans lequel elle resta sage, vertueuse et résignée. Le prince Paul Jarpéado demeura sur le seuil du couvent, sage, vertueux et résigné, mais impatient ! Il ressemblait à Louis XV qui, devinant dans une enfant de sept ans, assise avec son père sur la terrasse des Tuileries, la belle mademoiselle de Romans telle qu'elle devait être à dix-huit ans, en prit soin et la fit élever loin du monde.

Anna fut témoin de la joie du prince Paul quand, semblable à la Vénus antique sortant des ondes, Virginie quitta son linceul doré. Comme l'Ève de Milton, qui est une Ève anglaise, elle sourit à la lumière, elle s'interrogea pour savoir si elle était elle-même, et fut dans l'enchantement de se voir si *comfortable*. Elle regarda Paul et dit : « *Oh!...* » ce superlatif de l'étonnement anglais.

Le prince s'offrit avec une soumission d'esclave à lui montrer le chemin dans la vie, à travers les monts et les vallées de son empire.

« O toi que j'ai pendant si longtemps attendue, reine de mon cœur, bénis par tes regards et les sujets et le prince ; viens enchanter ces lieux par ta présence. »

Paroles qui sont si profondément vraies, qu'elles ont été mises en musique dans tous les opéras !

Virginie se laissa conduire en devinant qu'elle était l'objet d'une adoration infinie, et marcha d'enchantements en enchantements, écoutant la voix sublime de la nature, admirant les hautes collines vêtues de fleurs embaumées et d'une verdure éternelle, mais encore plus sensible aux soins touchants de son compagnon. Arrivée au bord d'un lac joli comme celui de Thoune, Paul alla chercher une petite barque faite en écorce et d'une beauté miraculeuse. Ce charmant esquif, semblable à la coque d'une viole d'amour, était rayé de nacre incrustée dans la pellicule brune de ce tégument délicat. Jarpéado fit asseoir sa chère bien-aimée sur un coussin de pourpre, et traversa le lac dont l'eau ressemblait à un diamant avant d'être rendu solide.

« Oh ! qu'ils sont heureux ! dit Anna. Que ne puis-je comme eux voyager en Suisse et voir les lacs !... »

L'opposition du Nopalistan a prétendu, dans *le Charivari* de la capitale, que ce prétendu lac avait été formé par une gouttelette tombée d'une vitre située à onze cents milles de hauteur, distance équivalant à trente-six mètres de France. Mais on sait le cas que les

amis du gouvernement doivent faire des plaisanteries de l'opposition.

Paul offrait à Virginie les fruits les plus mûrs et les meilleurs, il les choisissait, et se contentait des restes, heureux de boire à la même tasse. Virginie était d'une blancheur remarquable et vêtue d'une étoffe lamée de la plus grande richesse; elle ressemblait à cette fameuse Esméralda tant célébrée par Victor Hugo. Mais Esméralda était une femme, et Virginie était un ange. Elle n'aurait pas, pour la valeur d'un monde, aimé l'un des maréchaux de la cour, et encore moins un colonel. Elle ne voyait que Jarpéado, elle ne pouvait rester sans le voir, et comme il ne savait pas refuser sa chère Zashazli, le pauvre

Paul fut bientôt sur les dents, car, hélas ! dans toutes les sphères, l'amour n'est illimité que moralement. Quand, épuisé de fatigue, Paul s'endormit, Virginie s'assit près de lui, le regarda dormant, en chassant les Vorticelles aériennes qui pouvaient troubler son sommeil. N'est-ce pas une des plus douces scènes de la vie privée ? On laisse alors l'âme s'abandonner à toute la portée de son vol, sans la retenir dans les conventions de la coquetterie. On aime alors ostensiblement autant qu'on aime secrètement. Quand Jarpéado s'éveilla, ses yeux s'ouvrirent sous la lumière de ceux de Virginie, et il la surprit exprimant sa tendresse sans aucun des voiles dont s'enveloppent les femmes à l'aide des mots, des gestes ou des regards. Ce fut une ivresse si contagieuse, que Paul saisit Virginie, et ils se livrèrent à une sarabande d'un mouvement qui rappelait assez la gigue des Anglais. Ce qui prouve que dans toutes les sphères, par les moments de joie excessive où l'être oublie ses conditions d'existence, on éprouve le besoin de sauter, de danser ! (Voir les *Considérations sur la pyrrhique des anciens,* par M. Cinqprunes de Vergettes, membre de l'Institut.) En Nopalistan comme en France, les bourgeois imitent la cour. Aussi dansait-on jusque dans les plus petites bourgades.

Paul s'arrêta frappé de terreur.

« Qu'as-tu, cher amour ? dit Virginie.

— Où allons-nous ? dit le prince. Si tu m'aimes et si je t'aime, nous aurons de belles noces ; mais après ?... Après, sais-tu, cher ange, quel sera ton destin ?

— Je le sais, répondit-elle. Au lieu de périr sur un vaisseau, comme la Virginie de la librairie, ou dans mon lit, comme Clarisse, ou dans un désert, comme Manon Lescaut ou comme Atala, je mourrai de mon prodigieux enfantement, comme sont mortes toutes les mères de mon espèce : destinée peu romanesque. Mais t'aimer pendant toute une saison, n'est-ce pas le plus beau destin du monde ? Puis mourir jeune avec toutes ses illusions, avoir vu cette belle nature dans son printemps, laisser une nombreuse et superbe famille, enfin obéir à Dieu ! quelle plus splendide destinée y a-t-il sur la terre ? Aimons, et laissons aux Génies à prendre soin de l'avenir. »

Cette morale un peu décolletée fit son effet. Paul mena sa fiancée au palais où resplendissaient les lumières, où tous les diamants de sa couronne étaient sortis du garde-meuble, et où tous les esclaves de son empire, les Bayadères échappées au fléau du Volvoce, dansaient et chantaient. C'était cent fois plus magnifique que les fêtes de la grande allée des Champs-Élysées aux journées de Juillet. Un grand mouvement se préparait. Les Neutres, espèce de sœurs grises chargées de veiller sur les enfants à provenir du mariage impérial, s'apprêtaient à leurs travaux. Des courriers partirent pour toutes les provinces y annoncer le futur mariage du prince avec Zashazli la Ranagridienne et demander les énormes provisions nécessaires à la subsistance des principicules. Jarpéado reçut les félicitations de tous les corps d'État et fit un millier de fois la même phrase en les remerciant. Aucune des cérémonies religieuses ne fut omise, et le Prince paul y mit des façons pleines de lenteur, par lesquelles il prouva son amour, car il ne pouvait ignorer qu'il perdrait sa chère Virginie, et son amour pour elle était plus grand que son amour pour sa postérité.

« Ah ! disait-il à sa charmante épouse, j'y vois clair maintenant. J'aurais dû fonder mon empire avec Finna, et faire de toi ma maîtresse idéale. O Virginie ! n'es-tu pas l'idéal, cette fleur céleste dont la vue nous suffit ? Tu me serais alors restée, et Finna seule aurait péri. »

Ainsi, dans son désespoir, Paul inventait la bigamie, il arrivait aux doctrines des anciens de l'Orient en souhaitant une femme chargée de faire la famille, et une femme destinée à être la poésie de sa vie, admirable conception des temps primitifs qui, de nos jours, passe pour être une combinaison immorale. Mais la reine Jarpéada rendit ces souhaits inutiles. Elle recommença plus voluptueusement encore la scène de Finna, sur le même terrain, c'est-à-dire sous les ombrages odoriférants du parc, par une nuit étoilée où les parfums dansaient leurs boléros, où tout inspirait l'amour. Paul, dont la résistance avait été héroïque aux prestiges de Finna, ne put se dispenser d'emporter alors la reine Jarpéada dans un furieux transport d'amour.

« Pauvres petites bêtes du bon Dieu ! se dit Anna, elles sont bien heureuses, quelles poésies !... L'amour est la loi des mondes inférieurs, aussi bien que des mondes supérieurs ; tandis que chez l'Homme, qui est entre les Animaux et les Anges, la raison gâte tout ! »

IX

Où apparaît une certaine demoiselle Pigoizeau.

Pendant que ces choses tenaient la fille de Granarius en émoi, Jules Sauval se répandait dans les sociétés du Marais, conduit par sa tante, qui tenait à lui faire faire un riche établissement. Par une belle soirée du mois d'août, madame Sauval obligea son neveu d'aller chez un monsieur Pigoizeau, ancien bimbelotier du passage de l'Ancre, qui s'était retiré du commerce avec quarante mille livres de rente, une maison de campagne à Boissy-Saint-Léger et une fille unique âgée de vingt-sept ans, un peu rousse, mais à laquelle il donnait quatre cent mille francs, fruit de ses économies depuis neuf ans, outre les espérances consistant en quarante mille francs de rente, la maison de campagne et un hôtel qu'il venait d'acheter rue de Vendôme, au Marais. Le dîner fut évidemment donné pour le célèbre naturaliste, à qui Pigoizeau, très-bien avec le chef de l'État, voulait faire obtenir la croix de la Légion d'honneur. Pigoizeau tenait à garder sa fille et son gendre avec lui ; mais il voulait un gendre célèbre, capable de devenir professeur, de publier des livres et d'être l'objet d'articles dans les journaux.

Après le dessert, la tante prit son neveu Jules par le bras, l'emmena dans le jardin et lui dit à brûle-pourpoint :

« Que penses-tu d'Amélie Pigoizeau ?

— Elle est effroyablement laide, elle a le nez en trompette et des taches de rousseur.

— Oui, mais quel bel hôtel !

— De gros pieds.

— Maison à Boissy-Saint-Léger, un parc de trente hectares, des grottes, une rivière.

— Le corsage plat.

— Quatre cent mille francs.

— Et bête !...

— Quarante mille livres de rente, et le bonhomme laissera quelque cinq cent mille francs d'économies.

— Elle est gauche.

Mademoiselle Pigoizeau.

— Un homme riche devient infailliblement professeur et membre de l'Institut.

— Eh bien! jeune homme, dit Pigoizeau, l'on dit que vous faites des merveilles au Jardin des Plantes, que nous vous devrons une conquête... J'aime les savants! moi... Je ne suis pas une ganache. Je ne veux donner mon Amélie qu'à un homme capable, fût-il sans un sou, et eût-il des dettes... »

Rien n'était plus clair que ce discours, en désaccord avec toutes les idées bourgeoises.

X

Où mademoiselle Anna s'élève aux plus hautes considérations.

A quelques jours de là, le soir, chez le professeur Granarius, Anna boudait et disait à Jules : « Vous n'êtes plus aussi fidèle à la serre, et vous vous dissipez ; on dit qu'à force d'y voir pousser la cochenille, vous vous êtes pris d'amour pour le rouge, et qu'une demoiselle Pigoizeau vous occupe...

— Moi ! chère Anna, moi ! dit Jules un peu troublé. Ne savez-vous pas que je vous aime...

— Oh ! non, répondit Anna ; chez vous autres savants, comme chez les autres Hommes, la raison nuit à l'amour. Dans la nature, on ne pense pas à l'argent, on n'obéit qu'à l'instinct, et la route est si aveuglément suivie, si inflexiblement tracée, que si la vie est uniforme, du moins les malheurs y sont impossibles. Rien n'a pu décider ce charmant petit être, vêtu de pourpre, d'or, et paré de plus de diamants que n'en a porté Sardanapale, à prendre pour femme une créature autre que celle qui était née sous le même rayon de soleil où il avait pris naissance ; il aimait mieux périr plutôt que de ne pas épouser sa pareille, son âme jumelle ; et vous !... vous allez vous marier à une fille rousse, sans instruction, sans taille, sans idées, sans manières, qui a de gros pieds, des taches de rousseur et qui porte des robes reteintes, qui fera souffrir vingt fois par jour votre amour-propre, qui vous écorchera les oreilles avec ses sonates. »

Elle ouvrit son piano, se mit à jouer des variations sur la Dernière pensée de Weber de manière à satisfaire Chopin, si Chopin l'eût entendue. N'est-ce pas dire qu'elle enchanta le monde des Araignées mélomanes, qui se balançait dans ses toiles au plafond du cabinet de Granarius, et que les Fleurs entrèrent par la fenêtre pour l'écouter ?

« Horreur ! dit-elle ; les Animaux ont plus d'esprit que les savants qui les mettent en bocal. »

Jules sortit la mort dans le cœur, car le talent et la beauté d'Anna, le rayonnement de cette belle âme, vainquirent le concerto tintinnulant que faisaient les écus de Pigoizeau dans sa cervelle.

XI

Conclusion.

« Ah ! s'écria le professeur Granarius, il est question de nous dans les journaux. Tiens, écoute, Anna :

« Grâces aux efforts du savant professeur Granarius et de son habile
« adjoint, monsieur Jules Sauval, on a obtenu sur le Nopal de la grande
« serre, au Jardin des Plantes, environ dix grammes de cochenille,
« absolument semblable à la plus belle espèce de celle qui se recueille
« au Mexique. Nul doute que cette culture fleurira dans nos posses-
« sions d'Afrique et nous affranchira du tribut que nous payons au
« nouveau monde. Ainsi se trouvent justifiées les dépenses de la grande
« serre, contre lesquelles l'Opposition a tant crié, mais qui rendront
« encore bien d'autres services au commerce français et à l'agriculture.
« M. J. Sauval, nommé chevalier de la Légion d'honneur, se propose
« d'écrire la monographie du genre Coccus. »

— Monsieur Jules Sauval se conduit bien mal avec nous, dit Anna, car vous avez commencé la monographie du genre Coccus...
— Bah ! dit le professeur, c'est mon élève. »

Pour copie conforme,
DE BALZAC.

LES PEINES DE CŒUR

D'UNE

CHATTE FRANÇAISE

MINETTE & BÉBÉ

(LA VÉRITÉ SUR BRISQUET)

MINETTE A BÉBÉ[1].

PREMIÈRE LETTRE.

Que vas-tu dire, ma chère Bébé, en recevant cette lettre de moi, de ta sœur, que tu crois morte peut-être, et que tu as sans doute pleurée comme telle, et, comme telle, oubliée?

Pardonne-moi ce dernier mot, ma chère Bébé, je vis dans un monde où l'on n'oublie pas que les morts; et malgré

---

[1] Nous doutons que la correspondance qu'on va lire ait jamais été destinée à la publicité. Nous aurions hésité à la publier si elle n'eût contenu quelques révélations curieuses sur la vie d'un personnage que l'auteur de l'article intitulé *les Peines de cœur d'une Chatte anglaise* (abusé sans doute par des documents trompeurs) a essayé de représenter comme un martyr de l'amour.

C'est donc moins à cause de l'intérêt particulier qui peut s'attacher aux aventures de Minette et Bébé, que pour rétablir la vérité des faits relativement à Brisquet, que nous donnons place, dans notre seconde partie, aux *Peines de cœur d'une Chatte française*.

— NOTE DU RÉDACTEUR. —

moi, mes jugements se ressentent de ceux que j'entends faire à ces Hommes, qui méritent bien tous nos dédains.

Je t'écris avant tout que je ne suis pas morte, et que je t'aime, et que je vis encore pour redevenir ta sœur, si c'est possible.

Il m'est revenu cette nuit un souvenir de notre vieille mère, si bonne et si soigneuse de notre toilette, la plus grande affaire de sa journée, et de sa persévérance inouïe à lisser nos robes de soie, pour nous faire belles, parce que, disait-elle, il faut plaire à tout le monde ! Je me suis rappelé avec attendrissement cette simple vie de famille où nous avons eu de si beaux jours et de si beaux jeux, et une si franche amitié de laquelle je regrette tout, Bébé, nos querelles elles-mêmes et tes égratignures ; et j'ai pensé que je devais compte à ceux qui m'ont aimée de ce qui m'avait séparée d'eux, et de ce qui empêchait mon retour. Et, à tous risques, et en silence, je me suis mise à t'écrire, cette nuit même, à la pâle lueur d'une veilleuse d'albâtre, qui pare de sa faible clarté le somptueux sommeil de mon élégante maîtresse, sur son pupitre d'ébène incrusté d'or et d'ivoire, sur ce papier glacé et parfumé....

Tu le vois, Bébé, je suis riche ; j'aimerais mieux être heureuse.

Vite adieu, Bébé, et à toi, et à demain ; ma maîtresse se réveille. Je n'ai que le temps de chiffonner ma lettre et de la rouler sous un meuble, où elle restera jusqu'au jour. Le jour venu, je la remettrai à un des nôtres, qui rôde en ce moment en attendant mes ordres sur la terrasse du jardin, et qui me rapportera ta réponse. Tu me répondras bientôt.

Ma mère ! ma mère ! qui me dira tout de suite ce qu'est devenue notre mère ?

Ta sœur,

MINETTE.

P. S. — Aie confiance dans mon messager. Sans doute il n'est ni jeune ni beau, et ce n'est là ni un cavalier espagnol ni un riche Angora, mais il est dévoué et discret ; mais il est venu à bout de découvrir pour moi ton adresse ; mais il m'aime, et il m'aime tant, qu'il est ravi de se faire mon très-humble coureur. Ne le plains pas, l'amour n'est-il pas la plus noble des servitudes ?

Tu m'adresseras tes lettres à madame Rosa-Mika, et par abréviation Mika, c'est le nom sous lequel je suis connue ici.

Décidément ma maîtresse se réveille ; elle dort bien mal depuis quelque temps, et je craindrais d'être surprise si je t'écrivais un mot de plus. Adieu encore. A tous ces griffonnages tu reconnaîtras plutôt le cœur que la patte de ta sœur.

BÉBÉ A MINETTE.

DEUXIÈME LETTRE.

Ma chère Minette, j'ai cru que j'allais devenir folle en lisant ta lettre, qui nous a donné à tous bien de la joie. On voudrait quasi voir mourir tous ses parents pour avoir le plaisir de les voir ressusciter comme ça.

Va, Minette, ton départ nous avait fait bien de la peine ; as-tu bien pu nous laisser aussi longtemps dans le chagrin, méchante ! Si tu savais comme tout est changé à la maison depuis que tu n'y es plus ! Et d'abord notre mère est devenue aveugle et sourde, et la pauvre bonne vieille passe ses journées à la porte de la chatière sans jamais dire ni oui ni non. Si bien que quand j'ai voulu lui annoncer que tu n'étais pas morte, et que c'était bien vrai, je n'ai pas pu venir à bout de me faire comprendre ; elle ne m'entendait pas, parce qu'elle est sourde ; elle ne voyait pas ta lettre, parce qu'elle est aveugle. Dame, Bébé, elle a eu tant de peines quand tu nous as eu quittées, qu'après t'avoir cherchée partout elle en a fait une maladie qui l'a mise où elle est.

Après ça, c'est peut-être l'âge aussi, et il ne faut pas te faire trop de chagrin.

Du reste, elle dort bien, boit bien, mange bien, et ne se plaint pas, parce qu'il y en a toujours assez pour elle, d'abord : j'aimerais mieux mourir que de la laisser manquer.

Ensuite notre jeune maîtresse a perdu sa mère ; tu vois qu'elle a été encore plus malheureuse que nous ; et en la perdant elle a tout perdu, excepté ses dix doigts qui la font vivre, et sa jolie figure qui ne gâte

rien. Il a fallu quitter la petite boutique du Marais, abandonner le rez-de-chaussée, monter tout d'un coup au sixième, et travailler du matin jusqu'au soir, et quelquefois du soir jusqu'au matin, pour exister; et elle l'a fait comme on doit faire tout ce qu'on ne peut pas empêcher, avec courage. Alors plus de lait le matin, tu m'entends, plus de pâtée le soir. Mais, Dieu merci, j'ai bon pied, j'ai bon œil, et vive la chasse!

Tu me dis, d'un ton lamentable, que tu es riche (pauvre Minette!) et que tu aimerais mieux être heureuse...

Du moment où tu te plains d'être riche, ma petite sœur, je ne sais pas comment faire pour me plaindre d'être pauvre. Êtes-vous donc drôles, vous autres, qui avez toujours votre couvert mis quelque part, et qui dînez à table sur du linge blanc, dans des écuelles dorées, pleines de bonnes choses!

Ne dirait-on pas, à vous entendre, que c'est avec ce qui nous manque que nous achetons ce que vos richesses mêmes ne peuvent vous donner ? Vous verrez qu'on nous prouvera un jour que la pauvreté est un remède contre tous les maux, et que du moment où on n'a pas même de quoi dîner on est trop heureux. — Sérieusement, croyez-vous que la fortune nuise au bonheur ? Faites-vous pauvres alors, ruinez-vous, rien n'est plus facile, et vivez de vos dents, si vous le pouvez. — Vous m'en direz des nouvelles.

Allons, Minette, un peu de courage, et surtout un peu de raison. Plains-toi d'être malheureuse, mais ne te plains pas d'être riche, car nous sommes pauvres, nous, et nous savons ce que c'est que la pauvreté. Je te gronde, Minette ; je fais avec toi la sœur aînée, comme autrefois ; pardonne-le-moi. Ne sais-tu pas que ta Bébé serait bien heureuse de t'être bonne à quelque chose ? Ne me fais pas attendre une nouvelle lettre, car je l'attendrais avec inquiétude. Je commence à craindre que tu n'aies en effet cherché le bonheur dans des chemins où il n'a jamais passé.

Bien entendu, tu ne me cacheras rien. Qui sait ? Quand tout sera sur ce papier parfumé dont tu me parles, peut-être en auras-tu moins gros sur le cœur.

Adieu, Minette, adieu. C'est assez babiller ; voilà l'heure où notre mère a faim, et notre dîner court encore dans le grenier.

Ça va mal dans le grenier ; les Souris sont de fines Mouches qui deviennent de jour en jour plus rusées ; il y a si longtemps qu'on les mange, qu'elles commencent à s'en apercevoir. J'ai pour voisin un Chat qui ne serait pas mal s'il était moins original. Il raffole des Souris, et prétend qu'il y aura quelque jour une révolution de Souris contre les Chats, et que ce sera bien fait.

Tu vois que je n'aurai pas tort de mettre à profit l'état de paix où nous sommes encore, Dieu merci ! pour aller chasser sur leurs terres. Mais ne parlons pas politique !

Adieu, Minette, adieu. Ton messager m'attend et refuse de me dire où je pourrais t'aller trouver. Ne nous verrons-nous pas bientôt ?

Ta sœur, pour la vie,

Bébé.

P. S. — Il est très-laid, j'en conviens, ton vieux messager ; mais quand j'ai vu ce qu'il m'apportait, je l'ai trouvé charmant et l'ai embrassé, ma foi, de tout mon cœur. Il fallait le voir faire le gros dos quand il m'a remis ta lettre, *de la part de madame Rosa-Mika.*

A propos, es-tu folle, Minette, de t'être laissé débaptiser de la sorte? Minette, n'était-ce pas un joli nom pour une Chatte jolie et blanche comme toi? Nos voisins ont bien ri de ce nom, que nous n'avons pu trouver dans le calendrier des Chats. — Je finis, je suis au bout de mon papier; je t'écris au clair de la lune, non pas sur du papier glacé et parfumé, Minette, mais sur un vieux patron de bonnet qui ne sert plus à ma maîtresse, qui dort, du reste, dans ce moment sur ses deux oreilles, et d'un sommeil de plomb, comme un pauvre ange qui aurait passé la moitié de la nuit à coudre pour gagner son pain.

(Un Étourneau de nos amis ayant eu la maladresse de renverser notre bouteille à l'encre sur le manuscrit de la réponse de Minette à Bébé, quelques passages de cette lettre, et notamment la première page, sont devenus illisibles. Nous nous serions difficilement décidés à passer outre, si, après un mûr examen, nous n'avions pu nous convaincre que la perte de ces passages n'ôterait rien à la clarté du récit. Nous indiquerons, du reste, par des points ou autrement, les endroits où il y aura lacune.)

MINETTE A BÉBÉ.

TROISIÈME LETTRE.

. . . .
. . . . . . Te souvient-il qu'un jour notre maîtresse nous avait donné une poupée qui avait bien la plus appétissante petite tête de Souris qu'on puisse voir, et que, si grandes demoiselles que nous fussions déjà, la vue de ce joujou merveilleux nous arracha des cris d'admiration.

Mais une seule poupée pour deux jeunes Chattes, dont l'une est noire, l'autre blanche, ce n'était guère, et tu dois te souvenir aussi que cette fatale poupée, avec laquelle je prétendais jouer toute seule, ne tarda pas à devenir pour nous un sujet de discorde.

Toi, l'aînée, toi, si bonne d'ordinaire, tu t'emportas, tu me battis, méchante ; mon sang coula ! ou, s'il ne coula pas, je crus le voir couler. Je n'étais pas la plus forte. J'allai trouver notre mère : « Maman,

maman, lui dis-je en miaulant de la façon la plus lamentable et en lui montrant ma patte déchirée, faites donc finir mademoiselle Bébé, qui me bat toujours. »

Ce mot *toujours* te révolta, tu levas au ciel tes yeux et tes pattes indignés en m'appelant vilaine menteuse, et notre mère, qui te savait plus raisonnable que moi, te crut sur parole, et me renvoya sans m'entendre.

C'est pourtant de cette cause si légère, c'est de ce point, c'est de ce rien que sont venus tous mes malheurs. Humiliée de ce déni de justice, je résolus de m'enfuir au bout du monde, et m'en allai bouder sur un toit.

Lorsque je fus sur ce toit et que je vis l'horizon immense se dérouler devant moi, je me dis que le bout du monde devait être bien loin : je commençai à trouver qu'une pauvre jeune Chatte comme moi serait bien seule, bien exposée et bien petite dans un si grand univers, et je me mis à sangloter si amèrement, que je m'évanouis.

Je me rappelle que. . . . .

(La transition étant restée tout entière sous la tache d'encre, nous avons été, à notre grande confusion, obligés de nous en passer.)

. . . . Il me semblait entendre dans les airs des chœurs d'esprits invisibles. . . . .

« Ne pleure plus, Minette, me disait une voix (celle de mon mauvais Génie, sans doute) l'heure de ta délivrance approche. Cette pauvre demeure est indigne de toi ; tu es faite pour habiter un palais.

— Hélas ! répondait une autre voix plus faible, celle de ma conscience, vous vous moquez, seigneur ; un palais n'est pas fait pour moi.

— La Beauté est la reine du monde, reprenait la première voix ; tu es belle, donc tu es reine. Quelle robe est plus blanche que ta robe? quels yeux sont plus beaux que tes beaux yeux ?

— Pense à ta mère, me disait de l'autre côté la voix suppliante. Peux-tu l'oublier ? Et pense à Bébé aussi, ajouta-t-elle tout bas.

— Bébé ne songe guère à toi, et ta mère ne t'aime plus, me criait la première voix. D'ailleurs la nature seule est ta mère. Le germe d'où tu devais sortir est créé depuis des millions d'années; le hasard seul a désigné celle qui t'a donné le jour pour développer ce germe ; c'est au hasard que tu dois tout, et rien qu'au hasard! Lève-toi, Minette, lève-toi! le monde est devant toi. Ici, la misère et l'obscurité; là-bas, la richesse et l'éclat. »

Mon bon Génie essaya encore de parler; mais il ne dit rien, car il vit bien que l'instinct de la coquetterie avait pénétré dans mon cœur, et que j'étais une chatte perdue. Il se retira en pleurant.

« Lève-toi et suis-moi, » disait toujours la première voix. Et cette voix devenait de plus en plus impérieuse et en même temps de plus en plus tendre ; et cet appel devenait irrésistible.

Je me levai donc.

J'ouvris les yeux. « Qui m'appelle? » m'écriai-je. Juge de ma surprise, Bébé, car ce n'était point une illusion, et je ne cessais point d'entendre cette voix qui m'avait parlé pendant mon évanouissement.

« Divine Minette, je vous adore, » me disait un jeune Chat qui se roulait à mes pieds en me regardant de la façon la plus tendre.

Ah! Bébé, qu'il était beau! et qu'il avait l'air bien épris!
Et comment n'aurais-je pas vu dans un Chat si distingué, et qui m'aimait tant, ce Chat prince, ce Chat accompli que rêvent toutes les jeunes Chattes et qu'elles appellent de leurs vœux, quand elles chantent, en regardant la lune, cette chanson des Chattes à marier : « Bonjour, grand'mère, nous apportez-vous des maris? »

Et n'y a-t-il pas, depuis que le monde existe, dans ce seul mot : *Je vous adore*, des choses qu'une jeune Chatte n'a jamais su entendre sans trouble pour la première fois? Et du moment où on nous adore, conviendrait-il que nous nous permissions d'en demander davantage?

Si donc je ne songeai point à demander à mon adorateur d'où il venait, n'était-ce pas qu'un Chat comme lui ne pouvait tomber que du ciel? Et si je crus tout ce qu'il me dit, la crédulité est-elle autre chose que le besoin de croire au bien? Et, s'il faut se défier de son cœur, à qui se fier? Et puis, n'étais-je pas bien jeune, en pleine jeunesse, dans les premiers jours de mon premier mois de mai, et une petite personne de six mois ne peut-elle être éblouie un instant par l'idée qu'elle inspire une grande passion?

Que n'as-tu vu son air humble et digne tout ensemble, Bébé! Il me demandait si peu de chose!... Un regard de mes yeux... un seul! Pouvais-je lui refuser ce peu qu'il me demandait? ne m'avait-il pas arrachée à cet évanouissement terrible, à la mort peut-être? Le moyen, d'ailleurs, de rien refuser à un Chat si réservé!

Que ne l'as-tu entendu, Bébé! quelle éloquence!

Tu le sais, j'étais coquette, et il me promettait les plus belles toilettes du monde, des rubans écarlates, des colliers de liége, et un superbe vieux manchon d'hermine, qui lui venait de sa maîtresse l'ambassadrice! Ah! ce vieux manchon, faut-il le dire? ce vieux manchon a été pour beaucoup dans mes malheurs.

J'étais paresseuse, et il me parlait de tapis moelleux, de coussins

de velours et de brocart, de fauteuils et de bergères, et de toutes sortes de meubles charmants.

J'étais fantasque, et il m'assurait que madame l'ambassadrice serait enchantée de me voir tout casser chez elle quand l'humeur m'en prendrait, pour peu que j'y misse de la gentillesse. Ses magots, ses vieux sèvres et tous ces précieux bric-à-brac qui faisaient de ses appartements un magasin de curiosités, seraient à ma disposition.

J'aimais à me faire servir, j'aurais une femme de chambre, et ma noble maîtresse elle-même se mettrait à mon service, si je savais m'y prendre. « On nous appelle Animaux domestiques, me disait-il, qui peut dire pourquoi? Que faisons-nous dans une maison? qui servons-nous? et qui nous sert, si ce ne sont nos maîtres? »

J'étais belle, et il me le disait; et mes yeux d'or, et mes vingt-six dents, et mon petit nez rosé, et mes naissantes moustaches, et mon éclatante blancheur, et les ongles transparents de ma douce patte de velours, tout cela était parfait.

J'étais friande aussi (il pensait à tout), et, à l'entendre, ce n'étaient que ruisseaux de lait sucré qui couleraient dans le paradis de notre ménage.

J'étais désolée enfin, et il m'assurait, *par contrat*, un bonheur sans nuages! Le chagrin ne m'approcherait jamais, je brillerais comme un diamant, je ferais envie à toutes les Chattes de France; en un mot, je serais sa femme, Chatte d'ambassadrice, et titrée.

Que te dirai-je, Bébé? Il fallait le suivre, et je le suivis.

C'est ainsi que je devins...

Mme DE BRISQUET!

DE LA MÊME A LA MÊME.

QUATRIÈME LETTRE.

Oui, Bébé, madame de Brisquet!!!

Plains-moi, Bébé; car, en écrivant ce nom, je t'ai dit d'un seul mot tous mes malheurs!

Et pourtant, j'ai été heureuse, j'ai cru l'être, du moins, car d'abord rien de ce que Brisquet m'avait promis ne me manqua. J'eus les richesses, j'eus les honneurs, j'eus les friandises, j'eus le manchon! et l'affection de mon mari.

Notre entrée dans l'hôtel fut un véritable triomphe. La fenêtre même du boudoir de madame l'ambassadrice se trouva toute grande ouverte pour nous recevoir. En me voyant paraître, cette illustre dame ne put s'empêcher de s'écrier que j'étais la Chatte la plus distinguée qu'elle eût jamais vue. Elle nous accueillit avec la plus grande bonté, approuva hautement notre union, et, après m'avoir accablée d'agréables compliments et de mille gracieuses flatteries, elle sonna ses gens, leur enjoignit à tous d'avoir pour moi les plus grands égards, et me choisit parmi ses femmes celle qu'elle paraissait aimer le plus, pour l'attacher spécialement à ma personne.

Ce que Brisquet avait prédit arriva : en dépit de l'envie, je fus proclamée bientôt la reine des Chattes, la beauté à la mode, par les Angoras les plus renommés de Paris. Chose bizarre! je recevais sans embarras, et comme s'ils m'eussent été dus, tous ces hommages.

J'étais née noble dans une boutique, disait le chevalier de Brisquet, qui affirmait qu'on peut naître noble partout.

Mon mari était fier de mes succès, et moi j'étais heureuse, car je croyais à un bonheur sans fin.

Tiens, Bébé, quand je reviens sur ces souvenirs, je me demande comment il peut me rester quelque chose au cœur !

Mon bonheur sans fin dura quinze jours !... au bout desquels je sentis tout d'un coup que Brisquet m'aimait bien peu, s'il m'avait jamais aimée. En vain me disait-il qu'il n'avait point changé, je ne pouvais être sa dupe. « Ton affection, qui est toujours la même, semble diminuer tous les jours, » lui disais-je.

Mais l'amour désire jusqu'à l'impossible, et sait se contenter de peu ; je me contentai de ce peu, Bébé, et quand ce peu fut devenu rien, je m'en contentai encore ! Le cœur a de sublimes entêtements. Comment se décider d'ailleurs à croire qu'on aime en vain ?

Retiens bien ceci, Bébé, les Chats ne sont reconnaissants des efforts qu'on fait pour leur plaire, que quand on y réussit. Loin de me savoir gré de ma constance, Brisquet s'en impatientait. « Comprend-on, s'écriait-il avec colère qu'on s'obstine à faire de l'amour, qui devrait être le passe-temps le plus gai et le plus agréable de la jeunesse, l'affaire la plus sérieuse, la plus maussade et la plus longue de la vie !

— La persévérance seule justifie la passion, lui répondais-je ; j'ai abandonné ma mère et ma sœur parce que je t'aimais ; je me suis perdue pour toi, il faut que je t'aime. »

Et je pleurais ! ! !

Il est bien rare que le chagrin ne devienne pas un tort : bientôt Brisquet se montra dur, grossier, exigeant, brutal même ; et moi qui me révoltais jadis contre la seule apparence d'une injustice de ma pauvre mère, je me soumettais, et j'attendais, et j'obéissais. En quinze jours, j'avais appris à tout souffrir. Le temps est un maître impitoyable : il enseigne tout, même ce qu'on ne voudrait pas savoir.

A force de souffrir, on finit par guérir. Je crus que je me consolais, parce que je devenais plus calme ; mais le calme dans les passions succède à l'agitation, comme le repos aux tremblements de terre, lorsqu'il n'y a plus rien à sauver. J'étais calme, il est vrai, mais c'était fait de mon cœur. Je n'aimais plus Brisquet, et, ne l'aimant plus, je parvins à lui pardonner et à comprendre aussi pourquoi il avait cessé de m'aimer. Pourquoi? Eh! mon Dieu, Bébé, la meilleure raison que puisse avoir un Chat comme Brisquet pour cesser d'aimer, c'est qu'il n'aime plus.

Brisquet était un de ces égoïstes de bonne foi qui trouvent tout simple d'avouer qu'ils s'aiment mieux que tout le monde, et qui n'ont de passions que celles que leur vanité remue. Ce sont ces Chats-là qui ont inventé la galanterie pour plaire aux Chattes, en se dispensant de les aimer. Leur cœur a deux portes qui s'ouvrent presque toujours en même temps, l'une pour faire sortir, l'autre pour faire entrer, et tout naturellement, pendant que Brisquet m'oubliait, il se prenait de belle passion ailleurs.

Le hasard me donna une singulière rivale : c'était une Chinoise de la province de Pechy-Ly, nouvellement débarquée, et qui déjà faisait courir tous les Chats de Paris, qui aiment tant à courir, comme on sait. Cette intrigante avait été rapportée de Chine par un entrepreneur de théâtres, qui avait pensé avec raison qu'une Chatte venue de si loin ne pouvait manquer de mettre en émoi le peuple le plus spirituel de la terre. La nouveauté de cette conquête piqua l'amour-propre de Brisquet, et les oreilles pendantes de la Chinoise firent le reste.

Brisquet m'annonça un jour qu'il me quittait. « Je t'ai prise pauvre et je te laisse riche, me dit-il ; quand je t'ai trouvée, tu étais désespérée et tu ne savais rien du monde, tu es aujourd'hui une Chatte pleine de sens et d'expérience ; ce que tu es, c'est par moi que tu l'es devenue, remercie-moi et laisse-moi partir. — Pars, toi que je n'aurais jamais dû aimer, » lui répondis-je. Et il partit.

Il partit gai et content. Rien ne s'oublie si vite que le mal qu'on a fait.

Je ne l'aimais plus, ce qui n'empêcha pas que son départ me mit au désespoir. Ah ! Bébé, si j'avais pu tout oublier et redevenir enfant !

C'est à cette époque que fut faite, avec tant d'art et tant d'esprit sur la disparition de Brisquet, cette mémorable histoire des *Peines de cœur d'une Chatte anglaise,* qui, pour être une charmante nouvelle, n'en est pas moins un des plus affreux tissus de mensonges qu'on puisse imaginer, parce qu'il s'y mêle un peu de vérité. Cette histoire fut écrite, à l'instigation de Brisquet, par un écrivain éminent, dont il parvint à surprendre la bonne foi (rien ne lui résiste), et à qui il fit croire et écrire tout ce qu'il voulut.

En se faisant passer pour mort, Brisquet voulait recouvrer sa liberté, épouser, moi vivant, sa Chinoise, devenir bigame enfin : ce qu'il fit, au mépris des lois divines et humaines, et à la faveur d'un nom supposé.

Rien n'est plus facile à prouver, du reste, que la fausseté de cette prétendue histoire anglaise, qui n'a jamais existé que dans l'imagination de Brisquet et de son romancier, et qui n'a jamais pu se passer en Angleterre, où jamais procès en criminelle conversation ne s'est plaidé devant les *Doctors Common,* où jamais époux offensé n'a demandé autre chose à la justice que *de l'argent...* pour guérir son cœur blessé.

Pour moi, accablée par ce dernier coup, je renonçai au monde, et je pris en haine mes pareils, que je cessai de voir.

Seule dans les appartements de ma maîtresse, qui m'aimait autant que ses enfants et autant que son mari, — mais pas plus ; admise à tout voir et à tout entendre ; fêtée, et par conséquent très-gâtée, je m'aperçus bientôt qu'il y a plus de vérité qu'on n'a coutume de le penser dans cette légende de la Chatte métamorphosée en Femme qu'on nous raconte dans notre enfance, quand nous sommes sages. Là, pour distraire mes ennuis, j'entrepris d'étudier la société humaine à notre point de vue animal, et je crus faire une œuvre utile en composant, avec le résultat de mes observations, un petit traité que j'intitulerai *Histoire naturelle d'une Femme à la mode à l'usage des Chattes*, par une femme qui fut à la mode. Je publierai ce traité, si je trouve un éditeur.

La plume me tombe des mains, Bébé! j'aurais dû rester pauvre.

Comme toi j'aurais vécu sans reproche, et à l'heure qu'il est je ne serais ni sans cœur, ni sans courage, ni lasse de tout, au milieu de ce luxe qui m'entoure et qui m'énerve.

Il faut avoir cherché de l'extraordinaire dans sa vie pour savoir où mène une si sotte recherche.

Bébé, c'est décidé, et j'y suis résolue : il faut que je retourne au grenier, auprès de toi, auprès de ma pauvre mère, qui finira peut-être par me reconnaître. Ne crains rien, je travaillerai, j'oublierai ces vaines richesses ; je chasserai patiemment et humblement à tes côtés, je saurai être pauvre enfin ! Va, la providence des Chats, qui est plus forte que la providence des Souris, fera quelque chose pour nous. D'ailleurs, c'est peut-être bon de n'avoir rien au monde.

Adieu, je ne pense plus qu'à m'échapper ; demain peut-être, tu me verras arriver.

MINETTE.

BÉBÉ A MINETTE.

CINQUIÈME LETTRE.

C'est parce que je viens de lire et de relire d'un bout à l'autre ta triste et longue lettre ; c'est parce que plus d'une fois, en la lisant, mon cœur a saigné au récit de tes douleurs ; c'est parce que je suis prête à dire avec toi, ma sœur, que tu as expié bien cruellement une faute qui, dans son principe, n'était que vénielle ; c'est enfin parce que je ne songe point à nier tes malheurs de grande dame que je comprends (on comprend toujours les malheurs de ceux qu'on aime); c'est à cause de tout cela, Minette, que je te crie du fond de mon cœur et du fond de mon grenier : « Reste dans ton palais, ma sœur, car il est toujours temps d'être pauvre; car dans ton palais tu n'es que malheureuse, et ici, et à nos côtés, tu serais misérable... Restes-y, car sous les tables somptueuses tu n'as ni faim ni soif, tandis qu'ici tu aurais faim et soif; comme ta mère et comme ta sœur ont faim et soif. »

Écoute-moi bien, Minette, il n'y a qu'un malheur au monde, c'est la pauvreté, quand on n'est pas tout seul à la souffrir.

Je ne t'en dirai pas long pour te prouver que rien n'égale notre misère! A l'heure qu'il est, les maçons sortent du grenier, dans lequel ils n'ont pas laissé un seul trou... partant pas une Souris; et ma mère, qui n'a rien vu, rien entendu, m'appelle. Elle a faim, je n'ai rien à lui donner, et j'ai faim comme elle.

BÉBÉ.

P. S. — Je suis allée chez la voisine ; j'ai mendié : rien. Chez le voisin, il m'a battue et chassée. Dans la gouttière, sous la gouttière, faut-il le dire? au coin des bornes : rien. Et notre mère, qui ne cesse pas d'avoir faim, ne cesse pas de m'appeler.

Garde tes peines que j'envie, heureuse Minette, et pleure à ton aise avant ou après dîner, et sur toi et sur nous, puisque tu as le temps de pleurer.

On dit qu'on ne meurt pas de faim ; hélas! nous allons voir!

DE LA MÊME A LA MÊME

SIXIÈME LETTRE.

Sauvées! nous sommes sauvées, Minette; un Chat généreux est venu à notre secours. Ah! Minette, qu'il fait bon revenir à la vie!

BÉBÉ.

DE LA MÊME A LA MÊME.

SEPTIÈME LETTRE.

Tu ne nous réponds pas, Minette. Que se passe-t-il donc? Dois-je t'accuser?

J'ai à t'apprendre une grande nouvelle. Je me marie. Ce Chat généreux dont je t'ai parlé, je l'épouse. Il est un peu gros, peut-être, mais il est très-bon. Si tu voyais les soins qu'il a de ma mère, comme il la dorlote et comme elle se laisse faire, tu m'approuverais, sûr!

Mon futur s'appelle Pompon; un joli nom qui lui va très-bien. C'est, d'ailleurs, un bon parti, un Chat de forte cuisine. Je pense au positif, comme tu vois. Dame! Minette, je suis payée pour ça.

Écris-moi, paresseuse.

BÉBÉ.

DE MINETTE A BÉBÉ.

HUITIÈME LETTRE. — (ÉCRITE AU CRAYON.)

Au moment même où je t'écris, Bébé, ma femme de chambre, celle que ma noble maîtresse a bien voulu attacher à ma personne, coud un sac de grosse toile grise. Quand ce sac sera cousu de trois côtés, on me mettra dedans, on coudra le quatrième côté, et on me confiera au premier valet de pied, qui me portera sur le Pont-Neuf et me jettera à l'eau.

Voilà le sort qui m'attend.

Sais-tu pourquoi, Bébé? C'est parce que je suis malade, et que ma maîtresse, qui est très-sensible, ne peut voir ni souffrir ni mourir chez elle. « Pauvre Rosa-Mika, a-t-elle dit, comme elle est changée! » Et de sa voix la plus attendrie, elle a donné l'ordre fatal.

« Noyez-la bien surtout, dit-elle à l'exécuteur auquel elle a voulu parler elle-même; noyez-la bien, Baptiste, et ne la faites pas trop souffrir, cette pauvre Bête! »

Eh bien, Bébé, qu'en dis-tu? envies-tu toujours mon malheur? Voilà, ma sœur, ce qui a empêché l'heureuse Minette de t'écrire, et de te porter son dîner qu'elle t'avait réservé.

Adieu, Bébé; encore quelques minutes, encore quelques points, et tout sera dit, et je serai morte sans vous avoir embrassées!

MINETTE.

EPILOGUE.

NOTE DU RÉDACTEUR EN CHEF.

Nous sommes heureux de pouvoir ajouter que la pauvre Minette n'est pas morte. Il résulte des informations que nous avons prises qu'elle échappa comme par miracle, et même tout à fait par miracle, au triste sort qui la menaçait, sa méchante maîtresse étant heureusement venue à mourir subitement, ainsi que sa femme de chambre, avant que le sac fût cousu tout à fait. Par une singularité que les médecins auraient peine à expliquer, Minette, une fois sa frayeur passée, se trouva radicalement guérie et de sa peur et de sa maladie. Les deux sœurs finirent par se rejoindre, et vécurent ensemble dans la plus touchante intimité, ni trop riches ni trop pauvres, de sorte qu'elles furent contentes toutes les deux... quoique, à vrai dire, Minette, qui n'avait pas su s'arranger de la richesse, ne sût pas toujours s'arranger de la médiocrité.

Le repos de Minette fut surtout troublé par la nouvelle qu'elle apprit de la mort de Brisquet, qui, ayant été jeté d'un quatrième étage dans la rue par un mari qu'il avait offensé, tomba si mal, qu'il en mourut. Madame de Brisquet voulut pleurer son mari : « Il avait du bon, » disait-elle; mais sa sœur l'en empêcha. Bébé, la voyant veuve et sans enfants, songea à la remarier à quelques amis de Pompon, qui l'aimaient éperdument, et qui passaient les nuits et les jours sous ses fenêtres, dans l'espoir de toucher son cœur. Mais elle s'y refusa absolument.

« On n'aime qu'une fois, » dit-elle. En vain Bébé lui représenta-t-elle que jamais Chats n'avaient mieux mérité d'être écoutés. « Ma chère, lui répondait tout doucement Minette, il y a des Chats pour lesquels on voudrait mourir, mais avec lesquels on doit refuser de vivre. D'ailleurs, mon parti est pris, je resterai veuve.

— Toi qui as eu à lire tout au long le récit de mes peines de cœur, disait-elle presque gaiement à sa sœur, n'en as-tu pas assez comme cela, et veux-tu donc que je recommence? »

Après l'avoir pressée encore un peu, quand on vit qu'elle tenait bon, on finit par lui dire : « Fais comme tu voudras. » Et il n'y eut de malheureux que les malheureux Chats qui soupiraient et qui soupirent encore pour elle. Mais tout le monde ne peut pas être heureux.

Quant à Bébé, elle eut avec son mari Pompon tout le bonheur qu'elle méritait; et si ce n'est qu'elle eut le chagrin de perdre sa mère qui mourut, paisiblement il est vrai, et de vieillesse, entre ses bras, après avoir béni tous ses enfants, elle eût joui d'un bonheur sans nuages; car elle ne tarda pas à devenir mère à son tour d'une foule de petits Pompons et de petites Bébés, et aussi de quelques Minettes, ainsi nommées à cause de leur tante, qui se serait bien gardée de donner à aucune de ses nièces son ancien nom de Rosa-Mika.

Bébé, en bonne mère, nourrit elle-même tous ses petits Chats, dont le moins gentil était encore charmant, puisqu'on n'en noya pas un seul.

Il faut dire que la jeune maîtresse de Bébé s'était mariée à peu près dans le même temps qu'elle, et que, pour plaire à sa femme, son mari faisait semblant d'aimer les Chats à la folie, quoique, à vrai dire, il préférât les Chiens.

P. J. STAHL.

CAUSES CÉLÈBRES

JE suis, comme vous ne le savez pas, un vieux Corbeau, avocat près les cours et tribunaux de l'espèce Animale, et, trouvant inexacts ou incomplets les comptes rendus qui circulent, je crois devoir vous transmettre celui de la dernière session des assises.

Elle a été brillante, et il n'en pouvait guère être autrement, puisque l'on avait eu le bon esprit de choisir dans la famille à laquelle j'appartiens la plupart des juges et des jurés qui, par leurs habits noirs, par leur gravité, en imposaient à la foule, et quand on les contemplait, l'idée venait naturellement qu'habitués à fouiller des cadavres ils seraient plus aptes à signaler l'état de décomposition morale des accusés.

Une Cigogne avait été appelée à la présidence, dont la rendaient digne sa patience et son sang-froid. A moitié assoupie dans son fauteuil, les yeux entr'ouverts, la poitrine renflée, la tête en arrière, guettant au passage les contradictions des accusés, elle avait encore l'air d'être en embuscade au bord d'un marais.

Les fonctions de procureur général étaient échues à un Vautour au col tors. Ce personnage, s'il avait jamais eu la moindre sensibilité, s'en était défait depuis longtemps. Ardent, impitoyable, il ne songeait qu'à obtenir des succès, c'est-à-dire des condamnations. Il avait bec et ongles pour attaquer, jamais pour défendre. La cour d'assises était pour lui un champ de bataille, et le prévenu un adversaire qu'il fallait vaincre à

Une Cigogne avait été appelée à la présidence, dont la rendaient digne
sa patience et son sang-froid.

tout prix. Il allait à un procès criminel comme un soldat à l'assaut : il s'y jetait à corps perdu, comme un gladiateur au milieu du cirque. Le Vautour est, en somme, un excellent procureur général.

Les habitants des terriers, nids, taillis, trous, taupinières et marécages voisins, accoururent en foule pour assister à ces solennités judiciaires. Les Oies, les Butors, les Buses et les Pies étaient en majorité.

Il en est toujours ainsi.

Une tribune était réservée aux journalistes, Canards et Perroquets pour la plupart. Avec quel empressement ils étaient venus là! C'est comme sur une proie qu'ils se jettent sur un procès bien noir et bien affreux! Voilà leurs rédacteurs habituels dispensés de se mettre en frais d'imagination; la copie arrive toute faite, suffisamment épicée, bourrée d'incidents dramatiques qu'ils n'auraient pas trouvés, et le directeur peut crier fièrement aux typographes : « Vous tirerez dix mille de plus ! »

N'entrons pas dans le détail de toutes les affaires qui ont occupé la session. Laissons de côté les poursuites dirigées contre une Grive, pour dispute de cabaret; un Paon, pour usurpation de titres; une Pie, pour vol domestique; un Chat, pour infanticide; un Pierrot, pour vagabondage; un Renard, pour banqueroute frauduleuse; un Bouc, pour danse illicite; un Chat-huant, pour tapage nocturne; un Merle, pour délit de presse; un Coq gaulois, pour excitation à la haine et au mépris du gouvernement. Parlons seulement de deux causes majeures, comme dit un Rat de mes amis, nourri des bouquins d'un savant : *Musa, mihi causas memora!*

Il y a quelques mois, on lisait dans le *Microcosme*, journal des canards :

« Un crime affreux vient d'épouvanter nos contrées si longtemps « paisibles.

« Au moment où les Animaux confédérés venaient de se jurer une « fraternité éternelle, on a trouvé au coin d'un bois un Crapaud affreu- « sement empoisonné !

« La justice informe. »

Elle informa si bien, qu'elle incarcéra deux Moutons, trois Escargots et quatre Lézards, tous également innocents; aussi furent-ils relâchés immédiatement, après avoir subi quatre-vingt-quinze jours d'arrestation préventive.

Dieu nous garde, messieurs, d'être accusés de n'importe quoi !

On commence par vous mettre en cage.

On vous y garde pour vous interroger, pour exiger un compte minutieux de vos occupations, pour demander quel a été l'emploi de votre journée tel ou tel jour il y a plusieurs mois; et après qu'il est bien et dûment établi que vous êtes étranger au crime, on vous prie poliment de rentrer chez vous.

Pendant ce temps vos affaires ont langui;

Vos créanciers sont devenus furieux;

Vos débiteurs ont disparu;

Votre famille a pâti.

Des calomnies de toute espèce ont été propagées sur votre compte, et on trouve toujours des Animaux qui disent : « Il n'y a pas de feu sans fumée. »

Ceux qui subirent l'arrestation préventive, dans le procès que je narre, ne purent fournir aucun indice. L'instruction se poursuivit avec la plus grande activité, sous la direction de deux Tortues; mais plus on avançait, moins on pénétrait l'horrible mystère et drame dans lequel avait succombé l'infortuné Crapaud.

Enfin une Taupe, sortant à tâtons de son terrier, vint raconter qu'elle avait vu une énorme Vipère (*monstrum horrendum*, comme dirait mon ami le Rat) s'élancer sur le Crapaud. Confronté avec le cadavre qu'on avait soigneusement embaumé, le témoin déclara positivement que *ça devait être lui*.

Des Bouledogues furent dépêchés à la poursuite de la Vipère, l'attaquèrent vaillamment pendant son sommeil, lui mirent les menottes et la menèrent devant la Cour.

L'audience est ouverte. Le greffier donne lecture de l'acte d'accusation. La parole est à la Fourmi, expert chargé d'analyser les restes de la victime. (Mouvement d'attention.)

« Messieurs,

« Notre but était de rechercher si le corps de ce malheureux Crapaud
« contenait le principe vénéneux récemment découvert dans la Vipère,
« et nommé par les savants *viperium*.

« Cette substance se combine avec divers oxydes, acides et corps
« simples, pour former différents *vipérates*, *vipérites* ou *vipérures*.

« Nous avons donc analysé avec le plus grand soin l'estomac, le
« foie, le poumon, les entrailles, et la masse encéphalique de la victime,
« en nous servant de réactifs dérobés à un médecin homœopathe qui
« a l'habitude de porter sa pharmacie dans sa poche. Après avoir
« fait chauffer et évaporer jusqu'à siccité le suc pancréatique et les
« matières contenues dans l'estomac, nous avons obtenu une substance
« liquoreuse, mais assez solide, que nous avons traitée par deux milli-
« grammes d'eau distillée ; en la plaçant dans un matras de verre et la
« soumettant à l'ébullition pendant deux heures vingt-cinq minutes,
« nous n'avons rien obtenu du tout ; mais cette même substance, traitée
« successivement par des acétates, des sulfates, des nitrates, des prus-
« siates et des chlorates, nous a donné un précipité d'un bleu vert-
« pomme que nous avons retraité par plusieurs réactifs énergiques ; nous
« avons alors obtenu un précipité d'une couleur indécise, mais bien
« caractérisée, et qui ne saurait être que du *viperium* à l'état pur. »

Ce rapport, clair et concluant, impressionne vivement l'auditoire. La Fourmi met sous les yeux des jurés une petite fiole contenant le résidu recueilli. (Agitation en sens divers.)

L'issue de ce procès, qui se termina par la condamnation de la Vipère, eût excité, sans aucun doute, la curiosité publique, si des débats plus importants ne l'avaient détournée.

On lisait dans le *Microcosme* :

« Un crime affreux vient de jeter la terreur dans ce pays.

« Donnant aux animaux domestiques l'exemple d'une noble indépen-
« dance, une Brebis et son Agneau avaient fui leur bergerie. Tous deux
« étaient placés sous la sauvegarde de la Confédération Animale, et pour-
« tant ils ont été lâchement égorgés !

« Un Loup, désigné par la voix publique comme coupable de ce
« crime, a été arrêté, grâce au zèle et à la fermeté du brigadier des
« Bouledogues. »

Il importait de savoir quel avait été le genre de mort de la Brebis. On choisit à cet effet un Dindon, savant docteur décoré, qui s'était acquis une juste célébrité par ses recherches, malheureusement sans résultat, sur cette grave question : *Quare opium facit dormire?* Ce docteur illustre constate que la Brebis était loin d'avoir succombé à une attaque de choléra, comme on aurait pu faussement l'avancer ; mais qu'une plaie de six centimètres de long lui ayant été faite au gosier, la mort avait été le résultat de la division de la veine jugulaire interne.

Impatiemment attendue, l'affaire vint enfin au rôle.

Dès le matin, une multitude immense assiége les portes du prétoire ; l'autorité a pris des mesures pour prévenir le désordre. L'accusé est introduit. Il est pâle ; ses yeux sont noirs, mais sans éclat. Sa mise, quoique décente, n'a rien de recherché. On distingue à peine ses traits, qu'il semble vouloir dérober à la curiosité publique. Un vieux Corbeau, qui, entre vingt concurrents, a obtenu l'*honneur* de défendre le grand criminel, s'assied au banc de la défense en robe d'avocat.

L'interrogatoire commence :

D. Accusé, levez-vous ! vos nom et prénoms
R. Canis Lupus.
D. Votre âge ?
R. Douze ans.
D. Votre profession ?
R. Botaniste.
D. Votre domicile ?
R. Les grands bois, la nature !
D. Vous allez entendre lecture des charges dirigées contre vous.

L'acte d'accusation est lu au milieu du plus profond silence ; puis le président interroge de nouveau le prévenu :

D. Canis Lupus, qu'avez-vous à alléguer pour votre justification ?

R. Je suis innocent, mon président. Longtemps, j'en conviens, j'ai eu l'habitude de détruire des Moutons ; mais en agissant ainsi, je consultais moins mon inclination que ma haine pour les Hommes : si j'éprouvais du plaisir à donner la mort à une Brebis, c'est que c'était enlever à nos oppresseurs une portion de leurs richesses. Depuis longtemps, je suis revenu à des sentiments plus doux, mais sans cesser de détester les Hommes. Jugez donc de mon indignation, quand, l'autre jour, je vis les malheureux dont on m'impute la mort poursuivis par un boucher qui les frappa sans pitié. Je volai à leur secours : l'infâme bourreau prit la fuite ; et c'est au moment où je me préparais à panser les plaies des victimes que les agents de l'autorité m'ont fait prisonnier. Je me propose de les attaquer plus tard en dommages et intérêts.

L'accusé se rassied, et porte la patte à ses yeux. Son discours éveille les sympathies de l'auditoire, et notamment du beau sexe.

« Comme il parle bien ! dit une Grue.

— Qu'il a de grâce ! s'écrie une Pie-Grièche.

— Quel dommage, si un aussi beau criminel était condamné ! dit une Bécasse en respirant, oh ! oh ! »

Il est bon, à ce qu'il paraît, d'être scélérat pour plaire à ces dames, mais il importe de joindre l'hypocrisie à la méchanceté, si l'on veut toucher leur cœur... retournons à nos Moutons.

Le président répond :

D. Accusé, votre version est inadmissible. Elle est en contradiction formelle avec les déclarations des témoins que nous allons entendre ; d'ailleurs vous ne persuaderez à personne que vous êtes capable d'un élan de générosité. Vos antécédents sont déplorables.

R. J'ai toujours été calomnié.

D. A deux ans, précocité funeste, ayant été grondé par votre nourrice, vous l'avez mordue.

R. C'est elle qui a commencé.

D. Plus tard, vous avez eu une violente altercation avec un de vos voisins, et vous l'avez traité de Crapaud.

R. Il m'avait appelé Caïman.

D. Il y a trois ans, on vous a vu rôder autour de la garenne royale, dont l'accès est interdit aux animaux de votre espèce.

R. Je n'y suis pas entré.

D. Mais vous aviez l'intention de vous y introduire, pour y porter le désordre ; messieurs les jurés apprécieront.

L'audition des témoins commence. Le Loup discute leurs dépositions avec une remarquable habileté, calme avec les uns, ardent et sarcastique avec les autres, trouvant toujours réponse à tout. Peu à peu cependant, ses forces s'épuisent ; à son état de surexcitation succède une prostration soudaine, et il s'évanouit.

L'audience est renvoyée au lendemain.

Les jours suivants, le Loup se trouva trop faible pour soutenir les débats. Jamais animal illustre, jamais vénérable père de famille, jamais prince adoré (dans les feuilles officieuses), n'excitèrent autant d'intérêt pendant le cours de leurs maladies. Les habitués de la Cour d'assises craignaient de perdre une source d'émotions ; les juges appréhendaient qu'une proie fût ravie à la justice animale ; le Vautour général redoutait d'avoir à rengaîner le superbe réquisitoire qu'il improvisait depuis trois semaines. Les journaux donnaient chaque matin un bulletin de la santé du Loup :

« L'accusé est fort souffrant et presque constamment couché. Il a sans cesse auprès de lui plusieurs Sangsues ; il semble, du reste, calme et résigné à son sort. »

« L'accusé a passé une mauvaise nuit. Plusieurs Oies de la plus haute volée sont venues demander de ses nouvelles au geôlier. »

« L'accusé est mieux. Il consacre ses loisirs à lire et à écrire. L'objet favori de ses études est le recueil des *Idylles* de Mme Deshoulières ; il a consommé, depuis sa captivité, deux mille neuf cents feuilles de papier. Il rédige un drame en dix-sept tableaux, intitulé : *le Triomphe de la Vertu*, et un mémoire philosophique sur la *Nécessité d'abolir la peine de mort*. » Voici quelques vers de sa composition, que nous sommes parvenus à nous procurer :

> Oh ! pour le prisonnier, les jours où la nature
> S'embellit de soleil, de fleurs et de verdure,
> Les jours les plus riants sont les plus désolés.
> Il entend des troupeaux les clochettes qui sonnent,
> Les concerts des oiseaux, les zéphyrs qui frissonnent
> En s'éparpillant dans les blés.

Le doux roucoulement des colombes plaintives,
Murmure cadencé des ondes fugitives,
 Voix des bois et des vents, arrive jusqu'à lui.
Mais en vain sur les prés la lumière ruisselle;
Malheureux pariá, la joie universelle
  Semble insulter à ton ennui!

Cesse de voyager, en ton espoir frivole;
 Avec tout ce qui passe et tout ce qui s'envole;
Cesse de secouer le fer de tes barreaux.
 Pour toi le sort n'a plus que terreurs et menaces;
 Ta vie est condamnée, et les geôliers tenaces
  Ne te céderont qu'aux bourreaux.

Je l'avoue, Messieurs les Rédacteurs, l'espèce d'enthousiasme dont ce misérable Loup a été l'objet m'inspire de tristes réflexions. J'ai entendu de malheureux Rossignols fredonner, pendant des années entières, les chants les plus sublimes, sans triompher de l'obscurité; et parce qu'il avait commis un crime, ce Loup voyait ses premiers essais applaudis avec transport. Je connais des Animaux de bien, des héros de vertu, auxquels on ne consacrerait pas deux lignes, et l'on entretenait pompeusement le public des faits et gestes d'un scélérat; et des mamans qui y auraient regardé à deux fois avant de mettre les Fables de Florian entre les mains de leurs enfants, des mamans, sévères sur le choix de leurs propres lectures, se repaissaient sans scrupule, en famille, de détails qui les initiaient à tous les raffinements du crime et de la dépravation. Sans dissimuler le mal, ne pourrait-on éviter de lui donner un tel relief? A la vérité, si l'on s'attachait à reproduire exclusivement les bonnes actions, on n'aurait parfois à expédier à ses abonnés que du papier blanc.

Repris aussitôt que le Loup put les supporter, les débats se poursuivirent pendant huit jours. On entendit vingt-cinq témoins, tant à charge qu'à décharge; jurés, défendeurs, président, avocat général, n'épargnant ni interrogations, ni interruptions, ni observations. Il en résulta que l'affaire, excessivement claire dans le principe, s'embrouilla au point de devenir incompréhensible. La plupart des procès ressemblent à l'eau d'une fontaine : plus on les agite, plus ils deviennent troubles.

L'accusé avait usé de tant de subterfuges pour captiver l'attention, il s'était si heureusement posé, que ce fut au milieu d'une émotion universelle que le Vautour général prit son essor oratoire :

« Messieurs les jurés,

« Avant d'entrer dans les détails des faits soumis à votre judicieuse
« appréciation, j'éprouve l'impérieux besoin de vous adresser une
« question grave, une question importante. Je vous le demande avec
« un sentiment de vive douleur, je vous le demande avec un sentiment
« de pénible amertume... je dirai plus, messieurs !... je vous le
« demande avec un sentiment d'ardente indignation : où va la société ?...
« Et en effet, messieurs, de quelque côté que nous portions nos yeux,
« nous ne voyons que désordre : désordre chez les Quadupèdes,
« désordre chez les Bipèdes, désordre chez les Hannetons, désordre
« partout; nous n'éprouvons que des symptômes de désorganisation
« profonde, intime, radicale. Oui, messieurs, le corps social se mine; le

« corps social se décompose; le corps social s'écroulerait, si vous
« n'étiez là, messieurs, pour imposer une barrière aux progrès si
« effrayants de la dissolution morale! »

L'orateur soutient l'accusation sur tous les points, et conclut à la peine capitale. Le défenseur réplique par de vigoureux croassements, après avoir déclaré dans son exorde que le plus beau spectacle qu'on puisse avoir sur la terre est celui de l'innocence aux prises avec le malheur.

A midi et demi, le jury entre dans le taillis des délibérations. Quatre questions lui sont posées : une pour chaque meurtre, une pour la préméditation de chaque meurtre.

Des conversations animées s'engagent entre les assistants; on y distingue les voix glapissantes d'individus du sexe féminin.

A trois heures, les jurés rentrent à l'audience.

Le verdict est affirmatif sur toutes les questions; il se tait sur l'admission de circonstances atténuantes.

Le président : « Je recommande à l'auditoire le plus profond
« silence, le plus complet recueillement. Bouledogues, introduisez
« l'accusé. »

Le Loup est ramené dans la salle; sa démarche est assurée. Il entend la lecture de la déclaration du jury sans émotion apparente.

Le Vautour général requiert, d'une voix émue, l'application de la peine.

La Cour condamne le Loup à la peine de mort.

La foule immense qui s'est entassée dans le prétoire reste morne et silencieuse; pas un mot, pas un bêlement, pas un geste ne se manifestent. On dirait, à voir tous ces regards fixés sur un même point, tous ces becs muets et silencieux, qu'une même commotion électrique les a frappés tous d'une éternelle immobilité.

Le Loup a été pendu ce matin, messieurs, et les zoophiles n'ont pas manqué cette occasion de renouveler leurs protestations contre la peine de mort. Elles me touchent médiocrement, je vous le confesse, et je ne conçois guère pourquoi ils tenaient tant à conserver un scélérat qui a coupé son frère par morceaux. C'est par respect pour la vie animale? Mais, alors, par quel illogisme ils trouvent tout naturel que vingt ou trente mille pauvres diables se fassent tuer en quelques heures pour une querelle qui leur est ordinairement indifférente ! Que le criminel, se dérobant à l'action de la justice, se glisse subitement dans les rangs d'une armée et reste sur le champ de bataille, les philosophes admettent le droit qu'a exercé la société de l'envoyer à la boucherie en compagnie de plusieurs autres, mais elle n'a pas, suivant eux, le droit de purger la terre de la présence d'un monstre !

C'est pour le mieux punir, disent-ils parfois, qu'ils le laissent vivre. Comme ils s'abusent ! le forçat entretient toujours l'espoir consolateur de s'évader, il est en plein air, sous un ciel bleu, soustrait aux hasards et aux vicissitudes de l'existence. « Je n'avais ni sou ni maille, peut-il se dire, je ne savais où coucher, si bien que, tuant pour vivre, j'étais exposé à mourir de faim dans un fossé. Maintenant je suis vêtu, nourri, abrité, sans souci du lendemain. On a cru me châtier, on m'a fait une position. »

Il y a pourtant, j'en conviens, un argument sérieux en faveur de l'abolition du dernier supplice. Un Animal qui n'est pas bête a dit : « Que messieurs les assassins commencent ! » N'est-ce pas plutôt à la société de commencer ? Qu'elle épure les mœurs, qu'elle manifeste une profonde horreur du sang versé; qu'elle donne l'exemple ; qu'elle soit la première à mettre en pratique ce commandement : « Tu ne tueras point. » En un mot, qu'elle supprime la guerre.

Notre Loup était, au reste, de ces natures énergiques qui n'aiment pas les moyens termes ; il a refusé de se pourvoir en cassation, et il est mort avec courage.

On a trafiqué avantageusement des objets mobiliers qui avaient appartenu au condamné. Un Bœuf anglais, venu tout exprès des pâturages du Middlesex, a payé deux livres sterling une mèche de ses cheveux ; un libraire, connu pour chercher les succès de scandale, offre six mille francs du *Triomphe de la Vertu*.

Il existait du Loup vingt-deux portraits en photographies, qui n'ont aucun rapport les unes avec les autres, quoique la ressemblance de toutes soit garantie. Le compte rendu de son procès, rédigé par le plus habile des sténographes, s'est vendu par milliers. Le Loup a eu aussi les honneurs de la complainte, et voici celle que les Canards ambulants nasillent à son intention :

Écoutez, Canards et Pies,
Geais, Dindons, Corbeaux et Freux,
Le récit d'un crime affreux,
Et bien digne des Harpies.

L'auteur de cet attentat
Fut un Loup peu délicat.

Une Brebis malheureuse
Se promenait dans un champ
Il l'accoste, et le méchant,
D'une voix cadavéreuse,
Lui dit : « Madame, bonsoir,
Je suis charmé de vous voir. »

A ce discours trop perfide
Elle répond poliment;
Mais le traître, en ce moment,
Tire un poignard brebicide,
Et comme un vil assassin,
Le lui plonge dans le sein.

Mais la justice protége
Les jours de tout citoyen!
On arrête le vaurien;
Dans sa rage sacrilége,
Il veut se faire périr
Il n'en a pas le loisir.

Il vante son innocence,
Mais on ne l'écoute pas.
Après d'orageux débats,
On le mène à la potence.
Cet infâme condamné
Fut ainsi guillotiné.

MORALITÉ.

Vous, dans le sentier du crime
Qui pourriez être entraînés,
Par cet exemple apprenez
Cette vérité sublime :
Que celui qui fait le mal
Est un méchant Animal.

Les restes du supplicié ont été inhumés sans cérémonie. Son crâne a été remis à un Hibou, très-versé dans la science phrénologique. Ce physiologiste perspicace lui a trouvé, extraordinairement développée, la bosse de la bienveillance.

Veuillez m'accorder la vôtre.

ÉMILE DE LA BÉDOLLIÈRE.

L'OURS

ou

LETTRE ÉCRITE DE LA MONTAGNE[1]

Felix qui potuit rerum cognoscere causas!

J'APPORTAI, en venant au monde, un goût très-vif pour la solitude. Sans doute ce goût m'avait été donné pour une fin utile; mais au lieu de diriger l'emploi de mes facultés vers un but qui répondît à ma vocation dans l'harmonie des êtres, je travaillai longtemps à corrompre en moi l'ouvrage de la nature. Peu de temps après ma naissance, une chute que je fis en voulant monter pour la première fois au faîte d'un arbre me rendit boiteux pour le reste de mes jours. Cet accident influa singulièrement sur mon caractère et contribua beaucoup à développer le germe de ma mélancolie. La caverne de mon père était très-

---

[1] Cette lettre n'était pas destinée à la publicité. Le jeune Ours à qui elle est adressée a cru pouvoir, sans indiscrétion, divulguer les confidences de l'amitié. Il a pensé qu'après avoir profité pour lui-même des conseils de son vieil ami, ces conseils pourraient devenir utiles à d'autres aussi. D'ailleurs, à l'heure qu'il est, l'auteur de cette lettre n'est plus, et a laissé des Mémoires qui paraîtront sous peu et qui n'en sont que le développement.

NOTE DU RÉDACTEUR EN CHEF.

fréquentée par les Ours du voisinage. C'était un ort chasseur, qui traitait splendidement ses convives : ce n'était du matin au soir que danses et que festins ; pour moi, je demeurais étranger à la vie joyeuse de ma famille. Les visites m'importunaient, la bonne chère m'allait assez ; mais les chansons à boire m'étaient odieuses. Ces répugnances ne tenaient pas seulement à mon organisation, bien que la philosophie moderne ait placé dans l'organisme le principe de nos affections positives et négatives. Le désir de plaire, contrarié par mon infirmité, était pour moi une source d'amères préoccupations. Le goût naturel que j'avais pour la solitude et le silence dégénéra peu à peu en humeur sombre, et je prenais plaisir à m'abandonner à cet état d'*Ours incompris*, qui a toujours passé pour le signe du génie méconnu ou d'une vertu supérieure dont le monde n'est pas digne. Une étude approfondie de moi-même et des autres m'a convaincu que l'orgueil était la racine de cette tristesse, de ces idées pâles, dont on a demandé le secret aux rayons de la lune et aux soupirs des roseaux. Mais, avant de venir à résipiscence, il était écrit que je devais passer par l'épreuve du malheur.

Ce n'était pas assez pour moi d'affliger mon père et ma mère par le spectacle de ma monomanie, je formai le projet de les abandonner et de chercher quelque retraite ignorée du monde, où je pusse me livrer en liberté à mon goût pour la vie solitaire. Vainement ma conscience me représenta la douleur que j'allais leur causer. Je confiai mon dessein à un ami de ma famille, afin qu'on sût bien que j'avais volontairement renoncé au monde, et qu'on ne crût pas que j'avais été la victime de quelque accident.

Je n'oublierai jamais le jour où je quittai le toit qui m'avait vu naître. C'était le matin : mon père était parti pour la chasse ; ma mère dormait encore. Je profitai de cet instant pour sortir sans être vu. La neige couvrait la terre, et un vent glacé agitait tristement la cime des sapins couverts de frimas. Tout autre que moi eût reculé devant ce deuil de la nature ; mais rien n'est plus fort qu'une résolution absurde, et je partis d'un pas ferme et intrépide.

Il serait difficile de trouver sur la terre un lieu moins fréquenté que celui que je choisis pour ma retraite. Pendant l'espace de cinq ans, à l'exception d'un Aigle qui vint se poser sur un arbre, à quelque distance de ma caverne, aucun être vivant ne m'apparut de près ni de loin. Les occupations de ma vie contemplative étaient fort simples. A l'aube naissante, j'allais m'asseoir sur la pointe d'un rocher, d'où j'assistais au

lever du soleil. La fraîcheur du matin éveillait mon imagination, et je consacrais les premières heures du jour à la composition d'un poëme palingénésique, où je me proposais d'exprimer toutes les douleurs de ces âmes errantes qui avaient approché leurs lèvres de la coupe de la vie et détourné la tête. Vers le milieu de la journée, j'étudiais les simples. Le soir, je regardais les étoiles s'allumer une à une dans le ciel; j'élevais mon cœur vers la lune ou la douce planète de Vénus, et quelquefois « il me semblait que j'aurais eu la puissance de créer des mondes. » Cinq années s'écoulèrent dans cette vie monotone; mais cette période de temps avait fini par oblitérer bien des sensations, dissiper bien des rêves, hébéter l'enthousiasme; et peu à peu je cessai de voir les choses comme je les avais vues d'abord. J'étais arrivé à une de ces époques critiques de l'intelligence qui se renouvellent souvent dans la vie, et qui sont ordinairement marquées par un malaise insupportable. On veut sortir à tout prix de cet état contentieux, et la mauvaise honte est d'autant moins forte pour nous retenir, que, parmi les choses que l'on comprend le moins, il faut ranger celles que l'on a cessé d'aimer. Aussi l'ennui triompha-t-il de toutes les hésitations de l'amour-propre, forcé de se dédire; et je me décidai à retourner parmi mes semblables, à me jeter dans le mouvement, à partager les travaux et les dangers des autres Ours, en un mot, à rentrer dans la vie sociale et à en accepter les conditions. Mais, soit qu'une volonté supérieure ne permît pas que je rencontrasse, sans une expiation préalable, un bonheur que j'avais d'abord méprisé, soit que ma destinée le voulût ainsi, je tombai entre les mains des Hommes.

Je m'étais donc mis en route un matin pour exécuter mon dessein. Je n'avais point fait une demi-lieue, lorsqu'au fond d'une gorge étroite j'entendis plusieurs voix s'écrier : « Un Ours! un Ours! » Au moment où je m'arrêtais pour distinguer d'où venaient ces accents inconnus, je tombe frappé par une main invisible. Pendant que je me roulais sur la terre, quatre énormes Chiens, suivis de trois Hommes, se précipitèrent sur moi. Malgré la douleur que me causait ma blessure, je luttai longtemps contre les Chiens, mais à la fin je tombai sans connaissance sous la dent de ces cruels Animaux.

Quand je revins de mon évanouissement, je me trouvai attaché à un arbre, avec une corde passée dans un anneau dont on m'avait orné le bout du nez. Cet arbre ombrageait la porte d'une maison située sur une grande route, mais toujours au milieu des montagnes. Tout ce qui m'était arrivé me semblait un songe, songe, hélas! de courte durée! Mon malheur ne tarda pas alors de m'apparaître dans sa triste réalité. Je ne compris que trop que, si j'avais conservé la vie, c'en était fait de ma liberté, et qu'au moyen de l'anneau fatal qu'on m'avait, je ne sais comment, passé dans la narine, l'être le plus faible de la création pouvait m'asservir à ses volontés et à ses caprices. Oh! qu'Homère a bien raison de dire que celui qui perd sa liberté perd la moitié de son âme! Le retour que je faisais sur moi-même redoublait l'humiliation que me causait ma servitude. C'est alors que je reconnus, mieux que jamais, jusqu'à quel point j'avais été la dupe de mon orgueil, en me supposant la force de vivre indifférent à toutes les choses extérieures. Qu'y avait-il, en effet, de changé dans ma position ? La vaste étendue du ciel, l'aspect imposant des montagnes, l'éclat radieux du soleil, la clarté de la lune et son brillant cortége d'étoiles, tout cela était encore à moi. D'où venait donc que je ne voyais plus du même œil ces beautés naturelles qui naguère semblaient suffire à mes désirs? Je fus forcé de m'avouer qu'au fond du cœur je n'avais jamais renoncé à ce monde que j'avais boudé, et que, si j'avais pu en vivre éloigné pendant quelques années, c'est que je n'avais jamais cessé de me sentir libre d'y retourner quand je voudrais.

Je passai plusieurs jours dans la stupeur et dans l'abattement du désespoir. Cependant l'aveu que je m'étais fait intérieurement de ma faiblesse contribua à ouvrir mon âme à la résignation. La résignation à son tour ramena l'espérance, et peu à peu j'éprouvai un calme que je n'avais jamais connu. D'ailleurs, si quelque chose pouvait consoler de la perte de la liberté, j'aurais presque oublié ma servitude dans les douceurs de ma vie nouvelle ; car mon maître me traitait avec toutes sortes d'égards. J'étais le commensal du logis ; je passais la nuit dans une étable auprès de quelques autres Animaux d'un caractère pacifique et très-sociable. Le jour, assis sous un platane, à la porte de la maison, je voyais aller et venir les enfants de mon maître, qui me témoignaient beaucoup d'affection, et le passage assez fréquent des voitures publiques me procurait de nombreuses distractions. Le dimanche, les villageois et les villageoises des hameaux voisins venaient danser sous mon platane au son de la cornemuse : car mon maître était aubergiste, et c'était chez lui que les montagnards célébraient les jours de fête. Là résonnaient le bruit des verres entrechoqués et les gais refrains des convives. J'étais toujours invité aux danses qui suivaient le repas et se prolongeaient bien avant dans la nuit. J'ouvrais ordinairement le bal avec la plus jolie villageoise, par une danse semblable à celle qu'autrefois, dans la Crète, Dédale inventa pour l'aimable Ariane. Depuis, je fus à même d'étudier la vie intime d'Hommes placés à l'autre extrémité de l'échelle sociale, et, en comparant leur sort à celui de ces montagnards, il me parut que ces derniers étaient plus près du bonheur que ceux que l'on regarde comme les heureux du siècle ; mais je tirai en même temps cette conclusion sur l'homme en général : c'est qu'il ne peut être heureux qu'à la condition d'être ignorant. Triste alternative, qui le met sans doute au-dessous de tous les Animaux, et à laquelle l'Ours échappe complétement par la simplicité de ses mœurs et de son caractère.

Cette vie pastorale dura six mois, pendant lesquels je suivis l'exemple d'Apollon dépouillé de ses rayons et gardant les troupeaux du roi Admète. Un jour, que j'étais assis, selon ma coutume, à l'ombre de mon arbre, une chaise de poste s'arrêta devant notre auberge. La chaise était attelée de quatre chevaux et contenait un voyageur qui me parut appartenir à la haute société. En effet, comme je l'appris bientôt, ce voyageur était un poëte anglais, nommé lord B****, célèbre alors dans toute l'Europe. Il revenait de l'Orient, où il avait fait un voyage d'artiste. Il descendit pour prendre quelque nourriture. Pendant son repas, il me sembla que j'étais le sujet de sa conversation avec mon maître. Je ne m'étais pas trompé. Lord B**** donna quelques pièces d'or à l'aubergiste, qui vint à moi, me détacha de l'arbre, et, avec l'assistance du postillon, me fit monter dans la chaise de poste. Je n'étais pas encore revenu de ma surprise, que nous étions loin de la vallée où j'avais passé des jours si heureux et si utiles.

J'ai remarqué que tout changement dans ma manière de vivre me remplissait d'un trouble pénible, et l'expérience m'a convaincu que le fond du bonheur consiste dans la monotonie et dans les habitudes qui ramènent les mêmes sentiments. Je ne saurais peindre la détresse de cœur que j'éprouvais en voyant disparaître derrière moi les lieux qui m'avaient vu naître. Adieu, disais-je en moi-même, adieu, ô mes chères montagnes !

> Que n'ai-je, en vous perdant, perdu le souvenir!

Je sentis que l'instinct de la patrie est immortel, que les voyages, qu'un chansonnier contemporain appelle une *vie enivrante*, ne sont le plus souvent qu'une continuelle fatigue d'esprit et de corps, et je compris pourquoi les charmes de la déesse Calypso n'avaient pu empêcher Ulysse de retourner dans sa pauvre et chère Ithaque et de revoir la fumée du toit de son palais.

> Vivite felices, quibus est fortuna peracta!
> Vobis parta quies, nobis maris æquor arandum.

Nous nous embarquâmes à Bayonne, sur un navire qui faisait voile pour les Iles-Britanniques. Je passai deux ans avec lord B****, dans un château qu'il possédait en Écosse. Les réflexions que je fus à même de faire dans la société d'un Homme à la fois misanthrope et poëte achevèrent de déterminer dans ma tête le plan de vie dont je ne me suis jamais écarté depuis que j'ai recouvré ma liberté. Je m'étais déjà guéri de la maladie d'esprit qui m'avait jeté dans la vie solitaire ; mais il m'en restait une autre qui n'était pas moins dangereuse, et qui aurait pu me faire perdre tôt ou tard tout le fruit de mes malheurs et de mon expérience. Entraîné par ce besoin d'épanchement qui nous porte à communiquer aux autres nos ennuis et nos inquiétudes, j'avais conservé la manie de composer des vers. Mais, hélas! il n'a été donné qu'à un petit nombre d'âmes de réunir l'enthousiasme et le calme, de n'arrêter leurs regards que sur de belles proportions et de les transporter dans leurs écrits. Je *souffrais*, comme disent les âmes méconnues et les mauvais poëtes, et je voulais exprimer en vers mes chimériques souffrances. Ajoutez à cela que je n'ai jamais eu

> L'heureux don de ces esprits faciles,
> Pour qui les doctes sœurs, caressantes, dociles,
> Ouvrent tous leurs trésors.

Je me couchais tantôt sur le ventre, tantôt sur le dos, pour exciter ma verve ; quelquefois je me promenais à grands pas, à la manière de Pope, dans les sombres allées du jardin qui environnait le château, et j'effrayais les Oiseaux par le grognement sourd qui s'échappait de mon sein. Qui le croirait ? le secret dépit que me causait mon impuissance me remplissait de passions mauvaises : haine de ceux qui se portent bien, haine des institutions sociales, haine du passé, du présent et de l'avenir, haine de tous et de tout. On a écrit bien des livres depuis Salomon ; mais il en manque un, nn livre inestimable : c'est celui qui renfermerait le tableau de toutes les misères de la vie littéraire. *Exoriare aliquis !*... Lord B**** lui-même, avec tout son génie... Mais je me tais par respect et par reconnaissance. Je vous dirai seulement que, las de la vie poétique, il voulut rentrer dans la vie commune et reposer sur le sein d'une épouse les orages de son cœur. Mais il était trop tard : son mariage acheva de briser son existence. L'infortuné B**** ne vit plus d'autre ressource que d'aller mourir sur une terre étrangère. Quelle haute leçon pour moi, pauvre poëte mal léché ! Aussi, je ne souhaitai plus qu'une chose : c'était d'être enfin rendu à la liberté, et de pouvoir mettre à profit ce que j'avais vu parmi les Hommes.

Le temps de ma délivrance arriva plus tôt que je n'avais osé l'espérer. Au premier bruit de l'insurrection de la Grèce, lord B**** résolut d'aller chercher un brillant tombeau sur la terre des Hellènes. Quelques jours avant son départ, il voulut faire une dernière apparition à Londres. Il profita de la représentation d'une tragédie de Shakspeare, intitulée *Hamlet*, sa pièce favorite, pour se montrer encore au public anglais. Le jour de la représentation, nous nous rendîmes au théâtre en calèche découverte. La salle était pleine au moment où nous parûmes dans une loge qui faisait face à la scène. En un instant, tous les regards, tous les lorgnons furent fixés sur nous. Les dames se penchaient sur le devant des loges, comme des fleurs suspendues aux fentes des rochers. Même après le lever de la toile, l'attention fut longtemps partagée entre Shakspeare et nous. Ce ne fut qu'à l'apparition d'un fantôme, qui joue un grand rôle dans la tragédie d'*Hamlet*, que les regards se reportèrent vers la scène. Cette tragédie, en effet, était de nature à familiariser les spectateurs avec notre présence. Tout le monde y devient fou ou à peu près. Le résultat de cette représentation extraordinaire fut de fournir le sujet d'un feuilleton à tous les journalistes de la capitale. Car c'est là le terme où depuis vingt ans viennent aboutir tous les grands événements politiques, religieux, philosophiques et littéraires de la savante Europe.

Le lendemain nous nous embarquâmes pour la France. Mon étoile voulut que lord B**** fît un détour pour aller visiter les ruines de Nîmes. Un soir qu'il était assis, près de cette ville, au pied d'une vieille tour, je profitai de la rêverie où il était plongé pour m'élancer avec la rapidité d'une avalanche au fond de la vallée. Pendant quatre jours et quatre nuits je bondis de montagne en montagne, sans regarder une seule fois derrière moi. Enfin, le quatrième jour au matin, je me retrouvai dans les Pyrénées. Dans l'excès de ma joie, je baisai la terre de la patrie ; puis je m'acheminai vers la caverne *où j'avais commencé de respirer le jour*. Elle était habitée par un ancien ami de ma famille. Je lui demandai des nouvelles de mon père et de ma mère. « Ils sont morts, me dit-il. — Et Karpolin ? — Il est mort. — Et Lamarre, et Sans-Quartier ? — Ils sont morts [1]. ». Après avoir donné quelques larmes à leur mémoire, j'allai me fixer sur le Mont-Perdu. Vous savez le reste.

Depuis quatre ans, plus heureux que lord B****, peut-être, parce que je suis moins poëte, j'ai trouvé le repos dans les joies de la famille. Ma *femme* est très-bonne, et je trouve mes enfants charmants. Nous vivons entre nous, nous détestons les importuns et les visites. *Heureux qui vit chez soi !* J'ajouterai : *Et qui ne fait point de vers !*

Vous m'opposerez, sans doute, l'opinion de quelques philosophes. Je vous répondrai que les philosophes n'ont jamais fait autorité pour moi. « *Je sens mon cœur*, a dit l'un d'eux, *et je connais les Ours*. Quant aux saints, je les respecte, et je me garderai bien de les confondre avec les philosophes ; cependant ils ont, comme les autres, montré quelquefois le bout de l'oreille, et le Chien de saint Roch me paraît une protestation vivante contre la vie solitaire. »

Quant à moi, je prie les Dieux et les Déesses de me conserver, jusqu'à mon heure dernière, le calme de l'âme et la pleine intelligence des lois de la nature. Que pourrais-je, en effet, leur demander de plus ? la Naïade du rocher n'épanche-t-elle pas de son urne intarissable et bienfaisante l'eau pure qui sert à me désaltérer ? L'arbre aimé de Cybèle n'ombrage-t-il pas ma demeure de ses rameaux toujours verts ? Les

---

[1] C'est une erreur. Karpolin, Lamarre et Sans-Quartier vivent encore. Ils font parti de la troupe du théâtre de la barrière du Combat, et jouent tous les dimanches dans l'emploi des gladiateurs.

NOTE DU RÉDACTEUR EN CHEF.

Dryades ne dansent-elles pas toujours sous l'ombrage de ces forêts aussi vieilles que le monde ? N'ai-je pas enfin tout ce qui peut suffire aux besoins d'un ours sans ambition ? Le reste dépend de moi. Mais, grâces aux Dieux, je sens que je suis à présent maître de ma voie : je vis tranquille sur ma montagne, au-dessus des orages ! Semblable au roseau ; je n'envie pas le sort de la vague errante qui vient se briser en gémissant sur le rivage. C'est dans ces sentiments que j'espère achever ma course, jusqu'au moment où mon âme remontera vers la brillante constellation dont le nom, écrit dans les cieux, atteste la noblesse de notre origine.

Ainsi soit-il !

L. BAUDE.

LE
SEPTIÈME CIEL

VOYAGE AU DELA DES NUAGES

LE BONHEUR SE FAIT AVEC DES RÊVES!
(Extrait des Mémoires inédits d'un Tourtereau allemand,
mort à la maison des fous de Darmstadt, le 1er... 184 .)
— Chapitre des Rêves. —

I

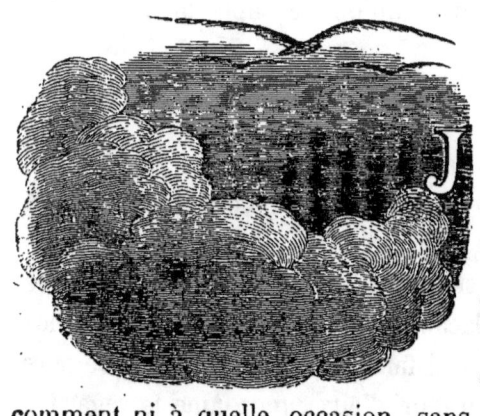

J'ÉTAIS donc mort..........

Mort, comme on meurt peut-être quand on ne sait pas bien lequel vaut le mieux, de vivre ou de mourir ; mort sans savoir comment ni à quelle occasion, sans secousse, et le plus facilement du monde.

Si facilement, que mon âme, tant elle avait peu souffert pour en sortir, ne s'aperçut pas d'abord qu'elle était séparée de mon corps.

Qu'est-ce que vivre, si mourir n'est rien ?

Du moment précis qui d'un Tourtereau vivant fit de moi un Tourtereau mort je n'ai gardé aucun souvenir, sinon qu'avant que je fusse mort la lune brillait doucement au milieu d'un ciel sans nuages, et que, lorsque mon âme étonnée s'aperçut qu'elle n'appartenait plus à la terre, la douce lune n'avait pas cessé de briller, ni le ciel d'être pur; sinon encore que j'avais pu mourir sans que rien fût changé aux lieux mêmes que je venais de quitter.

Mais qu'importe à la nature féconde qu'une pauvre créature comme moi vive ou meure ?

II

J'ai pensé que cette séparation de mon âme et de mon corps n'avait été si facile qu'en raison de l'habitude qu'avait prise mon âme de ne se guère inquiéter de mon corps, se fiant, sans doute, pour sa conduite ici-bas, aux instincts honnêtes de ce serviteur dévoué.

Combien de fois, en effet, aux jours de leur union, ne l'avait-elle pas, en quelque sorte, laissé seul déjà, et presque oublié, afin de pouvoir rêver plus à son aise à cette autre vie, dont les âmes auxquelles la terre ne suffit pas ont, dès ce monde, ou comme un pressentiment ou comme un souvenir ! Et n'est-il pas possible que des rêves de ce genre conduisent d'une vie à l'autre sans qu'on s'en aperçoive ?

III

Pourtant, voyant sans vie cet ami fidèle, ce corps qui tout à l'heure encore lui était soumis, et pensant qu'il allait falloir l'abandonner, l'abandonner à la mort, c'est-à-dire à la destruction et presque au néant, c'est-à-dire à cette implacable solitude qui s'établit autour des morts et qui s'empare d'eux, et qui fait que les morts sont toujours seuls, quoi que ce soit qui s'agite autour d'eux, mon âme le regarda, non sans tristesse.

« Que n'es-tu mort d'une mort moins prompte? lui dit-elle; que
« n'ai-je pu te sentir mourir, et partager ton mal, et souffrir avec toi,
« si tu as souffert? Je t'aurais assisté à tes derniers moments, et
« nous nous serions du moins quittés après un adieu fraternel.

« Pauvre corps muet ! ajouta-t-elle, entends-moi et réveille-toi, et

« jette un dernier regard sur ces riches campagnes que tu aimais tant,
« et qu'un mouvement, qu'un seul mouvement de toi me convainque
« que toute cette vie que nous venons de passer ensemble n'est point
« un songe, et que tu as vécu en effet. »

IV

Pour la première fois, cet appel de mon âme resta sans réponse.

« Pourquoi aimer ce qui doit mourir? s'écria-t-elle attristée.
« Quand on n'a pas devant soi l'éternité, pourquoi agir? pourquoi
« s'unir?

« Puisqu'il le faut, quittons-nous donc, dit-elle enfin ; mais de
« même qu'il a été dans notre destinée que nous fussions séparés, de
« même il est écrit qu'à l'heure où les âmes iront rejoindre leurs
« corps je saurai reconnaître entre toutes les poussières ta poussière,
« et te rendre cette vie que tu viens de perdre. Adieu donc, compte
« sur moi, et n'aie pas peur que je me trompe ; car à toi seul je revien-
« drai, et cette fois ce sera pour toujours. »

V

Le silence de la nuit paisible n'était interrompu que par le faible
bruit que font en se détachant des arbres qui les portent les feuilles qui
meurent aussi.

Tout à coup, on entendit au loin un cri lugubre de l'Oiseau de
proie.

« Tombez sur ce corps sans défense, petites fleurs des arbres ! »
s'écria mon âme épouvantée ; « et vous, vert feuillage qu'il chérissait,
« couvrez-le de votre ombre protectrice, et dérobez-le aux regards du
« Vautour impie. »

Mais, hélas ! le cri funèbre se fit de nouveau entendre, et cette
fois ce n'était plus au loin.

Et en cet instant la dernière goutte du sang qui avait animé mon corps s'arrêta dans ses veines et s'y glaça.

VI

Et une voix à laquelle il fallait obéir ayant dit à mon âme de quitter cette terre, où sa mission était accomplie, pour retourner au ciel, la patrie des âmes, je sentis en moi un désir si doux d'aller où la voix me disait d'aller, que je m'élevai aussitôt dans les airs, comme si j'eusse été ravie sur les ailes invisibles de ce pur désir.

VII

Et en cet instant aussi j'oubliai que j'avais eu un corps, et ce fut pour moi comme si je n'avais jamais été qu'un pur esprit.

Et je montais immobile, dans l'air immobile comme moi-même, sans le secours d'aucun mouvement, et par cela seulement que j'étais une âme immortelle, faite pour monter de la terre au ciel. J'obéissais ainsi à ma nouvelle condition, à peu près comme on aime sur terre et comme on pense, sans s'expliquer comment on aime ni comment on pense.

VIII

Je fus bientôt loin de la terre, si loin, que je l'apercevais à peine comme un point perdu dans l'immensité, et je volai ainsi longtemps ; et puis enfin, ayant cessé de la voir, je me souvins tout à coup, par un retour soudain, que je l'avais quittée seule. « Hélas ! » s'écria mon âme, « ce qui m'attend au ciel doit-il me faire oublier ce « que je perds ? Qui me rendra celle qui m'aimait dans ce monde que « j'abandonne ? O douleur ! tu es donc immortelle, toi aussi ? »

IX

Pourquoi le ciel, qui favorise les affections honnêtes, n'accorderait-il pas aux âmes qui se sont aimées pendant la vie d'une affection sincère, de s'aimer encore jusqu'au milieu des gloires du ciel, et de s'y garder un fidèle souvenir ?

X

Mais il fallait monter toujours, et je ne tardai pas à dépasser les nuages qui glissaient sans bruit dans l'espace. Je vis alors des milliers d'étoiles, et volant d'astre en astre : « Doux astres, leur disais-je, parure des anges, où vais-je ? » Et sans me répondre, mais non sans me comprendre, les étoiles se rangeaient pour me laisser libre le chemin que je devais suivre.

XI

Bientôt toute cette partie du ciel d'où sortent les rayons bienfaisants qui font ouvrir les fleurs et mûrir les fruits de la terre se trouva au-dessous de moi, comme un tapis d'azur parsemé de diamants célestes, et j'arrivai là où il n'y a plus d'étoiles.

Je fus alors saisi d'une crainte respectueuse, et je m arrêtai éperdu.

« Va toujours, et rassure-toi, me dit une voix. Ne sais-tu pas que « tu es dans le ciel ; que le mal en est banni, et que tu n'as rien à « craindre ? Suis-moi donc ; car nous ne nous arrêterons que là où tu « seras heureux d'arriver. — Heureux ! lui dis-je, heureux ! » Et comme j'hésitais : « Crois-moi, et suis-moi, » ajouta la voix. Et je la suivis, et je la crus : car la confiance habite au ciel.

XII

Celle qui me parlait, c'était une belle petite âme immortelle, l'âme bienheureuse d'une blanche Colombe à laquelle la mort, qui l'avait cueillie dès les premiers jours de son printemps, avait à peine laissé le temps d'éclore, et que le contact des misères humaines n'avait point eu le temps de souiller. Sa mission au ciel était de recevoir à leur arrivée les âmes novices comme la mienne, et de les conduire bien vite où il leur appartenait d'aller.

XIII

Ce fut là que je vis ce que je n'avais pu voir encore, parce que jusque-là ma vue était restée imparfaite. C'était une foule d'âmes de toute espèce, qui, comme moi, allaient chacune à sa destination. Et, comme moi, chacune avait un guide.

Me trouvant au milieu de toutes ces âmes, et ne sachant ce qui allait arriver, je me sentais en même temps et retenu par une vague frayeur, et poussé par une espérance vague aussi.

« Petite âme qui me guidez, dis-je à la Colombe que je suivais, le paradis des Tourterelles est-il bien loin encore?

— Vois, me répondit-elle, non sans sourire de mon trouble et aussi de mon impatience, vois ce point qui brille là-haut au plus haut des cieux; là seulement est le septième ciel, et c'est là aussi qu'on t'attend.

— Ah! qui peut m'attendre là-haut? pensai-je, si elle vit encore; » et, tout en montant, je ne pouvais m'empêcher de dire : « Pourquoi suis-je mort, puisque la mort devait nous séparer? »

XIV

Et quand nous eûmes monté pendant longtemps encore à travers des mondes et des sphères sans nombre, nous arrivâmes jusqu'à une porte d'où s'échappaient des rayons plus éclatants mille fois que les rayons mêmes du soleil, et sur cette porte on lisait ces mots écrits en caractères de feu : « Ici l'on aime toujours. » Et plus bas : « Ici on ne change jamais, ou, si l'on change, c'est pour mieux aimer encore. »

Et la porte s'ouvrit, et ce que je vis, je ne saurais le dire; car comment parler de la toute lumière du ciel même, d'une lumière à la fois si éblouissante et si douce, qu'elle rend clair ce qu'on croyait obscur, sans qu'il en coûte ni une douleur, ni même un effort pour tout voir et pour tout comprendre?

XV

« Et maintenant, c'est là! me dit la petite Colombe : et je te laisse, puisque tu es arrivé. »

Et elle parlait encore, que mes yeux charmés avaient déjà aperçu, dans un coin du ciel, dans un nuage d'air trois fois plus pur que les autres nuages, une perle divine, une fleur perpétuelle, un trésor, mon trésor ! toi, enfin, ô ma Tourterelle chérie !

« Ah ! m'écriai-je, âme de ma sœur, est-ce bien vous que je vois ? » et je t'abordai avec tant de joie, que toi : « Ah ! que tu m'aimes bien ! » t'écrias-tu.

Tu n'étais pas changée, et cependant il y avait en toi quelque chose de plus divin, et plus je te regardais, plus il me semblait que tu devenais plus belle. Ce que je lus d'amour dans ton premier regard, comment te le dire ? Va, ma sœur, on guérit en un instant de tous ses chagrins sur un cœur fidèle.

« Quand j'ai appris ta mort, me dis-tu, je ne songeai point à te pleurer, mais à te suivre ; et j'eus le bonheur de devenir si triste, que je mourus presque en même temps que toi. »

Qui n'eût pas cru au bonheur ? Nous étions si heureux ! si heureux ! que toi : « Hélas ! n'est-ce point un rêve ? »

XVI

Hélas ! c'était un rêve....

Mais, après un pareil rêve, pourquoi se réveiller ? Ce rêve, mon bonheur, avait été de si courte durée, que, quand je rouvris les yeux, rien n'était changé sur cette terre que j'avais cru quitter avec toi. La lune n'avait pas cessé de briller ni le ciel d'être pur. Et j'étais seul encore, et loin de toi encore, dans ce monde où l'on ne sait que faire de son cœur. Et rien ne troublait le repos de la nature endormie, si ce n'est pourtant le cri terrible de l'Oiseau de proie qui cherchait encore son butin de la nuit. C'était là la seule réalité de mon rêve.

Adieu, et à toi !

Notice biographique sur l'Auteur du fragment qu'on vient de lire.

Nous croyons qu'on nous saura gré de placer ici quelques détails biographiques concernant l'auteur du fragment qu'on vient de lire. Ces détails nous ayant été communiqués par le directeur de la maison des fous de Darmstadt sont de la plus grande authenticité.

Le Tourtereau dans les papiers duquel ce fragment a été trouvé est mort, il n'y a pas plus de quinze jours, à la maison des fous de la ville de Darmstadt.

Quoiqu'il fût à la fleur de son âge, la nouvelle de cette mort prématurée, et de la maladie qui la causa, n'étonnera aucun de ceux qui avaient connu sa vie, et n'étonnera sans doute pas non plus nos lecteurs.

Son enfance avait été difficile et malheureuse. Tout jeune, il s'était trouvé orphelin, son père et sa mère ayant disparu un jour, sans qu'on pût savoir ce qu'ils étaient devenus. Pourtant, comme ces bons Oiseaux étaient généralement, à cause de la simplicité de leurs mœurs, aimés et honorés dans la forêt qu'ils habitaient, on s'accorda à penser que la mort seule, ou tout au moins la violence, avait pu les séparer de leur cher enfant; mais, depuis ce jour fatal, on n'avait plus entendu parler d'eux.

Le pauvre petit vint à bout de vivre néanmoins, Dieu aidant, et aussi quelques charitables voisines qui lui donnaient, en passant, quelques rares becquées qu'elles économisaient sur la part de leurs propres couvées.

Dès que l'orphelin eut à ses ailes assez de plumes pour voler, il résolut, en bon fils, de se mettre à la recherche de ses parents, et partit plein de courage, et aussi, hélas ! plein d'illusions.

« Je les retrouverai, répondait-il obstinément à tous ceux qui lui représentaient que, si louable qu'en fût le but, il userait ses forces sans aucun résultat possible dans une pareille entreprise ; je les retrouverai, ou je mourrai à la peine. »

Longtemps il battit l'air et la terre de ses ailes, allant partout où son espoir le poussait et demandant à chacun ce qu'il avait perdu, mais en vain.

Dans l'une de ses courses, il lui était arrivé de rencontrer et d'aimer une jeune Tourterelle qui était belle comme le jour ; et la Tourterelle l'avait aimé aussi : il était si malheureux !

Mais, dans les âmes honnêtes, l'amour ne fait pas oublier le devoir, bien au contraire ; et, loin d'abandonner sa pieuse entreprise, il se sentit des forces nouvelles pour la poursuivre.

« Je reviendrai, dit-il en quittant celle qu'il aimait.

— Et moi, j'attendrai, » avait répondu la Tourterelle désolée.

Et ils s'étaient séparés, et lui s'était mis en route en se disant :

« Elle m attendra. »

Elle l'attendit en effet.

Mais après l'avoir attendu bien longtemps, la pauvrette (il faut bien le dire), la pauvrette, ne le voyant pas revenir, avait fini par devenir la Tourterelle d'un autre Tourtereau. Les Tourterelles ont peur de rester filles.

Quand, après bien des courses vaines, bien des peines perdues, le Tourtereau, découragé, revint vers celle qu'il aimait,... il la trouva entourée de toute une famille qui n'était pas sa famille, et de beaux enfants dont il n'était pas le père. Sa douleur fut telle, qu'il en perdit la raison. On la perdrait à moins. Sans doute, si la Tourterelle eût été bien sûre qu'il reviendrait, elle n'eût jamais cessé de l'attendre. Mais les vieux Tourtereaux disent tant de mal des amoureux qui ne sont pas là pour se défendre aux jeunes Tourterelles à marier, que l'innocente, les ayant crus sur parole, avait cédé, non sans regret pourtant, car sa conscience et son cœur lui faisaient bien quelques secrets reproches.

Aussi, lorsque reparut dans le pays son premier fiancé, et qu'elle le

vit plus malheureux que jamais, son désespoir et ses remords furent-ils au comble.

Mais qu'y faire?

En Tourterelle sensée, elle continua d'être une bonne mère de famille, elle redoubla de soins pour ses enfants, et son mari ne cessa pas d'être un heureux mari. Et puis elle garda sa peine, et personne n'en vit rien, et, en la voyant dans son petit ménage, chacun disait d'elle :

« Regardez donc comme elle est heureuse ! »

On en dit autant de beaucoup de gens qui n'ont jamais su ce que c'est que le bonheur.

Quant au pauvre Tourtereau, comme il ne pouvait être dangereux pour personne, sa folie étant de celles dont beaucoup de gens sensés s'arrangeraient peut-être, on le laissa aller où il voulut, et il se retira sur le riche sommet d'une belle montagne.

Là, nuit et jour, il rêvait.

Ce qu'il n'eût pas trouvé sur la terre solide, peut-être parfois le rencontrait-il dans ce pays mouvant des rêves, où l'on aimerait tant à voyager s'il ne fallait pas en revenir pour vivre et pour mourir. Ce qui le prouverait, c'est qu'après sa mort on trouva, caché sous un monceau de feuilles mortes, un manuscrit qu'il avait intitulé : *Mémoires d'un fou,* avec cette épigraphe : *Le bonheur se fait avec des rêves !* Ce manuscrit était presque entièrement écrit en prose ; la poésie qui sort du cœur sans rimes pouvant convenir, bien plus que la poésie rimée et mesurée, à ce que sa pensée avait de libre et de spontané.

Il va sans dire que le passage que nous avons cité, c'est à sa Tourterelle qu'il l'adressait : car pour lui il n'y avait jamais eu qu'une Tourterelle dans le monde.

Quelques Oiseaux rieurs pourront être disposés à se moquer du pauvre Tourtereau et de ses malheurs, et surtout de ses écrits ; mais ce ne seront point les Tourterelles. C'est à elles que je le demande : en est-il une seule au monde qui n'eût voulu rencontrer sur sa route un Tourtereau aussi fidèle ?

P. S. — Il faut dire, pour ceux qui tiennent à ce que rien ne reste obscur dans un récit, que, pour ce qui est de la Tourterelle, quand elle eut appris la mort de son Tourtereau, elle n'y put résister; ses enfants d'ailleurs, ayant toutes leurs plumes, n'avaient plus besoin d'elle, et on la vit s'éteindre à son tour, sans que rien au monde pût la rattacher à la vie. Fasse le Ciel que les bons rêves ne mentent pas, et, qu'ainsi que l'avait rêvé notre Tourtereau, son amie l'ait retrouvé là-haut, là-haut, où nous persistons à croire qu'il doit y avoir place pour tous les bons sentiments !

Là, nuit et jour, il rêvai

On dira et on écrira peut-être que, du moment où cette Tourterelle devait mourir pour son Tourtereau, elle eût mieux fait de l'attendre et de vivre pour lui. Mais cela est bien aisé à dire. Pour nous, ce que nous devons constater, c'est avant tout la vérité. L'histoire ne s'écrit pas comme un roman ; et quand on a affaire à des personnages qui ont existé, il ne s'agit pas d'arranger sur le papier des événements que la moindre information pourrait contredire.

P. J. Stahl.

LETTRES
D'UNE HIRONDELLE
A UNE SERINE
ÉLEVÉE AU COUVENT DES OISEAUX

PREMIÈRE LETTRE DE L'HIRONDELLE.

Enfin, me voilà libre, chère amie, et je vole de mes propres ailes. J'ai laissé bien loin derrière moi, avec cette horrible barrière du Mont-Parnasse, la barrière non moins difficile à franchir des couvenances et des idées sociales. Il y a dans cet air que je respire, dans ce vol sans entraves auquel je me livre pour la première fois, quelque chose d'enivrant dont je suis toute charmée. Je n'ai pu m'empêcher de jeter en partant un regard de mépris sur les Hirondelles, mes compagnes, qui préfèrent au bonheur dont je vais jouir une existence obscure et vraiment déplorable. Je crois, sans vanité, n'avoir pas été créée et mise au monde pour faire le métier de maçon, pour lequel toutes les malheureuses femelles de notre espèce abâtardie semblent décidément avoir une vocation marquée. Qu'elles usent leur jeunesse et leur intelligence à bâtir, à polir des ailes et du bec, à cimenter, comme s'il devait durer toujours, le frêle édifice où reposera une postérité vouée d'avance aux mêmes fatigues, à la même ignorance ; je renonce à éclairer leur entêtement, et je les quitte, ne comptant plus que sur l'effet produit au milieu d'elles par la relation de mon voyage, pour décider les Hirondelles de quelque espérance à suivre mon exemple.

En attendant, je me félicite de ne m'être attaché aucun compagnon de route ; la société la plus aimable ne vaut pas l'indépendance. Et puis, d'ailleurs, je le sais, et votre sévère amitié me l'a souvent répété, mon caractère se plierait malaisément à subir la supériorité d'une autre volonté, et je sens cependant que je suis beaucoup trop jeune pour imposer la mienne. Il faut donc vivre seule, et je m'applaudis tous les jours d'avoir bravement embrassé ce parti, quoiqu'il n'ait pas reçu votre approbation.

Vous n'avez pu vous empêcher de blâmer hautement ce désir extrême de voir et de connaître le monde, qui m'entraîne loin de vous, ma tendre amie, loin de vos conseils, que je ne suis pas souvent, il est vrai, mais que je respecte toujours, loin de votre secourable attachement, qui est venu bien des fois alléger les peines de mon cœur.

J'ai compris votre effroi, mais il ne pouvait pas me convaincre. Nos vies et nos caractères, qui se sont accidentellement rapprochés, n'ont d'autre sympathie que la sympathie de l'amitié ; du reste, nos pensées ne sont pas en harmonie, nos espérances ne tendent pas au même but.

Vous avez vu le jour dans la cage où tout annonce que vous devez mourir, et l'idée qu'au delà de ses barreaux s'ouvraient un horizon et une liberté sans bornes ne vous est jamais venue. Sans doute, vous l'eussiez repoussée comme une mauvaise pensée.

Moi, je suis née sous le toit d'une vieille masure inhabitée, au coin d'un bois : le premier bruit qui ait frappé mon oreille, c'est celui du vent dans les arbres ; il faut que j'entende encore ce bruit. Le premier souvenir de mes yeux est d'avoir vu mes frères, après s'être longtemps balancés sur le bord du nid, aux cris de notre mère inquiète qui les encourageait pourtant, prendre enfin hardiment leur vol pour ne plus revenir. Il faut que je m'envole comme eux.

Tandis que je faisais ainsi une rude connaissance avec la vie, vous avez grandi et chanté. Ceux qui vous emprisonnaient vous nourrissaient en même temps, vous les bénissiez ; moi, je les aurais maudits. Puis, quand le jour était beau, on mettait votre cage à la fenêtre, sans se soucier et sans craindre que ce rayon de soleil, qui y entrait péniblement, n'exaltât votre tête et ne vous fît rêver. Tout était pour le mieux, car l'âme n'était pas moins prisonnière que le corps. Le froid venu, vous ne voyiez plus rien que les jeux de votre petite geôlière, qui grandissait près de vous, esclave comme vous.

Et moi, je vivais de la même vie que ce peuple nomade, qui est le mien ; je partageais ses dangers et ses fatigues, je subissais avec courage les privations de tout genre qui accompagnaient souvent nos voyages, je devenais forte à tout souffrir, et, pourvu que l'air ne me manquât pas, j'oubliais volontiers que je manquais de toute autre chose.

Enfin, vous avez accepté avec soumission et même avec reconnaissance l'époux qu'on vous a choisi, vous vous prêtez à ses moindres volontés, et vous vous trouvez heureuse de lui obéir, car il faut nécessairement que vous obéissiez à quelqu'un.

Vous êtes entourée d'enfants que vous aimez jusqu'à l'adoration ; en un mot, vous êtes le modèle des épouses et des mères; mon ambition ne va pas si loin: S'il me fallait avoir autour de moi ces insupportables petits criards qui demandent toujours quelque chose, et ordinairement tous la même chose, je sens que je mourrais à la peine. Ce mari, qui vous charme, m'ennuierait profondément aussi. Hélas ! l'amour a trop déchiré mon pauvre cœur, pendant le court séjour qu'il y a fait, pour que je n'aie pas pris la résolution de ne l'y laisser entrer jamais. Je sais bien que vous avez toujours opposé au récit de mes douleurs la légèreté avec laquelle s'était conclu notre engagement ; vous avez attribué l'indigne abandon de mon séducteur au peu d'importance que j'avais semblé attacher moi-même à la durée d'une liaison qui, dans vos idées, doit être éternelle. Mais vous avez beau dire, ce n'est pas là qu'il faut chercher la source des malheurs dont nous sommes victimes. La société tout entière repose sur de mauvais fondements, et tant qu'on n'aura pas démoli, depuis le sommet jusqu'à la base, il n'y aura ni paix ni bonheur durables pour les intelligences supérieures et pour les âmes aimantes.

Je confie ma lettre à un Oiseau de passage, que son itinéraire conduit à travers vos parages. Il est si impatient de continuer sa course, que je suis obligée de remettre à une autre occasion les détails que je vous ai promis sur mon voyage. Aujourd'hui je ne puis que vous adresser les vœux et les compliments les plus tendres.

DEUXIÈME LETTRE DE L'HIRONDELLE.

Je cherche à rendre les jours de l'absence moins longs pour vous, moins isolés pour moi, en vous racontant, à mesure qu'elles m'arrivent, les sensations de la route. Deux cœurs qui s'aiment trouvent du charme dans la circonstance la plus indifférente aux indifférents.

Je suis favorisée par le temps ; tout resplendit autour de moi, et il me semble que le soleil prend plaisir à voir mon bonheur.

J'ai fait une multitude de connaissances, mais que votre tendresse n'en soit ni jalouse ni inquiète : je n'ai pas le temps, et encore moins la volonté, de faire des amis. Je suis quelquefois forcée de m'arrêter pour répondre à une politesse, car ma qualité d'étrangère est une recommandation suffisante auprès des tribus hospitalières que je visite ; mais, en général, je ne séjourne nulle part. Je préfère ma vie errante, avec tout ce qu'elle a d'inattendu et de capricieux, aux somptueux banquets qui me sont offerts. Vous m'aviez prédit l'ennui et le désenchantement, je suis heureusement encore à les attendre. Il est vrai de dire que je prends les distractions quand et comme elles se présentent, et que jusqu'à présent elles viennent sans que je les appelle.

Ce matin, j'ai déjeuné en tête-à-tête avec le plus aimable chanteur que j'aie jamais entendu. C'est un Rossignol.

Il a bien voulu céder à mes sollicitations, et à la fin du repas il m'a dit quelques-uns de ses morceaux de prédilection. Ce n'est pas sans un vif sentiment d'orgueil que je songeais intérieurement au grand nombre de gens qui auraient voulu se trouver à ma place. Toutes les distinctions sont flatteuses, et celle qui me rendait alors le seul auditeur d'une harmonie si divine me rehaussait à mes propres yeux.

Au reste, cet artiste est fort simple, et l'on ne croirait jamais, en le voyant si négligé dans sa mise, si abandonné dans ses poses et dans toutes ses manières, que c'est une personne d'un rare mérite. Au moins, j'ai encore cette illusion, et je m'obstine à ne chercher le talent que sous une enveloppe de dignité et de gravité. Vous voyez cependant que j'ai déjà fait un grand pas ; je sais que c'est une illusion. Après cette admirable musique, mon hôte et moi nous nous sommes livrés aux épanchements de la confiance la plus intime. On lui a proposé d'immenses avantages pour venir se fixer à Paris ; mais sa liberté serait enchaînée, et, comme il la préfère à tout, il a refusé.

Ce ténor si remarquable dit qu'il vit pour son plaisir, et que c'est la meilleure manière de vivre qu'on puisse adopter. Quoique ce système présente certainement beaucoup de chances de succès, et qu'il puisse séduire au premier abord, j'étais sûre de ne pas m'y laisser entraîner.

Une existence heureuse et inutile n'est pas celle que je rêve depuis que j'ai la faculté de sentir et de comprendre ; je veux apporter une pierre à cette vaste construction qui s'élève dans l'ombre, sur les débris d'une civilisation mourante.

Depuis longtemps je songe à la carrière littéraire. Tous mes goûts m'y portent, et je dois peut-être à la grande pensée de régénération de l'espèce femelle qui m'a absorbée dès ma plus tendre jeunesse, de me livrer entièrement à des études graves et consciencieuses, à des travaux qui m'aideront à accomplir l'œuvre que je me suis imposée.

Je vous vois d'ici sourire de ce que vous nommez ma folie. Mais c'est que, je vous le répète, vous ne pouvez pas plus concevoir le bonheur auquel j'aspire, que je ne puis accepter la vie comme vous l'entendez. Mais qu'importe, puisque, malgré ses dissonances, notre intimité est devenue parfaite, et durera, je l'espère, autant que nous ? Car la charmante douceur de votre caractère vous fait excuser l'extrême vivacité du mien, et je veux penser que cette tendre amitié que je vous ai vouée a peut-être contribué à rendre votre retraite moins triste et moins monotone.

Je viens de quitter mon aimable chanteur, et je l'ai quitté sans regret. Ma curiosité et mon désir de m'instruire s'accroissent depuis que j'ai commencé à voir et à apprendre. Un Geai, avec lequel je me suis trouvée dans les environs, me précède et m'a promis de me recommander chaudement. En somme, je n'ai qu'à me louer des personnes avec lesquelles mon voyage me met en relation, et j'ai rencontré partout des cœurs dévoués et un accueil fraternel.

Si j'en avais cru les avis de votre craintive prudence, je me serais constamment tenue en garde contre les témoignages d'affection que je reçois, et je vous demande un peu à quoi cela m'eût servi ? Tenez, je pense, et je n'en suis pas étonnée quand je songe au genre de vie que vous menez, que le monde vous est apparu sous un mauvais jour, et que vous ne jugez pas toujours sainement des choses pour ne les avoir vues que de trop loin, et d'une manière confuse. Quand on n'est jamais sorti de sa retraite, et qu'on a vécu uniquement pour cinq ou six êtres qu'on aime, et qui tiennent lieu de tout, il est difficile de se rendre un compte exact de ce qu'on ne connaît pas, et d'apprécier sans erreur ce qu'on n'a pas vu.

Il est vrai que votre jeunesse s'est écoulée dans une spacieuse volière, où vous avez recueilli avec respect les leçons et les conseils de plusieurs vieillards réputés pour leur haute sagesse ; mais ces vieillards eux-mêmes n'avaient jamais respiré l'air de la liberté, et cette espèce d'expérience dont ils étaient si fiers, ils la devaient à leur grand âge, et non aux recherches et aux découvertes de la science. Cette expérience, que je crois pouvoir refuser sans injustice à la vieillesse de vos premiers amis, j'espère que mon voyage seul suffira à me la donner. Avant tout, j'ai besoin, pour travailler avec fruit à la réforme que toutes les têtes bien organisées de notre espèce réclament avec moi, de beaucoup savoir, de beaucoup étudier. La situation intolérable dans laquelle sont tombées les femelles de tant de pays prétendus civilisés sera le sujet principal de ma sollicitude et de ma sympathie. Mais c'est là une grande tâche que je ne puis pas entreprendre sans secours. Je cherche donc à réveiller le zèle de quelques créatures qui souffrent, en leur révélant les motifs de leur souffrance, et j'espère réussir à me faire mieux écouter ici qu'à Paris, où la nonchalance est telle, que les Animaux aiment mieux languir dans leur mauvaise organisation que de prendre la peine d'en changer.

Enfin, j'ai d'immenses projets, et je ne me dissimule pas que

je vous ai peut-être dit adieu pour bien longtemps. Cette douloureuse séparation est la plus pénible partie de mon entreprise; la difficulté presque invincible de recevoir de vos nouvelles augmente mes regrets. Mais que voulez-vous? j'obéis à une voix impérieuse devant laquelle toutes les affections doivent se taire.

Adieu pour aujourd'hui; l'heure s'avance, je continue ma route. Toujours au midi, vous le savez.

LA SERINE A L'HIRONDELLE.

Cette lettre vous parviendra-t-elle jamais, mon enfant? Je n'en sais rien. Dans l'ignorance où je suis de la direction que vous suivez, je ne puis guère espérer que vous lirez un jour ces mots de tendresse maternelle que mon cœur vous envoie. Cependant, si je suis assez favorisée pour qu'ils vous arrivent, vous y retrouverez ce que vous avez laissé, l'affection profonde qui vous accompagne dès longtemps, et la sollicitude un peu grondeuse qui contrarie parfois votre témérité.

Ce n'est pas sans un sentiment de chagrin bien réel que je vous ai vue entreprendre ce dangereux voyage, et je n'ai pas cherché à vous dissimuler mon appréhension et ma peine. Mais, malheureusement, l'union de nos cœurs ne s'étend pas jusqu'à nos idées, et je n'ai pu réussir à changer votre détermination. Je suis loin de me regarder comme infaillible, mais convenez que si je me trompe, mon erreur, qui ne demande que ce qu'on lui donne, est moins périlleuse que la vôtre, qui veut tout ce qu'on ne lui donne pas.

Vous avez puisé dans des livres remplis d'une fausse exaltation une exaltation vraie, et vous courez de très-bonne foi dans un chemin perdu, où ceux qui vous ont entraînée ne vous suivront pas, croyez-le bien.

Alors, plus l'illusion aura été complète, plus le désenchantement sera terrible; et c'est cette heure inévitable que mon cœur redoute pour vous, presque autant que ma raison la désire.

Je sais que je suis une radoteuse, et que vous êtes en droit de vous plaindre de ma persistance à vous accabler des mêmes sermons; plaignez-vous donc, si vous voulez, mais laissez-moi sermonner.

On m'assure que bien des personnes de notre sexe se servent de leurs plumes pour écrire, et je m'aperçois que vous vous laissez gagner par la manie dont elles sont possédées. Je ne demande pas mieux que de m'instruire, quoi que vous en disiez, et je voudrais savoir de quel charme ou de quelle utilité il peut être de barbouiller du blanc, qui est si joli, avec du noir, qui est si laid. Causons.

Ou vous avez un grand talent, ou vous en avez un petit, ou vous n'en avez pas du tout. Il me semble difficile qu'il en soit autrement.

Si, par fatalité, vous êtes favorisée de ce grand talent, comme ce sont les mâles qui font la loi et les réputations, ils ne laisseront pas l'opinion vous élever au degré de supériorité que leur sexe peut seul atteindre; mais vous serez placée un peu au-dessus du vôtre, dans un milieu sans nom, qui, n'admettant ni les sentiments, ni les occupations, ni les délassements auxquels vous étiez appelée par votre nature, se refusera ainsi à vous donner les goûts, les travaux, les préoccupations, les plaisirs de cette nature supérieure à laquelle vous tendez ; ou bien encore, vous mélangerez tout cela ensemble, et ce sera un affreux chaos.

Puis, à côté de cette vie publique dont la renommée va s'emparer, l'envie vous viendra peut-être de vous en faire une autre un peu couverte, un peu paisible, dans laquelle vous puissiez vous reposer quelquefois de vos triomphes. Mais où trouverez-vous un être assez vain ou assez humble pour partager cette vie que vous vous serez faite ? pour endosser de gaieté de cœur cette livrée ridicule que lui infligeront vos succès, votre réputation, vos détracteurs, vos admirateurs ? le malheur, enfin, d'être soutenu par ce qu'on devait défendre, et de passer le second quand on a le droit de faire le chemin ? Nulle part, je l'espère, car, avec la meilleure volonté et le meilleur cœur du monde, vous parviendriez à rendre celui auquel se serait attachée votre redoutable tendresse souverainement malheureux. Vous resteriez donc *puissante et solitaire ?* C'est beau, mais c'est triste, et j'aimerais mieux appliquer cette haute intelligence en question à augmenter mon bonheur et à en donner à ceux qui m'entourent que de la faire servir à m'isoler de toutes les joies de ce monde. Et plusieurs petites choses dont je ne parle pas : la haine, l'envie, la calomnie ! Tout cela n'est guère à redouter dans un nid ; mais sur une colonne, à la vue de tous, il y a fort à réfléchir.

Descendons de cette colonne, et passons à ce joli petit esprit, qui serait si agréable s'il voulait se tenir tranquille. Mais voilà précisément la maladie. On fait très-bien son effet dans un cercle d'amis indulgents, il ne faut pas frustrer le public, qui ne s'en plaignait pourtant pas, de tant de grâce et de charmantes inspirations.

On commence par marcher d'un pas timide dans cette route où les épines sont infiniment plus communes que les roses, puis, le pied s'enhardit, on s'accoutume aux compliments, les compliments s'accoutument à vous, et voilà une créature qui a perdu le charme réel qu'elle possédait pour courir après une gloire qu'elle n'atteindra jamais. La critique, patiente d'abord, finit par se lasser et mordre ; elle signifie rudement aux amis stupéfaits que le Colibri n'est point un Aigle, après quoi elle se retire dans sa niche d'un air menaçant. Ce commencement d'opposition irrite l'amour-propre exigeant de la jeune célébrité ; on se pose en victime, les consolations pleuvent, et cette tête fort spirituelle, qui aurait pu être une tête fort raisonnable, est tournée pour toujours. Et de deux. Si vous voulez bien, nous passerons rapidement sur le troisième point de mon discours, et nous ne nous arrêterons même pas, malgré l'abondance de la matière, à la variété de l'écrivain, fille, épouse et mère, qui pratique la littérature en même temps que les vertus les plus intérieures ; aimable auteur qui berce d'une main et qui écrit de l'autre, dont les enfants déchirent le manuscrit pendant qu'elle tricote, et ajoutent à sa broderie un point sur lequel elle ne comptait pas pendant l'inspiration ; je vous fais grâce de la description de cet être fantasque, moitié encre et moitié bouillie.

Ce n'est pas là d'ailleurs le genre de ridicule dans lequel je crains de vous voir tomber. Je sais trop combien vos goûts vous éloignent d'un tel genre de vie pour le redouter et vous mettre en garde contre sa séduction.

Ce qui me fait peur, c'est cette disposition qui vous entraîne à adopter d'autant plus vite et d'autant plus fermement une idée qu'elle est plus généralement blâmée et repoussée ; c'est cette vanité incommensurable que vous voudriez prendre pour de la générosité, et qui vous arme toujours pour le parti le plus faible, même quand vous soupçonnez que le parti le plus faible n'a pas le sens commun. C'est enfin cette étourderie réfléchie et préméditée qui donne gain de cause à vos rêves les plus absurdes, en sa qualité d'étourderie, et dont vous ne vous défiez pas le moins du monde, en sa qualité de réflexion.

Je voulais vous écrire une lettre courte, tendre et amicale, et voilà que je vous adresse des duretés interminables. Pourrai-je vous persuader, chère enfant ? Ce qui est cependant bien vrai, c'est que ces paroles si sévères me sont dictées par une tendresse sans bornes, et que si je vous aimais moins, je ne prendrais pas la peine de vous gronder si fort.

Au reste, j'aurais tort de m'inquiéter ; je sais par expérience que vous ne vous offensez pas de mes conseils. Hélas ! c'est peut-être parce qu'ils glissent sur votre cœur sans y pénétrer ? Oh ! que je serais malheureuse et effrayée, s'il en était ainsi !

TROISIÈME LETTRE DE L'HIRONDELLE.

HISTOIRE D'UN NID DE ROUGES-GORGES.

Le hasard le plus heureux vient de me faire rencontrer, ma bonne amie, un Pigeon rempli de complaisance, qui a bien voulu retarder un moment son départ, afin de se charger de ma lettre. Il est porteur de dépêches importantes, et me semble mériter la confiance qu'on lui accorde. Tandis qu'il explore les environs charmants du gîte où je me suis arrêtée cette nuit, et où je reste ce matin pour vous écrire, je m'empresse de vous mettre un peu au courant de ma vie, de mes sensations et des événements, heureusement fort rares, de mon voyage. Je garde cependant en moi, pour un autre temps, la poésie qui voudrait déborder, et qui s'inspire de cette belle nature qui m'entoure, de cette indépendance dont je jouis ; si je me laissais entraîner par le charme de ce que j'éprouve, je sens que je n'en finirais pas. Je préfère ne vous donner cela qu'avec le volume que je prépare, et que je puis composer, à tête reposée, pendant mes longues heures de solitude et de méditation.

Si je n'y avais pas été forcée par la circonstance, j'aurais certainement attendu un autre jour pour me rappeler à votre souvenir. J'ai commencé ma journée sous de tristes auspices, et je crains que ma lettre ne se ressente de cette pénible disposition. J'avais fait connaissance, en arrivant hier au soir, avec une aimable famille du voisinage. Le père, la mère, cinq petits enfants encore sous l'aile maternelle. Comme ils avaient accueilli mon arrivée avec beaucoup de grâce et de bonhomie obligeante, j'ai cru devoir aller, ce matin en me réveillant, m'informer de leurs nouvelles. J'ai été reçue de la manière la plus cordiale, et cette seconde entrevue n'avait fait qu'ajouter à mon estime et à ma reconnaissance, lorsqu'au moment où je venais de les quitter pour rentrer chez moi je fus rappelée sur le seuil par des cris de douleur et d'effroi, partis du nid de mes bons voisins. Effectivement, la situation était affreuse : un des petits était tombé par terre en essayant imprudemment ses ailes, et quoique la chute par elle-même n'eût rien de grave, le danger n'en était pas moins imminent. Un énorme Oiseau de proie descendait en tournoyant, et c'était son approche qui causait la détresse des pauvres parents. La résolution de la mère fut bientôt prise. Elle adressa quelques mots à son mari, quelques recommandations sans doute pour les quatre petites créatures qu'elle lui abandonnait, puis, après un dernier baiser, tristement mêlé à un dernier adieu, elle s'élança sur le petit, qui gisait encore à l'endroit où il était tombé, et le recouvrit tout entier de son corps et de ses ailes. L'horrible Animal, auquel elle venait se livrer, continuait à s'approcher, et en s'approchant redoublait de vitesse ; depuis longtemps déjà il avait deviné une victime, et l'immobilité dans laquelle il la voyait lui assurait une victoire facile.

La chose se passa comme elle avait été prévue : la mère fut emportée, l'enfant resta ; après un instant de silence, que la prudence commandait, le père vint chercher à cette triste place ce que la serre cruelle du vainqueur lui avait laissé. Il recoucha son Oisillon au fond du nid, reprit la tâche vacante de la mère absente, et tout fut dit.

Je n'avais pas encore osé me mêler à cette triste scène, et je contemplais, sans la distraire, la douleur muette de mon pauvre solitaire, naguère si heureux et chantant de si bon cœur, lorsqu'un bruit retentissant, effroyable, se fit entendre à peu de distance de nous. Nos

regards se portèrent en même temps dans la direction d'où semblait nous venir un nouveau danger, et nous découvrîmes, avec un bonheur que je n'essayerai pas de vous peindre, mais que vous êtes bien faite pour comprendre, le ravisseur de notre pauvre amie tombé mort sous le coup qui venait de le frapper, et elle-même revenant à tire-d'aile vers son nid, qu'elle n'espérait certainement plus revoir. L'ivresse de ce moment, mon cœur la partagea profondément ; leur bonheur était si complet, qu'il avait besoin de s'épancher : on m'appela, on me caressa ;

nos douleurs et nos joies communes avaient fait de nous une même fortune.

Cependant, je craignais d'être indiscrète en demeurant plus longtemps auprès d'eux ; je me retirais, lorsqu'un Animal fort grand, de l'espèce de ceux qui habitent les villes, un braconnier s'approcha en

sifflant de l'arbuste touffu qui dérobait à la vue le nid des Rouges-Georges ; il portait sur son dos une espèce de sac, duquel on voyait sortir la tête de leur ennemi, et sur son épaule l'instrument qui les en avait délivrés. La pauvre mère ne put retenir un cri de joie en le reconnaissant, un de ces cris du cœur qui devraient attendrir les cœurs les plus farouches. Mais je crois que les êtres dont je parle n'en ont point.

« Oui-da ! dit celui-là d'une voix terrible, vous chantez, la belle ! Votre chanson est agréable, mais vous serez encore plus à votre avantage à la brochette. Les petits ne vaudront pas encore grand'chose, mais il ne faut pas séparer ce que Dieu a réuni. »

Ayant achevé ces paroles, il saisit les Oiseaux stupéfaits, les emprisonna dans son sac, et repartit en sifflant. Voilà pourquoi je suis triste aujourd'hui.

QUATRIÈME LETTRE DE L'HIRONDELLE.

Je suis fort souffrante depuis quelques jours, ma très-chère amie. Il m'est arrivé un petit accident qui m'a obligée de m'arrêter en chemin, et qui me retiendra probablement longtemps encore, malgré mes regrets et mon impatience, dans le séjour étroit et incommode où je dois cependant m'estimer heureuse d'avoir trouvé un refuge.

J'ai été surprise, à quelque distance d'ici, par un affreux orage, et le vent m'a poussée avec une telle violence contre le toit qui m'abrite aujourd'hui, que j'ai fait une terrible chute, et que je me suis démis la patte en tombant. Fort étonnée d'en être quitte à si bon marché.

Plusieurs Moineaux francs et empressés, qui avaient eu l'heureuse précaution de s'établir là avant le mauvais temps, m'ont prodigué les secours les plus tendres ; mais, malheureusement pour moi, le soleil n'a pas tardé à reparaître, et son premier rayon m'a enlevé mes charitables hôtes. Ma pénible situation n'a pas eu le pouvoir de les retenir, et je souffre d'autant plus de leur abandon, qu'il ne m'est pas encore possible d'aller chercher au dehors la nourriture, qui va cependant bientôt me manquer au dedans, les provisions de mes prédécesseurs étant fort réduites par mon long séjour ici.

Le souvenir de mes pauvres voisins, les Rouges-Gorges, à la vie si patriarcale, à la table si hospitalière, celui de votre amitié, de votre calme intérieur, dont si souvent je suis venue partager les douceurs, me reviennent naturellement, parés de couleurs plus riantes, depuis que j'éprouve les ennuis de la maladie et de la pauvreté.

La solitude, qui a tant de charmes, a bien aussi quelques inconvénients, et je ne veux pas vous faire tort de cet aveu, car je suis sûre qu'il vous fera plaisir. Ainsi, je reconnais que j'aurais grand besoin dans ce moment de ce que je redoutais si fort naguère, et qu'un ami qui me donnerait ses soins et son affection ne me nuirait pas du tout aujourd'hui. Mais demain?

Quoique j'eusse pesé d'avance les chances fâcheuses d'un aussi long voyage, et que cette première et légère contrariété ne soit de nature ni à me décourager ni à m'étonner, je ne puis pas me dissimuler que vous, la personne paisible, et ennemie de tout ce qui menace l'uniformité de votre existence, vous supporteriez avec moins d'impatience que moi ma toute petite blessure. Cela vient, je crois, de ce que vous avez contracté l'habitude de vous occuper sur place, et que ce repos obligé ne troublerait en rien le calme accoutumé de votre tête et de votre cœur. Pour moi, c'est tout différent.

Cette agitation, ordinairement si nécessaire au bonheur de ma vie, a passé dans mon esprit, et je sens que je deviendrais folle s'il me fallait rester longtemps dans cette inaction physique.

J'entends beaucoup et très-mal chanter autour de moi ; je suis, pour mon malheur, assez proche voisine d'une méchante Pie-Grièche qui est devenue, on ne sait comment, la belle-mère de deux pauvres petites Fauvettes qu'elle tient dans un esclavage complet et dont il semble qu'elle prenne plaisir à gâter le goût naturel en leur faisant chanter, tant que dure le jour, des airs de contralto qui n'ont certainement pas été écrits pour ces jeunes voix ; bien entendu, je ne trouve là aucune ressource de société. Cette Pie-Grièche est veuve, ne reçoit personne, et passe la plus grande partie du temps à gronder ces malheureux enfants et à épier leurs démarches les plus innocentes. C'est un tyran femelle, et ses principes sont si loin d'être d'accord avec les miens que j'ai refusé net la proposition qu'elle m'avait fait faire par un vieux Geai, son unique ami et mon ancienne connaissance, de lui servir de remplaçante, quand, par grand miracle, elle est obligée de s'éloigner un instant de chez elle. Je sais bien que les conditions étaient avantageuses, et que, dans la situation incertaine où me voilà, il n'est peut-être pas très-prudent de dédaigner un emploi qui me mettrait au-dessus du besoin ; mais je n'ai pu vaincre ma répugnance, le métier de guichetière me semble odieux, et pour moi, comme pour les tristes victimes que je serais chargée d'empêcher de respirer, de vivre et d'aimer en liberté, je sens que je suis incapable de m'y soumettre.

Mais j'ai offensé cette vieille Pie-Grièche acariâtre, et je ne dois pas compter sur son aide. Il faut donc que je m'arme de courage, et que, si ma guérison se fait trop attendre, j'essaye de vaincre le mal et d'aller,

clopin-clopant, chercher des âmes plus compatissantes, et surtout des esprits plus éclairés.

Vous, dont la touchante bonté m'a recueillie dans une circonstance analogue à celle dans laquelle je me trouve, vous prendrez part à mes peines, et vous gémirez sur moi, plus que je ne le mérite, sans doute. Mais la pensée de votre affectueux intérêt me donnera presque autant de forces que votre intelligente pitié m'en rendit autrefois ; étendez-le donc sur moi tout entier, qu'il plane sur ma tête, qu'il me conduise où le bonheur m'attend, et que je sente de loin, comme tant de fois je l'ai éprouvée de près, votre salutaire influence.

Ma tête est si troublée par les tristes idées qui m'assiégent, qu'il m'a été impossible de profiter de ce temps de loisir forcé pour rassembler les premiers matériaux de l'ouvrage que je médite ; je suis triste, je suis malade, et mon cœur seul est en état de se faire entendre. Ne vous étonnez donc pas de recevoir des lettres si longues, et pourtant si peu remplies. Je vous adresse tout mon cœur, et mon cœur est vide loin de vous.

CINQUIÈME LETTRE DE L'HIRONDELLE.

Depuis un mois déjà, je suis sortie du gîte d'où je vous ai écrit pour la dernière fois. Une Linotte, qui s'en allait un peu sans savoir où, m'a promis de me servir d'appui, et j'ai saisi avec empressement cette occasion de quitter mon ennuyeuse voisine, et le trou plus maussade encore au fond duquel j'enrageais depuis si longtemps. Ma patte est pourtant loin d'être revenue à son état naturel, et, malgré l'espoir dont ma compagne voudrait me bercer, je crains bien d'être boiteuse pour le reste de mes jours. Ceci est un bon moment, n'est-ce pas? pour se souvenir de cette fable des *Deux Pigeons,* qui est une de vos citations favorites, et que vous avez bien souvent opposée à mon humeur vagabonde.

C'est là une grande peine à ajouter à mes autres inquiétudes, et j'ai souvent besoin que la gaieté de ma jeune conductrice vienne faire diversion à mes tristes pensées.

Au milieu de ces étrangers, l'avenir, sur lequel je comptais si fermement, s'assombrit chaque jour davantage ; mes idées, mes plans, ne peuvent réussir à se faire jour ; ici comme ailleurs, l'espèce mâle a envahi toute autorité ; ici comme ailleurs, ils sont nos maîtres ; il faut se l'avouer et essayer d'en prendre son parti. Jusqu'à ce qu'on ait trouvé un quinquina ou une vaccine pour guérir la maladie dont notre sexe est possédé, cette maladie épidémique et contagieuse à la fois, qu'on se transmet de mère en fille depuis le commencement des siècles, et qui exige impérieusement que nous soyons gouvernées et battues, il faut que l'intelligence cède à la force, et que nous portions nos chaînes sans murmure.

Pour moi, qui n'ai pas voulu m'assujettir à ce honteux esclavage, et qui consacrerais volontiers ma vie à l'affranchissement de mes malheureuses compagnes, je sens que cette persévérance que vous avez toutes à suivre les routes battues doit nous retarder peut-être indéfiniment dans la nôtre; que cette force d'inertie à laquelle la force agissante ne peut rien opposer demeurera sans doute victorieuse de tous nos efforts : je sens cela, et j'en gémis, mais que faire? persister, travailler, souffrir, pour que mon nom seul recueille un jour les bénédictions des races futures? Cette ambition est noble et belle, mais j'avoue qu'elle ne suffit pas à me donner le courage nécessaire pour lutter contre les déceptions qui m'attendent, contre les chagrins dont la vie que je mène depuis près de deux mois m'a donné déjà de si pénibles échantillons.

Je suis donc plongée dans l'incertitude, et vivant au jour le jour, en attendant que ma bonne étoile m'inspire une décision quelconque qui me fasse sortir de l'état d'angoisse où je suis.

Ma Linotte, qui n'a pas l'habitude des réflexions, se lassera bientôt, je le crains, de la lourde tâche que son bon cœur lui a fait accepter; je ne compose pas une société fort agréable, et je vois qu'elle cherche, autant que faire se peut, à rompre le tête-à-tête.

Quoique je ne fusse guère en humeur de voir du monde, elle m'a entraînée hier au milieu d'une nombreuse réunion, qui, en tout autre temps, m'eût remis le cœur en joie et en espérance. Notre sexe seul y était admis, et le but vers lequel tendent tous mes vœux était aussi celui que ces jeunes cœurs appellent avec une noble impatience. Plusieurs points de notre législation future y ont été discutés avec tout le charme de la plus haute éloquence. Je ne sais pas ce que les opposants craignent de perdre au changement que nous demandons, car nos parlementeurs d'aujourd'hui seraient immédiatement remplacés par d'autres aussi abondants, aussi longs, aussi larges qu'eux-mêmes. C'est à notre tour de parler, il y a assez longtemps que nous n'écoutons pas.

On a passé après cela à des exercices purement littéraires. La maîtresse du lieu, Tourterelle, qui est un peu sur le retour, nous a beaucoup entretenues de sa jeunesse dont elle paraît se souvenir très-bien, et de ses amours sur lesquels elle a composé une grande quantité de pièces de vers. Après elle, une jeune Bécasse fort timide a chanté sur un air de sa composition des paroles dont je n'ai pas bien saisi le sens, car l'excessif

embarras de cette aimable artiste la privait d'une partie de ses moyens. Sa mère, au reste, s'empressait de communiquer à l'assemblée, à mesure qu'ils étaient chantés, les vers que le trouble empêchait de sortir du gosier de cette chère enfant, ce qui fait que nous avons joui doublement.

Plusieurs autres personnes, prises dans les différentes classes de la société, et que le seul désir d'entendre les talents dont je viens de vous parler avait amenées à cette réunion, après s'être longtemps fait prier, par modestie, ont fini par céder aux demandes réitérées qui leur étaient adressées de toutes parts, et leur mémoire leur a fourni tant de vers, de prose et de musique, qu'on n'a pu les décider à se taire que fort avant dans la soirée. En sortant, chacun félicitait l'aimable hôtesse, et la remerciait du plaisir qu'elle avait procuré à chacun par sa grâce et par son talent fécond et varié, qui sait se prêter aux combinaisons les plus hardies, comme aux sujets les plus tendres et les plus touchants.

Et moi, qui m'étais laissé distraire à ce tourbillon qui enveloppait ma pensée, je n'ai pas tardé à retrouver au fond de mon âme la tristesse que j'avais oubliée un instant, et je me suis couchée fatiguée, inquiète, en songeant qu'il faudrait recommencer aujourd'hui à attendre je ne sais quoi, à aller je ne sais où.

SIXIÈME LETTRE DE L'HIRONDELLE.

Il ne me manquait plus, n'est-il pas vrai, mon amie, après tant d'espoirs déçus, après tant de démarches vaines, que de terminer enfin mon long pèlerinage en compagnie d'une Linotte? Si vous n'étiez pas si bonne, vous ririez bien ; mais vous n'êtes pas Serine à abuser de vos avantages. D'ailleurs, le côté ridicule que votre douce malice trouvera sans le chercher n'est pas celui qui domine dans mon équipée. Je reviens vers vous, affligée, découragée, mais non convertie. Seulement, j'en suis venue à regretter que mon organisation me défende le bonheur que la vôtre vous donne ; je voudrais pouvoir me changer, puisqu'il me faut renoncer à changer les autres.

Je ne crois pas avoir tort, mais je me crois impuissante à avoir raison ; ce qui, pour le résultat, revient absolument au même. J'ai vu, j'ai sollicité, j'ai prêché ; je n'ai eu affaire qu'à des sourds : les mâles écoutent et haussent les épaules, les femelles n'écoutent pas et haussent les épaules aussi. Il faudrait, pour continuer la lutte, une patience que je ne me connais pas, ni vous non plus, j'en suis sûre.

Et puis, me voilà estropiée ; et pour entreprendre quelque chose que ce soit dans ce monde, même de faire le bien, il faut d'abord être belle. Une Hirondelle qui boite n'a pas de grandes chances de popularité dans un siècle qui marche si vite et au milieu de gens qui se heurtent sans cesse. C'est à dater de ce moment-là que le découragement m'est venu, et j'ai toujours cru aux pressentiments.

Je m'arrête donc, et même je retourne sur mes pas ; le printemps va nous arriver à Paris, et comme, sous ce beau ciel dont on parle tant, il n'a pas de beaucoup meilleures jambes que moi, j'espère revenir en même temps que lui.

Je vous présenterai ma petite compagne qui vous plaira, malgré sa folie. C'est un charmant cœur de Linotte; quant à la tête, il n'y faut pas penser.

Les étourdis sont bons en général, et je viens d'éprouver que ma prédilection pour eux ne m'avait point abusée. Je ne pourrai jamais reconnaître les soins dont j'ai été l'objet de la part de cet aimable Oiseau, et je crois qu'il ne s'en soucie guère. C'est encore vous qui vous chargerez de m'acquitter envers lui, en lui donnant quelques règles de conduite dont on a vraiment besoin; vous ne sauriez croire combien cette petite tête-là est en continuelle disposition de faire des sottises.

Elle s'était prise de passion pour un jeune godelureau que nous avons rencontré en chemin, et j'ai vu le moment où elle me quittait pour le suivre. Il m'a fallu lui représenter sous les couleurs les plus lugubres l'abandon où son absence allait me plonger, pour la décider à se séparer de ce fat, qui n'avait vraiment pour lui qu'un joli extérieur et un grand aplomb. Il l'aurait rendue malheureuse, j'en suis persuadée; une triste expérience m'a appris à ne pas juger les gens sur la mine, car si vous vous en souvenez, rien n'était beau comme le volage qui m'a coûté tant de larmes. La confidence de mes chagrins, que j'ai jugé à propos de faire dans cette circonstance à notre jeune écervelée, a produit sur elle une vive impression. Avec des paroles raisonnables et sévères, et une surveillance active, on la sauvera des chagrins dont la légèreté de son caractère la menace.

Mais voilà que, sans y songer, je parle de surveillance et de sévérité, comme si ce système n'était pas en opposition directe avec mes principes. Qu'est-ce que cela veut dire? La maladie commune me gagnerait-elle, et dois-je renoncer aussi à la satisfaction intérieure que j'emportais avec moi de n'avoir pas bronché, malgré les vicissitudes, dans ma première et unique voie? Je ne sais. Ce voyage, sur lequel je comptais pour m'instruire, m'a effectivement montré la vie sous un aspect que je ne connaissais pas. Je n'avais voulu voir jusque-là que les inconvénients de ce qui est, et les avantages de ce qui n'est pas. Je les vois encore, mais de plus je calcule maintenant les dangers de tout changement, même quand il doit amener une amélioration certaine. Il vaut mieux garder un mauvais régime que d'en changer; ce n'est pas moi qui ai dit cela la première.

Vous me reverrez donc, chère et tendre amie, triste, mais soumise, trouvant le monde fort mauvais, mais ne voulant plus le forcer à être meilleur, raisonnable selon vous, désenchantée selon moi ; et qui sait si ce n'est pas la même chose ? ayant bien couru pour savoir ce que j'aurais appris avec le temps sans me déranger . c'est que se contenter du bonheur qu'on a, sans le risquer pour avoir mieux, c'est la vraie sagesse, et que cette sagesse, si je n'ai pu parvenir encore à la conquérir, je vais vivre auprès de vous, et que vous l'avez. A bientôt, et à toujours.

Mme MÉNESSIER-NODIER.

LES
ANIMAUX MÉDECINS

N vieux Corbeau nous annonce la mort prochaine d'un de nos collègues; il se flatte de la *pressentir*. Le mot est fier, mais la chose pourrait bien se réaliser; car, à l'instant même, un pauvre Chien entre chez nous, tout boiteux, tout écloppé ; non, ce n'est pas même un Chien, c'est un squelette, une ombre de Chien. Nous demandons au malheureux ce qu'il éprouve :
« Hélas! nous répond-il, on a voulu me guérir, voilà mon mal. » Nous l'invitons à s'expliquer; alors il prend vous savez quel siége, et s'écrie :

« Ah! mes frères, qu'avez-vous fait là? Vous avez provoqué les Animaux à écrire; mais on a exagéré vos conseils : plusieurs d'entre nous se sont mis à penser. Ils rêvent même poésie, arts, science; que sais-je encore? Ces fous s'imaginent que pour découvrir tout cela il suffit de s'éloigner du naturel et de notre instinct si sublime, quoi qu'on en dise. Le Rossignol chantait; un Ane s'est donné la mission d'inventer la musique et de la mettre à la portée des Chats. La civilisation les déborde. Dieu, qui veut les arrêter sans doute, vient de leur envoyer une idée terrible : les Animaux, vos amis, vos frères, sont dégoûtés de mourir de leur belle mort; ils ont résolu de fonder une médecine, une chirurgie animale. Déjà ils se sont mis à l'œuvre. Voyez, je n'ai plus que la peau sur les os, et je sors de me commander des béquilles. »

Le Renard, qui se trouve *de rédaction* ce jour-là, propose au blessé de se rafraîchir. Celui-ci accepte; alors le Renard lui fait apporter une plume et de l'encre, et le prie d'écrire sa mésaventure pour l'édification de la postérité. Le Chien obéit par habitude; *seulement* au lieu d'écrire il dicte :

« Je suis juste, dit-il, et ne veux rien cacher. Il y avait depuis longtemps, parmi les Hommes, certains individus appelés, je crois,... vétérinaires, et qui, en conscience, nous abîmaient. Nous n'étions pas plutôt entre leurs griffes, qu'ils nous saignaient, purgeaient, repurgeaient, et surtout qu'ils nous mettaient à la diète. Je me plains particulièrement de ce dernier trait. Vous souriez; vous me soupçonnez de gourmandise. Pourquoi aime-t-on mieux croire aux défauts de son semblable qu'à ses besoins? On n'ose pas lui reprocher de vivre, mais on lui sait mauvais gré d'avoir faim. Si je me plains, encore une fois, ce n'est pas par gourmandise, mais cela humilie d'être mis au régime comme un simple et vil écolier malade de paresse, et qu'on traite par l'économie domestique. Je contribuai beaucoup, je m'en accuse, à faire nommer une commission chargée d'ouvrir une enquête et de constater les faits. Vous ne devineriez jamais sur quels imbéciles... pardon, messieurs, je voulais dire sur quels Animaux les choix tombèrent : sur des Linottes et sur des Taupes. Il est vrai qu'on leur recommanda l'attention et la clairvoyance. La commission, pénétrée de cette vérité fondamentale, que les malheureux n'ont guère les moyens de rester désintéressés dans leurs plaintes, imagina de s'adresser exclusivement aux personnes présumées coupables. Je ne sais ce qui se passa, mais bientôt une bonne majorité, composée de tous les Animaux qui n'avaient rien écouté, décida que l'affaire était entendue. Un rapporteur fit un méchant travail dont il fut magnifiquement récompensé, et toute la commission après lui : et ce fut tout. Mais j'aboyai; je hurlai, je fis le mécontent; beaucoup de mes voisins et amis crurent me devoir de faire comme moi; l'agitation devint générale; les Animaux versés en politique crurent un instant qu'ils assistaient au spectacle d'un peuple trop heureux sous une dynastie trop généreuse.

— Gazez, mon bon ami, gazez donc, interrompt le Renard; tout arrive et tout s'en va, il faut donc ménager tout par prudence ou par générosité.

« Bref, reprend Médor intimidé (Médor, c'est le nom de notre héros), nous convînmes de former des écoles de médecine secrètes et des facultés de chirurgie clandestines, sous la présidence du Coq d'Esculape et du Serpent d'Hippocrate. Il s'agissait de s'instruire, tout le monde voulut enseigner. Chaque Animal, dont une partie quelconque, un détritus, un débris, avait autrefois été usité en médecine, prétendit créer la science et imposer son système. Lorsque chacun énuméra ses titres, il se trouva, chose étrange et dont je ne veux pas abuser contre le genre humain, que toutes les bêtes, depuis la plus petite jusqu'à la plus grosse, que toutes les espèces, depuis la meilleure jusqu'à la plus malfaisante, avaient autrefois été proposées et servies par les médecins des Hommes comme *panacées* universelles. Croiriez-vous qu'ils ont osé *prescrire*, c'est leur mot, le bouillon de *Tortue* contre la langueur, et la gelée de Vipère contre la malignité du sang !

— Médor, vous êtes instruit, et si jamais nous ajoutons une Académie des sciences à notre journal, vous en serez.

— De l'Académie, prince?

— Non, de notre journal; pour qui donc vous prenez-vous? Continuez.

« Vous n'avez pas perdu de vue, messieurs les rédacteurs, que votre très-humble serviteur s'était principalement révolté contre la diète, et qu'il n'avait pas songé à la science, Dieu merci. Quelle ne fut donc pas sa douleur en se voyant incompris, dépassé par des ambitieux qui voulaient des honneurs, lorsqu'il ne désirait, lui, qu'un régime un peu moins sévère! Comprenez-vous, par exemple, un copiste, un Belge, un Singe, se posant en fondateur scientifique, et s'écriant : « A moi la toge? » La *médecine gymnastique* fut la première inventée après celle des registres publics, des recettes superstitieuses et des sacrifices. Un savant grec, *Hérodicus*, guérissait tout, même la fièvre et la paralysie, par la gymnastique et les gambades médicinales. Mes droits sont clairs, sans compter que mes aïeux se sont prêtés de force à la fantaisie qui poussa *Galien* à disséquer une foule de Singes afin de bien connaître les Hommes.

« Indigné qu'on osât invoquer des noms d'Hommes, je demandai la parole, et je dis...

— Est-ce long? demande le Renard.

— Cela fera, seigneur, ce que cela fera; voilà tout ce que je puis vous affirmer, en conscience.

— Vous êtes honnête; cela ne peut vous mener loin aujourd'hui. Continuez donc.

« Mes frères, si nous nous préoccupons de la conduite des Hommes et de leurs remèdes, nous ne produirons que plaies et bosses. J'ai entendu dire par un sage, que j'ai jadis accompagné, moi tout seul, jusqu'au cimetière, que le sublime de la philosophie était de nous ramener au sens commun; j'incline à penser que le sublime de l'art de guérir serait de revenir à l'instinct. Ces mots bien simples, on les trouva pitoyables.

— En définitive, fait observer le Renard, il eût été ridicule de se donner tant de mal pour trouver une chose simplement raisonnable et sensée; puisqu'on voulait fonder un art, il ne fallait pas se préoccuper platement de la nature...

— C'est évident, » murmure un Ours venu là pour s'abonner.

Médor se gratte l'oreille, et continue en baissant la voix :

« Ma réflexion fut blâmée; quant à moi, je fus vilipendé, battu comme incendiaire; lorsque je voulus lever les pattes au ciel pour protester de mon innocence, il s'en trouva une de cassée. Alors mes collègues me demandèrent ironiquement quel remède l'instinct et le sens commun indiquaient en cette circonstance; mais comme ils avaient eu soin de me frapper d'abord sur la tête, je ne sus pas répondre et restai convaincu d'imbécillité.

— Ma foi, c'est très-logique, dit le Renard.

« On me mit au lit, sur la paille; je vis entrer bientôt dans ma chambre une Sangsue, une espèce de Grue, un Animal hétéroclite, une Cantharide, et un Paresseux qui se trouva assis avant même d'être arrivé. Le monsieur hétéroclite, personnage sec, froid, confortablement vêtu, déclara que la séance était ouverte et qu'il s'agissait de me tirer du mauvais pas où j'étais, de me sauver. Je me crus mort. Mais une vraie Truie, que l'on m'avait donnée pour garde-malade, entreprit de me rassurer en me disant : « N'ayez pas peur, les bons s'en vont, les mauvais restent.

« — Commère, lui répliquai-je, de quoi vous mêlez-vous? on ne vous a pas placée auprès de moi pour me desservir... au contraire ; » et je m'agitai sur mon grabat.

« Alors la Sangsue prétendit que j'avais le délire, et annonça l'intention de me prendre à la gorge. Heureusement la Cantharide s'aperçut que je tirais la langue, et, démontrant que j'étais exténué, proposa de me procurer ce qu'elle appelait une petite surexcitation.

« — Taisez-vous, ma chère, répondit à la Cantharide l'espèce de Grue dont j'ai déjà parlé ; votre opinion ne saurait avoir la moindre autorité ; vous manquez absolument de poids ; il faut six mille quatre cents de vos semblables pour former une misérable demi-livre. Pensez-y donc.

« — Votre opinion, cher Paresseux ? » demanda le personnage hétéroclyte.

« Le paresseux bâilla : « J'a... attends. »

« — Monsieur, répliqua le froid personnage, monsieur fait apparemment de la médecine expectante; *sa pratique est une méditation sur la mort.*

« — Tiens, grogna la Truie en elle-même, cet honnête monsieur a volé mon premier maître qui s'appelait Asclépiade, et disait cela de la pratique d'*Hippocrate*.

« — Quant à moi, formula gravement le précédent interlocuteur, je pense que l'humidité aux pieds, à la tête, à la poitrine, à l'abdomen et à tous les membres en général, cause plus des deux tiers des maladies... »

« Le Veau marin haussa les épaules.

« ... Aussi, je ne sors jamais qu'en voiture, et ne marche que sur des tapis. Je regarde tous ceux qui vivent en dehors de ces conditions-là comme des exceptions ; mais je ne tiens qu'à la règle. J'ai dit... Et maintenant qui nous payera ?

« — Et nous ? répondit une voix du dehors.

« — Qui, vous ?

« — Nous, les chirurgiens animaux, qui venons réclamer le malade comme à nous appartenant de plein droit, puisque nous pouvons seuls le tirer d'affaire. Ouvrez, ou nous allons scier, couper la porte, comme s'il ne s'agissait que d'un membre. »

« La porte s'ouvrit, et la *Scie* entra suivie de son cortége ; elle mon-

tra ses dents aiguës, me tâta le pouls à l'oreille, et l'on fit cercle autour de l'opérateur.

« A cette vue, il était bien naturel de s'évanouir, je le fis de mon mieux. Mais les extrêmes se touchent; de l'évanouissement au délire il n'y a qu'un pas : je devins comme fou. Je ne sais où mon imagination alla chercher ses images, mais je me vis à l'hôpital. Et d'abord je n'étais plus seul dans ma chambre; je n'étais plus Médor, j'étais *trente-trois*.

— C'est beaucoup; mais qu'est-ce que cela signifie?

« C'est-à-dire que plusieurs Animaux formaient une collection de malades, et que pour nous reconnaître, pauvres victimes, on nous avait numérotés comme de hideux cabriolets. J'étais donc 33; quant à mon voisin 34!... il n'était plus.

« Enfin la scène s'assombrit encore. Dans le fond, à l'endroit que les artistes appellent, je crois, le second plan, j'aperçus un horrible tableau : des créatures se dépeçant, se disséquant les unes les autres ! La salle à manger était ornée de squelettes et d'ossements. Qu'avait-on fait de la chair?

— Ces ossements étaient sans doute fossiles, mon ami; vous calomniez vos concitoyens. Mais vous êtes libre, continuez.

« Je voulus aboyer au scandale, à la profanation, au sacrilége; mais le Requin, me mordant l'oreille jusqu'au sang, me recommanda le calme, la résolution, accompagnée de beaucoup d'espérance. « Vous tâcherez d'abord, me dit-il, de ne rien comprendre à la clinique. — C'est déjà fait, lui répondis-je. — Moi, je vais faire à ces messieurs ici présents, et qui tous brûlent de vous voir sur pied, l'historique de votre accident; pronostic, diagnostic, symptomatologie, séméiologie, diététique, et, je crois encore, *numismatique;* rien, absolument rien, n'y manquera. Si vous n'en êtes pas immédiatement soulagé, nous ne nous amuserons pas à discuter comme ces fades médecins, dont nous nous sommes, Dieu merci, séparés, sur le *strictum* et le *laxum,* sur les humeurs, la pituite, les pores et les 66,666 sortes de fièvres spécialement affectées à l'organisation animale; nous ne nous préoccuperons ni d'Aristote, ni de Pline, ni d'Ambroise Paré, un misérable idéologue qui disait : « *Je te pansay, Dieu te guarit.* » Non, ce n'est pas là notre affaire; notre patron, notre modèle, c'est *Alexandre. Resserrer, relâcher* les tissus.... fi donc! Alexandre ne resserra ni ne relâcha le nœud gordien : il le coupa.

« — Vive Alexandre! s'écrièrent les Vautours, les Rats, les Corbeaux, qui formaient l'auditoire.

« — Vous m'avez compris, continua le Requin; il ne me reste plus qu'à prendre l'avis de ma confrère la Scie, dont j'estime les doctrines bien que je les applique autrement, et nous allons inciser les muscles, scier les os, enfin guérir le malade... »

« Ils vont me tuer; plutôt la mort! pensai-je dans mon égarement.

— Et *vous fîtes le mort?* demanda le Renard.

« Voilà précisément ce que prétendit le Requin, lorsque je ne sais quelle bonne petite bête, cachée dans un coin, voulut faire observer qu'il serait indécent d'abuser de mon état.

« Toutefois les plus petits incidents retardent souvent les plus grandes résolutions...

— Répétez, dit le Renard avec un grain d'ironie.

« Toutefois, prince, les plus petits incidents retardent souvent les plus grandes résolutions. L'opérateur mécontent tomba, non pas sur celui qui l'avait interrompu, mais sur son voisin, auquel il reprocha d'emporter la charpie de l'hôpital pour en garnir le nid de ses maîtresses.

« Alors un grand Vautour, étudiant de province, comme il était facile de le reconnaître à son manteau de 150 kilogrammes et à son infâme casquette placée en arrière, osa avancer que la profession d'étudiant était chose éminemment libérale, et que les maîtres ne devaient pas intervenir dans la vie privée des élèves. Sous le régime de la Charte, il n'y avait rien à répliquer. Le grave Requin sentit qu'il fallait effacer jusqu'au dernier souvenir de sa défaite : « Messieurs, dit-il, puisque le malade ne nous permet pas l'opération pour aujourd'hui, et qu'il faut ajourner les considérations pratiques, permettez-moi d'aborder un moment les considérations morales de notre sujet... ».

— Morales ! on vous flattait, mon cher...

« Vous trouvez ? c'est possible ; mais j'allais beaucoup mieux, je vous le jure. J'entendis très-distinctement le petit sermon que voici en abrégé : « Chers élèves : *Le médecin philosophe tient en quelque chose de la nature de Dieu;* notre profession est un sacerdoce ; vous le savez, dans la première antiquité, l'art de guérir était exercé par des prêtres ; c'est qu'il exige plus que des talents, il veut des vertus... »

« — Oh ! oh ! firent quelques étudiants de première année.

« — La médecine redeviendra un sacerdoce, ou, si vous aimez mieux, une fonction sociale ; les médecins présideront à l'hygiène publique ; moins il y aura de malades, plus la médecine sera honorée, récompensée. Ce monde, pour arriver au progrès, doit donc être renversé. Aussi bien, mes frères, hâtons de tous nos efforts l'adoption de cette doctrine de la plus grande rétribution selon la plus petite clientèle : car, évidemment, les malades s'en vont, ou plutôt les médecins arrivent en si grand nombre, que chaque famille a son Esculape. Où allons-nous, mes amis ? que ferons-nous, lorsqu'il y aura un médecin à chaque étage, dans la cabane, sur les toits, sur les branches ? Les études sont pénibles, coûteuses ; mais les étudiants sont intrépides. Misère ! misère ! résultat inévitable de tant de sacrifices, récompense imprévue de tant de peines !...

« — Mais, interrompit le Vautour, vous n'êtes pas malheureux, mes maîtres. Votre prétendue sollicitude n'est qu'égoïsme, au fond, et voracité pure.

Mais les étudiants sont intrépides.

« — Et puis, chanta je ne sais quel Oiseau, il ne faut calomnier ni la misère ni la souffrance; elles précèdent toujours le génie, sans compter qu'elles en sont parfois encore l'expiation. Quant à moi, je l'ai éprouvé comme tout le monde : oui, la vie est dure, mais Dieu n'a pas cessé d'être tout-puissant. La neige couvrant jusqu'au brin d'herbe, et ne laissant pas apercevoir, sous toute l'étendue des cieux, la moindre graine, ne m'a pas fait douter un seul instant des fleurs et des fruits qui devaient revenir. J'ai connu la faim, et jamais le désespoir! Qu'importe le grand nombre dont on veut nous effrayer, l'espace est encore plus grand!

« — Vive la joie! reprit un Corbeau. La misère! mais c'est la poésie des mansardes, comme la mansarde est le palais des étudiants. Si la vie devient demain plus difficile, demain nous monterons encore d'un étage... plus près du ciel. Une idée! mes amis. Voulez-vous savoir comment je regarde l'étage supérieur des maisons de Paris? C'est, à mon avis, la tête, le cerveau de cette grande ville... le cerveau, et même un peu aussi le cœur. C'est là qu'on pense, c'est là qu'on rêve, c'est là qu'on aime, en attendant qu'on descende au premier étage végéter d'ambition et de richesse; car notre maître a beau dire, il prouve lui-même, par ses succès et son peu de mérite, qu'il n'est pas déjà si difficile de devenir riche et de parvenir.

« — Ah! voilà, reprit le Requin; les exceptions vous séduisent et vous éblouissent; vous oubliez qu'un seul heureux est le produit d'un millier de dupes et de plus de cent misérables; vous ignorez, tristes savants, qu'il y aura beaucoup d'appelés et peu d'élus. Un Homme a prétendu, je le sais bien, que le soleil éclaire nos succès et que la terre s'empresse de recouvrir nos bévues; des niais ont reproduit ce mensonge. La vérité, mes amis, c'est que le soleil éclaire l'ingratitude des convalescents, ou des héritiers, et que la terre recouvre bien vite nos plus belles cures chirurgicales. »

« Comme le discours devenait sérieux et profitable, l'auditoire se dégarnit rapidement.

« Ce fut à ce moment-là aussi que la raison et le sang-froid me revinrent tout à fait. Je me retrouvai en face des premiers médecins que vous savez; mais j'aperçus pour la première fois parmi eux un Animalcule, un Ciron exaltant la médecine homœopathique; il proposait à ses collègues de me faire avaler un atome invisible dans un adjuvant impalpable : ce qui ne tarderait pas à me procurer un bien-être imperceptible.

« La Grue fit observer qu'il s'agissait d'une patte cassée, et proposa des éclisses. « Tout le monde, ajouta la Cantharide, n'est pas habitué à marcher sur des échasses. » Ici la discussion prit une face nouvelle, et mes ennemis se divisèrent.

« — Je vous l'avais bien dit, murmura la Truie à mon oreille. Les voilà qui se querellent, vous êtes sauvé; s'ils s'étaient entendus, vous étiez mort. Mais les bons s'en vont...

« — Suffit, madame, lui répondis-je en employant toujours à dessein une expression impropre, suffit; et j'enfonçai ma tête sous la couverture... Je m'aperçus alors que, malgré ses rideaux blancs, mon lit n'était qu'un misérable lit de sangle, un grabat d'artiste; que rien ne m'empêchait d'en sortir par le pied, et de m'enfuir pendant que la docte assemblée réfléchissait les yeux à demi fermés. Aussitôt pensé, aussitôt fait : je m'enfuis, et me voilà. Mes sauveurs en sont encore à délibérer sur une couverture.... »

Ayant dit, le pauvre invalide nous fait sa révérence, et s'en va clopin-clopant. On n'a jamais vu d'auteur de Mémoires plus insouciant de l'avenir de son œuvre. C'est un exemple à empailler.

Nous prions les personnes qui auraient des nouvelles de Médor de ne pas nous en donner. Les Animaux, toujours occupés aux prélimi-

naires de la liberté, n'ont pu fonder de salles d'asile, ni d'hospices. — Ne pouvant secourir notre semblable, nous ne voulons pas en entendre parler. Ce serait encore là de l'humanité, si nous en croyions les Hommes, ces monstres qui s'étouffent et se dévorent les uns les autres, et qui ont osé écrire, je ne sais où, par une hypocrisie détestable :
« Après un baiser à ceux qu'on aime, rien n'est plus doux qu'une
« larme à ceux qui nous ont aimés. »

Pierre Bernard.

TABLETTES
DE LA GIRAFE
DU JARDIN DES PLANTES.

LETTRE A SON AMANT AU DÉSERT.

Graces soient rendues mille fois au dieu bienfaisant qui protége les Fourmis, les Girafes et les Hommes peut-être ! Nous allons avant peu, ô mon bien-aimé ! nous voir rapprochés à jamais. Les savants dont je te parlerai tout à l'heure (ce sont des gens qui font ici la pluie et le beau temps, mais le beau temps bien rarement), les savants, dis-je, viennent de décider dans leur sagesse qu'il était *éminemment rationnel* de nous réunir, pour parvenir, dans la *monographie* des Girafes, à l'appréciation exacte de certains faits particuliers. Il est vraisemblable que cela ne te paraîtra pas fort clair au premier abord, mais tu en sauras autant que moi après deux mots d'explication.

Je ne te rappellerai pas les douleurs de notre séparation; hélas! tu les as senties comme moi. Je ne te parlerai pas des souffrances de ma captivité dans une prison de bois, à travers les mers et les tempêtes. N'es-tu pas condamné à les subir à ton tour? Plus heureux que moi cependant, puisqu'au bout des jours d'épreuve qui te menacent tu es sûr de me retrouver! Tu verras d'ailleurs tous ces détails dans mes *Impressions de voyages,* aussitôt que la *Revue des Bêtes* aura paru. Ses rédacteurs ne manqueront pas.

Il te suffira donc de savoir aujourd'hui qu'on me transportait sur une terre si différente de la nôtre, que tu auras quelque peine à t'y accoutumer. Le soleil y est pâle, la lune blafarde, le ciel terne, la poussière sale et détrempée, le vent humide et froid. Sur trois cent soixante et quelques jours dont se compose l'année, il pleut pendant trois cent quarante, et tous les chemins deviennent d'immondes rivières, où une Girafe qui se respecte n'oserait poser une patte. Seulement, pour changer un peu, pendant une partie de l'année, la pluie devient blanche, et couvre au loin le sol d'un immense tapis dont l'éblouissante monotonie blesse l'œil et contriste l'âme; l'eau devient solide, et malheur aux oiseaux du ciel qui ont soif! ils meurent au courant des ruisseaux sans pouvoir se désaltérer. A l'aspect de cette région désastreuse, je restai un moment saisie d'effroi; je venais d'arriver dans la Belle France.

L'espèce d'Animal qui domine dans le triste pays dont je viens de te faire la peinture est probablement la plus maltraitée de toutes les créatures de Dieu. Le devant de sa tête, au lieu d'être élégamment allongé en courbe gracieuse, est plat et vertical. Son cou, presque tout à fait caché entre les épaules, n'a ni développement ni souplesse; sa peau rase est d'une couleur terreuse et livide comme le sable, et, pour comble de ridicule, il a pris la sotte habitude de marcher sur ses pattes de derrière, en balançant burlesquement de côté et l'autre les pattes de devant pour maintenir son équilibre. Il est difficile de rien imaginer de plus absurde et de plus laid. Je suis portée à croire que ce pauvre Animal a quelque sentiment naturel de sa difformité, car il cache avec un grand soin tout ce qu'il peut en dérober aux regards sans nuire à l'exercice de ses organes; et, pour y parvenir, il a réussi à se fabriquer une sorte de peau factice avec l'écorce de certaines plantes ou la toison de certains Animaux, ce qui ne l'empêche pas de paraître presque aussi hideux que s'il était nu. Je te réponds, mon bien-aimé, que, lorsqu'on a vu l'Homme d'un peu près, on est fière d'être Girafe.

Tu sais combien il nous est facile de nous communiquer toutes nos émotions et tous nos besoins avec des cris, des gloussements, des murmures, et surtout avec le regard, où tout sentiment vient se peindre. La race misérable dont je te parle a, selon toute apparence, joui du même privilége autrefois; mais, entraînée par un fatal instinct, ou, s'il faut en croire les plus sages, soumise par sa destinée à un implacable châtiment, elle s'est avisée de substituer au simple langage de la nature un grommellement articulé presque continu, de la monotonie la plus importune, dont l'objet principal est de ne pas se faire comprendre, et qu'on appelle la parole. Cet artifice bizarre sert seulement à énoncer de la manière la plus obscure possible, car c'est toujours la moins nette et la moins significative qui est la meilleure, quelque chose de vague, de confus, d'indéfinissable, qui prend le nom d'*idées*, quand on veut lui donner un nom. Comme ce mot ne signifie absolument rien, c'est celui dont on est convenu. L'échange défiant, hargneux, quelquefois tumultueux et hostile, de ces vains bruits de la voix, est ce qu'on appelle une *conversation*. Lorsque deux Hommes se séparent après avoir conversé pendant trois ou quatre heures, on peut être assuré que chacun des deux ignore profondément ce que pense l'autre, et le hait plus cordialement qu'auparavant.

Ce qu'il faut bien que je t'apprenne encore, c'est que ce vilain Animal est essentiellement féroce, et se nourrit de chair et de sang; mais ne t'épouvante pas, je t'en prie. Soit par un effet de sa lâcheté naturelle, soit par un horrible raffinement d'ingratitude et de cruauté, il ne mange que de pauvres Bêtes sans défense, timides, faciles à tuer par surprise, et qui le plus souvent l'ont habillé de leur laine ou enrichi de leurs services. Encore est-il d'usage qu'il les prenne exclusivement dans le pays; un Animal venu de l'étranger lui inspire d'ordinaire un religieux respect, qu'il manifeste par toute sorte de soins et d'hommages; ce qui paraît du moins prouver, à son honneur, qu'il ne se dissimule pas l'infériorité relative de sa misérable condition. Il trace des parcs pour la Gazelle, il décore des antres pour le Lion; il a planté pour moi des arbres à la feuille nourrissante, dont je peux atteindre aisément la cime; il a jeté devant mes pas une pelouse fraîche comme celle qui croît au bord des puits, ou un sable roulant et poli comme celui que mon pied fait voler dans le désert; il entretient dans ma demeure une température toujours égale, et ses semblables seraient trop heureux s'il avait pour eux les mêmes égards et les mêmes attentions; mais il ne s'en soucie guère. Toujours il les dédaigne quand il n'en a pas besoin; souvent il les tue, et quelquefois même il les mange dans certains jours de grande solennité. Les jours de carnage sans appétit et sans but sont infiniment plus communs, et ils arrivent au moment où l'on y pense le moins. L'occasion de ces massacres est ordinairement ce rien sonore qu'on appelle un mot, ou ce rien indéfinissable qu'on appelle une idée. Au défaut des armes naturelles que la sage prévision de la Providence a refusées à l'Homme, il a inventé, pour ces horribles collisions, des instruments de mort qui détruisent infailliblement tout ce qu'ils touchent, et qui sont en général copiés sur ceux dont la nature a muni les Animaux pour leur défense; on le voit porter à côté de sa cuisse, avec une sorte

d'orgueil, une épée longue et pointue comme celle de la Licorne, ou un sabre recourbé et tranchant comme celui de la Sauterelle. Il n'est pas jusqu'au tonnerre du Tout-Puissant dont il n'ait dérobé le secret à la création, en modifiant ses formes et son usage avec une exécrable variété. Il en a de portatifs qui s'appuient à l'épaule sur une de ses pattes de devant; il en a d'énormes qui sont cependant mobiles, qui courent au-devant de lui sur quatre roues, et qui portent dans leurs entrailles de fer mille morts à la fois. Quand on n'est pas d'accord sur le mot ou sur l'idée, et Dieu sait si cela arrive souvent! on met ces épouvantables machines en campagne, et celui des deux partis qui tue le plus de monde à son adversaire a raison jusqu'à nouvel ordre. Cette manière d'avoir raison, qui te fait sans doute horreur, a même un nom particulier : c'est de la gloire.

L'Homme n'est pas le seul Animal parlant que l'on remarque ici. J'en vois souvent un autre que l'on appelle le Savant, et qui fait tout ce qu'il peut pour se distinguer de l'espèce commune, à laquelle il appartient cependant beaucoup plus qu'il n'en a l'air. Ce qui le caractérise du premier abord, c'est son pelage d'un vert foncé qu'il aime à chamarrer de broderies et de rubans; mais je t'ai déjà dit que c'était un pur artifice, et il n'y a communément là-dessous qu'une espèce d'Animal comme le premier Homme venu. Il en diffère plus essentiellement par son langage, qui est la chose la plus extraordinaire du monde. Il n'y a aucun égard à cette fiction de l'idée qui occasionne tant de tribulations au reste de l'espèce, mais seulement au mot qui la représente bien ou mal pour les autres, et qu'il se ferait scrupule d'employer, si on pouvait lui reprocher d'avoir égard à l'autorité de l'usage. L'état de Savant consiste à se servir de mots si rarement prononcés, qu'il vaudrait autant qu'ils ne l'eussent pas été du tout, et le principal mérite du Savant est de faire tous les jours des mots nouveaux que personne ne puisse entendre, pour exprimer des faits vulgaires que tout le monde peut connaître. Aussi le Savant ne se fait-il pas faute de ces inventions barbares dont il a seul le secret; mais il le faut bien! un Savant intelligible ne serait plus un Savant, et c'est en vain qu'il aspirerait au pelage vert; car le Savant se produit par métamorphose comme le Papillon. Tout Homme qui baragouine intrépidement un langage inconnu est la Chenille d'un Savant; il n'a plus qu'à filer son cocon et à s'enterrer dans un livre qui lui sert de Chrysalide. La plupart y meurent tout de bon.

Une autre espèce beaucoup plus intéressante, c'est la Femme, pauvre Animal doux, élégant, délicat, timide, que l'Homme a conquis je ne sais où, je ne sais quand, et qu'il s'est soumis comme le Cheval, par la ruse ou par la force. Je te déclare ici, et je n'y mets pas de fausse modestie, que

S'enterrer dans un livre qui lui sert de Chrysalide.

c'est la Bête la plus gracieuse de la nature. Cependant l'Homme déteint un peu sur elle, il lui fait tort; elle gagnerait à être vue à part. On sent trop qu'elle est tourmentée par la douloureuse conscience de sa destinée faussée, de son avenir trahi. Comme le besoin d'aimer est à peu près le seul de ses sentiments; comme il faut absolument qu'elle aime quelque chose ou quelqu'un, elle se persuade quelquefois qu'elle aime un Homme et qu'elle va retrouver en lui le type de cet amant d'autrefois dont son indigne ravisseur l'a séparée ; mais l'illusion ne dure pas longtemps. A peine s'est-elle donné un maître, que le type s'efface et va se loger dans un autre. Ne crois pas que l'expérience d'une seconde, d'une troisième, d'une dixième erreur la désabuse enfin de ce fantôme qui l'appelle partout et la fuit toujours. Elle n'existe que pour aspirer à l'être inconnu qui compléterait sa vie, et je n'ai pas besoin de te dire qu'elle ne le trouvera jamais. L'inconstance est donc un de ses défauts ou plutôt un de ses malheurs, car on ne jouit pas du bonheur d'aimer quand on conçoit la possibilité future de ne plus aimer ce qu'on aime. Les Hommes lui reprochent aussi un peu de vanité ; mais, suivant leur usage, les Hommes ne savent ce qu'ils disent. La vanité consiste dans un jugement exagéré qu'on porte de soi, et la Femme s'estime tout au plus ce qu'elle vaut. Si elle savait mieux se connaître, elle se soumettrait avec moins de déférence aux pratiques ridicules que ses tyrans lui imposent et qui lui répugnent visiblement. Le pelage artificiel, par exemple, convient peut-être à l'Homme qui est épouvantablement laid ; mais à la Femme, c'est un hors-d'œuvre de mauvais goût. Il est vrai de dire qu'elle le rend aussi exigu, aussi léger, aussi transparent que possible, qu'elle s'arrange de manière à laisser deviner tout ce qu'elle n'ose pas laisser voir.

Si le bruit des étranges manies qui tourmentent le monde où je vis est parvenu jusqu'au désert, tu t'étonneras que je te donne tant de détails sur le pays où l'on m'a fâcheusement naturalisée, en dépit de mes inclinations, et que je ne t'aie rien dit encore de *la politique* de ces gens-ci ou de leur manière de se gouverner. C'est que, de toutes les choses dont on parle en France sans les entendre, la politique est la chose sur laquelle on s'entend le moins. Si tu écoutes une personne à ce sujet, c'est grand embarras ; si tu en écoutes deux, c'est confusion ; si tu en écoutes trois, c'est chaos. Quand ils sont quatre ou cinq, ils s'égorgent. A en juger par les honneurs unanimes qu'ils m'ont rendus, au milieu des sentiments de haine réciproque, et certainement bien fondée, qui les animent les uns contre les autres, j'ai pensé quelquefois qu'ils s'étaient arrêtés à l'idée de me reconnaître pour souveraine, et je suis réellement, à ma connaissance, le seul être un peu haut placé pour lequel ils témoignent quelques égards. Il ne serait pas surprenant, d'ailleurs, que les plus habiles d'entre eux, justement effrayés des inconvénients et des malheurs d'une lutte éternelle sur l'origine et le caractère des pouvoirs sociaux (tu ne sais pas ce que c'est), se fussent réunis à l'amiable dans le sage projet de choisir leurs maîtres à la taille, ce qui réduirait toutes les difficultés du système électoral et du système monarchique à une opération de toisé. Rien ne paraît plus raisonnable.

Il y a quelques jours que je me crus sur le point de pénétrer tout à fait dans ces mystères. J'avais entendu dire que les Hommes d'élection, entre les mains desquels reposent toutes les destinées du pays, s'assemblaient publiquement dans un lieu plus rapproché des rives du fleuve que celui qui m'est désigné pour séjour, et j'y dirigeai ma promenade. J'arrivai, en effet, à un vaste palais, dont un peuple innombrable occupait toutes les avenues, et qui me parut habité par une multitude de personnages affairés, tumultueux, bruyants, qui ne diffèrent, au premier abord, du reste les Hommes que par une laideur plus caractéristique, plus maussade et plus rechignée, ce que j'attribuai sans peine à l'habitude des méditations graves et des affaires sérieuses. Ce qui me surprit davantage, c'est leur extrême pétulance qui ne leur permet pas de rester un seul instant en place, car j'assistais par hasard à une des séances orageuses de la session. Ils s'élançaient, bondissaient, se mêlaient en cent groupes confus, apostrophaient leurs adversaires de cris et de gestes menaçants, ou leur montraient les dents avec d'effrayantes grimaces. La plupart semblaient avoir pour objet de s'élever le plus possible au-dessus des autres, et certains ne dédaignaient pas, pour y parvenir, de se jucher habilement sur les épaules de leurs voisins. Malheureusement, quoique placée d'une manière fort commode par le bénéfice de ma haute stature, pour ne pas perdre un des mouvements de l'assemblée, il me fut impossible de saisir une parole dans cet immense brouhaha, et je me retirai de guerre lasse, horriblement assourdie de vociférations, de grincements, de sifflements, de huées, sans pouvoir établir l'apparence d'une conjecture sur l'objet et les résultats de sa délibération. Il y a des gens qui assurent que toutes les séances ressemblent plus ou moins à celle-là, ce qui me dispense d'assister à une autre[1].

Je me proposais de te donner quelques échantillons du langage dont on se sert maintenant à Paris, avant de livrer cette lettre à mon interprète, mais il prétend que cela lui gâterait la main; et puis, pour dire

---

[1] Il est évident que la Girafe tombe ici dans une méprise qui serait peu respectueuse, si elle n'était parfaitement innocente. Confinée dans le *Jardin du Roi*, elle n'a pu visiter la *Chambre des Députés* qu'elle croit décrire. Ce qu'elle a vu, c'est le *Palais des Singes*.

— NOTE DE L'ÉDITEUR. —

Toutes les séances ressemblent plus ou moins à celle-là

vrai, j'ai trop de peine à fixer ce jargon dans ma mémoire. Tu en jugeras suffisamment par deux périodes que viennent d'échanger, sur mes gazons fleuris, un grand jeune Homme à barbe de Bison et une charmante Femme aux yeux de Gazelle, envers laquelle il cherchait à se justifier d'une absence prolongée.

« J'étais préoccupé, belle Isoline, lui disait-il, de puissantes idées dont le cœur qui bat dans votre poitrine de Femme a la noble intuition. Placé, par les capacités qu'on veut bien m'accorder, au plus haut degré des adeptes de la perfectibilisation, et absorbé depuis longtemps dans les spéculations philanthropiques de la philosophie humanitaire, je traçais le plan d'un encyclisme politique où viendront se moraliser tous les peuples, s'harmoniser toutes les institutions, s'utiliser toutes les facultés et progresser toutes les sciences; mais je n'en étais pas moins entraîné vers vous par l'attraction la plus passionnelle, et je...

— N'achevez pas! interrompait Isoline avec solennité; ne me croyez pas étrangère à ces hautes méditations et ne soupçonnez pas mon âme de se laisser séduire aux appâts d'un naturalisme grossier. Fière de votre destinée, cher Adhémar, je ne vois dans le sentiment qui nous unit qu'un dualisme d'affinités que l'instinct respectif de cohésion a fini par confondre dans un individualisme sympathique, ou, pour m'exprimer plus clairement, que la fusion de deux idiosyncrasies isogènes qui sentent le besoin de se simultanéiser. »

Là-dessus la conversation s'est continuée à basse voix, et je crois pouvoir supposer qu'elle est devenue plus intelligible, car le jeune philosophe rayonnait d'orgueil et de joie quand il a quitté Isoline pour ne pas être surpris par le cornac de sa maîtresse. Te serais-tu jamais imaginé que cet abominable galimatias pût signifier *je vous aime* dans une langue quelconque? Si ce n'est là, cependant, la manière la plus commode de parler, c'est assurément la plus distinguée, et il y a même des beaux esprits très-vantés qui font profession de ne pas s'exprimer autrement. Oh! qu'il me tarde, mon ami, d'entendre parler *girafe*. . . . .

. . . .

P. S. — Quoique l'enseignement élémentaire ne soit pas établi en *Girafie*, et peut-être même parce qu'on n'y pensera jamais dans nos solitudes, les caractères de cette lettre s'expliqueront d'eux-mêmes à tes yeux et à ta pensée. Ils sont tracés sous mon inspiration par un bonhomme de mes amis qui entend la langue des Animaux beaucoup mieux que la sienne propre, ce qui n'est réellement pas trop dire, et que je recommanderai un jour à ta douce indulgence. Le pauvre diable m'est assez connu pour que j'ose affirmer qu'il s'est laissé faire Homme parce qu'il n'a pu faire autrement, et qu'il aurait abdiqué volontiers, si cela eût dépendu de lui, les priviléges de sa sotte espèce, pour prendre la peau de tout autre Animal, grand ou petit, pourvu qu'il fût honnête.

La Girafe.

Pour traduction conforme :

Charles Nodier.

PROPOS AIGRES
D'UN CORBEAU

Ce qui est hors de doute pour moi, c'est l'infériorité évidente de l'Homme sur tous les autres Animaux. Ne voyez, je vous en prie, dans cette déclaration, aucune animosité mesquine et étroite.

Je suis un des rares Animaux contre lesquels l'Homme ne peut rien. Il ne peut ni m'asservir ni m'atteindre; ma viande elle-même est trop dure pour qu'il en puisse faire du bouillon... Cela dit tout, je suis Corbeau.

C'est vous avouer que je vois les choses de haut. L'Homme m'est indifférent et je ne le crains pas; je parle donc sans fiel et sous l'empire d'une conviction profonde. J'aurais le désagrément de porter des moustaches, une culotte et des bottes, que je n'en déclarerais pas moins l'infériorité humaine, parce que cela est juste et vrai.

Et les Hommes eux-mêmes n'en ont-ils pas conscience, de l'état déplorable de leur situation? ces pauvres êtres inachevés, mal conçus, dont l'activité du cerveau n'est point en équilibre avec leurs ressources matérielles, dont les nerfs et les muscles ne sont point en harmonie. Pauvres architectes sans maçons, qui s'usent à créer dans la fièvre des plans impossibles que leur faiblesse leur défend d'exécuter. Pitoyable! pitoyable! Croyez-vous, disais-je, qu'ils n'aient pas conscience de leur infériorité? A quoi attribuer sans cela leurs plaintes éternelles, leurs réclamations incessantes qui font ressembler le monde à une boutique de juge de paix?

Moquez-vous, écrivez, inventez des fables, ô gens à moustaches! vous n'arriverez à nous rendre, nous autres Bêtes, comiques et ridicules qu'en nous prêtant vos vices et vos passions.

Mais vous me faites pitié, pauvres parias du monde, qui ne pourriez vivre sans nous. Que feriez-vous, je vous le demande, si vous n'aviez pas la laine de mon confrère le Mouton pour vous fabriquer des habits, la soie d'un autre de mes petits amis pour vous tisser des doublures chaudes, imperméables, et vous construire des parapluies, car vous ne pouvez même pas supporter la pluie sans tousser, cracher, éternuer, être malades? Au moindre vent qui, moi, m'anime et me vivifie, votre pauvre corps rose et dénudé frissonne et tremble.

Tandis que je parcours l'espace, escalade les montagnes et franchis les villes en deux volées, vous piétinez dans la boue des routes ou dans la fange des rues. Je vous regarde souvent de là-haut : vous êtes jolis à voir, je vous jure! A cheval vous avez encore un semblant de dignité, car le Cheval, qui est bonne Bête, vous prête un peu de la sienne, et vous n'êtes Hommes qu'à moitié.

Savez-vous, cependant, l'idée qui me passe par la tête lorsque je vois un cavalier galoper par les chemins? Je me dis : Est-ce étrange! voilà un imbécile en culotte qui se croit certainement supérieur au Cheval qui veut bien l'emporter, et cela uniquement parce qu'il est monté dessus.

N'êtes-vous pas moins fort que le Bœuf, que l'Éléphant, que... que les Insectes eux-mêmes, qui emportent dans leurs pattes des fardeaux deux fois gros comme eux? N'avez-vous pas toutes les infériorités, toutes les misères physiques? Une petite Mouche qui vous entre dans le nez va vous rendre fou, un petit Cousin de rien du tout qui vous pique le front vous défigure et vous fait gonfler. La piqûre d'une petite Bête deux cents fois moins grosse que votre personne vous tue plus sûrement que vous ne tuez une puce. Vous n'ignorez pas qu'il vous faut toute une nuit, parfois, pour exterminer une puce, et bien souvent vous n'y parvenez pas, ô roi de la création!

Vous êtes pâles derrière la grille d'un Lion, et vous avez raison, car la moindre de ses caresses vous aplatirait comme une pomme.

Eh bien, oui, dites-vous; nous avouons notre infériorité physique, peu nous importe : nous sommes rois par l'intelligence, et sur ce terrain-là nous vous défions, Corbeau...

Votre orgueil m'amuse, messieurs! Vous trouvez-vous donc plus adroits, plus ingénieux que l'Araignée, par exemple, qui à elle seule tend des fils, tisse des toiles merveilleuses dont vous ne seriez pas même capables de faire de la charpie, qui à force d'adresse, de force, de ruse et de volonté vient à bout d'ennemis trois fois gros comme elle, qui sait prévoir l'avenir, profiter des vents pour franchir les espaces, fait des provisions, sait se choisir un gîte, attendre?... Mais, sac à papier! qui de vous en ferait autant? Êtes-vous plus rusés que le Renard, plus prudents que le Serpent?

Si l'on voulait poursuivre, on vous aplatirait de la belle façon! Vous parlez de votre cœur, et quand vous voulez trouver un symbole du dévouement et de la fraternité, c'est encore parmi nous que vous allez les chercher. Quelle est dans votre espèce la mère qui se percerait le flanc comme le fait quotidiennement le Pélican blanc? Quelle est la mère qui accepterait, comme la maman Kanguroo, le fardeau incessant de

ses petits? Persuadez donc à vos épouses, messieurs les Hommes, de faire ménager dans leurs jupes, qui sont pourtant assez amples pour cela, un petit réduit bien chaud, doublé en futaine, où leurs bébés puissent se réfugier et éviter les refroidissements! Quelle est donc chez nous la mère qui ne nourrit pas ses petits? Quelle est parmi vous celle qui y consente? Pitoyable, messieurs, pitoyable! Vous parlez de votre tendresse paternelle, des sacrifices que vous faites pour élever vos enfants. En effet, vous ne négligez rien de ce qui peut mettre en évidence votre générosité, rien de ce que les autres peuvent voir n'est oublié par vous; mais les petits dévouements ignorés qui sont la vraie tendresse, prétendez-vous que vous les possédiez? Le moindre Moineau vous en remontrerait sur ce sujet-là. N'est-ce pas lui, en effet, tandis que la femelle couve, qui va au marché, se charge de la cuisine et de tous les soins du ménage dont vous auriez honte? N'est-ce pas lui qui simplement, sans affectation, sans respect humain, remplace au nid la femelle si cette dernière a besoin de sortir? Que de tendresse dans tout cela!

Y a-t-il un père dans l'espèce humaine qui voudrait faire la bouillie de son marmot et le bercer pendant deux heures par jour? Vous croyez avoir tout dit lorsque vous vous êtes écrié : Les Bêtes font tout cela par instinct. Eh! par Dieu, oui, nos instincts sont supérieurs aux vôtres;

voilà bien ce que je prétends. Nous faisons tout naturellement ce qui vous demande mille efforts. Nos Rossignols chantent sans avoir été au Conservatoire ; est-ce à dire qu'ils soient inférieurs à vos chanteuses? Mais chez nous, dites-vous, la musique est un art; nous avons le contre-point!...

Et qui vous dit que chez les Rossignols et les Fauvettes la musique ne soit point un art dont ils jouissent tout autant que vous, quoiqu'ils ne crient jamais bravo et ne fassent pas payer les places? Vous possédez le sentiment de l'association, de la famille, de la vie en commun! Pas avec excès, ce me semble. Je voudrais qu'à l'exemple des Marmottes on mît sous clef la plus unie de vos familles et qu'on l'obligeât à passer dans le silence et l'ombre tout un hiver, nez à nez, côte à côte.

Vous me direz que pendant ce temps les Marmottes dorment. On n'en est pas tout à fait sûr; mais croyez-vous que tous ces bons parents enfermés ensemble pourraient dormir, eux? Je m'imagine que le jour où on ouvrirait la porte on trouverait pas mal d'estropiés. N'êtes-vous pas de cet avis-là?

Vous vantez la finesse de vos hommes d'affaires, l'astuce de vos filles d'opéra. Vous ne pouvez pas pas parler de ces êtres vicieux sans sourire, parce qu'au fond vous êtes émerveillés. Eh bien, mais, nos Rats, à nous, ne sont-ils pas encore plus rongeurs que les vôtres, plus actifs, plus infatigables? Non, cherchez bien, et vous verrez que même sur le terrain des vices nous sommes encore supérieurs, parce que nos vices, à nous, sont francs, complets, naturels, et que nous n'en tirons pas vanité.

Le Paon lui-même, que je n'aime pas beaucoup, pourtant, est vaniteux en être intelligent. Il jouit de son orgueil, il le déguste et s'en fait vivre, tandis que vous, vous en mourez. Tenez-vous à ce que je vous parle de votre courage? Je le ferai volontiers, car je ne l'estime pas infiniment. Comparerai-je votre bravoure à celle du Lion? Je ne le ferai pas, n'est-ce pas? ce serait une plaisanterie. Parlons donc sérieusement et prenons pour point de comparaison le Lièvre, le pauvre Lièvre, qui symbolise pour vous la lâcheté. Examinons un peu le pauvre animal, et nous aurons bientôt constaté que vous êtes plus poltron que lui.

Imaginez ce malheureux Lièvre à qui la nature a refusé des armes; il a contre lui deux ou trois Chiens courants, quatre fois gros et forts comme lui, armés de dents redoutables, et de plus ayant conscience qu'en l'attaquant ils ne courent aucun danger. Il a en outre deux, trois, quelquefois dix Bêtes énormes, vous, messieurs, défendues par une puissante mousqueterie, furieuses, ardentes, et maladroites, heureusement.

L'astuce de vos filles d'opéra.

En face de cette armée, le Lièvre fuit, le lâche! et voilà sa réputation faite. Mais, ventre de Biche! vous fuyez bien, gros Homme que vous êtes, devant une abeille qui vous poursuit.

Vous l'appelez timide, le pauvre Animal qui, traqué, poursuivi par tout un bataillon, trouve encore la force de lutter, invente des ruses, vous met sur les dents et parfois vous échappe, à vous autres, géants, qui restez là, le fusil déchargé et la sueur au front.

Si cet Animal-là n'a pas de sang-froid, en vérité, qui donc en a?

Mais vous, Homme courageux, le jour où vous avez parlé pour la première fois à votre future femme, je vous vois d'ici, vous étiez tremblant, les oreilles basses, les genoux en dedans, les jambes fléchissantes, tenant piteusement votre chapeau !

J.J. GRANDVILLE. D   BREVIÈRE. S

Ils se moquent de tes allures, mon pauvre Lièvre !

C'est que je ne vois pas, ô roi de la création, le moindre terrain où tu retrouves ta supériorité. Tu nous méprises, parce que nous couchons en plein air, et que, toi, tu bâtis des palais; mais, qu'est-ce que cela prouve, si ce n'est que nous ne craignons pas les rhumes de cerveau, et que tu les redoutes infiniment? J'ai vu tes villes, très-rapidement, il est vrai, en passant au-dessus; mais je me suis aperçu immédiatement qu'à côté des palais il y avait des ruelles sombres encombrées de masures. A côté de gros bonshommes joufflus et roses, j'en ai vu de pâles et de bien maigres, traînant la jambe et tendant la main. Et tu appelles cela, roi de la création, une organisation sociale? Mais ton beau corps, société humaine, est couvert de plaies horribles.

Dans nos royaumes de Bêtes, nous ignorons la mendicité. Il n'est pas un Corbeau qui ne mourût de honte s'il fallait se mettre des lunettes vertes et jouer de la clarinette pour attendrir la sensibilité des autres Corbeaux et se faire nourrir par eux. Et croyez-vous de bonne foi que

tous les mendiants qui nous promènent par les rues ne prouvent pas, par cela même, qu'ils sont inférieurs de beaucoup aux Animaux qu'ils exhibent?

Quand nous ne gagnons plus notre vie nous-mêmes, nous autres Bêtes, nous mourons. Je ne crois pas qu'on puisse rien trouver de plus beau que ce genre d'organisation sociale.

Voyons, sur quel terrain maintenant porterons-nous la discussion? car, si je n'ai pas tout dit, j'ai hâte d'en finir, n'ayant pas, grâce à Dieu, l'habitude de me servir de mes plumes pour noircir du papier.

Ah! j'y suis; il vous reste le royaume des arts, ce sentiment artistique dont vous prétendez avoir le monopole, et qui est comme un des quatre pieds de votre trône. Et de quel droit prétendez-vous que nous ne sommes ni artistes ni poëtes? Qui vous dit que le Bœuf, qui s'arrête silencieux au milieu du sillon et regarde, ne jouit pas quand le ciel est pur et que la prairie verdoie? Qui vous permet de juger des sentiments intimes que nous éprouvons en présence de la belle nature, dans l'intimité de laquelle nous vivons incessamment? Qui vous dit que l'Insecte aux ailes d'or, qui se pose sur sa fleur, ne l'aime pas et ne la trouve pas belle, n'en jouit pas en artiste, en amant? Qui vous dit que l'Oiseau qui chante ne soit qu'une machine à rendre des sons, et que votre âme humaine ait absorbé la nôtre tout entière?

Vous ai-je raconté ce que j'éprouve, moi, Corbeau, lorsque le gros nuage approche, que l'ouragan me pousse et que je lutte, que la tempête me bat les flancs, que j'aperçois au loin le ciel qui se déchire, les forêts qui plient et grincent, que tout ce qui vit au monde, à commencer par vous, se cache, tremble, s'abrite, et que moi, les ailes étendues, plus noir encore que l'orage, plus noir et plus entêté, je plane et je jouis? Qui vous dit, morbleu! que je ne trouve pas cela beau?

Ah! tenez, monsieur le roi, qui vous cachez sous vos culottes, vous êtes un bien drôle de petit bonhomme.

Cela dit, je signe et appose mon cachet.

J'ai l'honneur de vous saluer,

GUSTAVE DROZ.

SOUVENIRS

D'UNE

VIEILLE CORNEILLE

FRAGMENTS TIRES D'UN ALBUM DE VOYAGE

Non animum mutant qui trans mare currunt.
— HORACE, *Épîtres.* —

Venez à nous, nous savons tout.
— *Les Sirènes à Ulysse.* —

SOMMAIRE.

..... Pourquoi voyage-t-on? — Un vieux Château. — Monsieur le Duc et madame la Duchesse. — Une Terrasse. — Un vieux Faucon. — A QUOI TIENT LE CŒUR D'UN LÉZARD. — Suite de l'histoire des hôtes de la terrasse. — Faites-vous donc Grand-Duc! — Une Carpe magicienne. — Comment un Hibou meurt d'amour. — Où madame la Corneille reprend la parole pour son propre compte. — Conclusion.

..... Et d'abord, pourquoi voyage-t-on? Le repos n'est-il pas ce qu'il y a de meilleur au monde? Est-il rien qui vaille qu'on se dérange pour l'aller chercher ou pour l'éviter? Ne dirait-on pas, à voir l'air et la terre incessamment traversés, qu'on gagne quelque chose à se déplacer?

Les uns courent après le mieux que personne n'atteint, les autres fuient le mal auquel personne n'échappe. Les Hirondelles voyagent avec le soleil et le suivent partout où il lui plaît d'aller; les Marmottes le laissent partir et s'endorment en attendant son retour, sur la foi de cet adage que le soleil, ce qui pour elles est la fortune, vient en dormant. Mais des unes, beaucoup partent, et bien peu reviennent : l'espace est si vaste et la mer si avide ! Et des autres, beaucoup s'endorment et peu se réveillent : on est si près de la mort, qui toujours veille, quand on dort ! Le Papillon voyage pour cette seule raison qu'il a des ailes ; l'Escargot traîne avec lui sa maison plutôt que de rester en place. L'inconnu est si beau ! La faim chasse ceux-ci, l'amour pousse ceux-là. Pour les premiers, la patrie et le bonheur, c'est le lieu où l'on mange ; pour les seconds, c'est le lieu où l'on aime. La satiété poursuit ceux qui ne marchent pas avec le désir. Enfin le monde entier s'agite ; dans les chaînes ou dans la liberté, chacun précipite sa vie. Mais pour le monde tout entier comme pour l'Écureuil dans sa cage, le mouvement ce n'est pas le progrès : *s'agiter n'est pas avancer* [1]. Malheureusement on s'agite plus qu'on n'avance.

Aussi dit-on que les plus sages, pensant que mieux vaut un paisible malheur qu'un bonheur agité, vivent aux lieux qui les ont vus naître, sans souci de ce qui se passe plus loin que leur horizon, et meurent, sinon heureux, du moins tranquilles. Mais qui sait si cette sagesse ne vient pas de la sécheresse de leur cœur ou de l'impuissance de leurs ailes ?

Personne n'a mieux répondu à cette question : « Pourquoi voyage-t-on ? » qu'un grand écrivain de notre sexe. « On voyage, a dit George Sand, parce qu'on n'est bien nulle part ici-bas. » Il est donc juste que rien ne s'arrête, car rien n'est parfait, et l'immobilité ne conviendrait qu'à la perfection.

Pour moi, j'ai voyagé. Non pas que je fusse née d'humeur inquiète et voyageuse ; bien au contraire, j'aimais mon nid et les courtes promenades.

« A quoi bon ces interminables considérations au début de votre récit ? me dit un de mes vieux amis, mon voisin, auquel il m'arrive

[1] S. La Valette (*Fables*).

parfois de demander conseil, en me réservant toutefois de ne faire que ce que je veux. Ce n'est pas parce que vous vous occupez de philosophie, d'archéologie, d'histoire, de physiologie, etc., etc., qu'il vous faut donner de tout cela à vos lecteurs autant qu'il vous convient d'en prendre pour vous-même. Vous passerez pour une pédante, pour un philosophe emplumé ; on vous renverra en Sorbonne, et, qui pis est, on ne vous lira pas. N'allez-vous pas faire un résumé scrupuleux de tout ce que vous avez vu et pensé depuis tantôt cent ans que vous êtes au monde, justifier votre titre enfin, et joindre au tort d'avoir usé vos ailes sur toutes les grandes routes le tort bien plus grand de voyager sérieusement sur le papier ? Croyez-moi, si vous voulez plaire, ayez de la raison, de l'esprit, du sentiment, de la passion, comme par hasard ; mais *gardez-vous d'oublier la folie*[1]. Le siècle des Colomb est passé : on n'a pas besoin de découvrir un nouveau monde pour s'intituler voyageur, on l'est à moins de frais. On découvre le lieu où l'on est né, on découvre son voisin, on se découvre soi-même, ou l'on ne découvre rien du tout ; cela vaut bien mieux, cela mène moins loin, et, Dieu nous le pardonne ! cela plaît autant. Contez donc, contez. Qu'importe comment vous contiez, pourvu que vous contiez ? le temps est aux historiettes. Imitez vos contemporains, ces illustres voyageurs, qui datent des quatre coins du globe leurs impressions écrites bravement sur la paille ou sur le duvet du nid paternel ; faites comme eux. A propos de voyages, parlez de tout, et de vous-même, et de vos amis, si bon vous semble ; puis mentez un peu, et je vous promets un honnête succès ; de grandes erreurs et d'imperceptibles vérités, c'est ainsi qu'on bâtit les meilleurs ouvrages. On ne vous admirera pas, on ne vous croira pas, mais on vous lira. Vous êtes modeste ; que vous faut-il de plus ? »

Ces réflexions m'arrêtèrent un instant. Le conseil pouvait être bon et semblait, en tout cas, facile à suivre ; mais ma conscience l'emporta. « On ne fait pas ce qu'on veut, on fait ce qu'on peut et ce qu'on doit surtout, répondis-je ; je suis une Corneille d'honneur, je ferai de mon mieux. Si vous n'avez à me donner que des conseils comme ceux-là, je serai heureuse qu'il vous plaise de les garder pour vous.

— Soit, je me tais, » me dit en s'inclinant profondément mon interlocuteur un peu piqué.

[1] Goethe.

Je lui rendis sa révérence, et je repris la plume.

On le sait, je suis une vieille Corneille. Si vieille que je sois, et je le suis assez pour ne plus songer à cacher mon âge, je me souviens d'avoir été jeune, oui jeune, quoi qu'en disent les Étourneaux mes voisins, aussi jeune qu'eux assurément, mais moins étourdie peut-être et moins oublieuse de ce qu'on doit de respect à la vieillesse qu'on honorerait davantage, si l'on songeait un peu qu'être vieux c'est être en train de mourir; la mort arrive à la fin de la vieillesse pour la relever et l'ennoblir.

J'ai donc été jeune; jeune, heureuse et mariée. Jeunesse et bonheur, je perdis tout le même jour, il y a cinquante ans, en perdant un mari adoré.

Jour affreux! que je n'oublierai de ma vie. Le vent soufflait avec violence dans les dentelles du vieux clocher. Le tonnerre roulait avec fureur sous le ciel obscur. La sombre cathédrale tremblait sur ses fondements, comme si elle eût été animée par l'épouvante. La pluie froide tombait par torrents, et, pour la première fois, menaçait de gagner notre nid, si bien caché qu'il fût dans un des plis du manteau de la cathédrale de Strasbourg. « Je vais mourir, me dit d'une voix affaiblie, mais résolue pourtant, l'époux que je pleure, je vais mourir! adieu! Si ces pauvres petits pouvaient se passer de toi, je te dirais de mourir avec moi, et nous nous en irions ensemble là-haut, plus haut que le soleil! La mort n'est rien pour celui qui compte sur l'éternité; mais il faut vivre quand on peut être bon à quelque chose sur la terre. Vis donc, et prends courage. Garde de moi un bon souvenir. Pauvres petits! ajouta-t-il; cela te fera plaisir de voir pousser leurs plumes. »

Ce fut son dernier mot. J'étais veuve!

On ne voit jamais le bout du malheur, le mien pouvait grandir encore. Huit jours après, je n'avais plus d'enfants : ma nichée tout entière périssait sous mes yeux.

Ce qu'il y a d'affreux dans ces maux sans remède, c'est qu'on n'en meurt pas et qu'on s'en console.

J'étais veuve...

Je faillis devenir folle. On craignit pour mes jours. Mais on m'entoura, mais on m'obséda, et j'eus la lâcheté de consentir à vivre.

« Voyagez, me dit alors une vieille Cigogne qui avait soigné mon mari et mes enfants pendant leur maladie ; voyagez. Vous partirez inconsolable, vous reviendrez calme, sinon consolée. Combien de douleurs sont restées sur les grands chemins ! »

Cette Cigogne était connue pour sa fidélité à tous les bons sentiments, mais la pratique du monde l'avait endurcie. Cette parole me parut impie, et je la laissai sans réponse.

Quelques Corbeaux, de ceux que mon mari avait le plus aimés, joignirent alors leur voix à celle de l'impassible Cigogne, et pendant quelques jours je n'entendis rien autre chose que ceci : « Partez, partez, » me disait-on de tous côtés.

Mon cœur se brisait à la pensée d'abandonner ces pierres vénérées où je les avais tous vus vivre, m'aimer et mourir ; où, en dépit de ma raison, j'espérais toujours les voir reparaître, car il faut des années pour croire à la mort de ceux qu'on aime... O terre ! où vont les morts, et que fais-tu d'eux ? Mais le moyen de souffrir à sa guise au milieu de gens qui se croient tenus de vous consoler ?

Je partis donc, je partis pour être seule, pour pleurer à mon aise.

Pendant cinquante ans, je dois le dire, je ne me suis ni arrêtée ni consolée. Mais, hélas ! faibles que nous sommes !. nous ne savons même pas pleurer éternellement. La sceptique Cigogne avait dit vrai. Et après avoir pleuré, pleuré longtemps, ma chère douleur m'échappa peu à peu. A quoi sommes-nous fidèles ?

> Vie errante
> Est chose enivrante.

Du moment où je ne voyageais plus que pour voyager, et qu'en haine du moindre repos, pour ainsi dire, je pensai à cette maxime d'un grand moraliste : « On ne voyage que pour raconter ; » « Pourquoi ne raconterais-je pas ? » me dis-je aussitôt.

Ce fut ainsi que je pris d'abord une note, puis deux, puis trois, puis mille. A mesure que l'occasion s'en présentait, et j'avais soin qu'elle se présentât souvent, je racontais mes voyages aux Oiseaux qu'un peu de curiosité rassemblait autour de moi. Je m'efforçais de parler clairement et de dire honnêtement à chacun ce qui pouvait lui être utile et agréable ; je voyais bien qu'on m'écoutait, mais on ne me louait pas encore, et chacun semblait craindre de hasarder son suffrage. A la fin, un Oiseau (qui, à la vérité, n'était pas de mes amis) se risqua et dit tout haut, avec une grande assurance, que mes contes étaient bons. C'en fut assez, leur fortune était faite ; bientôt mes récits

Je pris d'abord une note, puis deux, puis trois, puis mille...

passèrent, volèrent de bec en bec, et je les retrouvai partout. J'en fus flattée.

Quand on a une fois goûté de la louange, on en vient à l'aimer, si peu qu'on la mérite, ou si peu qu'elle vaille et qu'on l'estime. Je continuai donc.

Un vieux Château.

Il était une fois un vieux château...

(J'entre en matière comme les vieux conteurs, mais pourquoi non ? Ne suis-je pas contemporaine des histoires qui commencent comme celle-ci ?)

Il était donc une fois un vieux château, le château de ***, dont je ne puis dire le nom, pour des raisons que je dois taire aussi.

Dans le temps où il y avait en France ce qu'on appelait des châteaux forts, ce château avait été un château fort ; c'est-à-dire qu'il avait vu pendant sa longue vie tout ce que les châteaux avaient coutume de voir dans ces temps-là. Il avait souvent été attaqué et souvent défendu, souvent pris et souvent repris.

Ces choses-là n'arrivent pas à un château, si fort qu'il soit, sans qu'il en résulte pour lui de notables altérations ; aussi n'assurerais-je pas qu'à l'époque dont je parle il eût rien conservé de sa première architecture.

Il me suffira de dire qu'après avoir été pris et saccagé pour la dernière fois à la révolution de 93, qui épargna peu les châteaux, il fut bien près d'être restauré après celle de 1815, qui leur fut meilleure, à ce qu'il paraît. Malheureusement pour ce château, ce fut au moment où sa fortune commençait à se refaire qu'arriva cette fameuse révolution de 1830, qui vous a été si longuement racontée par l'honnête Lièvre dont les touchantes aventures ouvrent ce livre.

Le vieux manoir dut alors sortir de noblesse. Il dérogea et fut vendu à un banquier. Un banquier est un Homme qui est tenu d'avoir de l'argent, mais qui peut à toute force manquer de connaissances archéologiques. Aussi l'acheteur financier, tout en voulant du bien à sa nouvelle propriété, lui porta-t-il le dernier coup.

Il y mit les maçons !

En moins de rien les trous furent bouchés, les murs blanchis, et au moyen d'une terrasse (renaissance !) qu'on crut mettre en rapport avec ce qui restait, la chapelle elle-même fut utilisée, et profanée ! On en fit

Un banquier.

une de ces cages à compartiments dans lesquelles les hommes emprisonnent volontairement les trois quarts de leur existence, en haine sans doute de ce que Dieu a fait pour ses créatures : le ciel, l'air et la liberté.

Pourtant l'antique castel ne fut pas rebâti dans son entier. Le banquier s'était contenté, en Homme qui sait le prix de l'argent, d'en relever une partie seulement. Tous les styles d'ailleurs furent mêlés selon l'usage : les étages supérieurs étaient d'architecture romane, et les étages inférieurs d'architecture gothique; ce qui pouvait donner à entendre qu'on avait bâti les toits d'abord et les fondements tout à la fin. Ces barbarismes feront, je l'espère, frémir tous les architectes, et aussi les Castors, auxquels les Hommes ont volé les éléments de leur sévère architecture byzantine.

Ceci n'empêcha pas que cette restauration bourgeoise fît grand bruit dans le pays, et beaucoup d'honneur au maçon qui avait si intrépidement mené à fin cette œuvre d'artiste.

Le reste fut heureusement abandonné, ou, pour mieux dire, sauvé.

Ce fut ainsi que ce pauvre vieux château perdit son caractère de vieux château, et qu'après avoir été habité autrefois par des comtes, par des princes, et peut-être bien par des rois, il était devenu une sorte de maison de campagne que ses nouveaux propriétaires daignaient à peine visiter.

Je l'ai dit, je suis née dans le grand portail de la cathédrale de Strasbourg, ce diamant de l'Alsace, entre les flammes de pierre qui soutiennent de leurs robustes étreintes l'image du Père éternel. Quand on a eu un pareil berceau, quand on a été élevée dans le respect des vieilles choses, on ne peut voir, sans crier au blasphème, l'impiété de ces Hommes qui détruisent effrontément le peu de bien que leurs pères avaient su faire.

Du reste, la partie restaurée avait trouvé des hôtes dignes d'elle.

Elle était habitée par des Chouettes et par des Hiboux, qui, se voyant sur une terrasse toute neuve, se donnaient des airs de grands seigneurs, les plus risibles du monde, et se faisaient appeler sans pudeur monsieur le Grand-Duc et madame la Grande-Duchesse par les pauvres Chauves-Souris qui les servaient.

J'arrivai un soir à ce château, très-fatiguée, après toute une journée de vol forcé. J'étais de la plus mauvaise humeur, de celle que l'on a contre soi-même autant que contre les autres, ce qu'il y a de pis enfin. J'avais été tout à la fois poursuivie par l'ennui, qui n'est autre, je crois, que le vide du cœur, et inquiétée par un de ces chasseurs novices qui ne respectent ni l'âge, ni l'espèce, et pour lesquels rien n'est sacré. Le hasard voulut que je m'abattisse sur la balustrade de la terrasse dont je viens de parler, derrière une rangée de vases Louis XV, du sein desquels s'élevaient les tristes rameaux de quelques cyprès à moitié morts.

Minuit sonnait!

Minuit! Dans les romans il est rare que minuit sonne impunément; mais dans un récit véridique, comme celui-ci, les choses se passent

Un de ces chasseurs novices pour lesquels rien n'est sacré.

d'ordinaire plus simplement. Et les douze coups me rappelèrent seulement que je ferais bien de me coucher, si je voulais repartir de bonne heure. — Je me couchai donc.

Monsieur le Duc et madame la Duchesse. — Une Terrasse.

J'allais m'endormir, quand je crus m'apercevoir que je n'étais pas seule sur la terrasse : j'entrevis en effet, à la faible clarté des étoiles, un Hibou qui enveloppait galamment dans l'une de ses ailes une Chouette d'assez bonne apparence, tandis qu'il se drapait avec l'autre comme un héros d'opéra dans son manteau.

En prêtant un peu l'oreille, j'entendis qu'il s'agissait de la lune, de la nuit brune, etc.; tout cela se disait ou se chantait sur un air passablement lamentable.

Pauvre lune! s'il fallait en croire les amoureux, tu n'aurais été faite que pour eux.

Pour rien au monde je n'aurais voulu être indiscrète ni prendre une hospitalité qui ne pouvait guère, d'ailleurs, m'être refusée. Je m'adressai donc poliment à une Chauve-Souris de service qui vint à passer. « Ma bonne, lui dis-je, veuillez faire savoir à vos maîtres qu'une Corneille de cent ans leur demande l'hospitalité pour une nuit.

— Qu'appelez-vous votre bonne? me répondit la Chauve-Souris d'un air piqué; apprenez que je ne suis la bonne de personne. Je suis au service de madame la Duchesse, et j'ai l'honneur d'être sa première camériste. Mais qui êtes-vous, madame la Corneille de cent ans? de quelle part venez-vous? comment vous annoncerai-je? quel est votre titre?

— Mon titre? repris-je. Mais je suis très-fatiguée, j'ai besoin de repos, et je ne sache pas qu'on en puisse trouver un meilleur pour demander ce que je demande, le droit de dormir sans aller plus loin.

— Voilà un beau titre en effet, me répliqua la sotte pécore tout en s'en allant. Croyez-vous que les grands personnages, comme il en vient au château, soient jamais fatigués? Ils n'ont rien à faire et volent tout doucement. »

Au bout d'un instant, je vis arriver une autre Chauve-Souris. Celle-ci, n'étant encore que la troisième des Chauves-Souris de service de madame la Duchesse, était moins impertinente que la première. « Bon Dieu! me dit-elle, la première camériste vient d'être grondée à cause de vous. Madame chantait un nocturne avec monsieur, et dans ces moments-là elle n'entend pas qu'on la dérange : madame vous fait dire qu'elle n'est pas visible. D'ailleurs, madame ne reçoit que des personnes titrées, et vous n'avez point de titres.

— Que me contez-vous là? lui dis-je; n'ai-je pas des yeux pour voir que votre Grand-Duc n'est qu'un Hibou, et que votre Grande-Duchesse n'est qu'une Chouette, à laquelle ces hautes mines vont fort mal?

— Chut! me dit à l'oreille la Chauve-Souris qui était un peu bavarde, et parlez plus bas! Si l'on savait seulement que je vous écoute, je serais chassée, et peut-être mangée. Depuis qu'ils ont quitté

Madame la Duchesse chante un nocturne avec monsieur le Duc, et, dans ces moments-là, elle n'entend pas qu'on la dérange.

la fabrique où leur sont venues leurs premières plumes, mes maîtres ne rêvent que grandeurs; ils meurent d'envie de s'anoblir. On parle de recreuser les fossés et les grenouillères, de refaire les ponts-levis et de redresser les tourelles, et ils espèrent devenir nobles pour de bon au milieu de ces attributs de la noblesse. Mais, bah! l'habit ne fait pas le moine, et le château ne fait pas le noble. Du reste, ma bonne dame, volez là-bas, à droite, vous y trouverez les ruines du vieux château, et vous y serez tout aussi bien qu'ici, je vous assure.

— Des ruines! m'écriai-je, il y a des ruines près d'ici, il reste quelque chose du vieux château, et j'aurais pu passer la nuit sur cette vilaine terrasse qui n'a ni style, ni grandeur, ni souvenirs! Merci, ma belle, votre maîtresse fait bien d'être une sotte ; à l'heure qu'il est, je n'ai qu'à me louer d'elle. »

En vérité, rien n'est plus bouffon que les prétentions de ces nobles de contrebande. Je laissai là ces Oiseaux ridicules, cette maison badigeonnée, et bien m'en prit.

Sans doute, du vieux château il était resté peu de chose, mais j'aurais donné vingt-cinq châteaux restaurés comme celui que je venais de quitter, pour une seule des pierres du vénérable mur sur lequel j'eus le bonheur de me poser.

L'admirable vieux mur !

Est-il au monde rien de plus touchant que ces débris immortels qui témoignent si éloquemment du tort que ce qui est fait chaque jour à ce qui a été ? Comment peut-on hésiter entre les vieilles choses et les nouvelles ? Le présent est-il autre chose que *le Singe du passé*[1] ?

Un vieux Faucon.

Ce superbe vieux mur entourait une cour vieille aussi. Une vigne vierge embrassait de ses vertes pousses tout un pan de la muraille. Des scolopendres, des lis et des tulipes sauvages croissaient entre les marches d'un perron délabré qu'un lierre recouvrait en partie. Les humbles fleurs blanches de la bourse-à-pasteur, les boutons-d'or, les giroflées jaunes, l'œillet rougeâtre, le pâle réséda, les vipérines bleues et roses se faisaient jour entre les dalles et disputaient la terre aux mousses, aux lichens, aux graminées, aux ronces et aux orties.

Des gueules-de-loup, des perce-pierres et les touffes hardies des coquelicots couleur de feu vivaient au milieu des décombres qu'elles semblaient enflammer.

Où l'Homme n'est plus, la nature reprend ses droits.

Cette vieille cour appartenait à un vieux Faucon qui n'avait pas grand'chose, parce que les révolutions l'avaient ruiné, mais qui don-

[1] Jean Paul.

naît tout ce qu'il avait et vivait pauvrement, mais noblement, faisant volontiers les honneurs de sa cour aux animaux égarés; aussi était-elle toujours encombrée de bêtes à toutes pattes, à tout poil et à toutes plumes, de Rats sans ressources, de Musaraignes et de Taupes attardées, de Grillons, de Cigales et autres musiciens sans asile; quelques-uns même s'y étaient fixés à demeure. Les Pierrots n'y manquaient pas, et un Mulot très-entêté était parvenu, malgré toutes les difficultés que lui avait présentées la nature calcaire d'un terrain stratifié, à se creuser sous une dalle un trou fort profond.

Le digne seigneur était allié aux espèces les plus nobles de France, et comptait des Phénix, des Merlettes et des Hermines dans sa famille.

C'était un vieillard encore sec et vigoureux. Il y avait dans toute sa personne cette grâce naturelle et imposante des Oiseaux de grande race, cette simple majesté qui, dit-on, devient de jour en jour plus rare;

Et un Mulot très-entêté était parvenu à se creuser, malgré toutes les difficultés, etc.

et quand la goutte (cette maladie des nobles, qui s'est fait peuple comme le reste, et qui a eu tort) lui laissait quelque répit, il fallait l'entendre raconter ses prouesses d'autrefois ; alors sa haute taille se redressait, son œil brillait comme l'œil de l'Aigle et semblait défier le temps lui-même. « Un jour, (disait-il souvent), et c'était là un de ses glorieux souvenirs, un jour j'échappai au page qui me portait, et je chassai librement pendant toute une semaine. Ah ! j'étais le premier Faucon de France ! Aussi, quand je reparus, ma belle maîtresse fut-elle si aise de me revoir qu'elle me baisa de toute son âme en me remerciant d'être revenu. Le pauvre page avait été grondé, mon retour lui valut sa grâce. »

Hélas ! plus de chasses, plus de fêtes brillantes, plus de fanfares, plus de triomphes, plus de ces grandes dames si regrettées aujourd'hui, de ceux même qui n'ont jamais pu savoir de combien elles l'emportaient sur celles d'à présent, ni par conséquent pourquoi elles sont si regrettables.

Au lieu de tout cela, des chasses sans pompe, des chasseurs en lunettes, les chasseurs du jour enfin, qui vont à la chasse sur les grandes routes et jettent leur poudre aux moineaux; et enfin, au lieu de ces pages dorés qui le portaient au poing, pour tout serviteur, dois-je le dire? un pauvre Sansonnet!

Après tout, mieux vaut peut-être pour page un Sansonnet que pas de page du tout. Ce Sansonnet était bien le plus drôle d'Oiseau qui se puisse voir; vieux, cassé, bavard, fantasque, mais bon, mais dévoué

et domestique par tempérament. Il avait appartenu au sacristain d'une petite église voisine, et, en vertu sans doute de ce proverbe, qui dit tel maître tel valet, il avait fini par ressembler à son maître, et avait pris des airs d'église, qui donnaient à sa figure et à son accent je ne sais quoi d'humain et de béni, dont l'effet provoquait, quoi qu'on en eût, un fou rire.

Devenu libre à la mort de son premier maître, il était resté tristement perché sur sa cage pendant quatre grands jours, se contentant de gober tristement quelques mouches au passage, et ne s'était envolé qu'après avoir eu le temps de se convaincre que les morts ne reviennent pas.

Ne sachant que faire de sa personne, il était venu, rien que pour l'amour de la domesticité, offrir ses services et le respectueux *servage* de son cœur au vieux Faucon qui les agréa. Dès les premiers jours, il s'était pris d'une affection sérieuse pour ce vieillard qu'on aimait rien qu'à le voir. L'excellent serviteur, qui savait bien que *noblesse oblige*, faisait de son mieux pour tenir *sa cour* sur un grand pied. S'il est triste d'être pauvre, il l'est encore plus de le paraître. Nouveau Caleb, il se multipliait, parlait à tous et volait partout à la fois. « Je suis le seul domestique de mon maître, disait-il à tous les nouveaux venus ; à quoi bon s'embarrasser de tant de gens ? notre maison en est-elle moins noble ? » Il était notoire qu'il servait son maître pour rien ; mais quelques méchantes langues disaient que le vieux noble avait sans doute enfoui quelque part un trésor, et confié son secret à son domestique, qui s'en emparerait à sa mort. Rien n'était plus faux ; mais le désintéressement est si rare qu'on n'y croit pas.

Le vieux serviteur vivait avec une économie extrême : il apportait à son maître la nourriture qu'il allait chercher au loin, il ne mangeait qu'après lui, et disait qu'il avait mangé auparavant quand il ne restait rien. Il avait eu le bonheur de trouver sous la marche du perron une espèce de grillage à la vue duquel, en Oiseau qui a aimé sa cage, le pauvre Sansonnet avait bondi de joie ; et tous les soirs, sans y manquer, notre vieux serviteur s'allait percher derrière ce bien-aimé grillage, heureux de se croire protégé par ce simulacre de prison.

Quand j'arrivai, le serviteur dormait, le maître dormait, tout le monde dormait. J'en fis autant.

Le lendemain, je fus reçue par mon hôte avec une si exquise politesse, que je crus un instant avoir retrouvé ce bon vieux temps où les Oiseaux étaient si polis et les Corneilles si fêtées.

« Vous êtes chez vous, » me dit-il. . . . .
. . . .

Cette ruine et moi nous nous allions si bien, il y avait entre nous des rapports si sympathiques, que j'acceptai l'offre de l'aimable vieillard et que je pris à l'instant même la résolution de rester chez lui pendant quelque temps.

Autour de moi tout était vieux, j'étais heureuse ou peu s'en faut. Je passai mes jours à parcourir les environs, à en rechercher les beautés et à questionner les habitants de ces campagnes. Ces Oiseaux des champs savent souvent, sans s'en douter, beaucoup de choses qu'on demanderait en vain aux Oiseaux des villes. Il semble que la nature livre plus volontiers à leur foi naïve ses sublimes secrets. N'est-il pas vrai de dire que ce que nous savons le mieux, c'est ce que nous n'avons pas appris?

C'est pendant ce séjour que j'eus l'occasion d'étudier les mœurs d'un Lézard, dont le bon naturel m'avait vivement intéressé. Ces individus étant, selon le mot de Figaro, paresseux avec délices, j'ai pensé que si quelqu'un ne se chargeait pas de parler pour eux, leur monographie manquerait à notre histoire, et peut-être eût-ce été dommage.

A QUOI TIENT LE COEUR D'UN LÉZARD.

I

Dans une des pierres les plus pittoresques du mur qui m'avait séduite, vivait un Lézard, le plus beau, le plus distingué, le plus aimable de tous les Lézards. Pour peu qu'on eût du goût, il fallait admirer la taille svelte, la queue déliée, les jolis ongles crochus, les dents fines et blanches, les yeux vifs et animés de cette charmante créature. Rien n'était plus séduisant que sa gracieuse personne. Il n'était aucune de ses changeantes couleurs dont le reflet ne fût agréable. Tout enfin était délicat et doux dans l'aspect de ce fortuné Lézard.

Quand il grimpait au mur en frétillant de mille façons élégantes et coquettes, ou qu'il courait en se faufilant dans l'herbe fleurie sans seulement laisser de traces de son joli petit corps sur les fleurs, on ne pouvait se lasser de le regarder, et toutes les Lézardes en avaient la tête tournée.

Du reste, on ne saurait être plus simple et plus naïf que ne l'était ce roi des Lézards. Comme un Kardouon célèbre[1], il aurait été de force à prendre des louis d'or pour des ronds de carotte. Ceci prouve qu'il avait toujours vécu loin du monde.

Je me trompe, une fois, mais une fois seulement, il avait eu l'occasion d'aller dans le monde, dans le monde des Lézards bien entendu, et quoique ce monde soit cent fois moins corrompu que le monde perfide des Serpents, des Couleuvres et des Hommes, il jura qu'on ne l'y reprendrait plus, et n'y resta qu'un jour qui lui parut un siècle.

Après quoi il revint dans sa chère solitude, bien résolu de ne plus la quitter, et sans avoir rien perdu, heureusement, de cette candeur et de ce bon naturel qui ne se peut guère garder qu'aux champs, et dans la vie qu'un Animal dont le cœur est bien placé peut mener au milieu des fleurs et en plein air, devant cette bonne nature qui nous caresse de tant de façons. C'est le privilége des âmes candides d'approcher le mal impunément. Il demeurait au midi dans ce superbe vieux mur, et avait eu le bon esprit, ayant trouvé au beau milieu d'une pierre un brillant petit palais, d'y vivre sans faste, plus heureux qu'un prince, et de n'en être pas plus fier pour cela.

C'était en vain qu'un Geai huppé lui avait assuré qu'il descendait de Crocodiles fameux, et que ses ancêtres avaient trente-cinq pieds de longueur. Se voyant si petit, et voyant aussi que le plus grand de ses ancêtres ne l'aurait pu grandir d'une ligne ni ajouter seulement un anneau aux anneaux de sa queue, il se souciait fort peu de son origine et ne s'inquiétait guère d'être né d'un œuf imperceptible ou d'un gros œuf, pourvu qu'il fût né de manière à être heureux ; et il l'était. Il ne se serait pas dérangé d'un pas pour aller contempler ce qui restait de ses pères, dont il ne restait que des os, si honorable qu'il fût pour ces restes illustres d'être conservés à Paris dans le Jardin des Plantes, ce tombeau de sa noble famille, comme disait le Geai huppé.

Enfin, sans avoir les faiblesses contraires, il n'avait point de faiblesses aristocratiques, et n'aurait pas refait la Genèse pour s'y donner une plus belle place. Il était content de son sort, et du moment où le soleil brillait pour tout le monde, peu lui importait le reste.

---

[1] Le Kardouon de Charles Nodier.

II

Qui le croira? Au dire de toutes les Lézardes des environs, il manquait quelque chose à un Lézard si bien doué, puisque aucune d'elles n'avait encore trouvé le chemin de son cœur. Ce n'était pas que beaucoup ne l'eussent cherché. Mais hélas! le plus beau des Lézards était aussi le plus indifférent de tous, et il ne s'était même pas aperçu du bien qu'on lui voulait.

C'était vraiment dommage, car il ne s'était peut-être jamais vu de Lézard de meilleure mine. Mais qu'y faire, et comment épouser un Lézard qui ne veut pas qu'on l'épouse? La plupart avaient porté leur cœur ailleurs.

III

Le plus beau Lézard du monde ne peut donner que ce qu'il a, et ce qu'on a donné une fois on ne l'a plus. Or, le plus beau Lézard du monde avait donné son cœur, et donné sans réserve. Voilà ce que personne ne savait, et lui-même n'en savait pas plus que les autres. Cet amour lui était venu sans qu'il s'en aperçût : c'est ainsi que l'amour vient quand il doit rester; et il était entré si avant dans ce cœur bien épris, que, l'eût-il voulu, il n'y aurait pas eu moyen de l'en faire sortir. Voilà comme on aime quand on aime bien, et quand on a raison d'aimer ce qu'on aime.

Vous lui eussiez dit qu'il était amoureux que vous l'eussiez blessé et qu'il ne vous eût pas cru. Amoureux, lui! dites dévoué, dites reconnaissant, dites respectueux, dites religieux, dites pieux, ou plutôt faites un mot tout à la fois plus grand et plus simple, plus chaste et plus pur que tous ces mots, un mot tout exprès. Mais amoureux? il ne l'était pas; il n'aurait osé, ni voulu, ni daigné, ni su l'être.

Aimer et rien qu'aimer, c'est bien peu dire! Peut-être si ce mot n'eût été, comme tant d'autres mots de notre langue, gâté et profané, eût-il laissé dire qu'il adorait ce qu'il aimait; mais à coup sûr le plus humble silence pouvait seul exprimer convenablement ce qu'il sentait. Telle était son innocence, qu'il ne s'était jamais rendu compte de l'état de son cœur.

Sans doute il lui plaisait de ne rien faire et de vivre au printemps, et de regarder fleurir les fleurs nouvelles par un beau jour, ou bien d'aller, de venir et de revenir, et de courir en liberté au milieu de l'herbe embaumée après les fils de la bonne Vierge, ces blanches toiles d'Araignée que le ciel envoie toutes garnies de Mouches excellentes à ses Lézards privilégiés. Il aimait aussi la chasse aux Sauterelles, et écoutait volontiers la vieille chanson des Cigales, quand il ne préférait pas les manger, dans l'intérêt des fleurs ses amies.

Mais ce qu'il aimait par-dessus tout et de toutes ses forces, et autant que Lézard peut aimer, c'était le soleil. Le soleil ! dont Satan lui-même devint amoureux et jaloux. Quand le soleil était là, il était tout entier au soleil et ne pouvait songer à autre chose. Dès le matin, vous l'eussiez vu paraître sans bruit sur le seuil de sa demeure, se tourner doucement, ainsi que l'héliotrope, son frère en amour, vers ce roi des astres et des cœurs que les poëtes, et, parmi les poëtes, les aveugles eux-mêmes ont chanté ; et là, couché sur la pierre brûlante, son âme ravie se fondait sous les rayons d'or de son bien-aimé. Heureux, trois fois heureux ! Il dormait tout éveillé et réalisait ainsi les doux mensonges des rêves.

IV

Partout où il y a des Lézards, il y a des Lézardes. Or, non loin de la pierre dans laquelle demeurait mon Lézard, il y avait une autre pierre au fond de laquelle logeait un cœur qui ne battait que pour lui et que rien n'avait pu décourager. Ce petit cœur tout entier appartenait à l'ingrat qui ne s'en doutait seulement pas. La pauvre petite amoureuse passait des journées entières à la fenêtre de sa crevasse à contempler son cher Lézard, qu'elle trouvait le plus parfait du monde ; mais c'était peine perdue. Et elle le voyait bien. Mais que voulez-vous ? elle aimait son mal et ne désirait point en guérir. Elle savait que le plus grand bonheur de l'amour, c'est d'aimer. Pourtant quelquefois sa petite demeure lui paraissait immense. Il eût été si bon d'y vivre à deux. Quand cette pensée lui venait, ses petits yeux ne manquaient pas de se remplir de larmes. Que n'eût-elle pas donné pour essayer de cet autre bonheur qu'elle ne connaissait pas, celui d'être aimée à son tour.

« Une jolie crevasse et un cœur dévoué, c'est pourtant une belle dot, » pensait-elle.

Ou ce Lézard était aveugle, ou il était de pierre.

L'espérance la soutint aussi longtemps qu'elle crut que son Lézard n'aimait rien.

Mais que devint-elle, grand Dieu! quand elle s'aperçut qu'elle avait pour rival, elle petite Lézarde, humble Lézarde, le soleil, et que l'ingrat n'avait d'yeux que pour lui!

Aimer le soleil! Sans le profond respect que lui inspirait son étrange rival, elle eût cru que son Lézard avait perdu la tête; car, à vrai dire, elle ne se rendait pas bien compte d'une passion aussi singulière, et, pour sa part, elle ne comprenait pas bien qu'un Lézard intelligent ne pût s'arranger de façon à aimer à la fois et le soleil et une Lézarde.

C'était une bonne âme, mais elle n'était nullement artiste, et n'entendait rien aux sublimes extravagances de la poésie.

A la fin, le désespoir s'empara d'elle, et, sans en rien dire à personne, elle se prit d'un si grand dégoût de la vie, qu'elle résolut d'y mettre fin. A la voir, on ne l'eût jamais soupçonnée d'avoir cette folle envie de mourir à la fleur de son âge et dans tout l'éclat de sa beauté. Mais telle était sa fantaisie, et rien ne pouvait l'en détourner.

Poursuivie par ses sombres pensées, elle courait, au péril de ses jours, à travers les fossés profonds et les échaliers serrés, et la lisière des bois verdoyants, et les semailles, et les moissons, et les vergers, et les routes poudreuses, sans craindre ni le pied de l'Homme, ni la serre de l'Oiseau de proie. Que lui servait de vivre et d'être jolie, d'avoir une belle robe bien ajustée, et d'en pouvoir changer tous les huit jours, et de porter à son cou un collier d'or qui eût fait envie à une princesse, du moment où elle ne savait que faire de tout cela?

Vous tous, qui avez souffert comme elle, vous comprenez qu'elle songeât à la mort.

V

« Vivre ou mourir, disait-elle, lequel des deux vaut le mieux? »

Un vieux Rat, à moitié aveugle, passait en ce moment au bas de la ruine.

« Mieux vaut mourir que rester misérable, » murmurait le vieux Rat qui marchait avec peine, et qui pensait tout haut comme beaucoup de vieilles gens. Ceux de messieurs les Animaux domestiques qui s'étonnent de tout s'étonneront peut-être de voir ces paroles dans la bouche d'un Rat des champs. Mais y a-t-il donc deux manières de formuler une même vérité? Seulement à la ville et chez les Hommes la vérité se chante, ailleurs on la crie ou on l'étouffe.

La pauvre Lézarde était superstitieuse; elle vit dans ces paroles que le hasard seul lui apportait, dans cette vieille rengaîne de tous les vieux Rats, une réponse directe à sa question et un avertissement du ciel.

Elle pouvait encore apercevoir la queue pelée de son oracle qui traînait après lui dans la poussière, que déjà son parti était pris.

« Je mourrai, s'écria-t-elle ; mais il saura que je meurs pour lui. »

VI

Tel est l'empire d'une grande résolution, que cette Lézarde, qui jusque-là n'avait jamais osé regarder en face celui qu'elle aimait, se trouva, comme par miracle, à côté de lui.

Quand le Lézard vit cette jolie Lézarde venir à lui d'un air si déterminé, il se retira de quelques pas en arrière parce qu'il était timide.

Quand, de son côté, la Lézarde vit qu'il allait s'en aller, elle faillit s'en aller comme lui, parce qu'elle était timide aussi. Timide? direz-vous. Soyez moins sévère, chère lectrice, pour une Lézarde qui va mourir. D'ailleurs, il lui en avait tant coûté d'avoir du courage, qu'elle ne voulut pas avoir fait un effort inutile.

« Reste, lui dit-elle, écoute-moi, et laisse-moi parler. »

Le Lézard vit bien que la pauvre Lézarde était émue, mais il était à cent lieues de croire qu'il fût pour quelque chose dans cette émotion, car il ne se rappelait pas l'avoir jamais vue. Pourtant, comme il avait de la bonté, il resta et la laissa parler.

« Je t'aime! lui dit alors la Lézarde, d'une voix dans laquelle il y avait autant de désespoir que d'amour, et tu ne sais pas seulement que j'existe. Il faut que je meure. »

Un Lézard de mauvaises mœurs aurait fait bon marché de la douleur et de l'amour de la pauvrette; mais notre Lézard, qui était honnête, ne songea pas un instant à nier cette douleur parce qu'il ne l'avait jamais ressentie; il songea encore moins à en abuser. Il fut si étourdi de ce qu'il venait d'entendre, qu'il ne sut d'abord que répondre, car il sentait bien que de sa réponse dépendait la vie ou la mort de la Lézarde.

Il réfléchit un instant.

« Je ne veux pas te tromper, lui dit-il, et pourtant je voudrais te consoler. Je ne t'aime pas, puisque je ne te connais pas, et je ne sais pas si je t'aimerai quand je te connaîtrai, car je n'ai jamais pensé à aimer une Lézarde. Mais je ne veux pas que tu meures. »

La Lézarde avait l'esprit juste; si dure que fût cette réponse, elle trouva qu'une si grande sincérité faisait honneur à celui qu'elle aimait. Je ne sais ce qu'elle lui répondit. Peu à peu le Lézard s'était rapproché d'elle, et ils s'étaient mis à causer si bas, si bas, et leur voix était si faible, que c'était à grand'peine que je pouvais saisir de loin en loin quelques mots de leur conversation : tout ce que je puis dire, c'est qu'ils parlèrent longtemps, et que, contre son ordinaire, le Lézard parla beaucoup. Il était facile de voir à ses gestes qu'il se défendait, comme il pouvait, d'aimer la pauvre Lézarde, et qu'il était souvent question du soleil qui, en ce moment, brillait au ciel d'un éclat sans pareil.

D'abord la Lézarde ne disait presque rien ; c'est aimer peu que de pouvoir dire combien l'on aime, et, pendant que son Lézard parlait, elle se contentait de le regarder de toutes les façons qui veulent dire qu'on aime et qu'on est encore au désespoir ; plus d'une fois je crus que tout était perdu pour elle. Mais, un poëte l'a dit[1] (un poëte doit s'y connaître) : « Le hasard sert toujours les amoureux quand il le peut sans se compromettre, » et le hasard voulut qu'un gros nuage vînt à passer sur le soleil, juste au moment où son petit adorateur lui chantait son plus bel hymne.

« Tu le vois ! s'écria la petite Lézarde bien inspirée, ton soleil te quitte, te quitterai-je, moi ? » Son rival n'était plus là et le courage lui était revenu. « Il faut qu'on aime, dit-elle au Lézard devenu attentif, en lui montrant des fleurs l'une vers l'autre penchées, et tout auprès un œillet-poëte qui faisait les yeux doux à une rose sauvage ; les fleurs aux fleurs se marient, et les Lézardes sont faites pour être les compagnes des Lézards : le ciel le veut ainsi. »

Le hasard eut le bon cœur de se mettre décidément du côté du plus faible ; le nuage qui avait passé sur le soleil fut suivi de beaucoup d'autres nuages qui s'étendirent en un instant sur tout l'horizon. Un grand vent parti du nord essaya, mais en vain, de disputer l'espace à

---

[1] Alfred de Musset, *Contes et Nouvelles*.

l'orage, les trèfles redressaient leurs tiges altérées, les Hirondelles rasaient la terre, et les Moucherons éperdus cherchaient partout un refuge ; tout leur était bon, et l'herbe la plus menue leur paraissait un sûr asile. Le Lézard se taisait et la Lézarde se serait bien gardée de parler, l'orage parlait mieux qu'elle. Le Lézard inquiet tournait la tête de côté et d'autre, et se demandait si c'en était fait de la pompe de ce beau jour ; un grand combat se livrait dans son âme, et pour la première fois il se disait que les jours sans soleil devaient être bien longs.

Un coup de tonnerre annonça que le soleil était vaincu et que les nuages allaient s'ouvrir.

La Lézarde attendait toujours, et Dieu sait avec quelle mortelle impatience son cœur battait dans sa petite poitrine.

« Tu es une bonne Lézarde, lui dit enfin le Lézard vaincu à son tour, tu ne mourras pas. »

VII

Comment dire le ravissement de la pauvre Lézarde, et combien elle était charmée d'être au monde, et combien étaient joyeux les petits sifflements qui sortaient de sa poitrine délivrée ? Elle se redressait sur ses petits pieds, et elle faisait la fière, et elle était si glorieuse, qu'elle avait tout oublié. Il était bien question vraiment de ses peines passées ! Le Lézard, content de voir cette joie qu'il avait faite, trouva sa petite Lézarde charmante ; il partagea aussitôt avec elle une goutte de rosée qui s'était tenue fraîche dans la corolle d'une fleurette (ce qui est la manière de se marier entre Lézards), et ce fut une affaire terminée.

L'orage allait éclater et il fallait rentrer.

« J'ai un palais et tu n'as qu'une chaumière, lui dit-il ; mais mon palais est si petit, que ta chaumière vaut mieux que mon palais. Puisque dans ta chaumière il y a place pour deux, veux-tu m'en céder la moitié ?

— Si je le veux ! » répondit la bienheureuse Lézarde ; et elle le conduisit triomphante à sa grotte, dont l'entrée était cachée à dessein par quelques feuilles d'alléluia, de bois gentil et de romarin.

L'emménagement fut bientôt fait, car il n'emporta rien que sa personne. Quand il entra chez son amie, il trouva une petite demeure si bien tenue et si parfaitement disposée, que c'était assurément la plus agréable lézardière du monde. Mon Lézard, qui aimait les jolies choses et les choses élégantes, admira le bon goût qui avait présidé à l'ameublement de cette gentille caverne. Elle était divisée en deux parties : l'une était plus grande que l'autre, et c'était là qu'on allait et venait; l'autre était garnie de duvet de chardon bénit et de fleur de peuplier, et c'était là qu'on dormait.

Il mit le comble à la joie de sa compagne en l'accablant de compliments. Il est si bon d'être loué par ce qu'on aime !

Le bonheur ne tient guère de place, car ce jour-là il semblait s'être réfugié tout entier dans ce charmant réduit. Où n'entrerait-il pas s'il le voulait, puisqu'il est si petit ?

Tout Lézard est un peu poëte; il fit quatre vers pour célébrer ce beau jour, mais il les oublia aussitôt. Il était encore plus Lézard que poëte.

Enfin ils étaient mariés, et ils entrevoyaient des millions de jours fortunés.

VIII

Que ne puis-je laisser là ces jeunes époux, puisqu'ils sont heureux, et croire à l'éternité de leur bonheur ! Que les devoirs de l'historien sont cruels, quand il veut accomplir sa tâche jusqu'au bout !

Une fois mariée (on serait si fâché d'être heureux !), la Lézarde devint songeuse. Elle ne pouvait oublier que c'était au hasard, à un nuage, à une goutte d'eau, qu'elle avait dû son mari. Sans doute quand il l'aimait, il l'aimait bien, mais il ne l'aimait pas comme les Lézardes veulent être aimées, c'est-à-dire à toute heure, et sans cesse et sans partage. Tant que le soleil brillait, elle ne pouvait avoir raison de son mari, car il appartenait au soleil, et quand il était une fois couché sur l'herbe à demi tiède, soit seul, soit avec un Lézard de ses amis, il ne se serait pas dérangé pour un empire.

La jalousie rend *féroce*, quand elle est impuissante.

« Que n'ai-je, avant de me marier, mangé seulement une demi-feuille d'hellébore ! » disait-elle souvent. Dois-je l'écrire ? il lui arrivait quelquefois de regarder d'un œil d'envie la scabieuse, cette fleur des veuves, car elle ne pouvait s'empêcher de songer *à quoi tient le cœur d'un Lézard*.

Quant au Lézard, quand il n'était pas au soleil, il était à sa *femme*; et il croyait si bien faire en faisant ce qu'il faisait, qu'il ne s'aperçut jamais que sa Lézarde eût changé d'humeur.

Suite de l'histoire des hôtes de la terrasse. — Faites-vous donc Grand-Duc!

Madame la Duchesse, qui était venue au monde pour être une bonne grosse personne, bien portante, mangeant bien, buvant bien et vivant au mieux qui était tout cela, mais qui se donnait toutes sortes de peines

pour le cacher et pour extravaguer, avait cru de bon ton de devenir très-sensible. Tout l'émouvait; elle faisait volontiers de rien quelque chose, d'une taupinière une montagne, et tressaillait à tout propos : la chute d'une feuille, le vol d'un insecte étourdi, la vue de son ombre, le moindre bruit, ou pas le moindre bruit, tout était pour elle prétexte à émotion. Elle ne poussait plus que de petits cris, faibles, mal articulés, inintelligibles. Tout cela, selon elle, c'était la distinction. Les yeux sans cesse fixés sur la pâle lune, ce soleil des cœurs sensibles, comme elle disait; sur les étoiles, ces doux yeux de la nuit, si chères aux âmes méconnues, elle s'écriait, avec un philosophe chrétien : Qu'on ne saurait être bien où l'on est, quand on pourrait être mieux ailleurs. Aussi, pour cette Chouette éthérée, l'air le plus pur était trop lourd encore ; elle détestait le soleil, ce Dieu des pauvres, disait-elle, et ne voulait du Ciel que ses plus belles étoiles ; c'était à grand'peine qu'elle daignait marcher elle-même, respirer elle-même, vivre elle-même et manger elle-même. Pourtant elle mangeait bien, pesait beaucoup, et dans le même temps qu'elle affectait une sensiblerie ridicule, au point qu'elle ne pouvait, disait-elle, voir la vigne pleurer sans pleurer avec elle, on aurait pu la surprendre déchirant sans pitié, de son bec crochu, les chairs saignantes des petites Souris, des petites Taupes et des petits Oiseaux en bas âge. Elle se posait en Chouette supérieure, et n'était qu'une Chouette ridicule.

Son mari, émerveillé des grandes manières de sa Chouette adorée, s'épuisait en efforts pour s'égaler à elle. Mais dans une voie pareille, quel Hibou, quel mari ne resterait en chemin? Aussi, malgré son envie, ut-il toujours loin de son modèle ; si loin, ma foi, que madame la Duchesse, qui était parvenue à oublier l'humilité de sa propre origine, en vint à reprocher à son pauvre mari de n'être, après tout, qu'un Hibou. « Quel sort! quel triste sort! s'écriait-elle. Être obligée de passer sa vie dans la société d'un Oiseau vulgaire et bourgeois, dont les seuls mérites, sa bonté et son attachement pour moi, sont gâtés par leur excès même! Malheureuse Chouette! »

Plus malheureux Hibou!

Joies modestes de la fabrique, qu'êtes-vous devenues? Plaisirs menteurs de la terrasse, où êtes-vous? Tout d'un coup madame la Duchesse cessa de chanter des nocturnes avec son mari; et un beau jour, s'étant laissé toucher par les discours audacieux d'un Milan qui avait été reçu par M. le Duc, à cause de son nom, elle partit avec lui. Le perfide avait séduit la *Femme* de son ami en employant avec elle les mots les plus longs de la langue des Milans amoureux.

Cet événement prêta, comme on peut le croire, aux caquets. Les

Pies, les Geais, notre vieux Sansonnet lui-même, le commentèrent de mille façons. Il y a des malheurs qui manquent de dignité. Tout le monde blâma la coupable, mais personne ne plaignit le pauvre mari. La pitié qu'on accorde aux plus grands criminels, pourquoi la refuse-t-on à ceux qu'un sot orgueil a perdus? Faites-vous donc Grand-Duc!

Pour être sûre qu'elle ne tarderait pas à lui parvenir, madame la Duchesse laissa dans la partie de la terrasse où son mari avait coutume de prendre ses repas, la lettre voici. Cette lettre était, comme dernier trait de caractère, écrite sur du papier à vignette et parfumé.

« *Monsieur le Duc,*

« *Il est dans ma destinée d'être incomprise. Je n'essayerai donc pas*
« *de vous expliquer les motifs de mon départ.*

« Signé : *Duchesse de la Terrasse.* »

M. le Duc lut, relut, et relut cent fois, sans pouvoir les comprendre, ces lignes écrites pourtant d'une griffe et d'un style assez ferme, et sembla justifier ainsi le laconisme de l'auteur.

Mais ce que l'esprit ne s'explique pas toujours, le cœur parvient souvent à le comprendre, et il sentait bien qu'un grand malheur venait de le frapper. Ce ne pouvait pas être pour rien que tout son sang avait ainsi reflué vers son cœur... Ses plumes se hérissèrent, ses yeux se fermèrent, et il fut, pendant un instant, comme atteint de vertige. Lorsqu'il put enfin mesurer toute l'étendue de son malheur, il laissa tomber sa tête sur sa poitrine oppressée, et demeura longtemps immobile, comme s'il eût été privé de tout sentiment.

Quand on est ainsi frappé tout d'un coup, on se sent si faible, qu'on voudrait ne l'avoir été que petit à petit et comme insensiblement. Il lui sembla d'abord que quelque chose d'aussi essentiel que l'air, la terre et la nuit, venait de lui manquer. Il avait tout perdu en perdant la compagne de sa vie; et quand il sortit de sa stupeur, ce fut pour appeler à grands cris l'ingrate qui le fuyait, quoiqu'il la sût déjà bien loin; puis, bien qu'il n'eût été que trompé, il se crut déshonoré, et s'en alla au bord de l'eau comme doit le faire tout Hibou désespéré, pour voir si l'envie ne lui viendrait pas de se noyer avec son chagrin.

Arrivé là, il regarda d'un air sombre l'eau profonde, et y trempa son bec... pour la goûter d'abord. La lune s'étant alors dégagée d'un nuage qui avait caché son croissant, il se vit dans l'eau comme en un miroir magique, et fut effrayé du désordre de sa toilette. Machinalement, et pour obéir à une habitude de recherche que lui avait fait prendre l'ingrate pour laquelle il allait mourir, il rajusta avec soin celles de ses plumes qui s'étaient le plus ébouriffées, et trouva quelque charme dans cette occupation. Il lui semblait doux de mourir paré comme aux jours de son bonheur, paré de la parure qu'elle aimait.

Il songea aussi un instant à faire, avant de quitter la vie, une ballade à la lune, qu'il prit à témoin de ses infortunes; à la lune, l'astre favori de son infidèle, et aux nuées, vers lesquelles l'esprit de sa femme s'était si souvent envolé. Mais tous ses efforts furent inutiles, et il comprit qu'on ne saurait pleurer en vers que les peines qu'on commence à oublier.

Voyant bien qu'il n'avait plus qu'à mourir, il s'était déjà penché sur l'abîme, quand il fut arrêté par une réflexion. Lorsqu'il s'agit de la mort, il est permis d'y regarder à deux fois, et il faut être bien certain, quand on se noie, qu'on a de bonnes raisons pour le faire.

Il relut, pour la cent et unième fois, la lettre de madame a Duchesse; et cette lettre, à sa grande satisfaction, lui parut moins claire que jamais. « Diable! se dit-il, ce qu'il y a de plus clair dans tout ceci, c'est que madame la Duchesse a quitté la terrasse. Mais qui me dit qu'elle n'y reviendra pas, et qu'elle a cessé d'être digne d'y revenir ? Rien, absolument rien. Elle-même refuse de s'expliquer. Ce voyage ne peut-il être un voyage d'agrément, et avoir pour but une visite à une autre Chouette de génie comme elle; ou une retraite de quelques jours dans quelque coin poétique, pour s'y livrer complètement à la méditation qu'affectionnent les âmes d'élite comme la sienne? Et encore, ne peut-elle être morte? »

Le cœur d'un Hibou a d'étranges mystères. Cette dernière hypothèse lui souriait presque : il l'eût voulue morte, plutôt que parjure.

« Parbleu! dit-il, voyez où nous entraîne l'exagération! » Et il fit gravement quelques tours sur la rive, en s'applaudissant de n'avoir pas cédé à un premier mouvement.

Mais, au bout de quelques moments, il sentit bien que la consolation qu'il avait essayé de se donner n'était pas de bon aloi. Son cœur n'avait pas cessé d'être serré; et, voulant mettre fin à ses incertitudes, il résolut de consulter une vieille Carpe qui passait, dans le pays, pour savoir le passé, le présent, l'avenir, et beaucoup d'autres choses encore. Ce qui fait le succès des devins et des diseurs de bonne aventure, c'est qu'il y a beaucoup de malheureux. Il faut être désespéré pour demander un miracle. La sorcière avait la réputation d'être capricieuse. « Voudra-t-elle me répondre ? » se dit-il ; et il s'avança, non sans un trouble involontaire, vers une partie de la rivière, très-éloignée des deux châteaux, où la vieille Carpe se livrait à ses sorcelleries.

Une Carpe magicienne.

« Puissante Carpe, dit-il, d'une voix mêlée de respect et de crainte, ô toi qui sais tout, fais-moi connaître mon sort. Mon épouse bien-aimée a disparu : est-elle morte, ou est-elle infidèle ? »

Pour une magicienne, la vieille Carpe ne se fit pas trop prier ; et sa grosse tête bombée ne tarda pas à se montrer. Elle remua trois fois ses lèvres épaisses avec beaucoup de majesté, prit lentement trois aspirations d'air en regardant du côté de la source du fleuve, puis :

« Attends, » lui dit-elle.

Et, ayant tourné trois fois sur elle-même, elle sortit de l'eau à mi-corps, et se mit à chanter, d'une voix étrange, les paroles que voici :

CHANT DE LA CARPE.

« Accourez, accourez, vous qui aimez les nuits noires et les eaux
« limpides, innombrables tribus aux nageoires rapides et aux gosiers
« affamés ; vous qui aimez les rivages paisibles et déserts, les eaux sans
« pêcheurs et sans filets, venez ici, Animaux à sang rouge, Carpes
« dorées, Truites azurées, Brochets avides ; déployez vos nageoires,
« Mulets, Argus, Chirurgiens, Horribles, troupe soumise à mes lois ;
« venez aussi, souples Anguilles, brunes Écrevisses, et vous, reines
« des Ovipares, Grenouilles enrouées. Quoiqu'il ne s'agisse ni de boire
« ni de manger, et qu'on ne vous ait pas même offert en sacrifice...
« un Ciron ! rendez vos oracles ! Montrez que vous savez parler, quoi
« qu'on dise, et donnez votre avis à cet époux malheureux.

« Est-il ou n'est-il pas trompé? Sa Chouette est-elle morte ou infi-
« dèle? Sachez d'abord que si elle est morte, l'infortuné se résignera à
« vivre pour la pleurer; mais qu'il se précipitera dans les eaux, si elle
« est infidèle. »

Le monde des esprits est facile à éveiller.

Bientôt le Hibou tremblant vit ce qu'il n'avait jamais vu. A la voix

de la Carpe, les têtes de tous ceux qu'elle avait évoqués sortirent successivement des eaux, et formèrent bientôt une ronde fantastique, au-

dessus de laquelle d'autres rondes, composées d'innombrables Insectes, et montant en spirale jusqu'au ciel, apparurent tout à coup. Par un prodige inouï, des nymphéas, bravant les ténèbres, élevèrent leurs tiges hardies jusqu'à la surface de l'eau, et beaucoup de fleurs, qui s'étaient fermées pour ne se rouvrir qu'au matin, furent tirées, contre l'ordre de la nature, de leur profond sommeil. Des nuages épais pesaient sur l'atmosphère; le ciel semblait comprimer la terre; l'air était lourd, et le silence si grand, que M. le Duc pouvait entendre distinctement les battements de son cœur.

La vieille Carpe se plaça au milieu, et les rondes se mirent à tourner autour d'elle, chacune dans son sens, les unes vivement, les autres lentement. Au troisième tour, la vieille Carpe fit un plongeon, resta sous l'eau pendant quelques minutes, et du fond de l'abîme rapporta cette réponse au Hibou épouvanté :

« Ton épouse bien-aimée n'est pas morte ! »

Cela dit, la tête et la queue de la sorcière se rapprochèrent, par un mouvement bizarre, comme les deux extrémités d'un arc; elle fit un bond prodigieux, s'éleva de six pieds dans les airs, et disparut.

« Elle n'est pas morte ! elle n'est pas morte ! » répéta le chœur infernal; « elle n'est pas morte ! La Chouette est l'oiseau de Minerve; la fille de la Sagesse t'aurait-elle quitté si tu ne l'avais pas mérité? A l'eau ! « à l'eau ! à l'eau ! Hibou, tu l'as promis, il faut mourir !

« Chantons, chantons gaiement ! » criaient les Écrevisses et les Grenouilles; « peu nous importe pourquoi tu meurs, pourvu que tu meures
« et que nous puissions souper avec Ta Seigneurie. Chantons, dansons
« et mangeons ! peut-être demain serons-nous sous la dent des
« Hommes ! »

Une petite Ablette aux sept nageoires, qui n'était encore qu'une demi-sorcière, s'approcha tout au bord de l'eau : « Ton malheur nous remplirait de tristesse et de pitié, lui dit-elle d'un air moitié naïf et moitié railleur, si notre tristesse et notre pitié pouvaient le faire cesser. »

« Elle n'est pas morte, disait le pauvre Hibou à moitié fou; elle n'est pas morte... je ne comprends pas. » Et l'eau avait repris son cours; magiciennes et magiciens, voyant qu'il ne se pressait pas de mourir, étaient rentrés, ceux-ci dans leur bourbe, ceux-là dans leurs roseaux et sous leurs pierres, qu'il disait encore, en agitant ses ailes avec désespoir : « Je ne comprends pas. »

Le hasard et un peu d'insomnie m'avaient conduite, cette nuit-là, de ce côté. J'avais été spectatrice muette de la scène que je viens de raconter. J'eus pitié de lui, et je l'abordai.

« Cela veut dire, lui dis-je, si cela veut dire quelque chose, qu'elle est infidèle, oui, infidèle. Cela veut dire aussi que la plupart de ces Poissons ne seraient pas fâchés de te voir mourir, et qu'ils te trouveraient bon à manger. Mais pourquoi mourir ? en seras-tu moins trompé ? » Et je le remis dans son chemin et dans son bon sens, après avoir employé, pour le décider à vivre, toutes les formules au moyen desquelles on console les gens qui ont envie d'être consolés.

J'eus le plaisir de l'entendre envoyer au diable les Carpes magiciennes et leurs oracles intéressés.

Comment un Hibou meurt d'amour.

J'ai su plus tard que ce pauvre Oiseau, dont la tête n'avait jamais été bien forte, s'était jeté, pour se distraire, disait-il, dans ce qu'il appelait les plaisirs. Il est rare qu'un esprit médiocre se résigne au malheur. Il s'abandonna à toutes sortes d'excès, et surtout à des excès de table, ainsi qu'il l'avait vu pratiquer, en pareille occasion, à quelques héros de roman. Comme il avait beaucoup d'appétit et peu de goût, il mangeait souvent des choses malsaines, et mourut bientôt, les uns disent d'amour, les autres d'indigestion. Le fait n'est pas encore éclairci.

Je crois pouvoir affirmer, à sa louange, que, s'il ne fût pas mort de la maladie que nous venons d'être forcée de nommer, il aurait pu mourir d'amour ; car il aimait passionnément sa pauvre Chouette, qui, avant d'être une grande dame, avait été une simple Chouette fort bonne et très-attachée à ses devoirs.

Il en est des plaies du cœur comme de celles du corps : quand elles ont été profondes, elles se ferment quelquefois ; mais elles se rouvrent toujours, et on finit par mourir, en pleine santé, de celles dont on a été le mieux guéri.

Faites-vous donc Grande-Duchesse!

Et madame la Duchesse? Au bout de quinze jours, son séducteur l'abandonna pour une vraie Duchesse qu'il emmena en Grèce, où ses ancêtres avaient été rois. Elle en fut si humiliée, qu'elle maigrit à vue d'œil, et mourut, seule, dans le tronc d'un vieux saule, de honte, de misère et presque de faim, bien coupable, mais aussi bien malheureuse.

Faites-vous donc Grand Duc et Grande Duchesse!

Où l'auteur reprend la parole pour son propre compte. — Conclusion.

On voyagerait pendant une éternité, on ne s'arrêterait pas plus que le temps, que cette agitation sans fin ne suffirait pas à rendre le mouvement à un cœur fatigué. Après avoir été partout, ou peu s'en faut, je me demandai à quoi avait abouti cette course d'âme en peine, et si les Corneilles étaient faites pour courir le monde ou pour vivre en société. N'y avait-il pas eu dans cette soumission aux exigences de mon chagrin, si légitime qu'il fût, plus d'égoïsme que de raison? la lutte n'eût-elle pas été plus glorieuse que la fuite? et si triste qu'eût pu être mon existence, n'eût-il pas mieux valu la consacrer à mes pareilles, que de l'user sans profit pour personne dans de stériles voyages? Le résultat de ces réflexions tardives, comme toutes les réflexions, fut que je ferais bien de retourner parmi les miens.

Mais où me fixer?

Les vieilles cathédrales sont les hôtelleries naturelles des voyageurs de notre espèce. J'avais visité, pendant le cours de mes voyages, presque toutes les églises de France. A laquelle devais-je donner la préférence?

J'hésitais entre trois surtout.

Retournerais-je à Strasbourg, ma patrie? Reverrais-je ma chère cathédrale avec sa flèche élégante, ses fines ciselures et sa pierre inattaquable? Mais non! tout m'y rappellerait le passé, et rien n'est plus triste que de se souvenir qu'on a été heureux, quand on ne l'est plus.

Irais-je à Reims et chercherais-je un refuge dans les broderies de son splendide portail? Mais pourquoi à Reims plutôt qu'ailleurs?

J'allais me décider pour la noble cathédrale de Chartres, le plus sévère, le plus digne et le plus sacré des monuments gothiques de notre pays, quand j'appris qu'une grande quantité de Corneilles venaient de fonder une colonie dans une des tours de Notre-Dame de Paris; de Notre-Dame de Paris dont j'avais tant entendu parler et que je ne connaissais pas encore. Ma foi, par un reste d'habitude de voyageuse, je me décidai pour cette illustre inconnue. Notre-Dame avec sa mâle architecture, ses fortes tours, sa façade un peu massive, me parut plutôt puissante qu'imposante, mais ses bas côtés me ravirent. J'y fus saluée dès mon arrivée par un très-vieux Corbeau, que je reconnus tout d'abord pour un de mes compatriotes, à son accent qu'un véritable Alsacien ne perd jamais.

Puisque l'occasion s'en présente, je ne suis pas fâchée d'avoir à dire quelques mots de ce personnage.

« Écrivez de ce personnage tout ce que vous voudrez, me dit en m'interrompant pour la seconde fois le malencontreux conseiller que j'ai déjà cité au commencement de ce récit, et qui s'étant, depuis ma réponse, tenu derrière moi sans mot dire, lisait sans façon par-dessus mon aile, à mesure que j'écrivais; ne vous gênez pas; son tour est venu, vengez-vous.

— Avez-vous déjà peur? lui dis-je; attendez donc, et en attendant, taisez-vous. »

Pourquoi ne le dirais-je pas? Dans ce vieillard je retrouvai un un ancien ami d'enfance; il y avait bientôt un siècle que nous ne nous étions vus.

Ce qui nous avait séparés, c'est qu'il avait été fou de tout dans sa jeunesse, de tout, et de moi un peu, s'il m'est permis de le dire. Or, mon cœur n'étant déjà plus libre (j'étais à la veille de me marier), il avait quitté le pays, désespéré, jurant et criant qu'il en mourrait. Il n'en était pas mort, on le voit. Que mes lectrices veuillent bien faire comme moi, qu'elles lui pardonnent d'avoir survécu.

« Quoi! me dit-il en m'abordant avec une émotion qui me toucha plus qu'il ne m'aurait convenu de le laisser voir, ne daignerez-vous pas reconnaître votre ancien amoureux? Il y a tantôt cent ans que je vous aime, et que je vous aime en vain. Que n'ai-je pas fait, grand Dieu!

pour vous oublier[1]! Me punirez-vous de n'y avoir pas réussi? Je vous en prie, ajouta-t-il, restez avec nous.

— Ceci, lui répondis-je, m'a tout l'air d'une déclaration en bonnes formes; mais un amour de cent ans ressemble, à s'y tromper, à une belle et bonne amitié : je l'accepte comme tel. Allons, consolez-vous, ajoutai-je. L'amour est un enfant, il veut des cœurs jeunes comme lui; ne sommes-nous pas trop vieux? Me voici à Paris, j'y resterai, mais à une condition : c'est que vous me chercherez un logement.

— N'est-ce que cela? me dit-il en me montrant un Dragon volant; je demeure sous l'aile gauche de ce Dragon, l'aile droite est libre ; si l'appartement vous convient, refuserez-vous d'être ma voisine? » Et il me vanta les charmes de sa résidence. A l'en croire, été comme hiver, c'était un lieu de délices.

Ce jour-là, mon excellent ami me parlait de sa voix la plus douce; son air était si bon et son accent si pénétré, que je n'aurais osé le refuser. Je retirai pourtant d'entre les siennes une de mes pattes qu'il serrait avec un peu plus de tendresse que n'en comportait une simple amitié.

« Quel bonheur! et qu'il fait bon vieillir! » s'écria mon heureux voisin, quand il me vit installée.

Quel bonheur, en effet! Nos caractères étaient tels, qu'il suffisait que l'un dît oui pour que l'autre dît non. Chose bizarre, l'harmonie naissait de ce désordre même; nous n'étions jamais d'accord, mais en revanche nous étions les meilleurs amis du monde. Mon vieil ami avait pour système de n'en point avoir, et je prétendais, moi, qu'on ne vient à bout de la plus petite comme de la plus grande chose du monde qu'à l'aide d'un système. Je me rappelle que nous débutâmes par une discussion sur ce sujet :

« Qui peut avoir une idée ou stupide ou sage, me disait mon obstiné contradicteur, que le passé n'ait eue avant lui? On se suit à la piste, et on fait bien; les Moutons de Panurge étaient des sages, et vos philosophes sont des fous. Moins on sait, moins on se soucie de savoir : et voilà le bonheur! Il y a deux mille ans que vos Savants se battent pour savoir lequel de tous leurs systèmes est le meilleur; dites-leur de

---

[1] J'ai su plus tard que ce cœur obstiné n'avait en effet rien négligé pour en arriver à se débarrasser complètement de mon souvenir. Il s'était marié jusqu'à trois fois, sans rien obtenir d'un remède aussi violent et aussi opiniâtrement appliqué.... O Corneilles *Ab uno disce omnes !*

ma part que le meilleur n'existe pas, mais que le moins mauvais serait celui qui les empêcherait de se battre. »

J'allais répliquer (je ne sais comment!) à ce terrible argument; nous en étions là de nos querelles et de notre intimité, quand nous vîmes arriver, voleter de pierre en pierre, de saint en saint, péniblement, prudemment, pesamment, devinez qui? Jacques! oui, Jacques, le pauvre Sansonnet du vieux château.

« Quelles nouvelles, lui dis-je, quelles nouvelles, mon bon Jacques?

— Affreuses! me répondit le vieux serviteur d'un ton si lugubre, que je vis bien que je devais me préparer à tout entendre.

— Affreuses! reprit-il. Il sont tous morts!

— Tous? m'écriai-je. Parlez donc, Jacques! et parlez vite! Vous me mettez au supplice.

— Tous, dit-il, et de mort violente; et il n'en reste pas pierre sur pierre.

— Expliquez-vous, lui dis-je, et rassemblez vos souvenirs. De quoi ne reste-t-il pas pierre sur pierre? et enfin qui est mort?

— Monseigneur pouvait fuir encore, continua le pauvre Jacques en suivant ses idées; mais il a préféré résister jusqu'à la fin, et s'ensevelir sous les ruines de notre château. »

Bref, voici ce que Jacques me raconta. A la suite d'une affaire de bourse, très-heureuse pour lui, la fortune du propriétaire du vieux château, et du château neuf, s'étant accrue considérablement, sa considération s'était accrue d'autant, et il fut nommé.... baron! Le vaniteux banquier crut qu'il serait indigne de sa nouvelle position de garder dans ses domaines un château délabré, et, en peu de jours, quoique l'hiver approchât, l'œuvre de destruction fut accomplie. Mes ruines chéries disparurent à jamais.

Le vieux Faucon, accablé d'infirmités, et dédaignant, ainsi qu'il a été dit, de chercher son salut dans la fuite, s'était laissé écraser par la chute d'un énorme pan de muraille. Immobile dans un des coins de a cour, et dans l'attitude résignée du Génie du temps, il mourut sans pousser un seul cri. Cette mort héroïque ne fut pas sans amertume, car il était mort en désespérant du retour de ce passé qu'il n'avait cessé de regretter.

Quant au Lézard, la mort lui vint en dormant, ainsi qu'à la Lézarde et à leur enfant, un bon petit Lézard qui donnait les plus belles espérances. Quelques jours avant cette catastrophe, il paraît que toute la famille avait parlé de s'endormir pour six mois, et comme le disait Jacques, qui puisait de grandes consolations dans cette réflexion : « Dormir six mois, ou dormir toujours, c'est presque tout un. »

Le vieux serviteur aurait bien voulu mourir bravement, comme son maître; mais n'est pas Faucon qui veut, et il nous avoua, en baissant la tête, que quand il vit les murailles s'ébranler, il fit comme tous ceux auxquels son seigneur avait donné asile, il s'enfuit!

Jacques semblait n'avoir survécu à ce désastre que pour m'en apporter la nouvelle. Je l'ai pris à mon service pour qu'il fût au service de quelqu'un et pût mourir content. Il est sourd et répond à tout ce qu'on lui demande comme si on lui parlait du vieux château et de ses habitants.

« Eh bien! êtes-vous satisfait? dis-je à mon vieil ami; j'ai parlé de tout et de rien, et de vous-même.

— Faisons la paix, me répondit-il. Je n'ai point à me plaindre, vous êtes un historien fidèle; mais cette fin ressemble un peu trop au dénoûment d'une tragédie. »

La vie commence et finit par l'insouciance, et mon vieil ami était arrivé à l'âge où l'on ne trouve plus aucun plaisir à s'attrister : on pouvait lui appliquer le mot de Goethe : « La vieillesse nous trouve encore enfants. » — « Tous mes héros meurent, j'en conviens, lui répondis-je; mais pourquoi pas? n'est-ce pas là, et naturellement, et heureusement peut-être, la fin de tout? et pour une joie que la mort arrête, ne met-elle pas fin à bien des misères? Ne mourrai-je pas, moi qui vous parle; et vous qui me lisez, êtes-vous immortel? »

Pour toute réponse, mon vieil amoureux se mit à chanter d'une voix chevrotante ce vieux refrain que je déteste :

> « Nous n'avons qu'un temps à vivre,
> Amis, passons-le gaiement..., etc.

— Chantez! lui dis-je, chantez! Que prouvent vos chansons? le monde est plein de *Jean qui pleurent* et de *Jean qui rient;* qui pleurent, parce qu'il y a de quoi pleurer; qui rient, parce qu'il y a de quoi rire sans doute. Mais pourtant à quoi sert qu'on rie ou qu'on pleure? Ne ferait-on pas mieux de se tenir dans le milieu, de parler haut et sec, si l'on veut, mais bonnement et simplement, sans doute ni moquerie, et de pousser son voisin et de se pousser soi-même vers la sagesse, qui consiste :

« 1° A faire valoir ce qu'on a de bon ;

« 2° A combattre ce qu'on a de mauvais.

« Mais non, on veut chanter! Chantez donc, et chantez toujours! et osez me dire que vous êtes heureux. Ne voyez-vous pas que vos plumes s'émoussent et blanchissent en attendant qu'elles tombent? Un plus vieux et un plus sensé que vous, Montaigne, l'a dit après beaucoup d'autres : « Nul ne peut être appelé heureux, s'il n'est pas mort. »

La réponse était un peu dure. Mon vieil ami se taisait, je craignis de l'avoir blessé; ce fut à mon tour à lui offrir la patte, et la paix fut conclue.

P. J. Stahl.

DERNIER CHAPITRE

Où l'on voit que chez les Bêtes comme chez les Hommes les révolutions se suivent et se ressemblent.

Les Animaux s'étaient une fois encore rassemblés, et le bruit était tel, qu'on aurait voulu être sourd.

« Mais enfin de quoi vous plaignez-vous? disait le Renard à la foule.

— Si je le savais, répondait la foule, me plaindrais-je?

— Nous n'en savons rien, dit une voix; mais si nous cherchions bien, nous trouverions.

— Cherchez, dit le Renard.

— Pourquoi diable avoir fait un livre? reprit alors la voix. Et quel livre! trop, et trop peu. Ne valait-il pas mieux faire tout de suite une révolution?

— Cela est bon à dire, repartit l'orateur; mais un livre se fait plus facilement qu'une révolution. D'ailleurs, en voulant faire une révolution, on ne fait souvent rien du tout, et quelquefois même au lieu d'avancer on recule. Cela s'est vu.

— Messieurs, dit la Fouine, venant au secours du Renard son compère, c'est à force de se tromper qu'on devient habile. Recommençons.

— Je l'aurais parié! s'écria l'Oiseau moqueur. De l'encre, toujours de l'encre! Un troisième volume, sans doute; et après un troisième, un quatrième, et ainsi de suite, jusqu'à huit, jusqu'à cent, jusqu'à ce que chacun en ait par-dessus la tête. Des paroles toujours et des actions jamais! Mais, ma chère, on se lasse de tout dans les temps où nous sommes, et surtout des bonnes choses. Une ligne de plus, et vous n'aurez d'abonnés que ceux auxquels vous enverrez votre livre gratis; encore ceux-là en viendront-ils à vous le refuser, peut-être.

— Bravo! s'écria-t-on de tous les côtés. Plus d'écritures! plus de paroles! A bas les bavards! »

Il n'y avait qu'un encrier dans la salle, cet encrier fut brisé.

« Il fait ici mauvais pour nous, dit la Fouine au Renard. Les peuples ont toujours lapidé leurs prophètes; prenons garde à nous, mon compère. »

Et d'un autre côté :

« Tout a été de mal en pis, disait le Bœuf.
— J'ai arrosé la terre de mes larmes, bramait le Cerf.
— Et la terre ne s'en est pas émue, répondait la Biche.
— Les larmes lui sont dues, ajoutait l'Oiseau triste.
— Les aveugles eux-mêmes ont des yeux pour pleurer, » s'écriait la Taupe en sanglotant.

Et un peu plus loin, le Rossignol chantait :

« Ce qui manque à notre monde, c'est l'harmonie.
— C'est le courage, dit le Lion.
— C'est la colère, dit le Tigre.
— C'est la haine, dit le Loup.
— C'est l'appétit, dit le Goinfre.
— C'est la résignation, bêla le Mouton.
— Ce n'est rien de tout cela, dit la Colombe : c'est l'amour. Si l'on s'aimait !
— Vous avez peut-être raison, répondit le Rossignol à la Colombe; mais on ne vous donnera pas raison, car on ne s'aime pas.
— Ce qui nous manque à tous, dit le Butor, c'est le sens commun.
— Laissez parler le Renard, » dit-on à la fin.

— Messieurs, dit celui-ci d'une voix émue, pourquoi récriminer? Si nous n'avons rien fait qui vaille, est-ce notre faute? N'est-ce donc rien d'ailleurs que d'avoir appris à lire au peuple?
— C'est du foin et non des livres qu'il nous faut, dit l'Âne en serrant sa ceinture.
— Eh quoi! vous aussi, ô Âne! vous renoncez à la science! dit le Renard découragé.
— Fi donc! dit à l'Âne, que l'exclamation du Renard avait fait rougir jusqu'aux oreilles, un Étourneau qui avait eu le malheur d'être considéré et encagé comme un Oiseau rare; fi donc! du foin, c'est bon pour vous! Quant à moi, quant à nous, nous ne demandons rien, que la clef des champs!
— Liberté! liberté! s'écria l'assemblée tout entière.
— La liberté consiste à n'avoir jamais ni faim ni soif, dit le Porc.
— Taisez-vous, dit l'Aigle de Varsovie, en laissant tomber un regard de

mépris sur celui qui venait de parler. Il n'y a que ceux qui sont prêts à mourir pour elle qui savent ce que c'est que la liberté.

— Mais, de grâce, attendez! dit le Renard. Tout progrès est lent; on l'a dit, un fétu est le gain d'un siècle... L'arbre de la liberté est peut-être semé...
— Mais il n'est pas encore en fleur, repartit l'Ours, qui apparut tout à coup à l'extrémité de son bâton. Et encore bien moins en fruits, ajouta-t-il en montrant sa face et ses flancs décharnés. J'ai faim, et je n'ai rien mangé d'aujourd'hui. Mon gardien me vole!

— Horreur! s'écria-t-on.

— Ah! je te vole! dit alors une voix que chacun reconnut aussitôt avec effroi pour une voix humaine, celle-là même du gardien de l'Ours; ah! je te vole, tu t'en vantes! »

Mais il est bon de suspendre pour un instant ce récit, et d'entrer dans quelques explications. Depuis quelque temps déjà (il y a des traîtres partout, et, nous le disons avec douleur, il s'en était trouvé sans doute parmi les rédacteurs et même parmi les abonnés des Animaux); depuis quelque temps, disons-nous, l'autorité supérieure avait été avertie de ce qui se passait et savait jour par jour où en était la conspiration.

Tant qu'on se borna à écrire, à dessiner et à bavarder, on laissa faire aux Animaux, non pourtant sans mettre de temps en temps dans leurs roues quelques-uns des bâtons de la censure; mais quand on sut qu'une nouvelle assemblée allait se constituer, comme on pensait bien qu'elle pourrait donner lieu à des discussions vives, et peut-être même à des résolutions violentes, on avait aposté autour du lieu où devait se tenir l'assemblée une force armée redoutable, plus de la moitié de la garnison de Paris, dit-on!

Ceci explique, sans doute, suffisamment l'interruption que nous venons de signaler.

« Parbleu! dit le gardien en entrant soudainement dans la salle, comme jadis les rois entraient au parlement, le fouet à la main; parbleu! mes amis, je vous trouve plaisants. Quoi! vous êtes, pendant votre vie, logés, chauffés et nourris aux frais du gouvernement; et puis après, empaillés! conservés! étiquetés! numérotés! toujours sans bourse délier; et vous vous plaignez! et vous complotez!... Mais, brutes que vous êtes, vous ne savez donc pas que je donnerais ce que l'on me donne, en y ajoutant même ce que je prends, pour être à la place du moindre d'entre vous. »

Et tout en parlant, lui et sa troupe usant, ceux-ci de leurs fouets, ceux-là de leurs armes, ils vinrent à bout de s'emparer des conjurés pris au dépourvu. L'affaire, hélas! fut bientôt faite; la plupart des Animaux ayant eu l'imprudence de se rogner les ongles, afin de pouvoir écrire, étaient hors d'état d'opposer la moindre résistance. Au bout d'une heure, de tous les futurs libérateurs de la nation animale, il ne resta pas un seul qui ne fût prisonnier; et quand le dernier verrou fut poussé sur le dernier d'entre eux, le gardien prenant une fois encore la parole :

« Vous vous êtes agités, dit-il, vous avez parlé, vous avez écrit, vous avez été imprimés, vous avez été lus... et cela n'a servi à rien. Tout s'est donc passé dans les règles. Vous devez êtes satisfaits, ou je ne m'y connais pas. »

Et c'est ainsi que fut enterrée cette fameuse révolution, qui n'eut pas d'autre oraison funèbre que le mot brutal que nous venons de citer.

Il se présenta bien encore, dit-on, pendant quelques jours, à la porte de l'ex-cabinet de rédaction, quelques Bêtes étranges, de l'espèce des Chimères, de celles qui arrivent toujours ou trop tôt ou trop tard, jamais à point; mais elles en furent pour leurs frais de route, qui pouvaient être considérables; car, à en juger sur leur mine, elles arrivaient tout au moins des antipodes... où on les renvoya.

« Si nous avions été là, disaient ces Bêtes modestes, si ceux qui viennent de se laisser surprendre nous avaient laissé faire leur besogne, on n'aurait pas eu raison de nous aussi facilement ! »

Et on les laissait dire. Les héros du pays d'Utopie ne sont guère à craindre que pour leurs amis.

SUITE ET FIN DU DERNIER CHAPITRE.

Mais ce n'est pas tout !

M. le préfet de police, ayant appris que quelques Hommes n'avaient pas eu honte de tremper dans cette sotte affaire et de mettre leur plume au service des Animaux, envoya chez chacun d'eux une demi-douzaine au moins des honnêtes gens dont il dispose.

Les infortunés furent tous pris au saut du lit, aucun d'eux n'étant matinal, puis conduits à la préfecture de police!

Là, ayant tiré de sa poche une simple feuille de papier timbré, et s'étant armé de son écharpe, l'officier public qui les avait arrêtés leur lut ce qui suit :

« Nous, préfet de police, etc., etc. ;
« Attendu qu'il a été démontré que les sieurs... (suivent les noms au nombre
« de onze) n'ont pas rougi de faire cause commune avec les Bêtes, d'emprunter
« leurs idées, leur langage et parfois leur esprit ;
« Attendu qu'il n'a pas tenu à eux, par conséquent, que la société humaine
« ne fût bouleversée jusque dans ses fondements ;
« Ordonnons que les susnommés seront, dès demain, punis par où ils ont
« péché, c'est-à-dire traités en Bêtes (tant pis pour eux!), transportés au Jardin
« des Plantes, et incarcérés, chacun dans une des cages de la ménagerie, au
« lieu et place des Animaux dont ils se sont faits les interprètes et les avocats.

« *N. B.* — Les susdits ayant, de l'aveu de tous, abusé du droit d'écrire, il
« est spécialement défendu, et ce, sous les peines les plus sévères, de leur faire
« passer des plumes, de l'encre et du papier.
« De plus, le gouvernement devant pourvoir abondamment à leur subsistance »
(ici quelques-uns des prisonniers essuient leurs larmes), « il sera défendu égale-
« ment de leur rien donner ; les morceaux de sucre, les brioches, et même les
« pains de seigle, sont donc totalement interdits.
« Pourtant, et par faveur spéciale, il sera permis à leurs anciens amis, qui
« n'auront pas peur d'être mordus, de leur offrir de temps en temps un cigare
« de la régie.

« AVIS.

« Les cages seront ouvertes de midi à deux heures, et les nouveaux Animaux
« visibles, quand la température le permettra.
« On recommande aussi aux curieux de ne point trop agacer les nouveaux
« hôtes du Jardin des Plantes, ceci pouvant, malgré les précautions qu'on a
« prises, n'être pas sans danger. »

Grâce à la stupeur universelle, cet arrêt barbare fut exécuté sans provoquer de résistance. La foule a ses jours d'inertie.

Dès le lendemain, on lisait dans le journal officiel de la capitale la note suivante :

« Onze nouveaux Animaux, dont l'espèce n'a encore été décrite par aucun
« naturaliste, mais auxquels on s'accorde assez généralement à donner le nom
« de Littérateurs, ont été substitués, dans les cages et cabanes du Jardin des
« Plantes, aux Lions, aux Ours, aux Tigres, aux Panthères et aux Anes, lesquels,
« ayant cessé d'exciter la curiosité publique, ont été admis à faire valoir leurs
« droits à la retraite. Le Jardin des Plantes présente un aspect inaccoutumé. Les
« vétérans ont peine à contenir la foule. Parmi les curieux, on a remarqué les
« anciens pensionnaires du Jardin, et ceux des Animaux de la province et de
« l'étranger qui ont pu se soustraire à leurs travaux quotidiens. La vue des hôtes
« du Jardin qui les remplacent semble piquer au plus haut point leur curiosité.
« Puisque ce sont eux qui sont en cage, c'est donc que nous sommes libres, »
« se disent entre elles ces bonnes âmes. »

Un mois ne s'était pas écoulé que les Tourterelles, à bout de soupirs,

s'étaient décidées à remonter sur leurs nuages. L'amour leur restait, qui
console de tout — les Tourterelles.

L'Ours avait regagné en grondant sa tanière; mais bientôt, bourgeois résigné, il s'était fait bonne d'enfants dans sa propre maison, bien décidé à ne jamais laisser dire un mot de politique à ses fils.

Les Tortues, les Manchots, les Chauves-Souris, les Ecrevisses, et bon nombre de Scarabées : ceux-ci par besoin de faire montre de leurs cuirasses, ceux-là et celles-là par amour pour le progrès, sous quelque forme qu'il se déguise, firent un feu de joie de tous les manuscrits, projets de réforme, rappels de leurs droits qu'ils s'étaient proposé de mettre au jour, sous le régime précédent. Ce qui leur prouva bien le danger de ces papiers incendiaires, c'est que l'instant de lumière qu'ils produisirent en brûlant leur causa une sorte d'éblouissement.

Le Chien reprit sagement son métier d'aveugle et sa serinette, jugeant que ce métier avait du bon quand quelques sous tombaient dans sa sébile.

Celui qui sembla s'accommoder le moins du sort nouveau qu'on lui faisait, ce fut un petit Animal hargneux et étrange, tel qu'on en pourrait rêver seulement dans les visions d'une nouvelle apocalypse, lequel prétendait opiniâtrement que son devoir était de protester.

Moitié Hérisson, moitié Bouledogue, cet être bizarre, qui a emprunté à l'Homme quelque chose de son visage, avait pour poils un buisson de dards qui affectaient la forme de lames de canif, de porte-crayons, de grattoirs et de plumes de fer. De là le nom de Porte-plume ou de Journaliste qu'il prétendait se donner. Il s'accroupit en frémissant devant le gardien vigilant à qui incomba la tâche ingrate de le surveiller. La verge incessamment levée sur cette tête rageuse finira-t-elle par le dompter? Les honnêtes gens qui aiment avoir l'esprit en repos osent l'espérer.

Que dire encore? Le monde des Bêtes est rentré dans le silence. On assure que malgré son immobilité apparente la terre a continué de tourner, et que le mot de Galilée « *E pur si muove* » est resté vrai. Mais le mouvement s'opère-t-il en avant ou en arrière? La question est plus facile à poser qu'à résoudre. Ceci est le secret des dieux, non des Bêtes, dont nous n'avons été ici que l'humble rapporteur.

P. J. STAHL.

TABLE DES MATIÈRES

PREMIÈRE PARTIE

	Pages.
Prologue.............................	3
Résumé parlementaire, par P. J. Stahl..	6
Histoire d'un Lièvre, par P. J. Stahl...	27
Peines de cœur d'une Chatte anglaise, par de Balzac.....................	62
Les Aventures d'un Papillon, par P. J. Stahl...............................	81

	Pages.
Les Contrariétés d'un Crocodile, par Émile de la Bédollière.............	100
Oraison funèbre d'un Ver à soie, par P. J. Stahl............................	108
Voyage d'un Moineau de Paris, par George Sand............................	113
Vie et opinions philosophiques d'un Pingouin, par P. J. Stahl...............	140
Les Doléances d'un vieux Crapaud, par Gustave Droz.....................	174

TABLE DES MATIÈRES.

	Pages.
Le Premier Feuilleton de Pistolet, par Jules Janin...	195
Le Rat philosophe, par Édouard Lemoine.	210
Les Souffrances d'un Scarabée, par Paul de Musset...	225
Un Renard pris au piège, par Charles Nodier...	247

	Pages.
Guide-Ane, par H. de Balzac...	267
Les Contradictions d'une Levrette, par Gustave Droz...	287
Topaze, peintre de portraits, par Louis Viardot...	305
Voyage d'un Lion d'Afrique à Paris, par H. de Balzac...	321
Au Lecteur par P. J. Stahl...	341

DEUXIÈME PARTIE

	Pages.
Encore une Révolution, par P. J. Stahl..	344
Histoire d'un Merle blanc, par Alfred de Musset	391
Le Mari de la Reine, par Gustave Droz..	422
Les Amours de deux Bêtes, par H. de Balzac	430
Les Peines de cœur d'une Chatte française, par P. J. Stahl	461
Causes célèbres, par É. de la Bédollière.	483
L'Ours, par L. Baude	497
Le Septième ciel, par P. J. Stahl	507
Lettres d'une Hirondelle à une Serine, par Mme Ménessier-Nodier	520
Les Animaux médecins, par Pierre Bernard	544

TABLE DES MATIÈRES

Pages.		Pages.
Tablettes de la Girafe, par CHARLES NODIER. 557		Souvenirs d'une vieille Corneille, par P. J. STAHL.................................. 580

Propos aigres d'un Corbeau, par G. DROZ. 569 | Dernier chapitre, par P. J. STAHL....... 623

www.ingramcontent.com/pod-product-compliance
Lightning Source LLC
Chambersburg PA
CBHW071158230426
43668CB00009B/997